高等院校"十三五"规划教材

U0680340

货币银行学

主 编 赵阿平

南京大学出版社

图书在版编目(CIP)数据

货币银行学 / 赵阿平主编. — 南京：南京大学出版社，2018.6

高等院校"十三五"应用型规划教材

ISBN 978-7-305-20189-9

Ⅰ. ①货… Ⅱ. ①赵… Ⅲ. ①货币银行学 Ⅳ. ①F820

中国版本图书馆 CIP 数据核字(2018)第 083141 号

出版发行　南京大学出版社

社　　址　南京市汉口路 22 号　　　邮　编　210093

出 版 人　金鑫荣

丛 书 名　高等院校"十三五"应用型规划教材

书　　名　**货币银行学**

主　　编　赵阿平

责任编辑　代伟兵　武　坦　　　　编辑热线　025-83597482

照　　排　南京南琳图文制作有限公司

印　　刷　丹阳市兴华印刷厂

开　　本　787×1092　1/16　印张 18　字数 472 千

版　　次　2018 年 6 月第 1 版　2018 年 6 月第 1 次印刷

ISBN 978-7-305-20189-9

定　　价　46.00 元

网址：http://www.njupco.com

官方微博：http://weibo.com/njupco

微信服务号：njuyuexue

销售咨询热线：(025) 83594756

前　言

　　货币银行学是教育部制定的全国高等院校经济类专业的核心课程之一,在我国经济学教育中具有举足轻重的地位。一本好的货币银行学教材,是更好地开展教学工作的前提和基础。

　　本书在借鉴同类教材、吸收国内外当代货币银行学发展取得的丰富理论研究成果、结合我国金融体制改革实践的基础上编写而成,是长期教学和研究的经验总结。本书注重教材内容结构体系的科学性和合理性,并力求做到阐述简明清楚、循序渐进,体现经济金融发展中的理论研究新成果,反映国内外金融实践的新进展。与国内同类教材相比较,本书的主要特色主要体现在以下几个方面:

　　(1) 对于一些抽象的、难以理解的问题和概念,采取理论阐述和举例说明相结合的方法,帮助学生加深理解,提高学生运用知识的能力,如收益率、现值终值换算等的计算。

　　(2) 结合课程内容设计案例分析,培养学生关注现实问题的兴趣,增强学生对所学内容的感性认识,提高教学效果。这一点各章均有体现。

　　(3) 针对每章的重要知识点,以客观题、主观题等形式多样化呈现在每章的课后练习中,加强学生对重要知识点的认识和掌握。这一点也在各章中均有体现。

　　(4) 尽可能把当代中国金融领域的最新理论研究成果、最新改革动态全面地介绍给读者。这一点可以从货币与货币制度、利息与利息率、金融市场、商业银行、中央银行和通货膨胀与通货紧缩等章节内容上体现出来。

　　本书针对应用型本科院校学生的具体情况,在主要阐述货币、银行与金融体系的基础知识和基本理论的基础上,增加了金融创新、金融风险和金融监管等问题的探讨,理论联系实际,增强学生的感性认识,侧重对学生应用能力的训练和培养;本书也较适合经济、管理专业及从事金融工作人士的参考。

　　全书共分为十三章,着重介绍了货币与货币制度、信用、利息与利息率、金融市场、金融机构、商业银行、中央银行、货币供给、货币需求、通货膨胀与通货紧缩、货币政策、金融创新、金融风险与金融监管等内容,在一定程度上体现了应用型本科的教学特点。

　　本教材是由华东交通大学理工学院老师集体劳动和团队合作的产物,由华东交通大学理工学院赵阿平担任主编,由华东交通大学理工学院孙孝杰、吴勇、汪忠华(江西财经大学国际经贸学院）、武汉晴川学院曹慧担任副主编。全书由赵阿平提出编写大纲和要求，经本书全体作者多次讨论，最后由赵阿平统稿。具体分工如下：赵阿平编写第一章、第三章、第五章、第十章和第十一章，孙孝杰编写第七章、第八章和第九章，吴勇编写第四章和第六章，汪忠华编写第十二章和第十三章，曹慧编写第二章。

本书的编写参考了国内外大量相关教材、著作和期刊，受篇幅所限，无法一一列举，特作说明，并在此向这些作者致谢。另外也向关心过"货币银行学"课程教学，以及提出过建设性意见的齐灶娥、张丽花等各位老师表示衷心感谢。

由于时间、资料、编者水平的限制，书中不足之处在所难免，恳请同行专家及各位读者批评指正。

赵阿平

2018 年 3 月

目　录

第一章　货币与货币制度

> 　　了解货币的起源与发展形态,掌握货币的职能、货币层次的划分;熟悉货币制度的形成,掌握货币制度的内容、货币制度的演进;能用货币基础理论和基础知识解释货币的相关现象。

导入案例

战俘营里的货币

　　"二战"期间,在纳粹的战俘集中营中流通着一种特殊的商品货币:香烟。当时的红十字会设法向战俘营提供各种人道主义物品,如食物、衣服、香烟等。由于数量有限,这些物品只能根据某种平均主义的原则在战俘之间进行分配,而无法顾及每个战俘的特定偏好。但是人与人之间的偏好显然是会有所不同的,有人喜欢巧克力,有人喜欢奶酪,还有人则可能更想得到一包香烟。因此,这种分配显然是缺乏效率的,战俘们有进行交换的需要。许多战俘营都不约而同地选择香烟来扮演这一角色。战俘们用香烟来进行计价和交易,如一根香肠值10根香烟,一件衬衣值80根香烟,替别人洗一件衣服则可以换得2根香烟。有了这样一种记账单位和交易媒介之后,战俘之间的交换就方便多了。虽然并不是所有的战俘都吸烟,但是,只要香烟成了一种通用的交易媒介,用它可以换到自己想要的东西,自己吸不吸烟又有什么关系呢?

（案例来源:中国金融学习网）

　　案例分析题:为什么香烟可以成为货币而不是巧克力? 为什么只能在战俘营中推广而不能推广到其他地方? 战俘为什么不能进行直接的"物物交换"?

第一节　货币的起源及其形态演变

　　货币的历史悠久而复杂,其存在形式因时代和文化背景的不同而不同。在现实经济生活中,人们无时无刻不在同货币打交道,同时也会接触到许许多多同货币有关的事物、现象和问题。从古到今,无数的经济学家、银行家和政治家倾注了大量的智慧、花费了极大的力气去研究它、探索它。如何透过纷繁的现象去把握货币的本质,这也是摆在我们面前的首要课题。

一、货币的起源

货币究竟是如何产生的？这个问题在历史上存在诸多争议，但被大家普遍接受的是马克思关于货币的起源说，认为货币是社会分工和商品经济发展到一定历史阶段的产物，跟商品价值形式的发展密不可分，是商品交换长期发展的必然结果。

在商品交换中，人们必须衡量商品的价值，而一种商品的价值又必须用另一种商品的价值来表现，这种商品价值的发展，经历了四个阶段，即简单的价值形式、扩大的价值形式、一般价值形式和货币形式，这也就是货币随着商品生产和商品交换的发展由萌芽到形成的全部历史过程。

(一) 简单的价值形式

在原始社会后期，随着生产力的发展，剩余产品开始出现。各部落生产的产品除了满足本身的消费需求外，还把多余的产品拿去交换。由于当时社会生产尚未出现大分工，这种交换只是个别的，带有偶然性质。在这种交换过程中，一种商品的价值，偶然的表现在另一种商品上，这种形式就是简单的或偶然的价值形式。由于这种偶然性，商品的价值表现是不完善、不成熟的，也是不充分的。随着社会生产力的进一步发展，剩余产品开始增多，商品交换也不再是很偶然的了。这样简单的价值形式便不能适应较多的商品交换的需要，于是出现了扩大的价值形式。

(二) 扩大的价值形式

在扩大的价值形式中，一种商品的价值已经不是偶然地表现在某一商品上，而是经常地表现在一系列商品上。在扩大的价值形式中，各种商品交换的比例关系和它们所包含的社会必要劳动时间的比例关系更加接近，商品的价值表现也比在简单的价值形式中的价值表现更完整、更充分。然而，扩大的价值形式也有其弱点。首先，一种商品的价值表现是不完整的，在交换关系中每增加一种商品，就会增加一种表现商品价值的等价物，这样作为等价物的商品的链条可以无限延伸；其次，一种商品的价值表现也不统一，因为作为等价物的每一种商品都可表现处于相对价值形态地位的商品的价值；最后，位于等价物地位的不同商品之间是相互排斥的关系。这样，处于相对价值形态的商品价值要获得表现，其实际交换过程可能十分复杂，效率十分低下。由于这些内在矛盾的存在，价值形式得以进一步发现。

原始经济的交易方式是"物物交换"，这是至今在偏远地区和货币短缺的情况下仍然存在的交易方式，即人们用各自所拥有的货物去直接换取所想要的货物。这种交易方式至少存在以下四个缺点：

(1) 需求上的双重巧合很难达成。如果交换双方或一方不需要对方所拥有的商品，交换就不能成功，他们就不得不去寻找拥有他们所需商品并且也需要他们所拥有商品的第三方、第四方……从而使得交换的系列不断延长，交换的难度也随之相应提高。

(2) 交换时间上的双重巧合很难达成。"物物交换"的买卖同步，交换必须在同一时间完成，这就无法实现过去的商品与将来的商品之间的交换，无法将现在拥有的购买力转移至将来使用，更无法进行将来的投资与消费。

(3) 不方便携带也不易分割，质地不均给交换增加障碍。物品有其完整性的价值甚至生命力，如一只羊换两把斧头，但对方只需一把斧头，这时交换就很难达成。同时羊作为交换物也存在质地不均和不方便携带等问题,只能在较小的范围内进行交换。

（4）难于建立相互一致的"交叉兑换比率"。比如,由 A、B、C 三种商品,由甲某时到乙那里可以 1A＝3B,乙到丙那里也可以 1B＝2C,但甲用 1A 却未必能换到 6C。商品的比价随着交换系列的延伸而增加。有 n 种商品参与交换就有 C_n^2 个价格比率,商品的比价越多,则交换的困难就越大。

正是因为"物物交换"的这四个缺点,使其必然发生以下交易成本:

（1）寻找可能的交易对象时所产生的"寻求成本",包括所花费的时间与费用。

（2）将资源(如人力)用于迂回交易过程时所失去的在其他方面投资的收益,即"物物交换"的"机会成本"。

（3）实际进行交易时的"直接成本",如雇人搬运等。

（三）一般价值形式

在一般价值形式中,一切商品的价值都在某一商品上得到表现,这种商品即一般等价物。一般等价物具有完全的排他性,它拒绝任何其他商品与之并列。它拥有特殊的地位,任何一种商品只要与作为一般等价物的商品交换成功,该商品的使用价值便转化为价值;具体劳动便转化为抽象劳动,私人劳动也获得了社会的承认,成为社会劳动的一部分。作为一般等价物的商品实际上起着货币的作用,只是在一般价值形式中,担任一般等价物的商品可能不固定。

（四）货币形式

随着商品生产和商品交换的不断发展,从交替的充当一般等价物的众多商品中分离出一种经常起着一般等价物作用的商品。这种特殊商品就是货币,执行着货币的职能,成为表现、衡量和实现价值的工具。

正是由于"物物交换"的以上缺点,给货币的出现和发展留下了空间,人们在交换的过程中逐渐找到了克服这些缺点的办法,货币正是商品交换长期发展的产物。货币出现以后,不仅消除或降低了"物物交换"的缺点与交易成本,而且拓宽了人类的生产、消费、贸易等活动,极大地提高了社会的福利。具体表现在以下几方面:

（1）简化交换的方式,扩大交换的范围。以货币为媒介的交换把所有的商品交换都简化成卖和买,这就大大地简化了寻求成本、交易成本、直接成本和机会成本,从而使商品交换跨越时空。

（2）提高经济效率和挖掘生产潜力。因为简化交换方式所节省的资源、人力、物力和时间都可以用于扩大生产,这就极大地提高了生产力水平,这种生产力水平的提高在货币的"润滑"下还有着不断加速的趋势。

（3）为整个经济结构的演变与经济范围的拓展奠定了基础。正是在货币的基础上,才出现了金融中介等行业,才有金融创新和金融深化等现代金融活动的发展。

（4）促成商品跨时间的交换。在商品交换的早期通过货币实现已经形成的商品交换,而在商品交换的发达时期,更多的交换则是发生在已经形成的商品与尚未形成的商品之间,任何一种投资都具有这种交换的性质。没有货币,持有任何一种商品而等待另一种商品的形成,都是不经济的、低效率的,甚至是不可能的,所以,凯恩斯说,货币是连接过去和将来的纽带。

从货币生产的过程看,货币不是某个聪明人设计创造出来的工具,而是广大商品生产者自发的共同交往行为的结果,同时也是商品经济内在矛盾进一步发展的结果。它解决了"物物交换"的困难,但又使商品经济的内在矛盾进一步发展,使得商品价值和使用价值的对立表现为商品和货币的对立。

二、货币形态的演变

经济社会中人们进行商品和劳务交易的方法是不断演变的,观察这一演变过程,并了解与其相适应的货币形式的发展,对于更好地理解货币职能是有益的。

(一) 实物货币

实物货币是指在金属货币出现以前曾经充当过交易媒介的那些特殊商品。例如,米、布、木材、贝壳、家畜、兽角、猎器等,都曾在不同时期充当过交易媒介的角色。这些特殊商品在充当货币时,基本上保持原来的自然形态。其缺点是:体积笨重,质量不一,不能分割为较小的单位,值小量大,携带不便,容易磨损,容易变质。因此,实物货币无法充当理想的交易媒介,不适于作为价值标准和价值储藏手段,随着经济的发展和时代的变迁而被金属货币所替代。

(二) 金属货币

一种物品想要充当货币,它就必须在商品和劳务的支付中被每个人所愿意接受。于是,人们自然地选择了黄金、白银之类的贵金属或者高价值的物品来充当货币,这类货币称为商品货币(Commodity Money)。从远古至数百年之前,除了原始社会外,贵金属在所有社会都充当过交易媒介。金属货币是指以金属为币材的货币。初期的金属货币以条块形状出现,称为称量货币。近代的金属货币则将金属按一定的成色重量铸成一定的形状使用,称为铸币。金、银、铜、铁等金属材料都做过币材,这些材料可以分割、加工,质量均匀,供给稳定,用它们制成的货币耐久、轻便、价值统一,能有效地发挥货币的交易媒介、价值标准和价值储藏的职能,因此直至今日,金属货币仍然在流通中使用着。

但是,这种形式的货币过于沉重,从一地往另一地运输十分困难。如果说只能用硬币去购物的话,那么购买房屋之类的大笔交易就得用车来运送货币了。

(三) 纸币

纸币的优点是方便携带,比硬币和贵金属都轻得多,且具有避免磨损、节省金银等,而且由于纸币的发行成为一种法律的安排,国家便可根据需要来改变纸币的发行量。

纸币是以纸张为币材印制而成,具有一定形状、标明一定面额的货币。纸币可分为兑现纸币和不兑现纸币两种。兑现纸币是持有人可随时向发行银行或者政府兑换铸币或金银条块的纸币,其效力与金属货币完全相同。不兑现纸币是不能兑换成金属或金银条块的纸币,它仅有货币价值而无币材价值。我国是世界上最早使用纸币的国家。早在宋朝初年(960 年),一种被称为"交子"(意为交换凭证)的纸币就在市场上流通,它是用褚树皮纸制成的褚券,可以兑现。我国的纸币制度后来传到波斯、印度和日本,波斯于 1294 年使用过纸币,印度于 1330—1331 年使用过纸币,日本自 1332 年起仿效中国的办法印制发行过几次纸币。意大利威尼斯的旅行家马可·波罗于 13 世纪来到中国,看到中国人用纸币买卖东西,大为惊奇,当时纸币在中国的使用至少已有 300 年的历史。目前,世界各国流通的纸币大都是不兑现纸币。

但是,只有纸币发行当局具有某种信誉,而且印刷技术发展到足以使伪造极其困难的高级阶段时,纸币才能被接受为交易媒介。而且它们易被偷窃,当交易量很大时其庞大的体积将使运费十分昂贵。

（四）存款货币

为了解决这一问题，随着现代银行的发展，支票被发明了。存款货币指活期存款。西方国家的活期存款户可以随时开出支票在市场上转移或流通，充当交易媒介或支付工具。由于支票可以装订成书本形状，因此人们又把支票称为书本货币（Book Money）。又由于存款货币以在银行的活期存款为基础，并根据支票的授受，将银行账户上所记存户的债权加以转移，因此存款货币还称为银行货币（Bank Money）。存款货币在现代工商业发达的国家中占有重要地位，大部分交易都是以这种货币为交易媒介的。

支票是一种见票即付的债据，它使人们无须携带大量通货便可从事交易。支票的使用是提高支付效率的一项重大创新。支付经常是有往来的，彼此可以抵消。但若不使用支票，这种支付会造成大量通货的运动。有了支票，相互抵消的支付便可通过冲销支票来清算，根本无须运送通货了。这样，就减少了支付的交易成本，提高了经济效率。支票的另一个优点是，它可以在账户余额的范围内开出任何数量的金额，使得大额交易变得容易。在减少偷盗损失方面，支票也有其优越性。另外，支票也为购物提供了一种方便的收据。

但以支票为基础的支付也面临着两个问题：第一，运送支票需费时日，如果收款人需要迅速收款，那么支票支付就不能满足收款人的需要。另外，一张支票从存入银行到记入支票账户，需要好几个营业日，这样，在存者对现金的需要十分迫切的情况下，支票支付的形式就会令人十分沮丧。第二，处理支票的纸上工作花钱很多。拿美国来说，美国每年处理全国签发的支票所需花费大大超过 50 亿美元。

（五）货币形式的最新发展——电子货币

英国的一个名为斯温顿（Swindon）的城市，虽然人口只有 17 万，但近年来却引起了世界各国的注意，其原因是它在全世界率先推行了"电子货币"实验。其后，欧美各国也竞相开展了各种各样有关电子货币的实验，以至于形成一股热潮，逐渐波及包括亚洲各国在内的世界各地。

所谓电子货币，在目前的情况下，一般是对"通过电子信息的交换完成结算的系统"的总称。其名称多种多样，如电子货币、电子通货、数字现金等。

目前，对于电子货币的定义尚无定论，但大多数电子货币的基本形态是一样的，即用一定金额的现金或存款从发行者处兑换并获得代表相同金额的数据，通过使用某些电子化方法将该数据直接转移给支付对象，从而能够清偿债务，该数据本身即可称作电子货币。

电子货币具有支付方便，快捷，携带轻便，发行成本低等优点。人们可以任何时间、任何地点进行支付，再也无须跑到银行排队，耗费大量的时间和人力成本，也无须等到银行上班时间，只需要有通信网络，就可以 24 小时在任何地点对任何人进行支付，而且对方很快就能到账。无论支付金额有多大，都不会增加支付者的负担，不像纸币和金属货币那样对于大金额携带笨重，需要很大的运输成本。

现代通信与计算机技术的发展，为支付方式指出了新的发展方向，人们将会以更先进的方式进行交易：所有的支付都通过电子通信方式进行，所有处理纸片的工作都会一扫而光。这就是人们所说的"资金调拨电子系统（Electronic Funds Transfer System，EFIS）"，即电子支付方式。

这种 EFTS 系统正在进入我们的生活，如我国近年来投入使用的自动取款系统、银行间的支付清算系统,美国联邦储备体系的联储线路等。又比如,一些商家允许客户用信用卡进行购买,购货款会立即从客户的账户上转出;某些定期存款的债务,可自动地按月从人们的支票账户上支付;很多企业事业单位直接通过电信网将职工工资付到职工的银行账户上。

虽然 EFTS 系统比以纸片为基础的支付系统要有效得多,但许多事情使得纸币支付系统不能完全消失,向无支票社会前进的步伐比人们预料的要慢得多。纸币有其长处,它提供了收据,也使欺诈比较困难。而电子支付系统就没有这样的优点,我们时常会看到或听到这样的新闻:某人未经许可便"进入"电子计算机数据库,并改变了输入的信息。这类事件意味着无耻之徒可以通过电子支付系统来接近银行账户,并将资金从这些账户盗取到自己的账户上来。防范此类活动绝非易事,提高电子计算机的安全性是一个正在发展的新领域。电子支付系统的另一个问题是,目前尚有很多棘手的法律问题没有得到解决。例如,某人掌握了某客户的密码而非法地从该客户的账户上转移走了资金,谁对此事负有责任? 能像使用支票那样在电子转账系统上停止支付吗?

以上讨论表明,我们的支付方式正在朝着一个不用纸片的电子支付系统方向发展,但尚存许多诸如安全性方面的问题有待解决,这些问题影响着朝新方向前进的步伐,因而电子货币的发展只能是一个渐进的过程。

单元案例

电子货币的出现会让纸币消失吗?

与传统货币相比,能够提高交易效率,降低交易成本,电子货币取代传统的银行券和硬币作为主要的交易和支付工具已经成为一种不可逆转的世界性发展趋势。

现在,人类又开始进入一个新的货币门槛,就是电子货币。中国在 1993 年 6 月 1 日启动了"金卡工程",开始全面推广信用卡。现在由信用卡发展到了网上货币,从有形变成无形。信用卡和网上货币的发展也将引起现代人生活的巨大变化,首先变的是银行。银行以前给人的印象是盖得富丽堂皇的大楼,随着网上货币的发展,银行就不需要再盖大楼,而是变成了虚拟的,只要跟客户的电脑联网就行了。美国花旗银行行长曾经预测说,到 2050 年前后,纸币可能就会被电子货币所取代。新加坡在 20 世纪末曾提出一个目标,要在 2008 年之前实现没有现金收费,全部用电子货币来支付,现在这个计划正在进行中。

据估计,进入电子货币时代,也许商业银行都不存在了,全国只有一个中央银行。每家企业、每个个人都只有一个账号,由银行集中管理。这样一来,企业赖账、要账的问题就不存在了,对银行的贷款成本也会变得很少。在电子货币时代,政府难收税的问题也很容易解决,只要在中央银行扣款就行了。电子货币能大大加快经济增长,由它取代纸币应该是大势所趋。

(案例来源:http://www.chinadmd.com/file/uzpvuu3ze3uow3r6rrezueir_1.html)

案例分析题: 你赞成这种观点吗? 为什么?

第二节　货币的本质和职能

一、货币的本质

货币是商品,货币的根源在于商品本身,这是为价值形式发展的历史所证实了的结论。但货币不是普通的商品,而是固定地充当一般等价物的特殊商品,并体现一定的社会生产关系。这就是货币的本质的规定。

首先,货币是一般等价物。从货币起源的分析中可以看出,货币首先是商品,具有商品的共性,即都是用于交换的劳动产品,都具有使用价值和价值。如果货币没有商品的共性,那么它就失去了与其他商品交换的基础,也就不可能在交换过程中被分离出来充当一般等价物。

然而,货币又是和普通商品不同的特殊商品,作为一般等价物,它具有两个基本特征:第一,货币是表现一切商品价值的材料。普通商品直接表现出其使用价值,但其价值必须在交换中由另一商品来体现。货币是以价值的体现物出现的,在商品交换中直接体现成商品的价值。一种商品只要能交换到货币,就能使生产它的私人劳动转化为社会劳动,商品的价值就得到了体现。因而,货币就成为商品世界唯一的核算社会劳动的工具。第二,货币具有直接同所有商品交换的能力。普通商品只能以其特定的使用价值去满足人们的某种需要,因而不可能同其他一切商品直接交换。货币是人们普遍接受的一种商品,是财富的代表,拥有它就意味着能够去换取各种使用价值。因此,货币成为每个商品生产者所追求的对象,货币也就具有了直接同一切商品交换的能力。

其次,货币体现一定的社会生产关系。货币作为一般等价物,无论是表现在金银上,还是表现在某种价值符号上,都只是一种表面现象。货币是商品交换的媒介和手段,这就是货币的本质。同时,货币还反映商品生产者之间的关系。马克思指出:"货币代表着一种社会生产关系,却又采取了具有一定属性的自然物的形式。"商品交换是在特定的历史条件下,人们互相交换劳动的形式。社会分工要求生产者在社会生产过程中建立必要的联系,而这种联系在私有制社会中只有通过商品交换,通过货币这个一般等价物作为媒介来进行。因此,货币作为一般等价物反映了商品生产者之间的交换关系,体现着产品归不同所有者占有,并通过等价交换来实现他们之间的社会联系,即社会生产关系。

二、货币的职能

货币职能是货币本质的具体表现,是商品交换所赋予的,也是人们运用货币的客观依据。货币是从商品中分离出来,固定充当一般等价物的特殊商品。随着商品经济的发展,货币具有价值尺度、流通手段、贮藏手段、支付手段和世界货币五种职能。其中,价值尺度和流通手段是货币两个最基本职能。

(一) 价值尺度

货币在表现和衡量商品价值时,是以自身价值作为尺度来衡量其他商品的价值,执行着价值尺度职能。执行价值尺度职能的货币本身必须具有价值;本身没有价值,就不能用来表现、衡量其他商品的价值。货币是商品,具有价值,因此能充当商品的价值尺度。商品的价值量是由物化在该商品内的社会必要劳动量决定的,看不见、摸不到,必须通过另一种商品来表现。这种商品就是货币。货币作为一般等价物,可以衡量一切商品的价值量,把各种商品的价值都表现为一定量的货币。

货币执行价值尺度职能时,人们可以在观念语言中用货币来衡量商品的价值,而并不需要现实货币的存在。商品价值的货币表现就是价格。例如,1辆自行车值1克黄金。但在进行价值估量时,并不需要有现实的货币,只要贴上个标签,头脑中有"金"的观念就行,即只需观念上的货币。简而言之,价值尺度即"明码标价"。

由于商品的价值大小不同,用货币表现的价格也不同。为了便于比较,就需要规定一个货币计量单位,称为价格标准。价格标准最初是以金属重量单位的名称命名的,如中国的"两",后来由于国家以较贱金属代替贵金属作币材,使货币单位的名称和金属重量单位名称相脱离。

价值尺度与价格标准是两个完全不同的概念。首先,货币作为价值尺度是代表一定量的社会劳动,来衡量不同商品的价值;而货币作为价格标准,是代表一定的金属量,用来衡量货币金属本身的量。其次,货币作为价值尺度是在商品交换中自发形成的,它不依赖于人的主观意志,是客观的;而价格标准是人为的,通常由国家法律加以规定。再次,货币作为价值尺度,它的价值随劳动生产率的变动而变动;而价格标准是货币单位本身金属的含量,是不随劳动生产率的变动而变动的。

价值尺度与价格标准有着密切的联系,货币的价值尺度依靠着价格标准来发挥作用,因此,价格标准是为价值尺度职能服务的。

(二) 流通手段

货币在商品交换过程中发挥媒介作用时,便执行流通手段职能。货币作为流通手段必须是现实的货币,即要求一手交钱一手交货,这与货币作为价值尺度是不同的。另外,作为价值尺度的货币,由于其衡量的是商品的价值,所以必须是足值的货币,否则商品的价值就可能被错误地扩大或缩小。而货币发挥交换媒介作用只存在于买卖商品的瞬间,人们关心的是它的购买力,即能否买到等值的商品,并不关心货币本身有无价值,所以就产生了不足值的铸币以及仅是货币符号的纸币代替贵金属执行流通手段职能的可能性。

货币作为流通手段,改变了过去商品交换的运动公式。在货币出现前,商品交换采取物物交换的形式,即 $W - W$;货币出现后,商品交换分为卖和买两个环节,即 $W - G$ 和 $G - W$,货币这个媒介的出现,使原来"物物交换"的许多局限性,如交换双方对使用价值的需求一致,交换的时间地点一致等都被冲破了,从而促进了商品交换的发展。但另一方面,货币代替流通手段职能,也使商品生产者之间的社会联系和商品经济的内在矛盾更加复杂化了。因为这时商品交换分为卖和买两个环节,如果有些人卖了商品不马上买,则另一些人的商品可能就卖不出去,从而引起买卖脱节,使得社会分工形成的生产者相互依赖的链条有中断的可能,孕育着经济危机。当然,经济危机的爆发只有在商品经济发展到一定水平,社会生产者的联系十分紧密的条件下,才能转化为现实。

货币流通是指货币作为购买手段,不断地离开起点,从一个商品所有者手里转到另一个商品所有者手里的运动。它是由商品流通所引起的,并为商品流通服务。商品流通是货币流通的基础;货币流通是商品流通的表现形式。同时,货币流通又有着不同于商品流通的特点。商品经过交换以后就进入消费领域,或作为生产性消费,或作为生活性消费,从而退出流通界。货币在充当一次交换的媒介后又去充当另一次交换的媒介,经常留在流通领域中不断地运动。

流通中所需的货币量取决于三个因素：① 待流通的商品数量(Q)；② 商品价格(P)；③ 货币流通速度(V)。它们之间有如下的关系：

$$货币作为流通手段的必要量 = \frac{商品价格 \times 待流通的商品数量}{货币流通速度} = \frac{PQ}{V}$$

流通中所需要的货币量取决于待流通的商品数量，商品的价格和货币流通速度这一规律，是不以人的意志为转移的。凡是有商品货币交换的地方，这一规律就必然会起作用。

（三）贮藏手段

货币退出流通领域，被当作社会财富的一般代表而储存起来的职能。作为贮藏手段的货币，则必须既是实在的货币，又必须是足值的金属货币。因此，只有金银或作为货币材料的贵金属才能作为贮藏手段。

在交换的初期阶段，产品的主要部分是满足自身消费，所以当时货币执行贮藏职能的目的是用货币形式来保存剩余产品。在商品经济还不够发达的情况下，商品生产者并不一定能够在所需要货币购买其他商品时顺利地卖掉自己的商品，所以为了避免市场的自发性导致的风险，生产者会有意识地积累货币，使再生产得以顺利进行。随着商品经济的发展，在私有制社会里，货币在社会上的影响增大，它代表着绝对的物质财富，从而人们在求金欲的驱使下贮藏货币。

当足值的金属货币流通的情况下，货币作为贮藏手段，具有自发调节货币流通的作用，当流通中的货币量大于商品流通所需要的货币量时，多余的货币就会退出流通领域；当流通中所需要的货币量不足时，贮藏的货币会重新加入流通。贮藏货币就像蓄水池一样自发地调节着流通中的货币量，使它与商品流通相适应。

例如，在金属货币条件下，货币既有名义价值（即货币的购买力），又有实际价值（自身内含的价值量）。假设社会上有 1 000 件等价值的商品，一件商品内含的价值量与一枚金币内含的黄金的价值量一样，同时假设一枚货币在一年只流通一次，则社会上需要 1 000 枚金币。

反证：假设发行了 1 100 枚金币，在此情况下，金币的实际价值仍为一件商品，而名义价值则低于一件商品，理性的人必然将金币从流通中撤出一部分，以金属条块的形式保持价值。

假设发行了 900 枚金币，在此情况下，金币的实际价值仍为一件商品，而名义价值则高于一件商品，理性的人必然会将原先收藏起来的金币或金属条块重新投入流通。

在金属货币条件下，货币名义价值与实际价值的比较、相机抉择机制使货币贮藏手段职能发挥着货币流通的调节器的功能，货币过多时会自动趋于减少，货币过少时会自动趋于增加，货币具有自我调节机制，使得流通中的货币恰好满足流通的需要，既不过多，也不过少。

因此，在足值的金属货币流通条件下，不会发生通货膨胀现象。货币的贮藏手段是以金属货币为前提的，即只有在金属货币流通的条件下，货币才能自发地进出流通领域，发挥"蓄水池"的作用。当今世界大多数国家已经废除了金属货币的流通，普遍采用了信用货币。如果通货膨胀水平较低，并且预期通货膨胀水平也很低，信用货币是可以被"贮藏"起来的，但这种暂歇在居民手中的货币不是贮藏货币，它仍是计算在市场流通量之中的。这样，信用货币也就不能自发地调节流通量中的货币量，贮藏手段职能实际上也就不存在了。

（四）支付手段

货币作为交换价值而独立存在，并非伴随着商品运动而简单的单方面转移，就执行着支付手段职能。在货币执行流通职能时,商品交换要求　手交钱、一手交货;而作为支付手段,其特征是价值的单方面转移。支付手段的产生源于商业信用的产生。在较发达的商品经济条件下,在商品循环和周转中,某些商品生产者会产生资金周转的多余或不足,为使再生产得以顺利进行,商品赊销、延期付款等信用方式就相应产生。此外,商品的供求状况也影响着商品的信用方式。当赊购者偿还欠款时,货币就执行支付手段职能。

货币执行支付手段职能,最初主要是为商品流通服务,用于商品生产者之间清偿债务。随着商品生产的发展,货币的支付手段职能已经超出了商品流通领域,扩展到其他领域,如缴纳租金、税金、工资和偿还信用卡等方面。支付手段即"钱货分离"。

货币作为流通手段克服了"物物交换"的种种局限性;而货币作为支付手段,又进一步克服了货币作为流通手段要求一手交钱、一手交货的局限性,极大地促进了商品交换。但同时,它也使商品经济的矛盾进一步复杂化。在商业信用盛行时,商品生产者之间的债权债务关系也普遍存在。一个商品生产者偿还债务的能力往往受到其他商品生产者能否按期偿还对其债务的影响。在债权债务的链条中,如果有一部分生产者由于种种原因不能按期偿还债务,就有可能引起整个支付链条的崩断,以至于给商品生产和流通带来严重的后果。

(五) 世界货币

当货币超越国界,在世界市场上发挥一般等价物的作用时便执行世界货币的职能。

世界货币只能是以重量直接计算的贵金属。而铸币和纸币是国家依靠法律强制发行,只能在国内流通的货币,不能真实地反映货币具有的内在价值。

货币执行世界货币的职能主要表现在三个方面:第一,作为国际间一般的支付手段,用以平衡国际收支差额。这是世界货币的主要职能。第二,作为国际间一般的购买手段,用以购买外国商品。作为购买手段的货币在此时当作货币商品与普通商品交换。第三,作为国际间财富转移的一种手段,比如战争赔款、输出货币资本等。

世界货币的职能也是以贵金属为条件的。理论上,信用货币由于没有内在价值或其他价值可以忽略,是不能执行世界货币职能的。但当代,一些西方发达国家的信用货币,已经成为世界上普遍接受的硬通货,实际上发挥着世界货币的职能。世界上各国把这些硬通货作为本国储备的一部分,并用来作为国际间的支付手段和购买手段。这一方面是因为发行这些硬通货的国家经济发达国力强大,国际政治经济地位较高,因此其货币也较坚挺,有保障;另一方面也是国际金融发展的结果。

货币的五种职能并不是各自孤立的,而是具有内在联系的,每一个职能都是货币作为一般等价物的本质反应。所有商品首先要借助于货币的价值尺度来表现其价格,然后才能通过流通手段实现商品价值。正是由于货币具有流通手段职能,随时可购买商品,货币才能作为交换价值独立存在,可用于各种支付,所以人们才贮藏货币,货币才能执行贮藏手段职能。支付手段职能是以贮藏手段职能的存在为前提的。世界货币职能则是其他各个职能在国际市场上的延伸和发展。从历史和逻辑上讲,货币的各个职能都是按顺序随着商品流通及其内在矛盾的发展而逐渐形成的,从而反映了商品生产和商品流通的历史发展进程。

单元案例

作为价值贮藏手段的黄金

当价格水平连年翻倍提高的时候,货币的单位购买力即会削减一半。因此,通货膨胀是向货币征收一项"税",税率是每年的通货膨胀率。当货币的实际价值由于每年的通货膨胀开始有值得注意的加速现象时,人们便开始试图将货币转换成能抵御通货膨胀的可靠保值的资产。历史上,黄金比任何其他资产都更为合适。由于黄金具有大自然恩赐的有限蕴藏量、吸引人的外观和工业使用价值,所以几个世纪以来,黄金一直被视为奥妙无穷的珍宝。历史上,文明社会总是渴望积累黄金,并且相信它的价值会经久不衰。

1834年,黄金的价格大约每盎司20美元。事实上,19世纪一个诱人的美元硬币是20美元的金片,是由一盎司上等金子做成的。1996年,黄金的价格达到每盎司400美元。在漫长的历史进程中,黄金价格的增长也伴随着通货膨胀的步伐前进,从而促使黄金成为抵御通货膨胀的一种良好的保值手段。

然而,在过去的30年里,黄金只是在出现相当严重的通货膨胀时期,才被看作是好的投资。1972—1980年间,黄金价格提高了10倍还要多。1980年的某个时期,投机热一度把黄金价格抬升到每盎司800美元,而到了20世纪80年代初以后,当通货膨胀出现明显回落时,黄金价格才随之降温,有所回落。1982年后的一段时期,黄金已经不与通货膨胀同步,在过去的15年里,甚至像储蓄账户的银行存折这样的保守投资和美国政府债券都对黄金失去了热情。

(案例来源:[美]迈克尔·G.哈吉米可拉齐斯,卡马·G.哈吉米可拉齐斯.货币银行与金融市场.聂丹译.上海:上海人民出版社,2003)

案例分析题:哪些因素会影响黄金的价格?黄金的储藏手段与银行存款有何不同?

第三节 货币制度的演变和发展

一、货币制度的形成

货币制度是指一个国家以法律形式规定的货币流通的组织形式,简称币制。货币制度是随着资本主义经济制度的建立而逐步形成的。随着商品经济的发展变化,货币制度也在不断演变。

在资本主义时期,金属货币流通在相当时期内占有重要地位。世界各国曾先后出现了铸币。最初铸币有各种各样的形状,并且由于自然经济情况和政治上的割据,造成铸币权分散,铸币成色和重量的不统一,极大地妨碍了商品交换的进一步发展。同时,统治阶级利用铸币的铸造发行权,有意识地不断减轻铸币重量,降低成色,使铸币的实际价值和名义价值相脱离,从而造成变质。

由于铸币流通的分散性和变质性,前资本主义社会的货币流通极为混乱。货币流通的混乱又使正确计算成本、价格、利润和广泛建立信用联系发生困难,不利于资本主义的生产和流通的发展。为清除这种障碍,资产阶级在取得政权后颁发了有关货币流通的法令和规定,改变了货币流通的混乱状况;在实施各种法令和法规的过程中逐步建立了统一的完善的资本主义货币支付。

二、货币制度的基本内容

货币制度的基本内容包括货币金属与货币单位;通货的铸造、发行与流通程序;金准备制度等。

(一) 货币金属与货币单位

在金属货币制度下,确定用什么金属来作为货币材料是建立货币制度的首要步骤,货币金属是建立货币制度的基础。金属货币材料的选择是受客观经济发展制约的。历史上,一般都先以白银为货币金属,后来随着黄金的大量开采,才过渡到金银并用,并最终使黄金在币材占据了统治地位。选择什么样的金属作为本位币的币材,就会构成什么样的货币本位制度。这是由国家法律确立的,但要受客观经济发展需要的制约。现代各国货币都是信用货币,选择币材的技术意义已经超出其经济意义,如如何防伪等。

随着货币金属的确定,就要规定货币单位,它包括规定货币单位的名称和每一个货币单位所包含的货币金属量。例如,美国的货币单位为"美元",根据1934年1月的法令规定,1美元含纯金13.714格令(合0.888 671克);中国北洋政府在1914年颁布的《国币条例》中规定,货币单位定名为"圆",含纯银6钱4分8厘(合23.977克)。规定了货币单位及其等分,就有了统一的价格标准,从而使货币更准确地发挥计价流通的作用。当代,世界范围流通的都是信用货币,货币单位的值的确定,就同如何维持本国货币与外国货币的比价有了直接关系。

(二) 通货的铸造、发行与流通程序

通货的铸造是指本位币与辅币的铸造。本位币是按照国家规定货币单位所铸造成的铸币,亦称主币。辅币是主币以下的小额通货,是主币等分的小面额货币,供日常零星交易与找零之用。

(1) 金属货币制度下,主币是国家规定的货币材料按照国家规定的货币单位铸造的货币。主币的特点主要有以下三点:

① 足值货币。本位币的面值与实际金属价值是一致的是足值货币,并且流通中磨损超过重量公差的本位币,不准投入流通使用,但这又可向政府指定的单位兑换新币,即超差兑换。

② 自由铸造。国家允许每个公民无限制地提供货币金属给国家造币厂,请求代为铸造货币。自由铸造包括自由熔化并不等于私铸,必须交由国家造币厂进行铸造。本位币的这种自由铸造、自行熔化和超差兑换,能使铸币价值与铸币所包含的金属价值保持一致,保证流通中的铸币量自发地适应流通对于铸币的客观需要量。

③ 本位币具有无限法偿能力。即国家规定的无限的法定支付能力,不论支付额多大,无论属于何种性质的支付,出售者和债权人都不得拒绝接受。货币的法偿性,是指法律赋予货币一种强制流通的能力。

(2) 相比较主币,辅币的特点如下:

① 面值较小。

② 辅币一般用贱金属铸造。

③ 不足值但可兑换成足值货币。其所包含的实际价值低于其名义价值,但国家以法令形式规定在一定限额内辅币可与主币自由兑换。

④ 有限法偿,即在一次支付中有法定支付限额的限制,若超过限额,对方可以拒绝接受。金属货币制度下,一般辅币是有限法偿,在信用货币制度下,国家对各种货币形式支付能力的规定不是十分的明确和绝对。例如,美国曾规定,10 美分的银币每次支付的最高限额是 10 美元,铜镍币的限额为 25 美分;中国过去的《国币条例》规定 5 角的银币每次支付限额为 20 元,1 角、2 角的为 5 元。

⑤ 辅币限制铸造,不能自由铸造。只准国家铸造,而铸币收入为国家所有,是财政收入的重要来源。由于辅币通常用较便宜的金属铸造,其名义价值高于实际价值。限制铸造可以使铸造收益归国家所有,并能防止辅币排斥主币引起的流通混乱。为防止辅币充斥市场,国家除规定辅币为有限法偿货币外,还规定用辅币向国家纳税不受数量限制,用辅币向政府兑换主币,不受数量限制。

信用货币制度下,信用货币发行分为分散发行与集中垄断发行。信用货币分散发行指各商业银行可以自主发行,早期信用货币是分散发行,目前各国信用货币的发行权都集中于中央银行或指定机构。由政府或中央银行印制,通过银行贷款程序进入流通。

(三)金准备制度

金准备制度就是黄金储备制度,是货币制度的一项重要内容,也是一国货币稳定的基础。大多数国家的黄金储备都集中由中央银行或者国家财政部负责管理。在金属货币流通的条件下,黄金储备主要有三项用途:第一,作为国际支付手段的准备金,也就是作为世界货币的准备金;第二,作为时而扩大时而收缩的国内金属流通的准备金;第三,作为支付存款和兑换银行券的准本金。在当前世界各国已无金属货币流通的情况下,纸币不再兑换黄金,金准备的后两项用途已经消失,但黄金作为国际支付的准备金这一作用仍继续存在,各国也都储备一定量的黄金作为准备。

三、货币制度的演变

货币制度的发展变化,在其历史发展的过程中,经历过银本位制、金银复本位制、金本位制和不兑现的信用货币制度四大类型。

(一)银本位制

银本位制是指以白银为本位币的一种货币制度。在货币本位制的演变过程中,以银本位制为最早。在银本位制下,以白银作为本位币币材,银币是无限法偿货币,其名义价值与实际价值含有的白银价值是一致的。银本位分为银两本位与银币本位。在银本位盛行的时代,大多数国家实行银币本位,只有少数国家实行银两本位。例如,中国于 1910 年宣布实行银本位制,但实质上是银圆与银两混用,直到 1933 年废两改圆,才实行了银圆流通。

银本位制从 16 世纪以后才开始盛行,但作为一种独立的货币制度存在于一些国家的时间并不长,且实行的范围也不广。其主要原因是:第一,19 世纪以后,白银产量激增,国际市场上银价不稳定,并且由于供大于求而不断下跌;金银比价大幅波动,伦敦市场金银比价由 1860 年的 1:15,一直降到 1932 年的 1:73.5;第二,白银与黄金相比体积大而价值小,资本主义大工业与批发商业的兴起导致大规模交易日益增多,白银显然已经不再适应经济发展的客观需要,许多国家纷纷放弃银本位制已成必然。

（二）金银复本位制

金银复本位制是指以金和银同时作为币材的货币制度。在这种制度下，金银两种铸币都是本位币，均可自由铸造，两种货币可自由兑换，并且两种货币都是无限法偿货币。复本位制盛行于资本主义原始积累时期（16—18 世纪）。在这一历史阶段，商品生产和流通进一步扩大，对银和金的需求量都大幅度增加。由于银价值含量小，所以适合小额交易；金的价值含量大，适合于逐渐多起来的大额交易。同时，金的供给量也由于人工开采的增加而增加，使金银复本位代替银本位成为可能。

复本位制按金银两金属的不同关系又可分为平行本位制、双本位制和跛行本位制。

1. 平行本位制

这是金银两种货币均各按其所含金属的实际价值任意流通的货币制度。国家对金银两种货币之间的兑换比例不加固定，而由市场上自发形成的金银比价自行确定金币与银币的比价。但由于市场机制形成的金银比价因各种原因而变动频繁，造成交易的混乱，使得这种平行本位制极不稳定。

2. 双本位制

这是金银两种货币按法定比例流通的货币制度。国家按照市场上的金银比价为金币和银币确定固定的兑换比率。双本位制以法定形式固定金币与银币的比价，其本意是为了克服平行本位制下金币与银币比价的频繁波动的缺陷，但事与愿违，这样反倒形成了国家官方金银比价与市场自发金银比价平行存在的局面，而国家官方比价较市场自发比价显然缺乏弹性，不能快速依照金银实际价值比进行调节。因此，当金币与银币的实际价值与名义价值相背离，从而使实际价值高于名义价值的货币（即良币）被收藏、熔化而退出流通，实际价值低于名义价值的货币（即劣币）则充斥市场，即所谓的"劣币驱逐良币"，这一规律又称为"格雷欣法则"。

例如，假定法定比价 1∶15，市场比价 1∶16，铸造与熔化均不收取费用，分别假定你持有银币和金币。从银币出发：假设持有 15 枚银币，可以要求政府兑换成 1 枚金币，然后将金币熔化为金块，将金块在市场上卖出，得到可以铸造 16 枚银币的银子，将之铸造成 16 枚银币，15 枚用于弥补原有投资，获得了 1 枚银币的收益。

从金币出发：将之熔化为金块，在市场上兑换成可以铸造 16 枚银币的银子，将之铸造成 16 枚银币，用 15 枚银币要求政府兑换成 1 枚金币，剩余 1 枚银币。

由此，导致流通界的金币大量被熔化，退出流通，而银币则充斥流通领域。由于金币的价值被低估，其实际价值高于其名义价值，故称金币为良币，由于银币的价值被高估，其名义价值高于其实际价值，故称银币为劣币，因此称这种现象为劣币驱逐良币现象。

因此，某一时期，市场上实际只有一种货币在流通，很难有两种货币同时并行流通。这也成了许多国家向金本位制转变的原因。

3. 跛行本位制

这是指国家规定金币可自由铸造而银币不允许自由铸造，并且金币与银币可以固定的比例兑换。实际上，银币已经降到了金币附属的地位，因为银币的价值通过固定的比例与金币挂钩，而金币是可以自由铸造的，其价值与本身的金属是一致的。因此，从严格意义看，跛行本位制只是由复本位制向金本位制过渡的一种中间形式而已。

（三）金本位制

金本位制是指以黄金作为本位币的货币制度。其主要形式分为三种：金币本位制、金块本位制和金汇兑本位制。

1. 金币本位制

所谓金币本位制，是以黄金为货币金属的一种典型的金本位制。其主要特点有以下三个：

（1）金币可以自由铸造自由熔化。这样可以自发调节流通中的货币量，使金币的自身价值与面额价值保持一致，从而保证商品流通的顺利进行和经济的平稳运行。

（2）流通中的辅币和价值符号可以自由兑换金币。这样的流通中的价值符号，如纸币、银行券等，就有了充足的黄金保证，能够代表一定量的黄金进行流通，从而保证了辅币与价值符号的稳定，不会导致通货膨胀，同时也节约了黄金。

（3）黄金可以自由的输入输出。在实行金本位制的国家之间其汇率是根据两国货币的黄金含量计算出来的，称为金平价；当由于供求关系等因素导致市场汇率偏离金平价，在达到黄金输入输出点时，黄金就会在外汇市场不均衡引起的利益驱动下自由流动，从而稳定外汇汇率，有利于国际贸易的顺利开展。

随着资本主义社会固有矛盾的加深和世界市场的进一步形成，金币本位制的基础受到了严重的威胁，并最终导致了金币本位制的终结。首先，各资本主义国家政治经济发展极为不平衡，尤其是第一次世界大战后，各资本主义国家之间的矛盾更加尖锐化，少数国家拥有大量的黄金储备，而只拥有少量黄金的国家在政策上限制黄金的输出，实际上金币本位制已经不复存在了。其次，近现代以来，资本主义经济迅速发展，对黄金的需求也日益增加，但黄金的开采由于种种原因不可能相应地快速增长，使得供给满足不了需求。这在一定程度上也影响了金币本位制在资本主义社会的"前途"。作为对上述问题的解决办法，金块本位制和金汇兑本位制便相继出现了。

2. 金块本位制

金块本位制是指没有金币的铸造和流通，而由中央银行发行以金块为准备的纸币流通的货币制度。它与金币本位制的区别是：第一，金块本位制以纸币或银行券作为流通货币，不再主要流通金币，但纸币或银行券仍然规定含金量；第二，金块本位制不再向金币本位制那样实行辅币和价值符号同黄金的自由兑换，而是规定黄金由政府集中储存，居民可按本位币的含金量在达到一定数额后兑换金块。例如，英国1925年规定银行券一次至少兑换400盎司的金块，这样高的限额大多数人是达不到的。英国、法国、荷兰、比利时等国家在1924—1928年间实行了金块本位制。

3. 金汇兑本位制

它是指银行券作为流通货币，通过外汇连接兑换黄金的制度。它与金块本位制有相同点：货币单位规定含金量，国内流通银行券，没有铸币流通，但它规定银行券不能兑换黄金，但可换取外汇。本国中央银行，将黄金与外汇存于另一个实行金本位制的国家，允许外汇之间直接兑换黄金，并规定本国货币与该国货币的法定比率，通过固定价格买卖外汇以稳定币值和汇率。实行金汇兑本位制的国家实际上是使本国货币依附在一些经济实力雄厚的外国货币上，处于附庸地位，从而货币政策和经济都受这些实力强的国家的左右。同时，所附庸国家向其大量提取外汇准备或兑取黄金也会影响后者的币值稳定。

无论是金块本位制还是金汇兑本位制，都没有金币的流通，从而失去了货币自动调节流通需要量的作用,币值自动保持相对稳定的机制也不复存在。在 1929—1933 年的世界性资本主义经济危机后,金本位制也就被不兑现的信用货币制度所代替,从而为国家干预调节经济提供了一个十分有力的机制。

(四) 不兑现的信用货币制度

不兑现的信用货币制度是指以不兑换黄金的纸币或银行券为本位币的货币制度。银行券开始是有黄金和信用的双重保障的,可以兑换黄金、白银。但在金本位制全面崩溃以后,流通中的银行券不再兑换金银,这时,银行券已经完全纸币化了。不兑现的纸币一般是由中央银行发行,国家法律赋予无限法偿能力,此时,流通中全部是不兑现的纸币,黄金已经不用于国内流通。由于纸币与黄金毫无关系,货币的发行一般根据国内经济需要由中央银行控制。信用货币是银行对货币持有人的负债,通过银行放款程序投入流通领域中去。如果银行放松银根,信用货币投放过多,就可能出现通货膨胀,物价上涨;如果紧缩银根,就可能出现通货紧缩,物价下跌。可见,信用货币流通量的多少能够影响经济的发展,因此国家应对银行信用加以调控,可达到其政策目的,保证货币流通量兑换适应经济发展的需要。

因此,与金属货币制度相比,信用货币制度具有以下特点:

(1) 与黄金的联系逐渐削弱并最后取消。

(2) 由国家法律强制流通。

(3) 通过银行信用渠道注入流通。

(4) 非现金流通构成货币流通的主要部分。

(5) 不具有自我调节功能。

(6) 货币供给弹性大,不受贵金属产量的限制。

(7) 为国家调控经济提供条件和手段。

不兑现的信用货币——纸币,代替黄金成为本位币,黄金完全退出货币流通(这种现象叫作黄金的非货币化),具有非常重要的意义。政府不再只是经济运行的守夜人、旁观者,而是可以利用纸币发行、流通来调节和干预的经济的参与者、操纵者。"二战"后资本主义世界中只以亚当·斯密的"看不见的手"来引导经济运行的国家几乎没有;不兑现的信用货币制度也是一柄双刃剑,在使得国家获得干预经济的手段的同时,也使得通货膨胀成为可能并且不时地困扰着现实的宏观经济。

第四节 货币层次的划分

一、按货币的职能划分货币层次

目前,大多数经济学家都认为应该从货币的基本职能的角度出发给货币下定义,主张货币供应量包括所有那些执行货币主要职能的工具。由于不同形式的货币在体现货币职能上有所区别,从而形成了货币层次的划分。各种形式的货币对经济的影响程度主要表现在它的流通速度和货币购买的活跃程度上,流通速度越快,对经济的影响也越大。因此,西方国家的经济学家们一般也这么认为,货币应该包括那些在商品和劳务买卖及债务支付中的现金和活期存

款(或支票存款)，这便是狭义的货币供应量 M_1，即

$$M_1 = 通货 + 所有金融机构的活期存款$$

显然，现金在流通中为人们所普遍接受，并直接充当交换中介。但在发达国家，往往只有 20% 的交易用现金支付，大量的支付以支票的形式，通过转移存款人在银行的活期存款债权给收款人的办法来实现的，而且活期存款能随时兑换现金，在流动性和货币性上与现金几乎无异，所以，活期存款也是货币。

二、按货币资产的流动性程度划分货币层次

有些经济学家不满足于上述的货币概念。他们认为，货币是一种资产，强调货币的价值贮藏手段职能，认为各种金融机构的定期存款、储蓄存款以及其他一些短期资金流动资产都是潜在的购买力，而且也很容易变成现金，具有不同程度的流动性，因而主张以流动性为标准，划分出更为广义的货币概念或层次，从而形成了广义的货币供应量指标 M_2、M_3、M_4 等。

流动性是货币的基本特性之一，流动性首先是指货币与商品的转化能力。在单一现金货币形式下，不存在转换能力程度上的差别，这时，流动性的概念就不仅指货币转化为商品的能力，而且指货币之间相互转换的能力。测量一种金融资产流动性的最便捷的方法就是看它向流动性最强的货币的转换能力。转换能力包括两方面的含义：一是能不能方便地自由转换；二是转换过程中的损失程度。转换自由并且损失小的货币才是严格意义上的流动性强的货币，金融资金的流动性的强弱，一方面与一国的金融制度有关，另一方面也与该国金融市场的发达程度有关。有价证券可随时在证券市场上出售并转换成现金。

由于各国金融市场和金融法规的差异，广义的货币供应量指标也不尽相同。综合各国情况来看，广义的货币供应量指标一般划分如下：

$M_1 = 通货 + 商业银行的活期存款$

$M_2 = M_1 + 商业银行的定期存款和储蓄存款$

$M_3 = M_2 + 其他金融机构的定期存款和储蓄存款$

$M_4 = M_3 + 其他短期流动资产(如国库券、商业票据、银行承兑汇票、短期公司债券、人寿保单)$

根据各种金融工具的流动性来划分不同层次的货币供应量指标，已为大多数经济学家和各国货币管理当局所接受，各国货币当局普遍采取多层次或多口径的办法来计算和定期公布货币存量。例如，美联储公布的四层次的货币供应量指标为：

$M_1 = 流通中的通货 + 所有存款机构的支票性存款$

$M_2 = M_1 + 所有存款机构的小额(10万美元以下)定期存款 + 所有存款机构的储蓄存款 + 隔夜回购协议$

$M_3 = M_2 + 所有存款机构的大额存款 + 定期回购协议其他短期流动资产$

$M_4 = M_3 + 其他短期流动资产(如美国储蓄债券、商业票据、银行承兑票据、短期政府债券等)$

国际货币基金组织关于货币供应量的划分为：

$M_0 = 银行体系之外的现钞和铸币$

$M_1 = M_0 + 商业银行的活期存款 + 其他活期存款$

$M_2 = M_1 + 准货币(这里指定期存款和政府债券)$

中国人民银行关于货币供应量的划分为：

$M_0 =$ 流通中现金

M_1（货币）$=$ 流通中现金$+$ 银行的活期存款

M_2（货币$+$ 准货币）$= M_1 +$ 定期存款$+$ 储蓄存款$+$ 其他存款

　　各国公布的货币供应量指标虽各不相同，但是有一点是各学派和各国都承认的，即只有 M_1（现金和活期存款）是为人们所普遍接受的交易媒介，算作标准货币；而 M_1 以外的短期金融资产只能作为准货币（Quasi-Money）或近似货币（Near-Money），它们不能充当直接交易中介，但这些广义货币是潜在的购买力，在一定条件下可以转化为现实中的货币，对现实货币的流通以及整个经济都有影响，因此有必要作为单独的货币层次加以考虑。

本章小结

　　1. 物物交换这种交易方式至少存在以下四个缺点：① 需求上的双重巧合很难达成；② 交换时间上的双重巧合很难达成；③ 难于建立相互一致的交叉兑换比率；④ 不方便携带也不易分割，质地不均给交换增加障碍。

　　2. 货币是商品，货币的根源在于商品的本身，这是为价值形式发展的历史所证实额度结论。但货币不是普通商品，而是固定充当一般等价物的特殊商品，并体现一定的社会关系，这就是货币的本质的规定。

　　3. 在人类社会经济社会中，货币自身的形式是不断发展的，由足值的金属货币，如金币，银币到足值货币的代表，如纸币，它几乎没有什么实际价值，但可以兑换成足值货币，到最后不可兑换的信用货币。货币形式的发展历程是商品经济不断发展的客观要求，也是其必然产物，在这个过程中，货币是商品的这一要求逐渐被遗忘，而与此同时，货币的主要功能得以继续发挥。

　　4. 货币在商品经济中执行着五种职能：价值尺度、流通手段、贮藏手段、支付手段和世界货币。货币的五种职能，并不是相互孤立的，而是具有内在联系的，每个职能都是货币作为一般等价物的本质的反应。其中，货币的价值尺度和流通手段职能是两个基本职能，其他职能可能是在这两个职能下基础上产生的。

　　5. 货币按其具体的形态，大致可分为实物货币、金属货币、纸币、存款货币和电子货币。按货币价值与货币材质的关系，可以把货币分为商品货币、代用货币和信用贷款货币，在新的经济、技术发展的背景下，还出现了电子货币的新型货币形式。

　　6. 货币制度是指一个国家以法律形式规定的货币流通的组织形式，简称币制。货币制度的基本内容包括货币金属与货币单位；通货的铸造、发行与流通程序和金准备制度等。货币制度的发展变化，在其历史发展过程中，经历过银本位制、金银复本位制、金本位制和不兑换的信用货币本位制度四大类型。

　　7. 所谓货币量的层次划分，是把流通中的货币量主要按照其流动性的大小进行相应排列，分成若干层次并用符号代表的一种方法。货币量层次划分，目的是为了把握流通中各类货币的特定性质、运动规律以及它们在整个货币体系中的地位，进而探索货币流通和商品流通在结构上的依存关系和适应程度，以便中央银行拟定有效的货币政策，各国对货币量层次的划分及每个货币层次包含的内容都不尽相同，而且还随着时间的推移进行相应的调整。概括而言，货币量按照其流通性可分为 M_0、M_1、M_2、M_3。

综合案例

Q币、比特币等虚拟货币的产生、发展

现代信用货币体系是经济社会发展到一定阶段的必然产物。只要现代经济社会组织形态不发生根本性变化，以国家信用为基础的货币体系就将存在，比特币（Bitcoin）以及其他虚拟货币就成不了一国的本位币，从而也成不了真正意义上的货币。

虚拟货币最初只能在互联网上购买虚拟商品，如网络游戏中的装备、服装等。但目前虚拟货币的种类越来越丰富，如QQ币、百度币、盛大点券等，使用范围也超出了虚拟商品的范畴，可以用来购买一些实物，甚至出现了很多专门提供虚拟货币与法定货币双向兑换的网站，似乎虚拟货币已逐渐成为可以流通的交换单位。其中，2009年出现的比特币发展最为迅速，影响也最为广泛，其使用范围已从互联网渗透到现实世界。

2013年我国的"比特币中国"（BTC China）网站成为全球第一大比特币交易平台。比特币的迅速发展引发了人们对虚拟货币是否真正意义上的货币的思考。有人认为比特币的出现是对现行货币体系的巨大挑战，甚至有人称其为"未来的黄金"。

2013年12月5日，中国人民银行等五部委联合发布了《关于防范比特币风险的通知》，指出比特币是一种特定的虚拟商品，不是真正意义上的货币。此后比特币在中国市场的价格迅速下跌，三周时间跌去约60%，在国际市场上也应声大跌。事实上，从货币本质特征及其发展历史来看，以比特币为代表的虚拟货币本质上不是货币，也难以成为货币。

案例分析题：QQ币、比特币等虚拟货币与电子货币有何不同？为什么QQ币、比特币不能成为信用货币？

本章复习题

一、单项选择题

1. 超市柜台内货物的价格标签反映的是货币职能中的（　　　）。

　　A. 流通手段　　　　B. 贮藏手段　　　　C. 支付手段　　　　D. 价值尺度

2. 某公司以延期付款形式销售给某商场一批商品，则该商品到期偿还欠款时，货币执行的是（　　　）职能。

　　A. 交易媒介　　　　B. 购买手段　　　　C. 支付手段　　　　D. 贮藏手段

3. 一国货币制度的核心内容是（　　　）。

　　A. 规定货币名称　　B. 规定货币单位　　C. 规定货币币材　　D. 规定货币币值

4. 长期以来对货币主要层次划分的依据是（　　　）。

　　A. 金融资产盈利性　　　　　　　　B. 金融资产安全性

　　C. 金融资产流动性　　　　　　　　D. 金融资产的种类

二、多项选择题

1. 小王5月份领了5 000元工资，买了一部标价2 000元的手机。5 000元与2 000元在此分别发挥了货币的（　　　）职能。

A. 流通手段　　　B. 贮藏手段　　　C. 支付手段　　　D. 价值尺度

2. 货币制度应该包含的内容有(　　)。

A. 货币单位　　　　　　　　　　　B. 金准备制度

C. 通货的铸造发行和流通程序　　　D. 货币材料

三、思考题

1. 货币交换相对于物物交换而言,具有哪些优越性?

2. 货币的职能有哪些? 如何理解它们的相互关系?

3. 如何理解信用货币制度对金属货币制度的替代?

4. 货币制度构成的基本要素是什么?

5. 如何理解劣币驱逐良币现象?

微信扫一扫
查看更多资源

第二章 信 用

教学目标

通过学习,掌握信用的概念、发展和特征,信用工具的概念、特征和种类等基本概念;了解信用在国民经济中的地位及其职能作用;把握信用的逻辑演进和现代信用工具的发展状况;认识信用工具的变化趋势及其对金融信用的影响;能够运用信用的基本理论和基础知识分析、解释现代信用的相关现象。

导入案例

中小企业融资

某小型高科技企业,生产通信电源技术含量高,专业性强,性能优良,产品主要销售给国内大型通信设备制造商。由于该公司正处于起步阶段,研发资金投入较大,而公司规模较小,自有资金有限,在扩大生产经营方面受到较大的阻碍。又由于该公司在行业中处于弱势,谈判和议价能力较弱,无法从其购货商和供应商处获得优惠的价格,经营成本居高不下,公司业务难以实现较大的突破,公司面临融资困难。公司管理者也意识到问题所在,但公司刚刚起步,规模小,效益尚未显现,且没有可供抵押的固定资产,因此在融资方面频频碰壁。

经业内人士介绍,得知工商银行有专门针对中小企业的融资产品,工商银行了解该公司的融资需求和经营特点后,向其推荐了应收账款融资业务,即公司可以将其对购货商的应收账款转让给工商银行,工商银行按照应收账款金额给予一定比例的融资。该项业务不需要企业提供额外的抵押担保,并且在企业供货后就可以得到融资,在购货商到期支付货款后再归还融资,整个过程既方便又快捷,企业可以放心地使用融资资金进行原材料采购和扩大经营。

(案例来源:http://www.doc88.com/p-3069060898659.html)

案例分析题:案例中的信用属于何种信用形式? 这种信用有什么特点?

第一节　信用的产生与发展

一、信用的内涵

西方经济学中的"信用"一词源于拉丁文"credo",原意为"信任、声誉"等。在英语中"信用"是"credit",其意除"信任"外,还可解释为"信贷、赊账"等。汉语中的"信用"主要有两种解释:一是社会学的解释,原意为能履行承诺而取信于人,信用被用来作为评价人的标准;另一个是经济学的解释,信用指的是偿还和付息为条件的暂时让渡商品或货币的借贷行为。这种经济行为的特点是以收回为条件的付出,即贷出,或者是以归还为义务的获得,即借入。贷者之所以愿意贷出,是因为有权取得利息,借者之所以可能借入,是因为承担了支付利息的义务。因此,可以把信用看作是未来偿还商品赊销或货币借贷的一种承诺,是关于债权和债务关系的约定。信用与债务是同时发生的,是借贷活动同一事物的两个方面。在借贷活动中,当事人一方为债权人(Creditor),另一方为债务人(Debtor)。债权人将商品或货币借出,称为授信;债务人接受商品或货币,称为受信;债务人遵守承诺按期偿还商品或货币,称为守信。借贷活动中,债务人承担着的在将来偿还商品或货币的义务,就是债务(Debt)。任何时期的债务总额总是等于信用总额。

这种借贷行为与商品买卖行为相比有明显的区别。在一般商品交换中,双方进行的是对等的交换,当这一行为完成时,双方不存在任何经济上的权利与义务。而在信用关系中,贷款人在保留所有权的情况下暂时将货币支付给借款人,当时并没有立即得到对等的价值,而是获得要求借款人在一定日期后偿还本金和利息的权利。所以,当货币支付行为发生时,信用关系并不像一般商品交换关系那样意味着双方关系的结束,而正是双方关系的开始。只有在本金和利息得到偿还后,才能说是信用关系的结束。

二、信用的特征

在日常生活的经济往来中,信用存在的形式是多样化的,但无论怎样,它们的共同特征有以下几点:

(1) 信用的标的是一种所有权和使用权相分离的资金。它的所有权掌握在信用提供者手中,信用的接受者只具有使用权,信用关系结束时,其所有权和使用权才统一在原信用提供者手中。

(2) 以还本付息为条件。信用资金的借贷不是无偿的,而是以还本付息为条件。信用关系一旦建立,债务人将承担按期还本付息的义务,债权人将拥有按期收回本息的权利,并且利息的多少与本金金额大小和信用期的长短紧密相关,一般来讲,本金越大,信用期限越长,需要支付的利息就越多。

(3) 以相互信任为基础。信用是以授信人对受信人偿债能力的信心而成立的,借贷双方的相互信任构成信用关系的基础。如果相互不信任或出现信任危机,信用关系是不可能发生的,即使发生了,也不可能长久持续下去。

(4) 以收益最大化为目标。信用关系赖以存在的借贷行为是借贷双方追求收益(利润)最大化或成本最小化的结果。不论是实物借贷还是货币借贷,债权人将闲置资金(实物)借出,都是为了获取闲置资金(实物)的最大收益,避免资本闲置所造成的浪费;债务人借入所需资金或实物同样为了追求最大收益(效用),避免资金不足所带来的生产中断。

(5) 具有特殊的运动形式。例如,马克思在政治经济学中所论述的产业资金的运动形式是

$$G-W\begin{cases} A \cdots P \cdots W'-G' \\ P_m \end{cases}$$

其中,G 代表货币,W 代表商品,A 代表劳动力,P 代表生产资料。商业资金的运动形式是 $G-W-G'$,而信贷资金的运动形式则是 $G-G'$。从表面上看,信贷资金的运动只表现为一种简单的"钱生钱"的过程,但这只是一种表面现象。信贷资金从来没有单独的运动,而总是以产业资金运动和商业资金运动为基础而运动,它有两重付出和两重回流,表现出如下的公式

$$G-G-W \cdots P \cdots W'-G'-G$$

三、信用的产生

信用和货币一样,也是一个很古老的经济范畴,在货币产生以后,信用也随之出现。信用是在原始社会末期商品经济发展到一定阶段的产物,作为借贷活动的总称,信用的出现有力地推进了商品货币关系的发展。但却很少看到像论述货币起源那样反复深入地剖析信用产生的理论。

信用是在商品货币经济有了一定发展的基础上产生的。随着商品生产和交换的发展,在商品流通过程中难免会产生一些矛盾。信用产生的原因在于商品和货币在空间和时间上分布的不平衡性,空间分布不平衡性,表现为商品或货币在不同国家、不同地区、不同企业单位和个人之间的此多彼少、此余彼缺或者彼多此少、彼余此缺;时间分布不均衡性,表现为同一国家、同一地区、同一企业单位和个人,商品或货币的时多时少、时余时缺。而这种余缺的调剂方式只能是债权人赊销商品或贷出货币,债务人按规定日期支付货款或偿还贷款,并支付一定的利息,于是信用产生。进一步看,信用是在货币的支付手段职能存在的条件下发生的。由于货币具有支付手段职能,所以它能够在商品早已让渡之后独立地完成商品价值的实现,否则,赊销就不可能出现。由此可见,信用与货币自古便存在着紧密的联系。

四、信用的发展

货币进入经济生活以后,使得信用得以量化和发展,成为货币的延伸,而且信用的发展还在很大程度上替代了货币,成为货币供给的基础。信用的发展到目前为止大致经历了这样四个阶段:尚未工具化的信用阶段、尚未流动化的信用阶段、流动化的信用阶段、电子化及网络化与信用制度相结合的阶段。

(1) 尚未工具化的信用,是指借贷活动已经发生,但没有具体化为信用工具。所谓信用工具,就是指借贷的书面凭证。例如,仅凭口头承诺将来偿还商品或货币的借贷活动,虽然发生了信用的授受,但没有书面凭证,是尚未工具化的信用。

(2) 尚未流动化的信用,是指借贷活动已经发生,而且具体化为工具,但这些信用工具不能在市场上流通转让,因而资金依然呆滞或凝固。

(3) 流动化的信用也称为流通的信用,是指借贷活动已经发生,并具体化为工具,而且这

些信用工具可以在市场上流通转让,使资金得以灵活运用,流动化的信用阶段是信用发展的较高级阶段。

(4)电子化及网络化与信用制度相结合的阶段,是在计算机网络高度发达的知识经济时代里,货币电子化和网络银行的出现,也使得货币的存储、给付、交换和转移通过网络的传输来完成,与此同时也必须同步传递各种相关信息,信息本身代表了借贷双方的信用行为,电子化及网络化与信用制度相结合的阶段是信用发展的高级阶段,只有在一国信用制度较为完善和发达的基础上才能得以实现。

第二节 信用的形式

信用产生后,在不同的时代产生了不同的形式。信用的形式主要有高利贷信用、商业信用、银行信用、国家信用、消费信用。

一、高利贷信用

(一) 高利贷信用的产生

高利贷信用在人类最古老的社会中就已存在。高利贷信用以获取高额利息为目的的借贷行为,是广泛存在于奴隶社会和封建社会的一种最古老的生息资本形式。无论是在东方还是西方,在前资本主义社会的经济生活中,高利贷信用是占统治地位的信用形式。高利贷信用是高利贷资本的运动形式。高利贷信用最初出现于原始社会末期。第一次社会大分工促进了生产力水平的迅速提高和商品经济的发展,并使原始社会内部出现了私有制和贫富之分。穷人由于缺乏必需的生产资料和生活资料,不得不向富人借贷,并被迫接受支付高额利息的要求,由此就产生了高利贷。在奴隶社会和封建社会中,高利贷信用得到了广泛的发展。

(二) 高利贷信用的特点

旧中国的高利贷十分活跃、名目繁多,华北盛行"驴打滚",江浙一带有"印子钱",广东则有"九扣十三归"等。高利贷信用的高利盘剥破坏和阻碍了生产力的发展。因此,高利贷信用的特点主要有以下几点:

(1)利息率高。高利贷信用是高利贷资本的运动形式。高利贷的年利息率一般都在30%以上,100%~200%的年利息率也是常见的。

(2)非生产性。高利贷资本的来源不是社会再生产过程中暂时闲置的资本,而是靠掠夺、剥削而来的社会生产以外的财富。从高利贷的用途看,奴隶主和封建主是为了满足奢侈的生活和巩固统治,小生产者则是为了维持生存而不是为了再生产。

(3)高利贷的债权人种类比较多,有商人、宗教机构、职业军人、奴隶主和封建主。债务人则是小生产者、奴隶主、封建主。

正因为高利贷信用的这些特点,促进了自然经济的解体和商品货币关系的发展。1694年在英国建立的英格兰银行,一开始就把贴现率定为4.5%~6%,打破了高利贷者对信用的垄断。同时,银行还发挥信用创造的功能,打破了高利贷者对货币的垄断,从而使资本主义信用在反对高利贷的斗争中产生和发展起来。与此同时,信用形式也日益多样化,除了传统的商业信用,还产生了银行信用、国家信用和消费信用。

二、商业信用

(一)商业信用的含义

商业信用是指工商企业之间在买卖商品时,以商品形态提供的信用,是企业之间的一种直接信用关系。它是现代信用制度的基础。

一般地说,商业信用都具有二重性,它既是借贷行为,也是买卖行为。也就是说,伴随着商业信用的发生,交易双方不仅形成了买卖关系,同时也由于交易中的延期付款或延期交货而形成了借贷关系,这种借贷关系实质是授信方与受信方之间的信用关系。而且,这种信用关系比较简单、直接,信用关系的双方都是工商企业或者商品交换者。例如,一个企业生产的商品需要通过商业网进行销售,当购买方缺乏购买这部分产品所需的货币资金时,则可以采取赊销的方式,约定一个还款期限,由购买方到期归还赊销的货款。这种方式,对于缺乏购货资金的购买方来说,可以购入货物进行销售并取得商业利润;对于企业来说,虽然当时没有收入货款,但产品毕竟销售出去了,只是推迟到约定的期限才能收款。

当前,学术界有将商业信用与企业信用混同的现象,但严格意义上来说,二者并不等同,商业信用与企业信用之间是一种包含关系(如图2-1所示),企业信用涵盖了工商企业之间在商品交易时产生的商业信用。

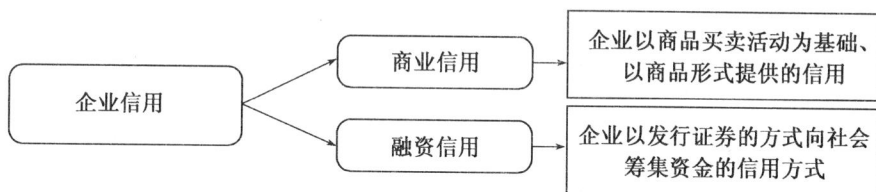

图2-1　企业信用和商业信用

(二)商业信用的形式和特点

商业信用的主要形式包括赊购商品、分期付款、预付货款、经销代销和补偿贸易等。虽然具体形式有很多,但可以将其归纳为两大类,即以赊销、分期付款等形式提供的卖方信用和以预付货款等形式提供的买方信用。

商业信用具有如下特点:

(1)商业信用的主体是厂商。商业信用是厂商之间相互提供大的信用,债权人和债务人都是厂商。

(2)商业信用的客体是商业资本。商业信用提供的不是暂时闲置的货币资本,而是处于再生产过程中的商业资本。

(3)商业信用和产业资本周转动态一致。经济繁荣阶段,生产增长,流通扩大,以信用方式出售的商品增加,商业信用随之扩大;反之,如果发生经济危机,生产下降,流通停滞,商业信用随之缩小。

(三)商业信用的作用和局限性

由于商业信用直接以商品生产和流通为基础,并为商品生产和流通服务,因此商业信用对加速资本的循环和周转,最大限度地利用产业资本和节约商业资本,促进生产和流通的发展,具有重要的推动作用。

但是,由于商业信用受其本身特点的影响,因而又具有一定的局限性,主要体现在以下四个方面:

(1) 由于商业信用存在于工商企业之间,所以它的规模大小是以产业资本的规模和生产能力为限。商业信用在量上是有限的。

(2) 商业信用有其严格的方向性,受商品流转方向的限制,一般来说是上游产品企业向下游产品企业提供信用,所以商业信用的范围受到了限制。

(3) 商业信用期限也有限制。企业在提供商业信用时,期限一般受到授信企业生产周转时间的限制,期限较短,所以商业信用只能解决短期资金融资的需要。

(4) 授信范围的限制。商业信用受信贷双方了解程度和信任程度的局限,如果双方互不了解、互不信任,商业信用也难以发生。

三、银行信用

(一) 银行信用的含义及发展

以货币资金借贷为运营内容和以银行及某些非银行金融中介机构为行为主体的信用关系可统称为银行信用,是现代信用的主要形式。20 世纪以来,银行信用有了巨大的发展与变化,主要表现在:越来越多的借贷资本集中在少数大银行手中;银行规模越来越大;贷款数额增大,贷款期限延长;银行资本与产业资本的结合日益紧密;银行信用与产业资本的结合日益紧密;银行信用提供的范围也不断扩大。

(二) 银行信用的特点

与商业信用相比,银行信用属于间接信用,因此银行信用有以下几个特点:

(1) 银行信用是一种间接信用,以银行等金融机构作为信用媒介。银行信用的债权人主要是银行,也包括其他金融机构;债务人主要是从事商品生产和流通的工商企业和个人。当然,银行和其他金融机构在筹集资金时又作为债务人承担经济责任。银行和其他金融机构作为投融资中介,可以把分散的社会闲置资金集中起来统一进行借贷,克服了商业信用受制于产业资本规模的局限。

(2) 银行信用所提供的借贷资金是从产业循环中独立出来的货币资本,它可以不受个别企业资金数量的限制,聚集小额的可贷资金满足大额资金借贷的需求。同时可把短期的借贷资本转换为长期的借贷资本,满足对较长时期的货币需求,不再受资金流转方向的约束。从而在规模、范围、期限和资金使用的方向上都大大优于商业信用。

(3) 银行信用与产业资本的动态并不完全一致。由于银行信用是一种独立的借贷资本的运动,它有可能与产业资本的动态不一致。例如,在繁荣时期,对商业资本的需求增加,对银行信用的需求也增加。但是在经济萧条衰退期,由于商品生产过剩,对于商业信用的需求会减少,但对银行信用的需求却有可能增加。此时,企业会为了支付债务,避免破产,加大对银行信用的需求。

(三) 银行信用的优势

相对于商业信用,银行信用的优势很明显,主要有以下几点:

（1）没有规模限制。银行信用能把社会上各种闲置资金集中起来,形成巨额借贷资本,再放贷给职能资本家。因此,银行信用不受个别资本数量和资本回流的限制。

（2）没有方向性。银行信用的客体不再是商品资本而是货币资本,因此,银行信用不受商品使用价值和流转方向的限制。

（3）具有广泛的接受性。由于银行信用是以货币形态向其他经济主体提供的信用,因此具有广泛的可接受性,可以由银行提供给任何经济主体。而商业信用是商品的形式提供信用,只能由商品的出售者提供给购买者。

（4）没有借贷期限的限制。银行信用所提供的信贷资金是从产业资本循环过程中分离出来的暂时闲置的货币资本,它可以通过存款沉淀,续短为长,进行期限转换,从而克服了商业信用在期限上的局限性。银行信用期限相对灵活,可长可短,满足长、中、短贷款的不同需要,能在更大的程度上满足扩大再生产的需要。而商业信用的期限一般受到企业生产周转时间的限制,期限较短。

尽管银行信用以其独特的优势在我国信用体系中占据着重要的地位,然而我国目前银行信用的现状却不容乐观。信用风险在金融体系中不断积累,低劣的信用状况不仅使政府的宏观政策难以发挥作用,而且使金融体系潜伏着巨大的危机。企业对于银行信用的过度依赖,企业还贷付息意识差,信贷结构单一,贷款风险集中等问题一直未得到根本性解决。因此,建立和发展银行信用是一个系统工程,需要社会各层面通力协作,形成政府、企业和个人完整的良性信用链条,才有利于银行信用的健康发展。

四、国家信用

（一）国家信用的含义及种类

国家信用是指国家及其附属机构作为债务人或债权人,依据信用原则向社会公众和外国政府举债或向债务国放债的一种形式。

国家信用包括国内信用和国外信用两种。国内信用是国家以债务人身份向国内居民、企业团体取得的信用,它形成一国的内债。国外信用是国家以债务人身份向国外居民、企业团体和政府取得的信用,它形成一国的外债。

（二）国家信用的特点

国家信用与其他信用相比有如下特点:

（1）国家信用的主体是政府,政府主要是以债务人的身份出现,债权人是全社会的经济实体和个人。

（2）安全性高,信用风险小。国家信用关系中,国家财政作为政府的代表成为债务人,是以国家（政府）的信用作担保,信用极高,几乎不承担任何风险,在英国有"金边债券"之称。

（3）用途特定。中长期国债券多用于基础设施、公共事业建设、军事支出和社会福利等非生产性支出。国库券多用于弥补财政短期失衡,以及中央银行在公开市场上调节货币供应量的工具。

（4）具有"财政"和"信用"的双重性。国家信用一方面要根据政府经济政策、产业政策的要求,支持有关产业、项目及地区的发展,为调节经济、实现国家的宏观政策服务,使经济的发展拥有良好的社会环境与条件;另一方面,要根据信用的原则有偿有息、充当债务人。这与银行信用以盈利为目的的单一"信用"属性不同(银行信用对宏观经济的调节,是中央银行借助于货币政策工具来实现的),国家信用建立在双方自愿互利、协商签约的基础上,不能强迫任何个人和企业购买国债,这又与财政分配的强制性不同。

(5)国家信用的形式主要是发行公债(包括中长期债券和短期国库券),其次是向中央银行的短期借款。

国债的还本付息主要依靠税收,因此,利用国家信用必须注意防止三个问题的发生:① 防止造成收入再分配的不公平。在国家信用中,能够大量购买国债的投资者便可获得较多的国债利息收入,他们可得到收入再分配,而未能购买国债的纳税人则得不到这部分收入再分配。② 防止出现赤字货币化。所谓"赤字货币化",是指政府发行国债弥补赤字,如果向中央银行推销国债,而中央银行又没有足够的资金承购,此时,中央银行就有可能通过发行货币来承购国债,从而导致货币投放过度,便有可能引发通货膨胀。③ 防止国债收入使用不当,造成财政更加困难,陷入循环发债的不利局面。

五、消费信用

消费信用是对消费者个人所提供的信用。在前资本主义社会,商人向消费者个人以赊销方式出售商品时,就已经产生了消费信用。但是,一直到20世纪40年代后半期,消费信用才开始发展。20世纪60年代是消费信用快速发展的时期,这种信用形式在西方国家非常普遍,如美国的商品销售额中有一半以上都是通过消费信用方式来完成的。

(一) 消费信用的方式

现代消费信用的方式多种多样,按交易主体可以划分为两大类。

(1)企业提供的消费信用。它是由商人直接以赊销、分期付款的方式,对消费者提供信用。

(2)银行等金融机构提供的消费信用。它是由银行和其他金融机构以货币形式直接贷款给个人用以购买消费品、住房以及支付旅游等费用的消费信用,即消费信贷;或者对个人提供信用卡,持卡者可以在接受信用卡的商店购买商品并定期与银行结账。目前,我国消费信用还处于初级阶段,消费信用主要以银行提供的消费信贷为主。

(二) 消费信用的特点

(1)消费信用主体多元化。消费信用的主体即指消费信用的提供者,它不仅有工商企业和银行,还有信用卡公司、人寿保险公司、典当行等。

(2)消费信用的客体多样化。即消费信用的对象,不仅限于货币形式,同时还有商品形式。

(3)消费信用具有一定的信用条件。即要求借款人要以未来的收入或实物资产作担保,按期偿还本金和利息。

(4)消费信用有特定的用途。只限于消费者个人生活消费,包括住房贷款、汽车贷款和助学贷款等。

消费信用可以促进耐用消费品的生产,提高消费者生活水平,也可以解决消费和购买力,特别是耐用消费品之间的供需不平衡,对市场经济发展有推动作用。但是消费信用的过分发展,一方面掩盖了消费品供需之间的矛盾,造成一时的虚假需求,在市场上供不应求,给生产传递错误信息,使一些消费品生产盲目发展;另一方面会导致信用膨胀,当消费信用急剧膨胀并超出市场基础时,会给经济带来破坏性的后果,也会因消费者对未来收入预算过大而使消费者债务负担过重,增加社会不稳定因素。因此,如何使消费信用健康发展是我们应该进一步思考的问题。

第三节　信用工具

信用工具亦称金融工具、融资工具,是资金供应者和需求者之间进行资金融通时所签发的证明债权或所有权的各种具有法律效力的凭证。

一、信用工具的特征

(一) 收益性

信用工具能定期或不定期带来收益,这是信用的目的。信用工具的收益有三种:一种为固定收益,是投资者按事先规定好的利息率获得的收益,如债券和存单在到期时,投资者即可领取约定利息。固定收益在一定程度上就是名义收益,是信用工具票面收益与本金的比例。另一种是即期收益,又叫当期收益,就是按市场价格出卖时所获得的收益,如股票买卖价格之差即为一种即期收益。还有一种是实际收益,指名义收益或当期收益扣除因物价变动而引起的货币购买力下降后的真实收益。在现实生活中,实际收益并不真实存在,而必须通过再计算。投资者所能接触到的是名义收益和当期收益。

(二) 风险性

为了获得收益提供信用,同时必须承担风险。信用工具的风险性是指投入的本金和利息收入遭到损失的可能性。任何信用工具都有风险,程度不同而已。其风险主要有违约风险、市场风险、政治风险及流动性风险。违约风险一般称为信用风险,是指发行者不按合同履约或是公司破产等因素造成信用凭证持有者遭受损失的可能性。市场风险是指由于市场各种经济因素发生变化,如市场利率变动、汇率变动、物价波动等各种情况造成信用凭证价格下跌,遭受损失的可能性。政治风险是指由于政策变化、战争、社会环境变化等各种政治情况直接引起或间接引起的信用凭证遭受损失的可能性。流动性风险是指因市场成交量不足或缺乏愿意交易的对手,导致未能在理想的时点完成买卖的风险。

(三) 可转让性(流动性)

保证信用行为得以正常进行从而信用工具得以有效签发的前提是必须保证资金借出者自身在出现财务困难时可以通过信用工具的转让来有效地收回资金,弥补未预期到的资金短缺。流动性指金融工具可以买卖和交易,可以换得货币,此即为具有变现力或流通性,是信用工具的一个重要特征,一个有效的信用工具必须具备足够的流动性。在短期内,在不遭受损失的情况下,能够迅速出卖并换回货币,称为流动性强,反之则称为流动性差。

(四) 期限性

期限性是指信用工具一般有约定的偿还期限。偿还期限指债务人必须全部归还本金之前所经历的时间。一般情况下,各种信用工具上都明确载明偿还的期限、本金偿还方式和利息支付方式等事项。信用工具的偿还期限可以有零期限和无期限两个特殊期限,如活期存款的期限可以看作是零期限,而普通股票偿还期限则是无期限的。

二、信用工具的分类

信用工具按不同的标志有不同的分类方式,主要有以下几种:

（1）按融通资金的方式可分为直接融资信用工具和间接融资信用工具。前者主要有工商企业、政府以及个人所发行或签发的股票、债券、抵押契约、借款合同以及其他各种形式的借款等;后者主要包括金融机构发行的本票、存折、可转让存款单、人寿保险等。

（2）按可接受性的程度不同可分为无限可接受性的信用工具和有限可接受性的信用工具。前者是指为社会公众所普遍接受、在任何场合都能充当交易媒介和支付手段的工具,如政府发行的钞票和银行的活期存款;后者是指可接受范围和数量等都受到一定局限的工具,如可转让存款单、商业票据、债券、股票等。

（3）按照偿还期限的长短可分为短期信用工具、长期信用工具和不定期信用工具三类。短期信用工具,如各种票据(汇票、期票、支票等)、信用证、信用卡、国库券等;长期信用工具,如股票、公司债券、政府债券等;不定期的信用工具主要指银行券。

三、几种类型的信用工具

经济学家总是喜欢把信用工具分为短期和长期信用工具两类,下面按照这类分法介绍几种典型的信用工具。

（一）短期信用工具

短期信用工具主要是一些期限在一年之内的具有一定格式的债务票据,由出票人签发,约定无条件向持票人支付一定的金额。这类信用工具主要有票据、信用卡和国库券。

1. 票据

票据是按照一定形式制成、写明有付出一定货币金额义务的证明,是出纳或运送货物的凭证。广义的票据泛指各种有价证券,如债券、股票、提单等;狭义的票据仅指以支付金钱为目的的有价证券,即出票人根据票据法签发的,由自己无条件支付确定金额或委托他人无条件支付确定金额给收款人或持票人的有价证券。在我国,票据即本票、汇票及支票的统称。

（1）本票(Promissory Note)。本票是出票人签发的按指定时间向持票人无条件支付一定金额的票据,即债务人向债权人开出的保证按指定时间无条件付款的书面凭证。持票人可以用背书的方法使本票流通转让。根据发票人的不同,本票可分为商业本票和银行本票。商业本票一般是由规模大、信誉好的企业为了筹集短期资金而发行的本票,需有金融机构的担保。银行本票是银行开出的向持票人无条件支付一定金额的本票,主要用途是为了代替现金。根据付款期限的不同,本票又可分为即期本票和远期本票。即期本票是见票即付的本票,远期本票是必须到约定日期才可付款的本票。所以,远期本票又称为期票。

（2）汇票(Draft 或 Drill of Exchange)。汇票是出票人签发的一种要求付款人按指定日期向收款人(持票人)无条件支付一定款额的票据。汇票和本票的区别在于:汇票涉及出票人、付款人和收款人三方当事人,而本票只涉及出票人和收款人,出票人即是付款人。根据出票人的类型,汇票可分为商业汇票和银行汇票。商业汇票是商业贸易活动中债权人(工商企业、发货人)向债务人(收货人)或其委托银行签发的汇票。一般来说,出票人在签发汇票的同时,还附上运货清单。因此,这类汇票也叫作跟单汇票(Documentary Bill)。银行汇票是一个银行向另一个银行签发的汇票,即一个银行将签发的汇票交汇款人寄给收款人后,由收款人向另一个银行收款。一般情况下,银行汇票不附任何货运清单,因此也叫光票(Clean Bill)。

根据付款期限,汇票又可分为即期汇票和远期汇票。即期汇票是见票即付的汇票,这种汇票大多没有利息,因而又称为无息汇票。远期汇票是注明付款期限,到付款日付款人才予以付款的汇票。这种汇票一般是有利息的,因此又称为有息汇票。商业远期汇票必须经过债务人承兑(即承认到期兑现)方为有效,承兑后的商业远期汇票就叫作商业承兑汇票。远期银行汇票经过付款银行承兑后,就成为银行承兑汇票,并可以转让流通。

(3) 支票(Cheque)。支票是活期存款户签发的要求开户银行向收款人(持票人)支付一定款额的票据。支票也涉及出票人、付款人和收款人三方,并且经背书后可以自由流通。但支票与汇票主要有两点不同:① 支票的出票人仅限于银行存款户,付款人也只限于银行,而汇票没有这样的限制;② 支票都是见票即付的即期票据,不存在承兑问题,而汇票则不是这样。

支票的种类很多,按照其支付方式分,有这样几种重要的类型:① 现金支票,即能够提取现金的支票;② 转账支票,即仅用于转账,而不能支取现金的支票;③ 保付支票,即在支票上记载有"保付"(Certified)字样的支票,这种支票的付款责任由保付银行承担,出票人不再付这个责任;④ 旅行支票,是为旅行者提供用款方便的一种支票。

2. 信用卡

信用卡(Credit Card)是消费信用的一种形式,具有先消费后付款的特点。它作为一种新的支付工具,为银行和商店带来了巨额利润,为消费者提供了方便。但目前关于各种银行卡的区分很多人比较模糊,为了更好掌握信用卡的特征属性,可以对银行卡做以下解释。

在我国,银行卡分为借记卡(Debit Card)和贷记卡,而贷记卡又分为信用卡和准贷记卡(Quasi-Credit Card)。借记卡是指先存款后消费(或取现),没有透支功能的信用卡。其按功能不同,又可分为转账卡(含储蓄卡)、专用卡及储值卡,是一种具有转账结算、存取现金、购物消费等功能的信用工具,它还附加了转账、买基金、炒股等众多理财等功能,还提供了大量增值服务。借记卡也就是我们日常用的银行卡,消费者可以用它去缴水、电、煤、电话等公用事业费,甚至还可以办理银证转账和银券通炒股业务。现在不少银行都给借记卡赋予了强大的管家功能,消费者应当根据自己的实际利用率,尽可能把保留目标落在功能涵盖面较广、实用性较高的借记卡上。

准贷记卡是指持卡人须先按发卡银行要求交存一定金额的备用金,当备用金账户余额不足以支付时,可在发卡银行规定的信用额度内透支的信用卡。准贷记卡是很具有中国特色的一种金融产品。用户在卡内存入的备用金不仅有利息,还可以在备用金不够的情况下进行透支消费。但是需要注意的是,和信用卡不同,这种透支是没有免息期的。

信用卡是指发卡银行给予持卡人一定的信用额度,持卡人可在信用额度内先消费,后还款的信用卡。贷记卡是真正意义上的信用卡,具有信用消费、转账结算、存取现金等功能。实际上在国外信用卡就是贷记卡,由于在中国境内信用卡并没有普及,所以为了推广贷记卡市场便产生了准贷记卡,我们可以理解成:贷记卡=信用卡+准贷记卡。而信用卡和准贷记卡的区别就在于其不用事先存入保证金,可利用本身的信用额度消费并享有 20 天至 50 天左右的免息期。但需要注意的是,存入信用卡的资金没有利息。

3. 国库券

国库券是国家财政当局为弥补国库收支不平衡而发行的一种政府债券。因国库券的债务人是国家，其还款保证是国家财政收入，所以它几乎不存在信用违约风险，是金融市场上风险最小的信用工具。

国库券是 1877 年由英国经济学家、作家沃尔特·巴佐特发明的，并首次在英国发行。后来许多国家都依照英国的做法，以发行国库券的方式来满足政府对短期资金的需要。在美国，国库券已成为货币市场上最重要的信用工具。我国于 1981 年恢复国库券发行，1995 年推出了记账式、凭证式和无记名式国库券。由于国库券安全性高、收益稳定、流动性强，因而又称为"金边债券"。

(二) 长期信用工具

长期信用工具是信用期限在一年以上的各种信用凭证，主要是中长期证券，比如股票和长期债券。

1. 股票

股票是股份公司发给股东作为入股、利润分成（领取利息）和公司管理者凭证的票据。它代表股东对公司的所有权，同时承担公司的经营风险。股票持有者不能中途退股，但可以将股票转让，或者作为抵押品。

股票的种类很多，也有多种不同的分类方式。

（1）根据股东权利分类，把股票分为普通股和优先股。普通股的股东是公司的所有者，享有经营决策参与权、盈利分红享有权、新增认股优先权，以及公司解散时的财产分配权。与普通股相比，优先股则体现出两个方面的优先性：① 不论公司经营状况如何，都可优先领取一个固定的股息；② 公司解散时，享有公司财产分配的优先权。

（2）根据上市地区划分，我国上市公司的股票有 A 股、B 股、H 股、N 股和 S 股等的区分。这一区分主要根据股票的上市地点和所面对的投资者而定。A 股是人民币普通股票。它是由我国境内的公司发行，供境内机构、组织或个人（不含我国台、港、澳投资者）以人民币认购和交易的普通股股票。B 股是人民币特种股票，它以人民币标明面值，以外币认购和买卖，在境内（上海、深证）证券交易所上市交易。H 股、N 股和 S 股分别是指注册在中国内地、上市在中国香港、纽约以及新加坡交易所的外资股。

（3）根据业绩也分为 ST 股、垃圾股、绩优股、蓝筹股。ST 是英文 Special Treatment 缩写，意思是"特别处理"。该政策针对的对象是出现财务状况或其他状况异常的，其股票称为 ST 股。垃圾股指的是业绩较差的公司的股票，与绩优股相对应。绩优股指的是业绩优良且比较稳定的公司股票。通常那些在其所属行业内占据重要支配性地位、业绩优良，成交活跃、红利优厚的大公司股票则被投资者称为蓝筹股。

（4）根据股票是否记载股东姓名来划分，可分为记名股票和无记名股票。记名股票是在股票上记载股东的姓名，如果转让必须经公司办理过户手续。无记名股票则是在股票上不记载股东的姓名，如果转让，通过交付而生效。

（5）根据股票是否记明每股金额来划分，分为有票面值股票和无票面值股票。有票面值股票是在股票上记载每股的金额。无票面值股票只是记明股票和公司资本总额，或每股占公司资本总额的比例。

（6）根据股票上表示的份数来划分可分为单一股票和复数股票。单一股票是指每张股票表示一股。复数股票是指每张股票表示数股。

(7) 根据投资主体的不同,可分为国家股、法人股、社会公众股。国家股指有权代表国家投资的部门或机构以国有资产向公司投资形成的股份,包括以公司现有国有资产折算成的股份。法人股指企业法人或具有法人资格的事业单位和社会团体以其依法可经营的资产向公司非上市流通股权部分投资所形成的部分。社会公众股是指我国境内个人和机构,以其合法财产向公司可上市流通股权部分投资所形成的股份。

股票价格是股票市场上股票的买卖交易价格。股票本身没有价值,仅仅是一种凭证。但它能为持有者带来股利收入,这使它有了价格,即股票的内在价值。围绕这一价值,又存在股票的面值、账面价值以及股票的发行价格和市场价格等多个概念。

另外,在股票市场中,用以表示多种股票平均价格水平及其变动并衡量股市行情的指标被称作股票价格指数。世界上著名的股票价格指数有道·琼斯指数、标准普尔指数、金融时报指数、东京指数和恒生指数等。

2. 债券

债券是发行者承诺按一定时期定期支付利息,并到期偿还本金的债务凭证。它同股票一样,是发行者的筹资手段和投资者的投资工具,可以买卖转让,因而有市场价格。但债券与股票有明显的不同:① 权利不同。股票持有者是公司的所有者,享有公司股东的一切权利,有投票权、参与公司经营管理;而债券持有者是公司的债权人,享有债权人的一切权利,只能按期收取利息,到期收回本金,无权参与公司的经营决策。② 风险和报酬有差异。从收益方面看,债券在购买之前,利率已定,到期就可以获得固定利息,而不管发行债券的公司经营获利与否。股票一般在购买之前不定股息率,股息收入随公司的盈利情况变动而变动,盈利多就多得,盈利少就少得,无盈利不得。因此股票股息是不固定的,并且不具有强制性,而债券有固定的利息收入,到期还本,风险小。③ 分配次序有先后。债权人的地位优先于公司股东,特别是在公司经营亏损或破产时,要先偿还公司债权人的本息,然后才能在股东之间分配盈余或剩余财产。④ 期限不同。股票没有到期日,具有不可返逆性。股票一经售出,不可再退回公司,不能再要求退还股本金。债券一般有期限,只有比较特殊的永久性债券没有期限。⑤ 发行者不同。作为筹资手段,无论是国家、地方公共团体还是企业,都可以发行债券,而股票则只能是股份制企业才能发行。

目前市场上的债券种类也很多,从不同的角度可以把债券分为不同种类,通常从以下几个角度来划分:

(1) 根据债券的发行主体不同,可分为政府债券、公司债券和金融债券。其中,政府债券又按期限长短分为公债和国库券两种。国库券是财政部为应付国库收支的急需而发行的一种短期债务凭证。与公债相比,它有三个显著特点:① 国库券的发行是为了弥补国库的短期亏空,而公债是为国家经济建设筹资。② 公债发行要经过立法机关通过,而国库券发行由政府自己决定。③ 公债发行期一般在一年以上,有的长达数十年,而国库券发行多在一年以内,有的只有一周。

公司债券是公司企业在经营过程中为筹集长期资金而向社会发行的借款凭证,又可分为有担保公司债券与无担保公司债券,可转换公司债券与不可转换公司债券,固定利率债券与浮动利率债券,国内债券与国际债券等。

金融债券是银行或其他非银行金融机构为筹集长期资金而向社会发行的借款凭证。具体种类有固定利率债券、浮动利率债券、贴水债券、累进利息债券等。

（2）按照付息方式划分为贴现债券、零息债券及附息债券。贴现债券指债券券面上不附有息票，发行时按规定的折扣率，以低于债券面值的价格发行，到期按面值支付本息的债券。贴现债券的发行价格与其面值的差额即为债券的利息。零息债券指债券到期时利息和本金一起一次性付清，也称为到期付息债券。附息债券指债券券面上附有息票的债券，是按照债券票面载明的利率及支付方式支付利息的债券。息票上标有利息额、支付利息的期限和债券号码等内容。持有人可从债券上剪下息票，并据此领取利息。

（3）按债券形态可以划分为实物债券、凭证式债券及记账式债券。实物债券是以实物的形式记录债权，券面上标有发行年度和不同金额，可上市流通。实物债券由于其发行成本较高，将会被逐步取消。凭证式债券是一种储蓄债券，通过银行发行，采用"凭证式债券收款凭证"的形式，从购买之日起计息，但不能上市流通。记账式债券指没有实物形态的票券，以记账方式记录债权，通过证券交易所的交易系统发行和交易。由于记账式债券发行和交易均无纸化，所以交易效率高，成本低，是未来债券发展的趋势。

（4）按照募集方式可以分为公募债券和私募债券。公募债券指按法定手续，经证券主管机构批准在市场上公开发行的债券。这种债券的认购者可以是社会上的任何人。发行者一般有较高的信誉。除政府机构、地方公共团体外，一般企业必须符合规定的条件才能发行公募债券，并且要求发行者遵守信息公开制度，向证券主管部门提交有价证券申报书，以保护投资者的利益。私募债券指以特定的少数投资者为对象发行的债券，发行手续简单，一般不能公开上市交易。

本章小结

1. 信用指的是偿还和付息为条件的暂时让渡商品或货币的借贷行为。这种经济行为的特点是以收回为条件的付出，即贷出，或者是以归还为义务的获得，即借入。信用是在原始社会末期商品经济发展到一定阶段的产物。信用的发展到目前为止大致经历了这样四个阶段：尚未工具化的信用阶段，尚未流动化的信用阶段，流动化的信用阶段，电子化及网络化与信用制度相结合的阶段。

2. 现实生活中的各种信用具有以下几点共同特征：① 信用的标的是一种所有权和使用权相分离的资金。② 以还本付息为条件。③ 以相互信任为基础。④ 以收益最大化为目标。⑤ 具有特殊的运动形式。

3. 信用的形式主要有高利贷信用、商业信用、银行信用、国家信用、消费信用。

4. 信用工具是资金供应者和需求者之间进行资金融通时所签发的证明债权或所有权的各种具有法律效用的凭证。日常中的短期信用工具主要有各种票据、国库券、信用卡等，长期信用工具主要有长期债券和股票。

综合案例

案例（一）

某银行起诉称：董某于2010年11月向该行申请办理信用卡一张。董某使用该卡后未履行全部还款义务，截至2011年11月1日，董某共透支人民币本息合计103万元。根据信用卡领用合约，持卡人应当在每月25日之前还清最低还款额，但董某多次违约。

银行对其催收多次，但一直拖欠至今。故诉至法院，请求判令被告董某返还信用卡透支款及上述欠款自2011年11月2日起至实际还款日产生的利息、滞纳金和超限费，并承担本案的诉讼费用。经询，董某认可信用卡欠款事实及金额。

西城法院审理查明相关事实后，支持了该行的诉讼请求，依法判令董某偿还所欠信用卡透支款及相应利息、滞纳金和超限费。

案例（二）

2007年6月13日，李某在建行北京分行办理信用卡一张，截至2011年6月10日李某共计欠款5 448元。李某透支逾期后，经该行以各种形式催收仍未还款。现该行起诉要求判令李某偿还信用卡本金、利息及相关费用5 448元，并按领用协议的约定支付自2011年6月11日起至上述欠款实际清偿之日止的利息，并由李某承担本案诉讼费及公告费。

经法院审理查明，李某在办卡时系某大学学生。2007年6月13日，李某向该银行申请办理大学生卡并填写申请表，并对信用卡的使用做出相关承诺。此后，李某的办卡申请获得批准并开卡使用。截止到2011年6月10日，李某因透支产生的应付本金、利息及相关费用仍有5 448元未偿还。待银行起诉时，李某已毕业，下落不明。

案例（三）

杜某于2007年1月7日向银行申请办理信用卡，其填写的信用卡申请表上显示，杜某任某公司采购部主管，年薪为10万元，拥有一辆捷达牌私家车。银行向杜某发放了信用卡，杜某开卡消费后，对信用卡欠款未予清偿。银行起诉要求杜某偿还截至2011年6月22日的信用卡欠款及至实际清偿之日的利息。

法院联系到杜某。杜某表示，认可签写了申请表，申请表中职业、收入情况是虚假的，其只是一名普通农民，没有稳定收入，更没有私人车辆，依靠"低保"来维持全家四口人的生计，而且孩子还在上学，无力偿还所欠银行款项。法院发现，银行在发卡过程中，并没有核实杜某工作单位及收入的真实性。

法院做了大量调解工作，最终双方达成调解协议，杜某同意在3个月内偿还银行信用卡欠款。签订调解协议后，杜某向法官表示，其确实经济困难，如果3个月内偿还了该笔款项，有可能生活费就不够。

（案例来源：http://www.51credit.com/creditcard/hangye/shehui/52619.shtml）

案例分析题：上述案例分别属于什么信用？案例中的信用工具是什么？信用工具有什么特点？如何规避风险？

本章复习题

一、单项选择题

1. 消费信用是指企业、银行和其他金融机构对(　　)提供的信用。

    A. 政府　　　　　　　B. 民政部门　　　　　C. 消费者　　　　　　D. 生产厂家

2. (　　)是以政府为债务人的信用。

    A. 国家信用　　　　　B. 银行信用　　　　　C. 商业信用　　　　　D. 消费信用

3. 我国公债是(　　)的主要表现形式。

    A. 银行信用　　　　　B. 国家信用　　　　　C. 商业信用　　　　　D. 消费信用

4. 发生在债权人和债务人之间通过中介机构进行,这是(　　)的基本特征。

    A. 直接信用　　　　　B. 间接信用　　　　　C. 普通信用　　　　　D. 特殊信用

5. (　　)是企业之间在商品交易过程中,直接以商品形式由卖方提供给买方信用形式。

    A. 公司信用　　　　　B. 消费信用　　　　　C. 银行信用　　　　　D. 商业信用

二、多项选择题

1. 现代信用的基本形式包括(　　)。

    A. 商业信用　　　　　B. 银行信用　　　　　C. 国家信用　　　　　D. 消费信用

2. 信用工具的特点有(　　)。

    A. 风险性　　　　　　B. 流动性　　　　　　C. 收益性　　　　　　D. 期限性

三、思考题

1. 阐述信用的基本概念以及产生的原因和发展阶段。

2. 如何对信用制度进行描述?

3. 简述信用形式的种类及其特点。

4. 信用工具是如何进行分类的?

5. 股票和债券有什么区别?

微信扫一扫
查看更多资源

第三章 利息与利息率

教学目标

通过学习,要求理解和掌握利息的来源与本质;利息与资金价格的关系;有关利息与利息率的基本概念;利息的计算方法;利率的表现形式;决定和影响利率变动的各种因素;利率对宏观经济和微观经济的调节作用及利率发挥作用应具备的基本条件。

导入案例

中国人民银行决定,自 2015 年 8 月 26 日起,下调金融机构人民币贷款和存款基准利率,以进一步降低企业融资成本。其中,金融机构一年期贷款基准利率下调 0.25 个百分点至 4.6%;一年期存款基准利率下调 0.25 个百分点至 1.75%;其他各档次贷款及存款基准利率、个人住房公积金存贷款利率相应调整。同时,放开一年期以上(不含一年期)定期存款的利率浮动上限,活期存款以及一年期以下定期存款的利率浮动上限不变。

自 2015 年 9 月 6 日起,下调金融机构人民币存款准备金率 0.5 个百分点,以保持银行体系流动性合理充裕,引导货币信贷平稳适度增长。同时,为进一步增强金融机构支持"三农"和小微企业的能力,额外降低县域农村商业银行、农村合作银行、农村信用社和村镇银行等农村金融机构准备金率 0.5 个百分点。额外下调金融租赁公司和汽车金融公司准备金率 3 个百分点,鼓励其发挥好扩大消费的作用。

(案例来源:http://wenda. so. com/q/1482919381728850? src=140)

案例分析题:什么是利率? 利率体系有哪几部分组成? 利率在国民经济中发挥怎样的作用? 决定和影响利率的因素有哪些?

第一节 利息及利率概述

利息和利息率则是与信用相对应的经济范畴,是信用从商品借贷发展到货币借贷之间的产物。可以说,现代市场经济条件下,有信用行为,就必然有利息或类似的东西;同时,只有利息,信用才能存在和发展。

一、利息的形成及其本质

利息的定义多种多样，一般认为，利息是借款人支付给贷款人的报酬。利息是伴随着信用关系的发展而产生的经济范畴，并构成信用基础。研究利息的本质问题主要有两个方面的内容：一是利息从何而来；二是利息体现什么样的生产关系。

（一）西方关于利息来源和本质的理论研究

关于利息的含义，西方经济学中有多种说法，但基本上是沿袭着这样一个思路：利息是对放弃货币使用权的机会成本的补偿。具体而言，可分为资产阶级古典政治经济学派和近现代资产阶级经济学派两部分的观点。

1. 资产阶级古典政治经济学派关于利息来源与本质的观点

资产阶级古典政治经济学派中，对利息的认识也有两个角度。配第、洛克、诺思等人认为，利息是与借贷货币资本相联系的一个经济范畴，并且从借贷货币资本的表面运动来分析利息的来源和本质。自马西开始，利息的研究倾向于对利息来源的分析，认为利息是与分配理论相联系的一个范畴。利息是社会总收入的一部分，是对资本所有者的报酬。

配第和洛克都从地租的存在来推导利息的来源、本质和利息存在的合法性。洛克认为，利息源于货币分配不均。因此，利息就是放弃货币使用权的报酬。配第认为，出租土地能够收取地租，那么出租货币也应收取货币租金，利息就是一种货币租金，而且利息的多少至少要等于用借到的货币所能够买到的土地所生产的地租。因此，利息和地租一样具有合法性。

康替龙的利息理论与配第和洛克不同，他认为利息源于贷出者要承担贷出货币的风险，利息实质上是风险的补偿。

诺思比洛克更进一步，他认为利息源于资本的余缺。他将借贷与贸易结合起来考察利息的产生。贸易是剩余产品的交换，而借贷是剩余资本的交换，贸易产生利润，借贷产生利息。利息率的高低受借贷资本供求关系的影响。在诺思那里，利息是资本的租金。

马西是首次从利息的来源来分析利息的性质的经济学家，其主要观点是：利息是利润，且是利润的一部分。

亚当·斯密在此基础上更进一步指出利润是剩余价值的转化形式。他把利息的来源分解为两种：一是如果把借贷的资金用于投资，利息来源于利润，是剩余价值转化形式；二是如果把借贷的资金用于直接消费，利息来源于别的收入，像地租之类。

2. 近现代资产阶级经济学家关于利息来源与本质的观点

在近现代资产阶级利息理论中，对利息性质的研究角度与古典经济学不同。后者主要从借贷关系和分配关系来研究利息的产生和性质，前者主要从资本的范畴、人的主观意愿和心理活动等角度来研究利息的性质。

从资本的范畴来研究利息的性质主要有资本生产力论和资本使用论，主要代表人物是萨伊。资本生产力论认为利息是资本生产力的产物。资本使用论是资本生产力论的发展，其主要内容是资本增值是"资本使用"的牺牲，利息是资本使用牺牲部分的报酬。

从人性和人的心理活动来研究利息性质的理论有节欲论、人性不耐论和时间偏好论等。节欲论的倡导者是西尼尔。他认为节欲是利息来源的原始因素，利息就是资本家牺牲自己的消费来增加资本的报酬。

库西尔-塞尼尤尔则把劳动分为节省劳动和体力劳动两种。既然体力劳动可以得到工资报酬,那么节省劳动同样应得到报酬。节省劳动的报酬就是利息。马歇尔和尤塞尔倡导利息等待论,其实是西尼尔的节欲论的翻版。他们一致认为等待或节欲是资本家的一种牺牲,利息是"等待"或"节欲"的报酬。

时差利息论是奥地利的著名学者庞巴维克提出的。他认为,通常人们都对现在的物品评价高,而对未来的货物评价低,现在物品与未来物品相比较,这种价值上的差别正是一切资本利息的来源,利息就是时间的报酬。

费雪则完全从人的主观因素来分析利息的产生和性质。他认为人们宁愿现在获得财富而不愿将来获得财富的不耐心或时间偏好是利息理论的基础。利息是"人性不耐"的结果,与生产完全无关。

凯恩斯在批判古典学派利息论的基础上建立了自己的流动性偏好的理论。他认为,由于交易动机、预防动机和投机动机的存在,人们乐于持有现金。这样,人们对具有完全流动性的资产有一定偏好。利息是公众放弃对货币灵活性偏好的一种报酬。

希克斯与凯恩斯一样,把利息问题当作一种纯粹的货币现象。但是他认为利息起源于证券的不完全"货币性"。证券是一种不具有普遍接受性的近似货币,因而其存在的价值总是低于其票面价值,利息就是对他们的不完全的"货币性"的衡量。

(二) 马克思关于利息本质的理论内容

马克思认为,在资本主义制度下,资本所有权和使用权分离,货币资本家将货币资本贷给职能资本家,经过一段时期,职能资本家将所借资本归还给货币资本家。在借贷资本回流中,职能资本家除了还本以外,还要将增值的一部分作为利息支付给货币资本家。因此,利息本质上是部分平均利润、剩余价值的特殊转化形式。正如马克思指出的:"只有资本家分为货币资本家和产业资本家,才使一部分利润转化为利息,一般地说,才创造出利息的范畴;并且,只有这两类资本家之间的竞争,才创造出利息率。"

马克思从借贷资本的特殊运动形式的分析中,揭示了利息的源泉,分析了利息的本质。他分析借贷资本的运动特点是双重支出和双重回流,双重支出首先是货币资本家把货币资本贷给职能资本家,然后职能资本家用货币购买生产资料和劳动力。双重回流是职能资本家把生产出来含有剩余价值的商品销售出去,取得货币,然后把借贷资本连本带利归还给货币资本家。借贷资本的整个运动过程为

$$G - G - W \begin{cases} P_m \\ A \end{cases} \cdots P \cdots W' - G' - G'$$

其中,G 代表货币,W 代表商品,P_m 代表生产资料,A 代表劳动力,P 代表生产过程,"$'$"代表增值部分。由此可以看出,借贷资本的运动与现实资本的运动和资本主义再生产过程密切相关。也就是说,货币资本家在贷出期内,将资本商品的使用价值即生产利润的能力让渡给职能资本家,后者运用借入的资本,购买生产资料和特殊商品——劳动力,进行生产,生产出的商品价值大于预付资本的价值,这个增值额就是剩余价值,剩余价值转化为利润。职能资本家与借贷资本家共同瓜分剩余价值,利润分割为两部分:企业主收入和利息。所以,利息是利润的一部分,是剩余价值的转化形式。

马克思揭示利息本质的意义在于:① 利息来源于劳动者创造的价值。② 利润分割为两部分企业主收入——资本使用权的报酬和利息——资本所有权的报酬。资本家作为一个阶级

与劳动者对立,共同瓜分劳动者创造的剩余价值。③ 利息的形式与利息内容之间的关系,利息表现为借贷资本商品的价格,实际上则是借贷资本商品特殊使用价值的价格。

二、利息率

(一) 利息率的定义

利息率,简称"利率",是指一定时期内利息额和本金额的比率,即利率＝利息/本金。利用利息率计算利息分为两种情况:单利和复利。

单利是指在计算利息时,不论期限长短,仅按本金计算利息,所生利息不再加入本金计算下期利息。单利计算公式为

$$I=P\times r\times n$$

$$S=P(1+r\times n)$$

式中,I表示利息额,P表示本金,r表示利息率,n表示借贷期限,S表示本金和利息之和,简称本利和。例如,为期5年,年利率6％的10万元存款,利息总额为30 000元(＝100 000×6％×5),本利和为130 000元[＝100 000×(1+6％×5)]。

复利是指计算利息时,按一定期限(如一年),将所生利息加入本金再计算利息,逐期滚算。其计算公式为

$$S=P\times(1+r)^n$$

$$I=S-P$$

若将上述实例按复利计算,则

$S=100\ 000\times(1+6％)^5=133\ 822.56(元)$

$I=133\ 822.56-100\ 000=33\ 822.56(元)$

可见,按复利计算,上述存款便可多得利息3 822.56元(＝33 822.56−30 000)。复利,有利于加强资金的时间价值观念,促使企业关心加速资金周转,提高资金得使用效率,同时还便于比较不同期限的资金使用效率。

(二) 利息率的种类

由于金融活动和金融产品的多样性,人们对利率有不同的计算和表达方法,因此,利率的具体形式是多种多样的。根据不同的角度,可将利率划分为不同的种类。

1. 年利率、月利率和日利率

按计算利息的期限长短不同,可将利率划分为年利率、月利率和日利率。在我国民间虽然单位都称为"厘",或者"分",但是含义完全不同。年利率一般以本金的百分之几(％)表示,通常称为年息几厘。例如,年息3厘就是指本金100元,每年利息3元。月利率一般以本金的千分之几(‰)表示,通常称为月息几厘。例如,月息3厘,即指本金1 000元,每月利息3元。日利率习惯称"拆息",一般以本金的万分之几(‱)表示,通常称为日息几厘。例如,日息3厘就是指本金10 000元,每日利息3元。分是厘的10倍,例如,月息3分,就是指月利率3％。西方国家通常用年利率,而我国则习惯于用月利率。年利率、月利率和日利率之间可以相互换算,换算公式为

$$年利率＝月利率\times 12＝日利率\times 360$$

2. 名义利率和实际利率

在纸币流通的条件下,由于纸币代表的价值量随纸币数量的变化而变化,因此,当流通中纸币数量超过市场上的货币需要量时,单位纸币实际代表的价值量必然下降,于是就产生了纸币的名义价值与实际价值之分,进而出现了名义利率与实际利率之分。

名义利率是以名义货币表示的利息率,也即我们平时所说的利息率。例如,我们说存款利率为9％,这个利率就是名义利率。

实际利率是名义利率剔除通货膨胀因素以后的真实利率。其计算公式为

$$i＝r－p$$

式中,i 表示实际利率,r 表示名义利率,p 表示借贷期间的通货膨胀率(物价上涨率)。当 $r>p$,则 $i>0$,实际利率为正数,表明有利息,借贷资金增值;$r＝p$,则 $i＝0$,实际利率为零,无利息,借贷资金保值;$r<p$,则 $i<0$,实际利率为负数,无利息,借贷资金贬值。

但如果考虑通货膨胀对利息的影响,即考虑利息的贬值因素,名义利率和实际利率之间的关系就如下式所示

$$i＝\frac{1+r}{1+p}-1＝\frac{r-p}{1+p}$$

例如,某人一年前向银行借款 10 000 元,期限 1 年,年利率 8％,即一年后连本带利归还 10 800 元。如果这一年内物价上涨 3％,则

第一种计算方法

$$i＝r－p＝8％－3％＝5％$$

第二种计算方法

$$i＝\frac{1+r}{1+p}-1＝\frac{r-p}{1+p}＝\frac{8％-3％}{1+3％}＝4.854\ 4％$$

这两种计算实际利率和名义利率公式为什么结果不同呢? 因为第一种方法只考虑了本金的贬值,而忽视了利息的贬值。这一年内物价上涨率为 3％,所以一年后还款时 10 300 元相当于一年前 10 000 元,借款人实际支付的利息不是 800 元,而是 500 元,利息中的 300 元被通货膨胀给侵蚀了,所支付的利息也相当于去年的 485.44 元,故实际利率为 4.854 4％。

3. 官定利率、市场利率、公定利率

按利率是否按市场规律自由变动可分为市场利率、官定利率、公定利率。市场利率是指在借贷货币市场上由借贷双方通过竞争而形成的利息率,包括借贷双方直接融通资金时商定的利率和在金融市场上买卖各种有价证券时的利率。市场利率是借贷资金供给状况变化的指示器。当资金供给超过需求时,利率呈下跌趋势,反之,当资金需求超过供给时,利率呈上升趋势。由于影响资金供求状况的因素十分复杂,因而市场利率变动非常频繁、灵敏。

官定利率是指一国政府通过中央银行确定的各种利息率,如中央银行对商业银行和其他金融机构的再贴现率和再贷款利率。在现代经济中,利息率作为国家调节经济的重要经济杠杆,利率水平不再是完全随资金供求状况自由波动,国家通过中央银行确定的利率调节资金供求状况,进而调节市场利率水平。因此,官方利率在整个利率体系中处于主导地位。

公定利率是指由非政府部门的金融民间组织如银行公会等确定的利率。它对会员银行有约束作用。

4. 存款利率、贷款利率与证券利率

按照金融资产的不同可分为存款利率、贷款利率与证券利率。

(1) 存款利率是指客户在银行或其他金融机构存款时所取得的利息与存款额的比率。存款利率的高低直接决定了存款者的利息收益和银行及其他金融机构的融资成本,对银行集中社会资金的数量有重要影响。一般来说,存款利率越高,存款者的利息收入越多,银行的融资成本越大,银行集中的社会资金数量越多。

(2) 贷款利率是指银行和其他金融机构发放贷款时所收取的利息与借贷本金的比率。贷款利率的高低直接决定着利润在企业和银行之间的分配比例,因而影响着借贷双方的经济利益。贷款利率越高,银行和其他金融机构的利息收入越多,借贷企业留利越少。贷款利率也因贷款种类和期限不同而变化。例如,流动资金贷款利率、固定资金贷款利率、票据贴现利率等。同一类贷款中也因贷款期限不同而利率高低不同。

(3) 证券利率是指各种有价证券的名义收益率,主要是指有价证券票面载明的收益率,如国库券、企业债券、金融债券的利息率等。存贷利率和证券利率之间有着密切的内在联系,这一点将在"利率的计量"中详细阐述。另外存贷利差直接决定着银行的经营状况,存款利率的变动要受到贷款利率变动的制约,贷款利率调整必然要相应调整存款利率,而证券利率的确定和调整也要受到存贷利率的制约。

5. 固定利率和浮动利率

固定利率是指利息率在借贷期内不随借贷资金的供求状况而波动的利率。通常,在借贷期限较短或市场利率变化不大的条件下,可采用固定利息率。但是,当借贷期限较长或市场利率变化较快时,利率变化趋势很难预测,借款人或贷款人可能要承担利率变化的风险,因此,对于中长期贷款,借贷双方都不愿采用固定利率,而乐于选择浮动利率。

浮动利率又称可变利率,是指随市场利率的变化而定期调整的利息率。调整期限和调整时作为基础的市场利率的选择,由借贷双方在借款时议定。例如,欧洲货币市场上的浮动利率,调整期限一般为3~6个月,调整时作为基础的市场利率大多采用伦敦市场银行间同业拆借市场的同期利率。

实行浮动利率,借款人在计算借款成本时要困难一些,利息负担也可能加重,但是,借贷双方承担的利率变化风险较小,利息负担同资金供求状况紧密结合。因此,一般中长期贷款都选用浮动利率。

6. 一般利率、差别利率、优惠利率

一般利率、差别利率与优惠利率是按金融机构对同类贷款利率制定不同的标准来划分的。

(1) 一般利率是金融机构按照一般标准发放贷款和吸收存款所执行的利率,主要是针对普通客户使用。

(2) 差别利率是指针对不同的贷款种类和借款对象实行的不同利息率,一般可按期限、行业、项目、地区设置不同的利息率。由于利率水平的高低直接决定着利润借贷双方的分配比例,影响借贷者的经济利益,所以对于国家支持发展的行业、地区的贷款实行低利率,对于国民经济发展中的长线和经济效益不好、经营管理水平差的企业实行高利率贷款,有利于支持产业机构的调整和经济协调发展。因此,实行差别利率是运用利率杠杆调节经济的一个重要方面。

（3）优惠利率是指国家通过金融机构对于需要重点扶植或照顾的企业、行业或部门所提供的低于一般贷款利率水平的利率。在我国，优惠利率通常用于技术改造、重点行业的基本建设、贫困地区的经济建设、出口贸易等方面。优惠利率对于推动实现国家的产业政策有重要作用。但它与银行自身的短期经营效益相矛盾，因此，国家为了减少银行的经营损失可对某些贷款实行贴息贷款，财政部门也可以给银行一定的税收优惠或财政补贴。

7. 基准利率和非基准利率

按照在整个利率体系中的作用、地位的不同，可将利率划分为基准利率和非基准利率。

基准利率指在整个金融市场和整个利率体系中处于关键地位、起决定性作用的利率。当它变动时，其他利率也相应发生变动。对于金融市场上的投资者和参与者来说，只要注意观察基准利率的变化，就可预测整个金融市场利率的变化趋势。在初期，基准利率是由市场活动的结果自发而成，后来，随着经济的发展，基准利率则由政府或金融管理当局决定。非基准利率是指基准利率以外的所有利率，即在利率体系中不处于关键地位，不起决定性作用的利率。

三、利率体系

利率体系是指一个国家在一定时期内各种利率按一定规则构成的复杂系统。在一个经济体系中任何时候都不只存在一种利率，而是存在多种利率，并且这些利率的相互作用对一般利率水平的决定影响极大。为了准确掌握利率的内涵，有必要对利率体系做简单分析。一般来说，利率体系主要包括以下几个方面的内容。

（一）中央银行再贴现率与商业银行存贷利率

中央银行再贴现率是中央银行对商业银行和其他金融机构短期融通资金的基准利率。它是中央银行对商业银行的贴现票据进行再贴现时所使用的利率，其水平由中央银行决定。它在利率体系中占有重要的中心地位，发挥着核心和主导作用，反映全社会的一般利率水平，体现一个国家在一定时期内的经济政策目标和货币政策方向。

商业银行利率，又称市场利率，是商业银行及其他存款机构吸收存款和发放贷款时所使用的利率。它在利率体系中发挥基础性作用，一方面反映货币市场上的资金供求状况；另一方面对资金的融通和流向起导向作用。它一般分为存款利率（或负债利率）与贷款利率。

（二）拆借利率与国债利率

拆借利率是银行及金融机构之间的短期资金借贷利率，主要用于弥补临时头寸不足，通常是隔夜拆借，期限一般不超过半年。拆借利率是根据拆借市场的资金供求关系来决定，它能比较灵敏地反映资金供求的变化情况，是短期金融市场中具有代表性的利率，其他短期借贷利率通常是比照同业拆借利率加一定的幅度来确定的。

国债利率通常是指一年期以上的政府债券利率，它是长期金融市场中具有代表性的利率。国债的安全性、流动性较高，收益性较好，所以国债利率水平通常较低，成为长期金融市场中的基础利率，其他利率则参考它来确定。

（三）一级市场利率与二级市场利率

利率作为借贷资金的价格或成本，可视为金融投资所获得的回报，所以经济学中利率与收益率一般可以通用。

一级市场利率是指债券发行时的收益率或利率,它是衡量债券收益的基础,同时也是计算债券发行价格的依据。

二级市场利率是指债券流通转让时的收益率,它真实地反映了市场中金融资产的收益状况。一般来说,二级市场收益率高,会使债券需求增加,从而使发行利率降低;反之,会使发行利率提高。

第二节　利率的决定理论及影响因素

一、利率决定理论

(一) 马克思利率理论

按照马克思的观点,利息是剩余价值的一种分割。而利息率就是借贷双方同意的作为一年内或任意一个或长或短的时期内利用一个定额货币资本的代价来接受借款或贷款的比例金额。因此,马克思认为,利息是由利润调节的,确切地说,是由一般利润调节的。"不管怎样,必须把平均利润看成是利息的有最后决定作用的最高界限。"

以单纯取得利息收入为目的、用于贷放的货币资本即为生息资本,它的运动只是一种有偿让渡运动,也就是说,它必须带有一个增殖的货币额即利息回流。因此,利息率的最低限度应该大于零。

马克思认为,平均利息率应该根据利息率在大工业周期中发生变动的平均数和那些资本贷出时间较长的投资部门中的利息率来计算。而市场利息率则完全由供求关系直接地、不通过任何媒介决定。当平均利润率提高时,资本家投资动机会变得强烈起来。营业的扩展自然增加对货币的需求,当货币供给量一定时,货币需求增加,利率就要提高;在相反的情况下,即平均利润率下降,资本家投资动机减弱,货币需求下降时,利息率也要随之下降。

总的来说,马克思的利率理论分析了自由竞争时期资本主义条件下市场利率决定和变动的一般规律以及利率变动的影响因素。因为当时资本主义国家对经济的运行调节方面还没有进入角色,所以,马克思受这种客观条件的局限,并没有把利率提高到对经济运行控制和调节的高度来分析利率决定和职能等问题。

(二) 古典学派的真实利率理论

古典学派的真实利率理论也称储蓄投资理论,它建立在萨伊法则和货币数量论的基础上,认为工资和价格的自由伸缩可自动地达到充分就业。在充分就业的水平下,储蓄与投资的真实数量都是利率的函数。该理论认为,投资流量会因利率的提高而减少,储蓄流量会因利率的提高而增加。所以,投资是利率的递减函数,储蓄是利率的递增函数。利率水平高低就取决于投资与储蓄的交互作用,这种关系可以用图3-1表示。

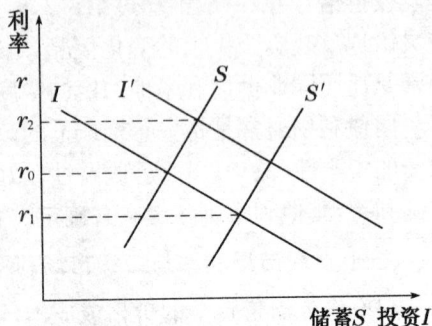

图3-1　古典真实利率理论

图中 I 为投资曲线,该曲线向下倾斜,表示投资与利率水平是负相关关系,利率上升则投资量下降,利率下降则投资量上升。S 为储蓄曲线,该曲线向上倾斜,表示储蓄与利率之间的正相关关系。利率提高则储蓄增加,利率下跌则储蓄减少。古典学派的利率决定理论的核心是"储蓄＝投资",即 $S=I$。在图中,储蓄曲线与投资曲线的交点决定了均衡利率水平 r_0。如果某些因素引起边际储蓄倾向提高,则 S 曲线右移到 S' 曲线位置,S' 曲线与 I 曲线的交点 r_1 即为新的均衡利率。同时,如果某些因素引起边际投资倾向提高,I 曲线向右平移形成 I' 曲线,则 I' 曲线与 S 曲线的交点确定新的利率均衡点为 r_2。

(三) 流动性偏好利率理论

凯恩斯建立和发展了一种通过货币的供求关系来分析利率的决定机制的理论框架,称为流动性偏好理论。

凯恩斯把人们用来储蓄财富的资产分为两类:货币和债券。在这个假定下,凯恩斯认为经济中的财富总量等于经济中的债券总量与货币总量之和,即等于债券的供应量 B_s 与货币的供应量 M_s 之和。由于人们购买资产的数量受到所拥有的财富总量的限制,因此人们愿意持有的债券数量 B_d 与愿意持有的货币数量 M_d 之和也必须等于财富总量,B_d 即为债券需求量,M_d 即为货币需求量。这样,就得到如下等式

$$M_s+B_s=M_d+B_d$$

把有关债券的项全部放到左边,有关货币的项全部放到右边,则上述等式可改写为

$$B_s-B_d=M_d-M_s$$

B_s-B_d 为债券的超额供应,是过多供给的债券数量,人们没有持有它们。M_d-M_s 是货币的超额需求,是人们愿意过多持有的货币数量。该等式说明,经济中过多供给的债券数量等于人们愿意过多持有的货币数量。

由等式知,如果货币市场处于均衡状态,即货币需求 M_d 等于货币供给 M_s,那么债券的超额供应为零,即债券供给等于债券需求,债券市场也处于均衡状态。同样,如果债券市场处于均衡,那么货币市场也就处于均衡之中。这样一来,通过让债券供求相等来决定利率,与通过让货币供求相等来决定利率,就没有什么区别。

凯恩斯在收入水平既定的前提下讨论货币供求决定利率的问题。凯恩斯货币需求理论将货币需求作为收入 Y 和利率 i 的函数,与收入同向变动,与利率反向变动。这里,利率是指债券的利率。现在,由于假定收入既定,因此货币需求就只是利率的函数:$M_d=M_d(i)$ 收入只是决定了货币需求曲线的位置。根据货币需求量同利率之间的反向变动关系,货币需求曲线向右下方倾斜(如图 3-2 所示)。

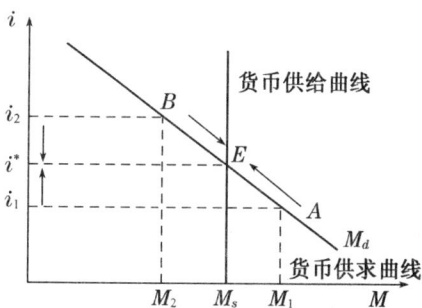

图 3-2　货币供求决定利率

凯恩斯还假定,经济中的货币供应量是由中央银行直接控制的。由于收入既定,货币供应量总量便是一个不随利率变化而变化的量,设中央银行控制下的货币供应量为 M_s,则货币供应函数是常值函数:$M_s(i)=M_s$,从而货币供应曲线是一条垂直于横轴的直线(如图 3-2 所示)。

如果在当前利率下存在,货币的超额需求,即需求大于供给,货币供不应求,那么在市场力

量的推动下利率将要上升,使货币需求量减下来(债券价格下降,人们将增加对债券的购买量,从而使人们持有的货币数量减少)。反映在如图3-2中,点 A 向点 E 的方向靠近,利率 i_1 上升。相反,如果当前利率下存在货币的超额供给,即货币供过于求,那么市场力量又会推动利率的下降,使货币需求量增加(债券价格上涨,人们将出售持有的债券,从而使人们的货币持有量增加),反映在如图3-2中,点 B 向点 E 的方向靠近,利率 i_2 下降。

货币持有量的这种变动过程,在达到如图3-2中 E 点所表示的需求量等于供给量的状态时停止下来,利率的变动也就随之停止下来。此时,市场交易才最终做成(因为非此时刻,利率处于不断变动之中,交易双方仍在商定利率)。可见,货币需求与货币供给相等时货币市场的一种相对静止的均衡状态,是使市场利率最终得以确定下来的状态,称这种状态为货币市场均衡,相应的利率就是均衡利率。所以,方程 $M_d(i) = M_s$ 的解 i^* 就是通过货币供求所确定的市场利率,即均衡利率。

(四) 可贷资金利率理论

凯恩斯"流动性偏好"和货币数量决定利率水平的理论在20世纪30年代后期遭到了瑞典学派的俄林和凯恩斯早年在剑桥大学任教时的学生罗勃逊的批评,俄林和罗勃逊提出了"可贷资金论",可贷资金模型经常被经济学家和金融分析家用于利率的预测。在此模型中,利率被定义为取得借款权或可贷资金使用权而支付的价格。借款者——社会上的负债消费者——发行债券,为超出当前收入或手中资金的那部分支出融资。这些债券构成了借款人对可贷资金或者信贷的需求。在市场的另一面,贷款者试图购买金融债券——也就是向市场提供可贷资金。

如果我们以净额为基础考察可贷资金市场的话,将发现可贷资金的需求者(债务工具的发行者)通常包括政府、市政以及商业企业。而这些债券的纯买入者——资金供给者——主要包括家庭和国外贷款者。

就像市场上小麦的供求数量取决于小麦的价格一样,可贷资金的供求数量也决定于可贷资金的价格——利率。这一原理可用图3-3表示。在图中,S_{LF} 和 D_{LF} 分别表示对可贷资金的供给和需求曲线。这些曲线的形状(斜率)可以直观地通过反映各个资金求来源的利率估算来解释。

可贷资金供给曲线 S_{LF} 是一条向上倾斜的利率函数曲线。古典经济学家认为利率是放弃当前消费,即用于储蓄的一种激励。做出储蓄的决定,意味着个体以未来的消费替代当前的消费。利率越高,通过放弃当前消费储蓄获得的未来消费数量越多。因此,高利率有助于克服人类时间偏好——对当前消费的偏好超过对未来消费的偏好的特性,并由此而鼓励储蓄。

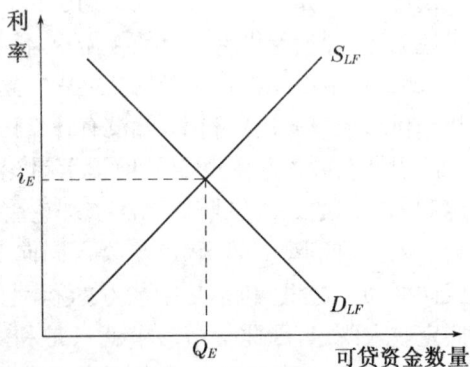

图 3-3　可贷资金的供给和需求与利率的决定

通常来看,经济学家研究没有发现储蓄对利率的变化有极强的反应。就其本身而言,这种发现可能意味着图3-4中的供给曲线更陡或接近垂直,而其他因素的作用使资金供给的数量对利率变化产生反应。比如,货币供应可能直接随利率而改变,因为随着利率的上升,银行愿意提供更多的贷款。此外,一国利率上升可以把外部资金吸引到该国的金融市场中,因为巨大的金融游资可以为了获得较高的收益率而不断地从一国转移到另一国。因此 S_{LF} 曲线是向上倾斜的。

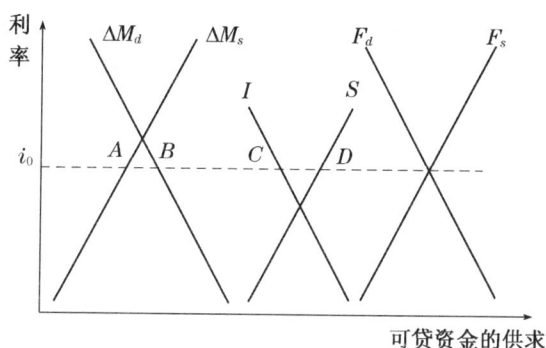

图 3 - 4　俄林—罗勃逊可贷资金供求决定利率的曲线

可贷资金的需求曲线是向下倾斜的,这是因为利率下降将刺激融资项目的支出。此外,如果其他因素不变的话,一国的低利率将通过借款购买耐用品、新房屋,向厂房、设备、存货以及非本地不动产的投资等方式增加外国人对该国的借款。

利率则由可贷资金供求曲线的交点决定。

这种理论的优点是兼顾了实质因素储蓄和投资,又同时运用了流量和存量分析方法(如图 3 - 4 所示)。

图中的 F_d 为可贷资金的总需求,I 为当前投资与固定资本重置和补偿的总和,ΔM_d 为现金新增累积和窖藏量。根据定义,$F_d = i + \Delta M_d$。F_s 为可贷资金总供应,S 为当前储蓄和过去储蓄的总和,ΔM_s 为银行体系所创造的新增货币,则 $F_s = S + \Delta M_s$。F_d 和 F_s 相交点的利率水平 i_0 虽然表面为可贷资金供求均衡所决定的利率,但这并不表示一定是 $I = S$ 和 $\Delta M_d = \Delta M_s$。如图所示,ΔM_d 大于 ΔM_s,其差额为 AB;S 大于 I,其差额为 CD,但由于 AB 和 CD 相等,故 F_d 与 F_s 相等。但在货币市场和商品市场中,如果求过于供($M_d > M_s$)或供过于求($S > I$),那么很明显,对国民所得和国民经济活动就会产生收缩性的压力,在这种情况下,利率也不会保持稳定。只有将所得与国民经济活动调整至货币供求和实物供求同时平衡时,一个稳定的均衡利率才能建立。

二、影响利率的主要因素

(一)平均利润率

当企业从银行和其他金融机构借入资金从事生产经营后,所得利润必须分为两部分:一部分以利息形式支付给银行和其他金融机构,作为使用借贷资金的代价;另一部分作为企业的利润。一般而言,随着一国市场机制的作用和价格体系的调整和完善,企业的利润率的差距将会逐渐缩小而出现平均化的趋势,因此企业所支付的利息率必然以平均利润率作为最高界限,如果利息率超出这一界限,就会使企业运用借入资金所生产的利润等于零或小于零,企业就不会再从金融机构借入资金了。至于利息率最低可到什么程度,则没有一个确切的界限,但一般不会等于零。

(二)银行的成本

银行作为经营存、放、汇等金融业务的特殊企业,以盈利为目标。利润大小取决于两个方面:一是收入的多少;二是成本的高低。因此,成本必须通过其收益得到补偿。银行的成本分为两类:一是借贷资金的成本,即银行吸收存款时对存款人支付的利息;二是经营的所有费用,包括银行的厂房、设备等固定资产的支出,雇佣劳动力的工资以及其他费用。银行在考虑其贷款的利率问题时,必须将这些因素充分考虑进去。

(三)通货膨胀预期

在预期通货膨胀率上升期间,利率水平有很强的上升趋势。而当预期通货膨胀率下降时,利率水平也将下降。可贷资金模型可以解释这种现象。假设几年来通货膨胀相对温和,在这种情况下,可贷资金的供给和需求曲线以图3-5中的S_{LF}^1和D_{LF}^1表示,均衡点为A,均衡利率为i_1。

现在假设通货膨胀率每年都有所上升,而且公众预期这种高通货膨胀仍将持续一段时间。在这种情况下,我们将证明可贷资金的供给曲线会

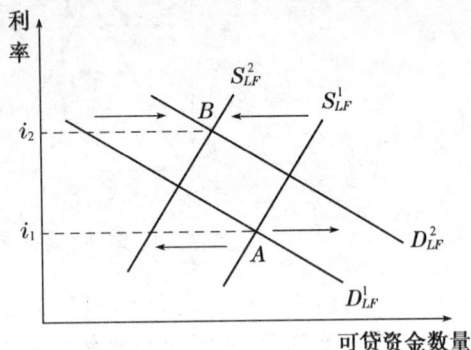

图3-5 通货膨胀预期和利率

向左移动,需求曲线则向右移动,均衡利率水平会上升的情况。

对持续增长通货膨胀的预期将减少可贷资金的供给,使供给曲线从S_{LF}^1向左移动到S_{LF}^2。由于预期本金的实际价值将很快遭受损失,所以图中各种利率水平上愿意贷出的货币数量减少。贷款者会考虑选择贷款的替代方式投资。有些贷款者可能会选择购买普通股票、黄金和其他贵重金属、不动产或者其他被认为能比债务工具更有效地抵御通货膨胀的资产。由于这些原因,可贷资金的供给减少(向左移动)。在任意给定的利率水平下,由于预期通货膨胀增加了,贷款变得没有吸引力了。

同时,预期通货膨胀的上升也增加了对可贷资金的需求。在各种利率水平下,由于借款的意愿增大,使需求曲线从D_{LF}^1向右移动到D_{LF}^2。这是因为用借来的资金购买的商品或资产的价格或名义价值预期将随通货膨胀的上升而升高,而借款本金的名义价值则不变。或者也可以说成,用借贷资金建设的项目或购买商品的实际价值在通货膨胀期间保持不变,而实际的债务负担却减少了。因此,预期通货膨胀率上升将导致在每一个可能的利率水平上的房屋开工率上升、房屋信贷购买增加,对厂房、设备和存货的投资增多。所以,在预期通货膨胀率上升时,图3-5中的可贷资金的需求曲线会向右移动。

由于预期通货膨胀率上升,使可贷资金的供给减少而需求增加,所以均衡点移到了图中B点,可贷资金的均衡价格——利率上升。假设存在一个不受控制的竞争性的金融市场,图3-5中的利率将从i_1上升到i_2。预期通货膨胀变化引起利率水平发生变动的效应被称为费雪效应(Fisher Effect),它是以最先发现利率和预期通货膨胀之间联系的美国经济学家费雪(Irving Fisher)命名的。

费雪效应指出了名义(实际)利率与预期通货膨胀有如下关系

$$i = r + \beta p_e$$

式中,i为名义利率;r为实际利率,即通货膨胀为零时的利率;p_e为预期的通货膨胀率;β

为名义利率相对预期通货膨胀变化调整的系数。

如果实际利率(r)保持恒定而β等于1,则名义利率(i)的变动将完全决定于预期通货膨胀率(p_e)的变动。费雪假说的激进派认为β值等于1——也就是说利率与预期通货膨胀率按1比1的方式变动。费雪假说的保守派仅认为β值是正的并且有重要作用——亦即预期通货膨胀对利率有较大影响。比如,如果实际利率(r)保持恒定且为2%,而预期通货膨胀率从3%增至8%,那么在费雪假说的激进派看来,名义利率将从5%上升到10%。这被称为通货膨胀中性现象。因为在这一实际现象中,利率上升中和了高通货膨胀使财富在贷款人和借款人之间再分配的影响。

(四)中央银行政策

中央银行运用某些政策工具通过银行影响可供贷款。由于银行贷款是可贷资金供给的重要组成部分,所以我们可以把中央银行政策看作能够引起可贷资金供给曲线移动的因素。当中央银行想要刺激经济时,它将采取措施以鼓励银行增加可供贷款的数量。这时可贷资金供给曲线向右移动,利率下降,同时刺激了对利率敏感项目如房地产、企业厂房和设备的支出。当中央银行要限制经济活动时,它将采取迫使银行收回贷款的措施,这时可贷资金供给曲线向左移动,利率上升,家庭和企业支出将受到抑制。

一般来说,中央银行货币政策对短期利率的影响作用大于对长期利率的影响,而后者主要受预期通货膨胀的影响,当中央银行首先向银行注入资金以刺激银行贷款增加并降低利率时,大部分效果显示短期利率将发生变化。由于货币供应量增加将提高预期的通货膨胀,费雪效应可能会导致长期利率的上升。在金融市场与通货膨胀预期高度相关的时代,人们不能相信中央银行有能力通过相应的政策措施显著降低长期利率。

(五)商业周期

利率的波动表现出很强的周期性,在商业周期的扩张(繁荣)阶段上升而在经济紧缩(衰退)阶段下降。在经济扩张期,随着企业和消费者借款增多,对资金的需求迅速上升。此外,通过费雪效应拉升利率的通货膨胀压力增加而且中央银行可能采取措施限制可供资金以抵消随经济增长而产生的通货膨胀。所有三种力量都将推高利率水平。在商业衰退期,会发生相反情况。随着企业和消费者缩减支出,对资金的需求下降,通货膨胀压力减轻,中央银行也开始增加可贷资金供给,而这三种力量合起来又降低了利率水平。

事实上这一过程可能更为复杂一些。在复苏的初期——第一年或第二年,使利率升高的动力是比较温和的。随着企业借款,增加存货和增加运营资本,可能使信贷需求有所增加,市政发行债券数量也会增加。但这几种因素使利率在经济复苏的第一年或第二年在低位徘徊甚至继续下降。由于税收增加,政府赤字减少,在可贷资金市场的供给方面,失业人数减少和工资收入增长使个人储蓄增加,企业盈利和利润留成也有利于经济扩张。可是,在循环扩张的初期,由于经济上仍然存在着相当多的失业和过剩的生产能力,所以中央银行可能通过采取鼓励刺激的货币政策措施增加货币供应量。最后,有关通货膨胀预期的表述在复苏的初期降至低点,因此,在复苏的第一年或第二年使利率上升的动力非常小。

在循环扩张的后半段,促使利率上升的动力增加。由于生产能力利用率提高和增加,而且对销售和盈利健康增长的乐观情绪使企业投资(以及当前对资金的需求)达到高潮。消费者的信心也随着失业的减少、工作稳定性增大而大增,这会导致房屋信贷购买增多进而增加对可贷资金的需求,央行可能开始采取措施减少资金的供应。最后,在经济扩张的后期预期通货膨胀随着通货膨胀的压力达到顶峰而急剧上升。所有这些不利因素都超过了个人和企业储蓄的持续增长以及政府预算赤字下降的有利影响,因此,利率在循环扩张的后期强劲上升。

(六) 借贷资金供求状况

如上所述,利息率的界限在零和平均利润率之间,这只是说利息率一般可以在这个界限内取值,并不能确定某一时期具体的市场利息率。在利率市场化条件下,市场利息率一般是在借贷资金市场上由资金的供求双方协商确定,在这一过程中,资金的供求状况就起着决定作用。在通常情况下,借贷资金供大于求,则对借者有利,可争取到较低的贷款利率;反之,在借贷资金供不应求时,则借者处于不利地位,贷者提出较高的贷款利率,在资金难求之时,借者也只能接受高利率的贷款。当信贷资金市场供求平衡时,则"习惯和法律传统等等都和竞争本身一样,对它的决定发生作用",从而在一段时间内形成了市场的均衡利率。

(七) 政府预算赤字

很明显,如果其他因素不变,政府预算赤字增加则利率上升。政府借款增加意味着可贷资金需求曲线右移,如果其他因素不变,利率一定升高。而且较大的预算赤字可能引起通货膨胀预期,进而由费雪效应拉动利率上升。

多数经济学家赞同预算赤字增加将导致利率上升这一观点,然而在专业上,对这种观点也有不同意见,至少在 20 世纪 80 年代以前有一段时期,令人惊奇的是没有任何证据可以证明利率和预算赤字间的正相关(这可能部分地因为 80 年代以前的预算赤字比现在小得多的缘故)。那些不相信预算赤字能显著影响利率的经济学家发展了两种支持他们观点的解释:其一是可贷资金具有世界范围的市场;其二是预算赤字增大的趋势刺激了国内私人储蓄率上升。近十年来,各国的金融市场逐渐连成一体,并成为世界范围的大市场。如果一国的利率开始随该国借款增加而上升,那么为满足政府需求的可供资金的数量也将随外国机构增加对该国的贷款而增多。换句话说,该国可贷资金供给曲线相对利率被认为是完全弹性的——几乎垂直。这种敏感的供给曲线使得由于政府借款增加导致该国利率上升的压力非常有限。

另外,假设公众是"向前看的"。并且认识到今天增多的预算赤字预示着未来的高税收或低生活水平,为了防止自己和后代在未来勒紧裤带,他们增加了当前的储蓄。这种情况下,可贷资金的供给曲线右移,趋向于中和由于政府资金需求增加而对利率产生的影响。如果存在合理的行为和预期的话,利率将不受预算赤字增大的影响。

(八) 国际利率水平

随着各国经济对外开放程度的提高,国际利率水平的高低对一国利率也开始产生影响。这种影响是通过下述两条渠道实现的。

一是国际信贷渠道。在国际金融市场利息率较低的条件下,一方面,银行等金融机构从国际金融市场上筹资成本较低,从而使其能够以较低的利息率发放贷款;另一方面,某些大企业也可在国际金融市场上直接筹措资金,缓解国内资金供不应求的矛盾,这必然要影响国内利息率回落到国际金融市场上的利率水平。而在国际金融市场利息率高于国内利息率的条件下,无论银行还是企业都会减少从国际金融市场上筹措资金的数量,而把资金筹措的主要力量放在国内,从而使国内资金供不应求。在国内资金供不应求的压力下,利息必然要逼近国际金融市场的利息率水平。

二是国际贸易渠道。例如,在国际金融市场利率高于国内贷款利率的条件下,出口企业会把一些可以即期结汇的交易做成远期结汇交易,这实际上等于出口企业向外国进口商提供了一笔贷款,外国进口商会在出口商品价格中,根据国际金融市场的利息率水平增加的方式付息,出口企业可以从国际金融市场和国内利率水平的差异中获利,但国家的大量资金却被外商占用。因此,国家在制定和调整利息率时,也不能不考虑国际利率水平的影响。

第三节　利率的计量及作用

一、现值、终值、贴现与货币的时间价值

在日常生活中,银行存款是常见的一种金融活动。为什么人们愿意把暂时不用的钱存在银行呢? 因为一段时间后,可以得到比存款更多的钱。例如,现在将 10 000 元存入银行,银行承诺一年后不仅可以取回这 10 000 元,还可以得到 300 元的利息,也就是说,现在的 10 000 元,一年以后,可以换回 10 300 元,因此现在的 10 000 元与一年以后的 10 300 元具有同样的价值。显然,现在的 10 000 元比一年以后的 10 000 元价值高。同样数额的货币,在不同的时间点上具有不同的价值,即货币具有时间价值。货币的时间价值反映了借贷资金在借贷期间不同时点上的价值。从资金运动时间顺序的角度,一般把投资期初的价值称为现值,把投资期末的价值称为终值。现值与终值是相对而言的,现值相对于其前面的价值而言是终值,而终值相对于其后面的价值而言又成为现值。

(一) 终值

终值(Future Value, FV)是用复利计算方法计算的一定金额的初始投资在未来某一时期结束获得的本息和。如果 PV 表示初始投资的本金,r 表示利率,n 表示计算的期限数,FV 表示终值,则终值的计算公式可以表示为

$$FV=(1+r)^n PV$$

例如,100 万元存入银行,银行存款利率为年利率 15%,10 年后的本息和为

$$FV=(1+r)^n PV=(1+15\%)^{10}\times100=404.6(万元)$$

(二) 现值

现值(Present Value, PV)是在复利计息方式下,未来一定金额按照某一利率所折算出的现在的价值,显然它与终值正好相反,其计算公式为

$$PV=\frac{FV}{(1+r)^n}$$

例如,若要在两年后得到 8 000 元,假设年利率为 11%,现在应存入的本金是

$$PV=\frac{FV}{(1+r)^n}=\frac{8\ 000}{(1+11\%)^2}=6\ 469(元)$$

现值的观念有悠久的历史,中国过去流行一种倒扣息的放债方法,如契约上名义借 100 元还 100 元,半年还清,在月息 3 分的情况下,不计复利,贷者付给借款者的只有 85 元。现代银

行有一项极其重要的业务,即收买票据,其收买的价格就是根据票据金额和利率倒算出来的现值,这项业务叫"贴现",现值也称贴现值。

(三) 终值与现值的运用

终值和现值的计算方法不仅可用于银行贴现票据等类似业务,而且还被广泛应用在确定债券价值、股票价值以及投资决策等领域。下面介绍其在计算债券价值和投资决策中的运用。

1. 债券价值的计算

收入资本化法认为,任何资产的内在价值都决定于投资者对持有该资产预期的未来现金流的现值。因此计算债券价值的方法,就是把债券未来能够带来的现金流收入分别折现并加总,这个现值就是债券的价值,通常这也是确定债券价格的主要方法。如果债券的价格高于债券的价值,就不会有人购买该种债券,而如果债券的价格低于债券的价值,债券的发行人显然要遭受损失,所以债券的价格与债券的价值应趋于一致。用 PV 表示债券价值,A 表示债券的面值,C 表示每期的利息,n 表示债券的期限,r 表示市场利率,那么一般的附息债券的价值可以表示为

$$PV=\frac{C}{1+r}+\frac{C}{(1+r)^2}+\frac{C}{(1+r)^3}+\cdots+\frac{C}{(1+r)^n}+\frac{A}{(1+r)^n}$$

例如,某公司欲发行面值为 1 000 元,息票率为 10%,期限为 2 年的债券,每年付一次利息,若发行时市场利率上升至 12%,则该债券的定价应该是多少?

计算出该种债券的价值为

$$PV=100\div(1+12\%)+1\,100\div(1+12\%)^2$$
$$=89.29+876.91=966.20(元)$$

由于债券的内在价值为 966.20 元,因此其发行价格应接近 966.20 元。

在这个例题中,由于债券的票面利率低于市场利率,债券的价值低于其面值,因此该公司为吸引投资者购买该种债券,应采用折价发行的方法,以低于面值的价格销售该种债券,以补偿投资者投资这种债券少得到的收益。

2. 在投资决策中的运用

由于各种信用工具要求支付利息的时间不同,如简易贷款是到期一次还本付息;固定分期付款以等额分期支付的方式在各期偿还贷款;附息债券向债券持有人定期支付固定数额的利息,期末还本;贴现债券通常折价出售,到期按面值偿付等,因而选择不同类型的信用工具会给投资人带来不同的收入。当我们选择购买某一种信用工具时,通常是以放弃购买其他债券的机会为代价的,即要付出机会成本。因此,信用工具的选择或机会成本、收益水平的比较必然涉及货币的时间价值。

一般地,设投资于某项资产在 n 年后可一次得到 F 元的总收入,利率为 i,那么把未来的这 F 元贴现到现在的价值,就是未来 F 元的现值,其计算公式为

$$P=\frac{F}{(1+i)^n}$$

此式称为简单贴现公式。这种计算未来收入在今天的价值的过程,称为对未来的贴现。

以上讲述的是一次性贴现。实践中,有些投资项目是在未来 n 年中每年都有回报的。假定第 k 年的回报为 R_k 元($k=1,2,\cdots,n$),利率为 i,于是这种投资回报的现值计算公式应为

$$PV = \frac{R_1}{1+i} + \frac{R_2}{(1+i)^2} + \cdots + \frac{R_k}{(1+i)^k} + \cdots + \frac{R_n}{(1+i)^n} = \sum_{k=1}^{n} \frac{R_k}{(1+i)^k}$$

式中，PV 为资产(或资金)的现值；$R_1, R_2, \cdots, R_n$，为当前预期的第 $1, 2, \cdots, n$ 年的收益；i 为贴现率。此式称为定期定额贴现公式。其意义是，当前投资 PV 元，按照利率 i，在今后的 n 年中，第 1 年收回 R_1 元，第 2 年收回 R_2 元……第 n 年收回 R_n 元，就把投资全部收回。

一种特殊情形是，一项投资利率为 i，每年连本带息收回 R 元，n 年将该投资全部收回，则这项投资的现值为

$$PV = \sum_{k=1}^{n} \frac{R}{(1+i)^k} = \frac{R}{i}\left[1 - \frac{1}{(1+i)^n}\right]$$

另一种情形是，一项投资的利率为 i，每年利息收回 C_k 元，连续收 n 年后还有 F 元的本金偿还，则这项投资的现值为

$$PV = \sum_{k=1}^{n} \frac{C_k}{(1+i)^k} + \frac{F}{(1+i)^n}$$

二、利率与收益率

(一) 到期收益率

在各种计算利率的常见方法中，到期收益率(Yield to Maturity，YTM)是最重要的一种。所谓到期收益率，是指来自于某种信用工具的收入的现值总和与其今天的价值相等时的利率水平。比如，投资者用 V 元投资于某种信用工具，n 年后可一次得到 R 元的总收入，那么使这 R 元收入的现值 PV 等于当前投资的价值 V 的利率 i 应该由公式 $PV = \frac{R}{(1+i)^n} = V$ 来确定，即

$$i = \sqrt[n]{\frac{R}{V}} - 1$$

由此确定的利率就是该信用工具的到期收益率。由于到期收益率的概念中隐含着严格的经济意义，因此经济学家往往把到期收益率看成是衡量利率水平的最精确指标。下面我们将分别计算四种不同的信用工具的到期收益率。

1. **简易贷款的到期收益率**

对于简易贷款而言，使用现值概念，其到期收益率的计算是非常简单的。例如，一笔面额为 100 元的 1 年期贷款，1 年后的偿付额为 100 元本金外加 10 元利息。显而易见，这笔贷款今天的价值为 100 元。根据到期收益率的概念，让贷款未来偿付额的现值等于其今天的价值。

$$i = \frac{100+10}{100} - 1 = 10\%$$

从上面的计算过程可以看出，对于简易贷款而言，利率水平等于到期收益率。因此，i 有双重含义，既代表简单利率，也代表到期收益率。如果以 L 代表贷款额，I 代表利息支付额，n 代表贷款期限，i 代表到期收益率，那么

$$L = \frac{L+I}{(1+i)^n}$$

2. 固定分期偿还贷款的到期收益率

对于固定分期偿还贷款而言,以固定利率的抵押贷款为例,在到期日贷款被完全清偿以前,借贷人每期必须向银行支付相同金额,直至到期日贷款被完全偿付为止。因此,贷款偿付额的现值相当于所有支付金额的现值之和。

例如,一笔面额为 1 000 元的抵押贷款,期限为 25 年,要求每年偿付 126 元。

那么,我们可以按照下面的公式计算这笔贷款的现值,并使之与贷款今天的价值(1 000元)相等,从而计算出这笔贷款的到期收益率。

$$PV = \frac{126}{1+i} + \frac{126}{(1+i)^2} + \frac{126}{(1+i)^3} + \cdots + \frac{126}{(1+i)^{25}} = 1\,000(元)$$

借助于利息查算表或袖珍计算器,我们可以知道这笔贷款的到期收益率为 12%。把上述计算过程推广到一般情形,对于任何固定分期支付贷款,如果 L 代表贷款额,R 代表每期的支付金额,n 代表贷款的期限,i 代表到期收益率,那么我们可以得到下列计算公式

$$L = \frac{R}{1+i} + \frac{R}{(1+i)^2} + \frac{R}{(1+i)^3} + \cdots + \frac{R}{(1+i)^n} = \frac{R}{i}\left[1 - \frac{1}{(1+i)^n}\right]$$

3. 附息债券的到期收益率

附息债券到期收益率的计算方法与固定分期偿还贷款大致相同,使来自于一笔附息债券的所有支付的现值总和等于该笔附息债券今天的价值。由于附息债券也涉及了不止一次的支付额,因此,附息债券的现值相当于所有息票利息支付额的现值总和再加上最终支付的债券面值的现值。

例如,一张息票率为 10%、面额为 1 000 元的 10 年期限附息债券,每年支付息票利息 100元,最后再按照债券面值偿付 1 000 元。其现值的计算可以分为附息支付的现值与最终支付的现值两部分,并让其与附息债券今天的价值相等,从而计算出该附息债券的到期收益率。

$$P_b = \frac{100}{1+i} + \frac{100}{(1+i)^2} + \frac{100}{(1+i)^3} + \cdots + \frac{100}{(1+i)^{10}} + \frac{1\,000}{(1+i)^{10}} = 1\,000(元)$$

借助于袖珍计算器或利息查算表,我们可以知道这笔附息债券的到期收益率为 10%。把上述计算过程推广到一般情形,对于任何一笔附息债券,如果 P_b 代表债券的价格,C 代表每期支付的息票利息,F 代表债券的面值,n 代表债券的期限,i 代表附息债券的到期收益率。那么我们可以得到附息债券到期收益率的计算公式

$$P_b = \frac{C}{1+i} + \frac{C}{(1+i)^2} + \frac{C}{(1+i)^3} + \cdots + \frac{C}{(1+i)^n} + \frac{F}{(1+i)^n}$$

在上述公式中,附息债券的价格、每期支付的息票利息、债券的期限与面值都是已知的,把有关数据代入其中,即可得出到期收益率的数值。由于这种计算比较烦琐,人们常常通过袖珍计算器或利息查算表得出有关数据。

根据上述计算公式,如果一笔附息债券 C、F、n 是事先已知的,那么,显而易见债券价格与到期收益率 i 之间存在一定的关系。

(1)当附息债券的购买价格与面值相等时,到期收益率等于息票率。让我们考虑以下两个不同的投资决策:① 将 1 000 元人民币存入银行,利率为 10%,存款人每年提取 100 元利息,到第 10 年年底,同时提取 1 000 元本金。② 以 1 000 元的价格购买面额为 1 000 元、息票

率为 10%、期限为 10 年的附息债券,其到期收益率也为 10%。该债券的持有人每年都可以得到 100 元的息票利息,到第 10 年年底,债券发行人按照债券面值偿付 1 000 元本金。显而易见,这两个投资决策对投资人来讲是无差异的。这意味着购买该附息债券的到期收益率必定等于银行的存款利率,也等于债券的息票率。

(2)当附息债券的价格低于面值时,到期收益率大于息票率;而当附息债券的价格高于面值时,到期收益率则低于息票率。

(3)附息债券的价格与到期收益率负相关。如果债券价格上升,到期收益率下降;反之,如果债券价格下降,到期收益率上升。这是显而易见的事实。如果到期收益率上升,债券价格计算公式中所有的分母都会增大,从而来自于债券的附息支付额与最终支付额的现值之和必然减少,债券价格因此下降;反之,如果到期收益率下降,债券价格计算公式中所有的分母都会变小,从而来自于债券的附息支付额与最终支付额的现值之和必然增加,债券价格因此上升。另一种解释是:较高的利率水平意味着债券未来的利息支付和最终支付在折成现值时价值较少,因此债券价格必定较低。

4. 贴现债券的到期收益率

对于贴现债券而言,到期收益率的计算与简易贷款大致相同。例如,一张面额为 1 000 元的 1 年期国库券,其发行价格为 900 元,1 年后按照 1 000 元的现值偿付。那么,让这张债券的面值的现值等于其今天的价值,即可计算出该债券的到期收益率。

$$900 = \frac{1\,000}{1+i}$$

$$i = \frac{1\,000 - 900}{900} = 11.1\%$$

把上述计算过程推广到一般情形,对于任何一年期贴现债券来讲,如果 F 代表债券面值,P_b 代表债券的购买价格,那么,债券到期收益率的计算公式如下

$$i = \frac{F - P_b}{P_b}$$

从这个公式也可以看出,贴现债券的到期收益率与债券价格负相关。在上例中,如果债券价格从 900 元上升到 950 元,则到期收益率从 11.1% 下降到 5.3%;反之,如果债券价格从 900 元下降到 850 元,则到期收益率从 11.1% 上升到 17.6%。

(二)利率与收益率的联系与区别

按到期收益率计算的债券利率,实际上反映的是债券的全部未来收益的贴现率,是债券的满期收益率,只与债券的起初买进价格有关,而与整个期间内的市场价格变化无关。因此,到期收益率是债券的内部报酬率,即由债券本身内在确定的收益率不受市场价格因素的影响。

我们将会看到,正是由于利率的内部报酬性,债券利率上升并不能使债券投资者获利。实际上,能够准确衡量在一定时期内投资人持有债券或其他有价证券究竟能够得到多少收益的指标是收益率,这是一种外部报酬率概念。

债券持有者可以在债券到期日之前将债券按当时的市场价格出售。投资者从买进债券到卖出债券的这一段时期,称为债券的持有期,简称为持期。用 P_b 表示债券的买进价格,用 P_s 表示债券的卖出价格,用 C 表示持期利息(即在债券的持有期内投资者所能得到的债券利

息），则投资者持有债券所得到的收益率 r 为

$$r = \frac{C + P_s - P_b}{P_b} = \frac{利息 + 资本利得}{购买价格}$$

我们将这个指标 r 称为债券的收益率，或者更确切地称为持有期收益率。

一般来讲，投资者在这一时期买进债券，到下一时期将债券卖出，从相邻两期之间债券的市场价格差价中获取利润。这样，假定投资者在时期 t 买进债券，到下一时期 $t+1$ 卖出债券。再假定时期 t 内债券的市场价格为 P_t，时期 $t+1$ 内债券的市场价格为 P_{t+1}，每一时期内债券的利息为 C（比如息票债券的年息）。则债券的收益率为

$$r = \frac{C + P_{t+1} - P_t}{P_t} = \frac{利息 + 前后期价差}{t\,期购买价格}$$

我们把上式分解为两项：第一项是当期收益率 $r_c = \dfrac{C}{P_t}$，第二项是资本利得率 $g = \dfrac{P_{t+1} - P_t}{P_t}$。因此，债券收益率是当期收益率与资本利得率之和

$$r = r_c + g$$

利率上升，意味着债券的后期价格低于前期价格（即 $P_{t+1} < P_t$），于是资本利得率 g 变为负值。由于 r_c 是根据前期价格 P_t 计算的，所以利率上升对于计算收益率中的当期收益率 r_c 没有影响。这样一来，利率上升意味着债券价格下降，从而收益率下降，甚至出现负的收益率。这就证明了我们的断言：债券利率上升并不能使投资者获利。

另外需要说明的一点是，不同类型信用工具或者同类信用工具由于风险级别的差异，所要求的到期收益率是不同的。这说明信用工具的风险特征已暗含于到期收益率当中，要求的到期收益率越高，意味着风险级别越高，反之亦然。

到期收益率是信用工具（如债券）的内部报酬率，它考虑了时间价值，反映了市场合理的报酬率，购买信用工具（债券）的资金的机会成本是利息，微观主体在购买信用工具（债券）是会进行成本收益分析：当预期市场上利率水平上涨时即机会成本增加，必然会引起信用工具（债券）需求的减少，价格的下降，进而引起到期收益率的上升；反之，当预期市场上利率水平下降时即机会成本降低，必然会引起信用工具（债券）需求的增加，价格的上涨，进而引起到期收益率的下降。

因此，可以推断出这样的结论：

市场利率上升或预期市场利率上升：债券需求减少，债券价格下跌，到期收益率上升；市场利率下降或预期市场利率下跌：债券需求增加，债券价格上涨，到期收益率下降。信用工具的到期收益率与利率同方向变化，到期收益率可以作为衡量市场型金融工具的利率水平的有效指标。

三、利率的作用

利率作为经济杠杆，在市场经济中具有"牵一发而动全身"的效应，对经济的发展发挥着至关重要的作用，下面分别从宏观和微观两个角度考察它的作用。

（一）利率在宏观经济中的功能

1. 调节资源配置

在市场经济体制下，人们根据各种商品价格的变动趋势，不断改变生产和投资的决策，将用于价格趋于下跌的产品的资源，转用于生产价格趋于上升的产品，对资源分配做结构性调整，以达到提高效益的目的。利率作为货币资金的价格，则不只是对资源分配做结构性调整，而是在调整对资源的总需求，把有限的资源分配给利润较高的行业、部门和企业，保证社会资源使用的总的效率。

利率过高，意味着使用资金的成本过大，某些利润较低资源，就会造成资源的闲置，是一种浪费。利率过低，意味着资金使用成本过小，某些利润很小的生产仍可进行，投资也会增加，有限的资源可能被低效益部门占用，这同样是一种浪费。只有利率合理，才能使资源得到合理配置，提高资金使用效益，从而促进经济的发展。

2. 调节资金的供求

利率的高低对货币的供求、银根的松紧有着直接的影响作用。利率越低，融资方的成本越小，在其他条件不变时，所获的利润增大，表现为对货币的需求扩大。相反，利率越高，融资成本越高，在其他条件不变时，所获的利润减少，表现为对货币的需求缩小。从融出方来说，利率越高，所获取的利息越多，表现为对货币供给的增加；相反，利率越低，资金供给就会相应收缩。可见，借贷双方要求利率波动的趋向是相反的。但是，现实生活中，利率波动的最终结果总会使借贷双方的要求协调起来，使货币需求大致等于货币的供给。

3. 调节投资

利率通过影响投资成本的多少来影响投资总量。在投资的边际收益不变时，贷款利率提高，投资成本（支付的利息）增加，投资的净收益降低，投资总量减少；反之，贷款利率降低，投资成本减少，投资者的净收益高，投资总量也相应提高。因此，低利率对实质性投资有刺激作用；高利率则不利于投资规模的扩大。

4. 利率与消费、储蓄

储蓄与消费都是收入的函数。在一般情况下，储蓄是收入的增函数，消费是收入的减函数。这就是说，如果生活水平作为既定，随着收入的增加，用于消费的比例将会减少，而用于储蓄的比例将会增加。

利率、储蓄与消费之间的关系，从总量上看，在收入既定的条件下，利率的高低对广义储蓄和消费的影响不大，广义储蓄的增减和消费水平主要随收入的增减做相应的变化。但如果从利率的高低能够影响人们的收入水平去考察，则会出现利率水平越高，同期人们的货币收入将会由于利息收入的增加而增加，从而会增加消费和储蓄。从微观上看，利率高低对狭义储蓄量的可调控性是十分明显的，在收入既定条件下，利率提高，有利于银行储蓄存款的增加，本期消费的减少；利率降低，有利于银行储蓄存款的减少，本期消费的增加。

总的来说，利息率的变动不仅能调节消费与储蓄的结构，而且能调节消费的总量。在消费总量为一定的条件下，居民用多少货币收入来消费，用多少货币收入来储蓄，利率的高低能起调节作用，即利率高，储蓄就多，消费就少；利率低，储蓄就少，消费就多。通过降息来刺激消费，刺激经济的增长，其原理亦在于此。

5. 利率对股市的影响

首先利率的上升，不仅会增加公司的借款成本，而且还会使公司难以获得必需的资金，这样,公司就不得不削减生产规模,而生产规模的缩小又势必会减少公司的未来利润。因此,股票价格就会下降;反之,股票价格就会上涨。其次利率上升时,投资者据以评估股票价值所在的折现率也会上升,股票价值因此会下降,从而,也会使股票价格相应下降;反之,利率下降时,股票价格就会上升。再次利率上升时,一部分资金从投向股市转向到银行储蓄和购买债券,从而会减少市场上的股票需求,使股票价格出现下跌;反之,利率下降时,储蓄的获利能力降低,一部分资金就可能回到股市中来,从而扩大对股票的需求,使股票价格上涨。除了以上几方面,社会资本状况也会影响到利率作用的发挥,如果存在着大量过剩资本,利率降低就会引起投资增加;但如果资本不足,尽管利率降低了,投资也难以立即增加。

6. 利率变动对汇率的影响

首先,利率政策通过影响经常项目对汇率产生影响。当利率上升时,信用紧缩,贷款减少,投资和消费减少,物价下降,在一定程度上抑制进口,促进出口,减少外汇需求,增加外汇供给,促使外汇汇率下降,本币汇率上升。与利率上升相反,当利率下降时,信用扩张,货币供应量(M_2)增加,刺激投资和消费,促使物价上涨,不利于出口,有利于进口。在这种情况下会加大对外汇需求,促使外汇汇率上升,本币汇率下降。

(二) 利率在微观经济活动中的作用

如果说分配资源、提高效率是利率的宏观经济功能,那么,利率的微观经济功能就是促进企业加速资金周转,节约资金使用。利率是对企业利润的一种扣除,占用的资金和所付的利息越少,企业所得的利润就越多。由于利润的高低同企业和职工的经济利益有着紧密的联系,于是,利率自然成了促进企业加速资金周转、减少资金占用的有力工具。对个人而言,利率影响其经济行为。利率能够诱发和引导人们的储蓄行为。利率可以引导人们选择金融资产。

本章小结

1. 利息是借款人支付给贷款人的报酬,利息率则是指一定时期内利息额和本金额的比率,实际利率就是名义利率剔除通货膨胀因素以后的真实利率。利率体系是指一个国家在一定时期内各种利率按一定规则构成的复杂系统,包括中央银行再贴现率与商业银行存贷利率、拆借利率与国债利率和一级市场利率与二级市场利率三部分。

2. 货币的时间价值涉及现值、终值和贴现的概念,现值是指未来某一时间的终值在现在的价值,可见它与终值正好相反。所谓到期收益率,是指来自于某种信用工具的收入的现值总和与其今天的价值相等时的利率水平,它通常是衡量利率水平的最精确指标。不同信用工具的到期收益率的计算方法也不尽相同。当期收益率和贴现收益率是利率计量的另外两种方法。

3. 利率决定理论较为著名的有马克思利率理论、古典学派的真实利率理论、流动性偏好利率理论、可贷资金利率理论。通常影响利率的主要因素包括平均利润率、银行成本、通货膨胀预期、中央银行政策、商业周期、信贷资金供求状况、政府预算赤字以及国际利率水平等。

综合案例

人民银行关于存款利息计算的有关规定

各种储蓄存款均以元为计算单位，元以下角分不计息。各种储蓄存款利息应计至厘位，支付时计至分位将厘位四舍五入。

各种储蓄存款利息（除活期储蓄年度结息、整存整取定期储蓄约定转存外）一律利随本清，不计复息，特殊规定除外。

根据《中国人民银行关于储蓄存款利率调整后有关业务处理手续问题的通知》的规定，各类储蓄存款，为便于计算，规定全年按 360 天计算。不论大月、小月、平月、闰月，每月均按 30 天计算、30 日及 31 日视为同一天，如 30 日到期于 31 日来取，不作过期一天；31 日到期 30 日来取，也不作提前一天。30 日存入，当月 31 日支取不计息。2 月 28 日存入，第二天 3 月 1 日支取，按存期 3 天计算。

自存入至次年同月同日为一整年；存入日至次月同日为一整月。如存入日为到期或支取月份所无，则以到期或支取月份的最末一天作整月计算。

到期日如遇营业机构公休日，在公休日前一天支取或转存，均作到期计算，但必须验对客户有效身份证件。

1. 存款的计息起点为元，元以下角分不计利息。利息金额算至分位，分以下尾数四舍五入。除活期储蓄在年度结息时并入本金外，各种储蓄存款不论存期多长，一律不计复息。

2. 到期支取：按开户日挂牌公告的整存整取定期储蓄存款利率计付利息。

3. 提前支取：按支取日挂牌公告的活期储蓄存款利率计付利息。部分提前支取的，提前支取的部分按支取日挂牌公告的活期储蓄存款利率计付利息，其余部分到期时按开户日挂牌公告的整存整取定期储蓄存款利率计付利息，部分提前支取以一次为限。

4. 逾期支取：自到期日起按存单的原定存期自动转期。在自动转期后，存单再存满一个存期（按存单的原定存期），到期时按原存单到期日挂牌公告的整存整取定期储蓄存款利率计付利息；如果未再存满一个存期支取存款，此时将按支取日挂牌公告的活期储蓄存款利率计付利息。

5. 定期储蓄存款在存期内如遇利率调整，仍按存单开户日挂牌公告的相应的定期储蓄存款利率计算利息。

6. 活期储蓄存款，逐笔结算利息，按储户清户时一次计付利息。活期储蓄存款在存入期间遇有利率调整，按结息日挂牌公告的活期储蓄存款利率计算利息。全部支取活期储蓄存款，按清户日挂牌公告的活期储蓄存款利率计付利息。

7. 大额可转让定期存款：到期时按开户日挂牌公告的大额可转让定期存款利率计付利息。不办理提前支取，不计逾期息。

具体计算方法：

1. 计算活期储蓄利息：银行活期存款利息公式

$$利息 = \frac{本金 \times 天数 \times 年利率}{360}$$

每年结息一次，7 月 1 日利息并入本金起息。未到结息日前清户者，按支取日挂牌公告的活期储蓄存款利率计付利息,利息算到结清前一天止。(从 2005 年 9 月 21 日起,活期计息将遵从新规定,活期计结息由按年改为按季计结息,从年结改为季结,每季结息一次,每季第三个月的 20 日结息)

(从 2005 年 9 月 21 日起,对个人活期存款实施按季结息规则,每季末月 20 日为结息日。一直以来,除大额协议存款外,几乎所有类型的存款均按年计结息,每年 6 月 30 日和 7 月 1 日分别为计息日和结息日。存款计结息频率由每年 1 次提高至 4 次后,存款利息将产生利滚利效应,存款人将获得更多利息,这是与国际惯例接轨之举。央行亦举例称,1 万元活期存款年本息额将从目前的 10 057.6 元增至 10 057.72 元,增加 0.12 元)

确定存期:在本金、利率确定的前提下,要计算利息需要知道确切的存期。在现实生活中,储户的实际存期很多不是整年整月的,一般都带有零头天数,这里介绍一种简便易行的方法,可以迅速准确地算出存期,即采用以支取日的年、月、日分别减去存入日的年、月、日,其差数为实存天数。例如:

支取日－存入日＝2017 年 6 月 20 日－2014 年 3 月 11 日＝3 年 3 月 9 日

按储蓄计息对于存期天数的规定,换算天数为:3×360(天)＋3×30(天)＋9。

如果发生日不够减时,可以支取"月"减去"1"化为 30 天加在支取日上,再各自相减,其余类推。这种方法既适合用于存取款时间都是当年的,也适用于存取款时间跨年度的,很有实用价值。

2. 计算零存整取的储蓄利息:到期时以实存金额按开户日挂牌公告的零存整取定期储蓄存款利率计付利息。逾期支取时其逾期部分按支取日挂牌公告的活期储蓄存款利率计付利息。

零存整取定期储蓄计息方法有几种,一般家庭宜采用"月积数计息"方法。

其公式是

$$利息＝月存金额×累计月积数×月利率$$

其中

$$累计月积数＝(存入次数＋1)÷2×存入次数(等差数列求和公式)$$

据此推算一年期的累计月积数为(12＋1)÷2×12＝78,以此类推。三年期、五年期的累计月积数分别为 666 和 1 830。储户只需记住这几个常数就可按公式计算出零存整取储蓄利息。

例:某储户 2016 年 3 月 1 日开立零存整取户,约定每月存入 100 元,定期一年,开户日该储种利率为月息 4.5‰,按月存入至期满,其应获利息为

$$应获利息＝100×78×4.5‰＝35.1(元)$$

3. 计算存本取息的储蓄利息:储户于开户的次月起每月凭存折取息一次,以开户日为每月取息日。储户如有急需可向开户银行办理提前支取本金(不办理部分提前支取),按支取日挂牌公告的活期储蓄存款利率计付利息,并扣回每月已支取的利息。逾期支取时其逾期部分按支取日挂牌公告的活期储蓄存款利率计付利息。

该储种利息计算方法与整存整取定期储蓄相同,在算出利息总额后,再按约定的支取利息次数平均分配。

例:某储户 2014 年 7 月 1 日存入 1 万元存本取息储蓄,定期 3 年,利率年息 7.47%,约定每月取息一次,计算利息总额和每次支取利息额为

利息总额＝10 000×3(年)×7.47%＝2 241(元)

每次支取利息＝2 241÷36(月)＝62.25(元)

4. 计算定、活两便的储蓄利息：定活两便储蓄具有定期或活期储蓄的双重性质。存期三个月以内的按活期计算,三个月以上的,按同档次整存整取定期存款利率的六折计算。存期在一年以上(含一年),无论存期多长,整个存期一律按支取日定期整存整取一年期存款利率打六折计息。

其公式是

$$利息＝本金×存期×利率×60\%$$

因定活两便储蓄不固定存期,支取时极有可能出现零头天数,出现这种情况,适用于日利率来计算利息。

例：某储户 2016 年 2 月 1 日存入定活两便储蓄 1 000 元,2016 年 6 月 21 日支取,应获利息多少元?

先算出这笔存款的实际存期为 140 天,应按支取日定期整存整取三个月利率(年息 2.88%)打六折计算。

应获利息＝1 000 元×140 天×0.8‰(日利率‰)×60%＝6.72(元)

(案例来源：http://www.chinaacc.com/new/403/405/2007/4/qi71515242612470028900-0.htm)

案例分析题: 你认为我国央行关于各种储蓄存款利息(除活期储蓄年度结息、整存整取定期储蓄约定转存外)一律利随本清,不计复息这个规定是否合理,为什么?

本章复习题

一、单项选择题

1. 在物价下跌时,要保持实际利率不变,应把名义利率(　　　)。

    A. 保持不变　　　　　　　　　　B. 与实际利率对应

    C. 调高　　　　　　　　　　　　D. 调低

2. 某公司获得银行贷款 100 万元,年利率 6%,为期 3 年,按年计息,单利计算,则到期后应偿还银行本息共为(　　　)。

    A. 11.91 万元　　B. 119.1 万元　　C. 118 万元　　D. 11.8 万元

3. 某公司获得银行贷款 100 万元,年利率 6%,为期 3 年,按年计息,复利计算,则到期后应偿还银行本息共为(　　　)。

    A. 11.91 万元　　B. 119.1 万元　　C. 118 万元　　D. 11.8 万元

4. 某人期望在 5 年后取得一笔 10 万元的货币,若年存款利率为 6%,按年计息,复利计算,则现在她应该存入自己银行账户的本金为(　　　)。

    A. 74 725.82 元　　B. 7 472.58 元　　C. 76 923 元　　D. 7 692.3 元

5. 由政府或金融管理部门或中央银行确定的利率是(　　　)。

    A. 公定利率　　B. 一般利率　　C. 官定利率　　D. 实际利率

二、多项选择题

1. 马克思认为,在平均利润率与零之间,利息率的高低取决于(　　　)。

A. 总利润在贷款人和借款人之间进行分配的比例

B. 资本有机构成的高低

C. 利润率

D. 利润量的大小

E. 资本的供求关系

2. 按照利率的决定方式可将利率划分为(　　)。

A. 官定利率　　　B. 基准利率　　　C. 公定利率　　　D. 市场利率

E. 固定利率

三、计算题

某投资项目建设期为 3 年,有两种投资方案可供选择。方案一:第一年年初投资 500 万元,第二年与第三年年初分别各投资 200 万元。方案二:第一年年初投资 100 万元,第二年年初投资 300 万元,第三年年初投资 600 万元。如果市场投资收益率为 15%,应该选择哪种投资方案,为什么?

四、思考题

1. 关于利息的起源和本质,马克思和西方经济学分别是如何叙述的?

2. 计算利息率的公式和利息率的种类有哪些?

3. 阐述利率体系的内容。

4. 简易贷款、固定分期偿还、付息债券和贴现债券的到期收益率分别是如何计算的?

5. 论述利率决定理论的内容。

6. 影响利率的主要因素有哪些?

7. 如何理解银行的贷款利率必然高于存款利率?

第四章　金融市场

教学目标

　　通过本章学习,能够理解金融市场的含义与功能,熟知金融市场的构成要素和金融市场的分类,掌握货币市场、资本市场、金融衍生工具市场的含义及构成;能够运用金融市场工具进行金融市场操作;能够运用所学的理论、知识和方法分析解决金融市场的相关问题。

导入案例

2017 年 5 月份金融市场运行情况

一、债券市场发行情况

　　2017 年 5 月份,债券市场共发行各类债券 2.9 万亿元。其中,国债发行 2 592 亿元,金融债券发行 3 382 亿元,公司信用类债券发行 2 526 亿元,同业存单发行 1.2 万亿元。银行间债券市场共发行各类债券 2.7 万亿元。截至 5 月末,债券市场托管余额为 67.1 万亿元。其中,金融债券托管余额为 15.8 万亿元,同业存单托管余额为 7.6 万亿元。银行间债券市场托管余额为 59.3 万亿元。与上年末相比,5 月末银行间债券市场公司信用类债券持有者中存款类金融机构持有债券占比为 23.64%,较上年末上升 0.32 个百分点,非存款类金融机构持有债券占比为 7.48%,较上年末下降 0.30 个百分点。

二、货币市场运行情况

　　5 月份,货币市场成交共计 54.5 万亿元,同比下降 14.7%,环比上涨 9.9%。其中,质押式回购成交 46.8 万亿元,同比下降 8.5%,环比上涨 12.3%;买断式回购成交 2.1 万亿元,同比下降 25.4%,环比上涨 19.0%;同业拆借成交 5.6 万亿元,同比下降 43.6%,环比下降 8.6%。

　　5 月份,同业拆借月加权平均利率为 2.88%,较上月上行 23 个基点;质押式回购月加权平均利率为 2.92%,较上月上行 13 个基点。

三、股票市场运行情况

　　5 月末,上证综指收于 3 117.18 点,较上月末下跌 37.48 点,跌幅为 1.19%;深证成指收于 9 864.85 点,较上月末下跌 369.81 点,跌幅为 3.61%。5 月份,沪市日均交易量为 1 824.01 亿元,环比下降 23.2%;深市日均交易量为 2 253.73 亿元,环比下降 18.3%。

（案例来源:中国人民银行官网）

案例分析题:从 2017 年 5 月份我国金融市场运行情况综述中,能够得到哪些有用的信息?结合后面内容的学习,请提出至少三个问题,并解答。

第一节 金融市场原理

金融是现代经济的核心,经济的发展依赖于资源的合理配置,而资源的合理配置主要靠市场机制的运行来实现。金融市场在市场机制中扮演着主导和枢纽的角色,发挥着极为关键的作用。在一个有效的金融市场上,金融资产的价格和资金的利率能及时、准确和全面地反映所有公开的信息,资金在价格信号的引导下迅速、合理地流动。金融市场作为货币资金交易的渠道,以其特有的运作机制使千百万居民、企业和政府部门的储蓄汇成巨大的资金流推动和润滑着商品经济这个巨大的经济机器持续地运转。金融市场还以其完整而又灵敏的信号系统和灵活有力的调控机制引导着经济资源向着合理的方向流动,优化资源的配置。在金融市场上,价格机制是其运行的基础,而完善的法规制度、先进的交易手段则是其顺利运行的保障。

在现代经济系统中,有三类重要的市场对经济的运行起着主导作用,这就是要素市场、产品市场和金融市场。要素市场是分配土地、劳动与资本等生产要素的市场,产品市场是商品和服务进行交易的场所。在经济系统中引导资金的流向,沟通资金由盈余部门向短缺部门转移的市场即为金融市场。

一、金融市场的概念

金融市场是指以金融资产为交易对象而形成的供求关系及其机制的总和。它包括如下三层含义:一是它是金融资产进行交易的一个有形和无形的场所;二是它反映了金融资产的供应者和需求者之间所形成的供求关系;三是它包含了金融资产交易过程中所产生的运行机制,其中最主要的是价格(包括利率、汇率及各种证券的价格)机制。

金融资产是指一切代表未来收益或资产合法要求权的凭证,亦称为金融工具或证券。金融资产可以划分为基础性金融资产与衍生性金融资产两大类。前者主要包括债务性资产和权益性资产;后者主要包括远期、期货、期权和互换等。

二、金融市场的要素构成

金融市场和其他商品市场一样,也有交易者,即买者与卖者,有交易的对象,有交易的中介机构和交易的具体形式。我们把金融市场上的各种交易者称为金融市场主体;把金融市场上的交易对象称为金融市场客体或工具;把金融市场交易中介机构称为金融市场的媒体;把做成交易的具体形式称为金融市场组织方式。

金融市场与要素市场和产品市场的差异在于:① 在金融市场上,市场参与者之间的关系已不是一种单纯的买卖关系,而是一种借贷关系和委托代理关系,是以信用为基础的资金的使用权和所有权的暂时分离或有条件的让渡。② 市场交易的对象是一种特殊的商品即货币资金。金融市场上之所以会发生货币资金的借贷和有条件的让渡,是因为当其转化为资本使用时能够带来增加的货币资金余额。③ 市场交易的场所在大部分情况下是无形的,通过电讯及计算机网络等进行交易的方式已越来越普遍。

（一）金融市场的主体

从动机看,金融市场的主体主要有投资者(投机者)、筹资者、调控和监管者等。一般包括政府、企业、家庭和金融机构四个部门,在开放的金融市场上,还应包括国外投资者。金融市场的投资者与实际部门的投资者是不同的,它是指为了赚取差价收入或者股息、利息收入而购买各种金融工具的主体,它是金融市场的资金供应者。筹资者则是金融市场上的资金需求者。调控和监管者是指对金融市场实施宏观调控和监管的中央银行和其他金融监管机构。

1. 政府

政府部门在各国的金融市场上,通常该国的中央政府与地方政府都是资金的需求者,他们主要通过发行财政部债券或地方政府债券来筹集资金,用于基础设施建设,弥补财政预算赤字等。政府部门在一定时期也可能是资金的供应者,如税款集中收进还没有支出时。另外,不少国家政府也是国际金融市场上的积极参加者,如中东的主要石油出口国家就是金融市场上资金供应的大户,一些发展中国家则是金融市场上的主要资金需求者。不论是发展中国家还是发达国家,政府部门都是金融市场上的经济行为主体之一。

2. 企业

工商企业在不少国家,国有或私营的工商企业是仅次于政府部门的资金需求者,他们既通过市场筹集短期资金从事经营,以提高企业财务杠杆比例和增加赢利,又通过发行股票或中长期债券等方式筹措资金用于扩大再生产和经营规模。另外,工商企业也是金融市场上的资金供应者之一。他们在生产经营过程中暂时闲置的资金,为了使其保值或获得赢利,他们也会将其暂时让渡出去,以使资金的运用发挥更大效益。此外,工商企业还是套期保值的主体。

3. 家庭

居民个人一般是金融市场上的主要资金供应者。个人为了存集资金购买大件商品如住房、汽车等,或是留存资金以备急需、养老等,都有将手中资金投资以使其保值增值的要求。因此,个人通过在金融市场上合理购买各种有价证券来进行组合投资,既满足日常的流动性需求,又能获得资金的增值。个人的投资可以是直接购买债券或股票,也可以是通过金融中介机构进行间接投资,如购买共同基金份额、投入保险等,最终都是向金融市场提供资金。个人有时也有资金需求,但数量一般较小,常常是用于耐用消费品的购买及住房消费等。

4. 金融机构

这里金融机构包括中央银行、各类银行机构和部分非银行金融机构。中央银行在金融市场上处于一种特殊的地位,它既是金融市场的行为主体,又是金融市场上的监管者。从中央银行参与金融市场的角度来看,首先,作为银行的银行,它充当最后的贷款人角色,从而成为金融市场资金的提供者。其次,中央银行为了执行货币政策,调节货币供应量,通常采取在金融市场上买卖证券的做法,进行公开市场操作。中央银行的公开市场操作不以盈利为目的,但会影响到金融市场上资金的供求及其他经济主体的行为。此外,一些国家的中央银行还接受政府委托,代理政府债券的还本付息;接受外国中央银行的委托,在金融市场买卖证券参与金融市场的活动。市场上还存在一批非银行金融机构作为机构投资者从事各种交易活动,如保险公司、信托投资公司以及各种基金。这些机构运用各自方式筹集的资金在合同规定的支付到期之前将这笔资金用于金融投资,购买一些期限长、收益高的金融市场工具和有价证券,起到保值和增值的目的。

此外,参与金融市场的还有一些官方、半官方的和在各国各具特色的其他类型的金融机构,如开发银行、进出口银行及农业信贷机构、大企业所属的金融公司等。在我国金融市场上,三大政策性银行、金融信托机构及财务公司等,它们也归入金融机构之列,是金融市场的主体之一。

(二) 金融市场工具

金融工具是指在金融市场中可交易的金融资产。不同形式的金融工具具有不同的金融风险,用来证明融资双方权利义务的条约。金融工具又称交易工具,它是证明债权债务关系并据以进行货币资金交易的合法凭证,是货币资金或金融资产借以转让的工具。金融工具种类繁多,主要有票据、债券、股票、外汇等。有关具体金融工具的介绍,将分散在后面的各类金融市场的内容当中。

(三) 金融市场中介

金融市场中介是指那些在金融市场上充当交易媒介,从事交易或促使交易完成的组织、机构或个人。它起的作用与一般的金融市场主体有着重要的区别:金融市场媒体参与金融市场活动,是作为中介促进金融市场中主体交易的完成,并从中收取交易佣金。金融市场媒体可分为两类:一类是金融市场交易商,如货币经纪人、证券经纪人、证券承销商、外汇经纪人等;另一类则是机构或组织,如证券交易所、证券公司、商业银行、投资银行等。

三、金融市场的分类

为了更充分地理解金融市场,尽可能地反映这个复杂市场的全貌,我们从多个角度对金融市场做如下分类。

(一) 按标的物划分

按标的物可划分为货币市场、资本市场、外汇市场和黄金市场。货币市场是指以期限在一年以下的金融资产为交易标的物的短期金融市场。现在,货币市场一般指国库券、商业票据、银行承兑汇票、可转让定期存单、回购协议、联邦资金等短期信用工具买卖的市场。许多国家将银行短期贷款也归入货币市场的业务范围。资本市场是指期限在一年以上的金融资产交易的市场。一般来说,资本市场包括两大部分:一是银行中长期存贷款市场;二是有价证券市场。外汇市场如同货币市场一样,外汇市场也是各种短期金融资产交易的市场,不同的是货币市场交易的是同一种货币或以同一种货币计值的票据,而外汇市场则是以不同种货币计值的两种票据之间的交换。黄金市场是专门集中进行黄金买卖的交易中心或场所。目前,由于黄金仍是国际储备工具之一,在国际结算中占据着重要的地位,因此,黄金市场仍被看作金融市场的组成部分。

(二) 按中介特征划分

按中介特征可划分为直接金融市场与间接金融市场。根据在资金的融通中的中介机构特征来划分,可将金融市场分为直接金融市场和间接金融市场。直接金融市场指的是资金需求者直接从资金所有者那里融通资金的市场,一般指的是通过发行债券和股票方式在金融市场上筹集资金的融资市场。而间接金融市场则是通过银行等信用中介机构作为媒介来进行资金融通的市场。在间接金融市场上,资金所有者将手中的资金贷放给银行等信用中介机构,然后再由这些机构转贷给资金需求者。

（三）按金融资产的发行和流通特征划分

按金融资产的发行和流通特征可划分为初级市场、二级市场、第三市场和第四市场。资金需求者将金融资产首次出售给公众时所形成的交易市场称为初级市场、发行市场或一级市场。金融资产的发行方式主要有两种方式：一是将金融资产销售给特定的机构；二是将金融资产广泛地发售给社会公众。证券发行后，各种证券在不同的投资者之间买卖流通所形成的市场即为二级市场，又称流通市场或次级市场。它又可分为两种：一是场内市场即证券交易所；二是场外交易市场。证券交易所是依照国家有关法律规定，经政府主管机关批准设立的证券集中竞价的有形场所。场外交易市场又称柜台交易或店头交易市场。它是在证券交易所之外进行证券买卖的市场。原则上在场外交易的证券以未上市的证券为主。然而现在情况发生了很大的变化，为数不少的上市证券，尤其是政府债券、地方和公司债券也都纷纷涌入场外交易市场进行交易。

初级市场是二级市场的基础和前提，没有初级市场就没有二级市场；二级市场是初级市场存在与发展的重要条件之一，无论从流动性上还是从价格的确定上，初级市场都要受到二级市场的影响。

此外，在发达的市场经济国家还存在着第三市场和第四市场，实际上都是场外市场的一部分。第三市场是原来在交易所上市的证券移到场外进行交易所形成的市场。第三市场的交易相对于交易所交易来说，具有限制更少、成本更低的优点。第四市场是投资者和证券的出卖者直接交易形成的市场。其形成的主要原因是机构投资者在证券交易中所占的比例越来越大，它们之间的买卖数额很大，因此希望避开经纪人直接交易，以降低成本。

（四）按成交与定价的方式划分

按成交与定价的方式可划分为公开市场与议价市场。公开市场指的是金融资产的交易价格通过众多的买主和卖主公开竞价而形成的市场。金融资产在到期偿付之前可以自由交易，并且只卖给出价最高的买者。一般在有组织的证券交易所进行。在议价市场上，金融资产的定价与成交是通过私下协商或面对面的讨价还价方式进行的。在发达的市场经济国家，绝大多数债券和中小企业的未上市股票都通过这种方式交易。最初，在议价市场交易的证券流通范围不大，交易也不活跃，但随着现代电信及自动化技术的发展，该市场的交易效率已大大提高。

（五）按有无固定场所划分

按有无固定场所可划分为有形市场与无形市场。有形市场即为有固定交易场所的市场，一般指的是证券交易所等固定的交易场地。在证券交易所进行交易首先要开设账户，然后由投资人委托证券商买卖证券，证券商负责按投资者的要求进行操作；而无形市场则是指在证券交易所外进行金融资产交易的总称。它的交易一般通过现代化的电信工具在各金融机构、证券商及投资者之间进行。它是一个无形的网络，金融资产及资金可以在其中迅速转移。在现实世界中，大部分的金融资产交易均在无形市场上进行。

（六）按交割方式划分

按交割方式可划分为现货市场与衍生市场。现货市场实际上是指即期交易的市场，是金融市场上的最普遍的一种交易方式。相对于远期交易市场来说，现货市场指市场上的买卖双方成交后须在若干个交易日内办理交割的金融交易市场。现货交易包括现金交易、固定方式交易。现金交易是指成交日和结算日在同一天发生的证券买卖；固定方式交易则是指成交日和结算日之间相隔很短的几个交易日，一般在七天以内。目前现货市场上的大部分交易均为固定方式交易。

衍生市场是各种衍生金融工具进行交易的市场。所谓衍生金融工具，是指由原生性金融商品或基础性金融工具创造出的新型金融工具。它一般表现为一些合约，这些合约的价值由其交易的金融资产的价格决定。衍生工具包括远期合约、期货合约、期权合约、互换（Swap）协议等。

（七）按地域划分

按地域可划分为国内金融市场及国际金融市场。国内金融市场是指金融交易的作用范围仅限于一国之内的市场，它除了包括全国性的以本币计值的金融资产交易市场之外，还包括一国范围内的地方性金融市场。国际金融市场则是金融资产的交易跨越国界进行的市场，进行金融资产国际交易的场所。国内金融市场是国际金融市场形成的基础。实际上，从金融监管角度来看，国内金融市场及传统的国际金融市场都要受到所在国金融监管当局的管制，而新兴的国际金融市场（如离岸金融市场）则可以说是完全国际化的市场，它不受任何国家法令的限制，主要经营境外货币。国际金融市场是国内金融市场发展到一定阶段的产物，是与实物资产的国际转移、金融业较为发达资本的国际流动及现代电子信息技术的高度发展相辅相成的。

四、金融市场的功能

金融市场作为金融资产交易的场所，从整个经济运行的角度来看，它提供如下几种经济功能。

（一）聚敛功能

金融市场的聚敛功能，即融通资金功能，是指金融市场引导众多分散的小额资金汇聚成为可以投入社会再生产的资金集合功能。在这里，金融市场起着资金"蓄水池"的作用。在国民经济四部门中，各部门之间、各部门内部的资金收入和支出在时间上并不总是对称的。这样，一些部门、一些经济单位在一定的时间内可能存在暂时闲置不用的资金，而另一些部门和经济单位则存在资金缺口。金融市场就提供了两者沟通的渠道。

金融市场是由资金供应者和资金需求者组成的。资金供应者就是在一定时间内的资金有余者，这些资金有余者的资金之所以暂时闲置，或者是因为要预防未来的意外急需，或者是要等到积累到足够数量之后进行某项大额投资或消费。对资金需求者来说，其资金的需要往往是由于要进行某项经济活动，或为了满足其比较迫切的需要，但手中积累的资金不足，因此，需要寻求更多的资金来源。但是，经济中各经济单位的闲置资金是相对有限的，这些暂时不用的资金就显得相对零散，不足以满足大规模的投资要求，特别是企业为发展生产而进行的大额投资和政府部门进行大规模的基础设施建设与公共支出的要求。这就需要一个能将众多的小额资金集合起来以形成大额资金的渠道，金融市场就提供了这种渠道，这就是金融市场的资金聚敛功能。

（二）资源配置功能

金融市场的配置功能表现在三个方面：一是资源的配置；二是财富的再分配；三是风险的再分配。

　　金融市场通过将资源从低效率利用的部门转移到高效率的部门,从而使一个社会的经济资源能最有效地配置在效率最高或效用最大的用途上,实现稀缺资源的合理配置和有效利用。在金融市场中,证券价格的波动,实际上反映着证券背后所隐含的相关信息。一般来说,资金总是流向最有发展潜力,能够为投资者带来最大利益的部门和企业,这样,通过金融市场的作用,有限的资源就能够得到合理的利用。

　　财富是各经济单位持有的全部资产的总价值。政府、企业及个人通过持有金融资产的方式来持有的财富,在金融市场上的金融资产价格发生波动时,其财富的持有数量也会发生变化,一部分人的财富量随金融资产价格的升高而增加了其财富的拥有量,而另一部分人则由于其持有的金融资产价格下跌,所拥有的财富量也相应减少。这样,社会财富就通过金融市场价格的波动实现了财富的再分配。

　　金融市场同时也是风险再分配的场所。在现代经济活动中,风险无时不在,无处不在。而不同的主体对风险的厌恶程度是不同的。利用各种金融工具,较厌恶风险的人可以把风险转嫁给厌恶风险程度较低的人,从而实现风险的再分配。

(三) 宏观调控功能

　　金融市场一边连着储蓄者,另一边连着投资者,金融市场的运行机制通过对储蓄者和投资者的影响而发挥作用。

　　首先,金融市场具有直接调节作用。只有符合市场需要、效益高的投资对象,才能获得投资者的青睐。而且,投资对象在获得资本后,只有保持较高的经济效益和较好的发展势头,才能继续生存并进一步扩张。否则,它的证券价格就会下跌,继续在金融市场上筹资就会面临困难,发展就会受到后续资本供应的抑制。这实际上是金融市场通过其特有的引导资本形成及合理配置的机制首先对微观经济部门产生影响,进而影响到宏观经济活动的一种有效的自发调节机制。

　　其次,金融市场的存在及发展,为政府实施对宏观经济活动的间接调控创造了条件。货币政策属于调节宏观经济活动的重要宏观经济政策,其具体的调控工具有存款准备金政策、再贴现政策、公开市场操作等。金融市场既提供货币政策操作的场所,也提供实施货币政策的决策信息。政府有关部门可以通过收集及分析金融市场的运行情况来为政策的制定提供依据。中央银行在实施货币政策时,通过金融市场可以调节货币供应量、传递政策信息,最终影响到各经济主体的经济活动,从而达到调节整个宏观经济运行的目的。此外,财政政策的实施也越来越离不开金融市场,政府通过国债的发行方式对各经济主体的行为加以引导和调节,并提供中央银行进行公开市场操作的手段,也对宏观经济活动产生着巨大的影响。

(四) 国民经济的"晴雨表"功能——反映功能

　　金融市场历来被称为国民经济的"晴雨表"和"气象台",是公认的国民经济信号系统。这实际上就是金融市场反映功能的写照。金融市场的反映功能表现在如下几个方面。

　　(1) 由于证券买卖大部分都在证券交易所进行,人们可以随时通过这个有形的市场了解到各种上市证券的交易行情,并据以判断投资机会。证券价格的涨跌在一个有效的市场中实际上是反映着其背后企业的经营管理情况及发展前景。此外,一个有组织的市场,一般也要求上市证券的公司定期或不定期的公布其经营信息和财务报表,这也有助于人们了解及推断上市公司和相关企业、行业的发展前景。所以,金融市场首先是反映微观经济运行状况的指示器。

(2)金融市场交易直接和间接地反映国家货币供应量的变动。货币的紧缩和放松均是通过金融市场进行的,货币政策实施时,金融市场会出现波动表示出紧缩和放松的程度。因此,金融市场所反馈的宏观经济运行方面的信息,有利于政府部门及时制定和调整宏观经济政策。

(3)金融市场有着广泛而及时地收集和传播信息的通信网络,整个世界金融市场已连成一体,四通八达,从而使人们可以及时了解世界经济发展变化情况。

第二节　基础性金融市场

一、货币市场简介

货币市场是一年期以内的短期金融工具交易所形成的供求关系及其运行机制的总和。货币市场的活动主要是为了保持资金的流动性,以便随时可以获得现实的货币。它一方面满足资金需求者的短期资金需要,另一方面也为资金有余者的暂时闲置资金提供能够获取赢利机会的出路。在货币市场中,短期金融工具的存在及发展是其发展的基础。短期金融工具将资金供应者和资金需求者联系起来,并为中央银行实施货币政策提供操作手段。在货币市场上交易的短期金融工具,一般期限较短,最短的只有一天,最长的也不超过一年,较为普遍的是3~6个月。正因为这些工具期限短,可随时变现,有较强的货币性,所以,短期金融工具又有"准货币"之称。

一个有效率的货币市场应该是一个具有广度、深度和弹性的市场。货币市场的广度是指货币市场参与者的多样化,深度是指货币市场交易的活跃程度,货币市场的弹性则是指货币市场在应付突发事件及"大手笔"成交之后价格的迅速调整能力。在一个具有广度、深度和弹性的货币市场上,市场容量大,信息流动迅速,交易成本低廉,交易活跃且持续,能吸引众多的投资者和投机者参与。

货币市场就其结构而言,可分为同业拆借市场、票据市场、大额可转让定期存单市场、短期债券市场、债券回购市场等若干个子市场。

(一) 同业拆借市场

同业拆借市场,也可以称为同业拆放市场,是指金融机构之间以货币借贷方式进行短期资金融通活动的市场。同业拆借的资金主要用于弥补短期资金的不足、票据清算的差额以及解决临时性的资金短缺需要。同业拆借市场交易量大,能敏感地反应资金供求关系和货币政策意图,影响货币市场利率,因此,它是货币市场体系的重要组成部分。

同业拆借市场产生于存款准备金政策的实施,伴随着中央银行业务和商业银行业务的发展而发展,西方各国普遍强化了中央银行的作用,相继引入法定存款准备金制度作为控制商业银行信用规模的手段。与此相适应,同业拆借市场也得到了较快发展。在经历了较长时间的发展之后,当今西方国家的同业拆借市场,无论在交易内容、开放程度方面,还是在融资规模、功能作用方面,都发生了深刻的变化。拆借交易不仅发生在银行之间,还出现在银行与其他金融机构之间。

同业拆借市场的交易原理:同业拆借市场主要是银行等金融机构之间相互借贷在中央银行存款账户上的准备金余额,用以调剂准备金头寸的市场。一般来说,任何银行可用于贷款和投资的资金数额只能小于或等于负债额减法定存款准备金余额。然而,在银行的实际经营活动中,资金的流入和流出是经常变化和不确定的,银行时时处处要保持在中央银行准备金存款账户上的余额恰好等于法定准备金余额是不可能的。如果准备金存款账户上的余额大于法定准备金余额,即拥有超额准备金,那么就意味着银行有资金闲置,也就产生了相应的利息收入的损失;如果银行在准备金存款账户上的余额等于或小于法定准备金余额,在出现有利的投资机会,而银行又无法筹集到所需资金时,银行就只有放弃投资机会,或出售资产、收回贷款等。为了解决这一矛盾,有多余准备金的银行和存在准备金缺口的银行之间就出现了准备金的借贷。这种准备金余额的买卖活动就构成了传统的银行同业拆借市场。

同业拆借市场的拆借期限与利率:同业拆借市场的拆借期限通常以 1～2 天为限。短至隔夜,多则 1～2 周,一般不超过 1 个月,当然也有少数同业拆借交易的期限接近或达到 1 年的。同业拆借的拆款按日计息,拆息额占拆借本金的比例为“拆息率”。拆息率每天不同,甚至每时每刻都有变化,其高低灵敏地反映着货币市场资金的供求状况。

(二) 票据市场

票据市场主要以银行承兑票据市场和商业票据贴现市场构成。商业票据是大公司为了筹措资金,以贴现方式出售给投资者的一种短期无担保承诺凭证。由于商业票据没有担保,仅以信用作保证,因此能够发行商业票据的一般都是规模巨大、信誉卓著的大公司。商业票据市场就是这些信誉卓著的大公司所发行的商业票据交易的市场。

现在,商业票据的主要投资者是保险公司、非金融企业、银行信托部门、地方政府、养老基金组织等。商业银行在商业票据的市场需求上已经退居次要地位,但银行在商业票据市场上仍具有重要作用。这表现在商业银行代理发行商业票据、代保管商业票据以及提供商业票据发行的信用额度支持等。由于许多商业票据是通过“滚动发行”偿还,即发行新票据取得资金偿还旧票据,加之许多投资者选择商业票据时较为看重银行的信用额度支持,因此,商业银行的信用额度对商业票据的发行影响极大。

银行承兑票据市场在商品交易活动中,购货人向售货人赊购而签发的汇票,经付款人在票面上承诺到期付款的“承兑”字样并签章后,就成为承兑汇票。经购货人承兑的汇票称商业承兑汇票,经银行承兑的汇票即为银行承兑汇票。由于银行承兑汇票由银行承诺承担最后付款责任,实际上是银行将其信用出借给企业,因此,企业必须交纳一定的手续费。这里,银行是第一责任人,而出票人则只负第二手责任。以银行承兑票据作为交易对象的市场即为银行承兑票据市场。

银行承兑汇票是为方便商业交易活动而创造出的一种工具,在对外贸易中运用较多。当一笔国际贸易发生时,由于出口商对进口商的信用不了解,加之没有其他的信用协议,出口方担心对方不付款或不按时付款,进口方担心对方不发货或不能按时发货,交易就很难进行。这时便需要银行信用从中作保证。一般地,进口商首先要求本国银行开立信用证,作为向国外出口商的保证。信用证授权国外出口商开出以开证行为付款人的汇票,可以是即期的也可是远期的。若是即期的,付款银行(开证行)见票付款。若是远期汇票,付款银行(开证行)在汇票正面签上“承兑”字样,填上到期日,并盖章为凭。这样,银行承兑汇票就产生了。银行承兑汇票最常见的期限有 30 天、60 天和 90 天等几种。另外,也有期限为 180 天和 270 天的。银行承兑汇票的违约风险较小,但有利率风险。

票据贴现(Discount)是指银行应客户的要求,买进其未到付款日期的票据,并向客户收取一定的利息的业务。具体程序是银行根据票面金额以及既定贴现率,计算出从贴现日到票据到期日这段时间的贴现利息,并从票面金额中扣除,余额部分支付给客户。票据到期时,银行持票据向票据载明的支付人索取票面金额的款项。贴现额的计算公式为

$$贴现付款额 = 票据面额 \times (1 - 年贴现率 \times 未到期天数 \div 360)$$

必须注意的是,在计算贴现期时,每年按 360 天计,每个月按 30 天计,零星天数按实际计算。同时贴现率要与时间单位一致,如贴现时间单位为月,则贴现率应使用月利率。贴现率通常参照市场利率确定。

贴现业务形式上是票据的买卖,但实际上是信用业务,即银行通过贴现间接贷款给票据金额的支付人。例如,某贴现申请人于 2016 年 12 月 5 日,持有一张面额为 100 万元的银行承兑汇票,到其开户银行申请办理贴现,票据到期日为 2017 年 2 月 15 日,假设银行年贴现率为7.2%,则贴现申请人获得的金额为

$$贴现额 = 100 - 100 \times (7.2\% \div 360) \times 70 = 98.6(万元)$$

(三) 大额可转让定期存单市场

大额可转让定期存单(Negotiable Certificates of Deposits,简称 CDs),是 20 世纪 60 年代以来金融环境变革的产物。由于 20 世纪 60 年代市场利率上升而美国的商业银行受 Q 条例的存款利率上限的限制,不能支付较高的市场利率,大公司的财务主管为了增加临时闲置资金的利息收益,纷纷将资金投资于安全性较好,又具有收益的货币市场工具,如国库券、商业票据等。这样,以企业为主要客户的银行存款急剧下降。为了阻止存款外流,银行设计了大额可转让定期存单这种短期的有收益票据来吸引企业的短期资金。这种存单形式的最先发明应归功于美国花旗银行。

同传统的定期存款相比,大额可转让定期存单具有以下几点不同:① 定期存款记名,不可流通转让;而大额定期存单则是不记名的,可以流通转让。② 定期存款金额不固定,可大可小;而可转让定期存单金额较大,在美国向机构投资者发行的 CD 面额最少为 10 万美元,二级市场上的交易单位为 100 万美元,但向个人投资者发行的 CD 面额最少为 100 美元。③ 定期存款利率固定;可转让定期存单利率既有固定的,也有浮动的,且一般来说比同期限的定期存款利率高。④ 定期存款可以提前支取,提前支取时要损失一部分利息;可转让存单不能提前支取,但可在二级市场流通转让。

大额定期存单一般由较大的商业银行发行,主要是由于这些机构信誉较高,可以相对降低筹资成本,且发行规模大,容易在二级市场流通。

一般地说,存单的收益取决于三个因素:发行银行的信用评级、存单的期限及存单的供求量,另外,收益和风险的高低也紧密相连。可转让存单的收益要高于同期的国库券收益,主要原因是国库券的信用风险低并且具有免税优惠。

(四) 短期债券市场

短期债券市场主要是以短期政府债券为交易对象。短期政府债券,是政府部门以债务人身份承担到期偿付本息责任,期限在一年以内的债务凭证。从广义上看,政府债券不仅包括国家财政部门所发行的债券,还包括了地方政府及政府代理机构所发行的证券。狭义的短期政

府债券则仅指国库券(T-Bills)。一般来说,政府短期债券市场主要指的是国库券市场。

政府短期债券的市场特征同其他货币市场信用工具不同,短期国库券交易具有一些较明显的投资特征。这些特征对投资者购买国库券具有很大影响。国库券的投资特征是违约风险小。由于国库券是国家的债务,因而它被认为是没有违约风险的。相反,即使是信用等级最高的其他货币市场票据,如商业票据、可转让存单等,都存在一定的风险,尤其在经济衰退时期。国库券无违约风险的特征增加了对投资者的吸引力。

(五)债券回购市场

债券回购市场是指通过回购协议进行短期资金融通交易的市场。所谓回购协议(Repurchase Agreement),指的是在出售证券的同时,和证券的购买商签订协议,约定在一定期限后按约定价格购回所卖证券,从而获取即时可用资金的一种交易行为。从本质上说,回购协议是一种抵押贷款,其抵押品为证券,也是证券市场上一种重要的融资方式。

出售债券的人(融资方)实际上是借入资金的人,购入债券的人(融券方)实际上是借出资金的人。出售一方允许在约定的日期,以原来买卖的价格再加若干利息、购回该证券。这时,不论该证券的价格是升还是降,均要按约定价格购回。

二、资本市场简介

资本市场(Capital Market)是指期限在一年以上的中长期金融市场,其基本功能是实现并优化投资与消费的跨时期选择。资本市场与货币市场相比,除了期限不同和金融工具各异之外,其融资目的、风险程度、收益水平、资金来源等方面也不相同。同时,二者又在很多方面相互联系、相互影响,如资金的相互流动、利率同向变动趋势、资金存量相互影响等。按市场工具来划分,资本市场通常由股票市场、长期债券市场和基金市场构成,本章将分别讨论这三个子市场。

(一)股票市场

股票市场也称权益市场(Equity Market),因为股票是一种权益工具;而其组织结构可分为一级市场和二级市场。在前面章节的"信用工具"中,我们已经介绍了股票的概念。这里我们直接按照股票市场的组织结构划分进行介绍。

股票的一级市场(Primary Market)也称为发行市场(Issuance Market),它是指公司直接或通过中介机构向投资者出售新发行的股票。所谓新发行的股票,包括初次发行和再发行的股票,前者是公司第一次向投资者出售的原始股,后者是在原始股的基础上增加新的份额。一级市场的整个运作过程通常由咨询与管理、认购与销售两个阶段构成。咨询与管理是股票发行的前期准备阶段,发行人(公司)须听取投资银行的咨询意见并对一些主要问题做出决策,主要包括发行方式的选择、选定作为承销商的投资银行、准备招股说明书、发行定价、认购与销售五个方面。

发行公司着手完成准备工作之后即可按照预定的方案发售股票。对于承销商来说,就是执行承销合同批发认购股票,然后售给投资者。

股票的二级市场(Secondary Market)也称交易市场,是投资者之间买卖已发行股票的场所。这一市场为股票创造流动性,即能够迅速脱手换取现值。二级市场通常可分为有组织的证券交易所和场外交易市场,但也出现了具有混合特型的第三市场(The Third Market)和第四市场(The Fourth Market)。

证券交易所(Stock Exchange)是由证券管理部门批准的,为证券的集中交易提供固定场所和有关设施,并制定各项规则以形成公正合理的价格和有条不紊的秩序的正式组织。具体而言包括四个方面:一是提供买卖证券的交易席位和有关交易设施;二是制定有关场内买卖证券的上市、交易、清算、交割、过户等各项规则;三是管理交易所的成员,执行场内交易的各项规则,对违纪现象做出相应的处理等;四是编制和公布有关证券交易的资料。

(二) 长期债券市场

长期债券市场是资本市场的另一基本形态,其发行和交易的债务工具与权益工具有着一定的区别,因而债券市场的特点也与股票市场有所不同。我们在前面章节对债券和股票两种信用工具进行了简单的区分。这里我们重点讨论债券市场。债券市场同样可以分为一级市场和二级市场。

债券的一级市场主要是债券的发行市场,债券的发行与股票类似,不同之处主要有发行合同书和债券评级两个方面。同时,由于债券是有期限的,因而其一级市场多了一个偿还环节。

债券的偿还一般可分为定期偿还和任意期偿还两种方式。定期偿还是在经过一定宽限期后,每过半年或1年偿还一定金额的本金,到期时还清余额。这一般适用于发行数量巨大,偿还期限长的债券,但国债和金融债券一般不使用该方法。任意期偿还是债券发行一段时间(称为保护期)以后,发行人可以任意偿还债券的一部分或全部,具体操作可根据提前赎回或以新偿旧条款,也可在二级市场上买回予以注销。

(三) 基金市场

投资基金,是通过发行基金券(基金股份或收益凭证),将投资者分散的资金集中起来,由专业管理人员分散投资于股票、债券或其他金融资产,并将投资收益分配给基金持有者的一种投资制度。

投资基金在不同的国家有不同的称谓,美国称"共同基金"或"互助基金",也称"投资公司";英国和中国香港称"单位信托基金",日本、韩国和我国台湾称"证券投资信托基金"。

投资基金的具体内容同样可以从其一级(发行)市场和二级(流通)市场两阶段来讨论。

1. 基金的发行市场

投资基金的设立首先需要发起人,发起人可以是一个机构,也可以是多个机构共同组成。在很多情况下,基金是由基金管理公司或下设基金管理部的投资银行作为发起人,在基金设立后往往成为基金的管理人,如果发起人不能直接管理该基金,则需要专门设立基金管理公司或聘请专业的基金经理公司作为基金管理人。几乎所有的大型投资银行都设有基金部或基金管理分公司,它们经常以经理公司的身份出现在基金市场上。基金又可细分为开放型(Open-end)和封闭型(Close-end)两种。开放型基金是指基金可以无限地向投资者追加发行股份,并且随时准备赎回发行在外的基金股份,因此其股份总数是不固定的,这种基金就是一般所称的投资基金或共同基金。而封闭型基金是指基金股份总数固定,且规定封闭期限,在封闭期限内投资者不得向基金管理公司提出赎回,而只能寻求在二级市场上挂牌转让,其中以柜台交易为多。

2. 基金的流通市场

投资基金在发行结束一段时间内,通常为3至4个月,就应安排基金证券的交易事宜。对于封闭型基金股份或受益凭证,其交易与股票债券类似,可以通过自营商或经纪人在基金二级市场上随行就市,自由转让。对于开放型基金,其交易表现为投资者向基金管理公司认购股票或受益凭证,或基金管理公司赎回股票或受益凭证,赎回或认购价格一般按当日每股股票或每份受益凭证基金的净资产价值来计算,大部分基金是每天报价一次,计价方式主要采用"未知价"方式,即基金管理公司在当天收市后才计价以充分反映基金净资产和股份或受益凭证总数的变化。

三、外汇市场简介

外汇市场是金融市场的重要组成部分,由于它的存在,资金在国际间的调拨划转才得以进行,国际间的债权债务才得以清偿,国际资本才得以流动,跨越国界的资金借贷融通才得以实现。所谓外汇市场,是指由各国中央银行、外汇银行、外汇经纪人和客户组成的买卖外汇的交易系统。

(一)外汇市场的交易对象与价格

1. 外汇

世界上多数国家都有自己独立的货币和货币制度,各国货币相互之间不能流通使用,因此,国际间债权债务的清偿,必然要产生国际间的货币兑换,由此产生外汇和汇率的概念。现在人们提到外汇时,更多的是指它的静态含义。广义的静态外汇是指一切用外币表示的资产。这种含义的外汇概念通常用于国家的外汇管理法令之中。例如,我国的《外汇管理条例》中定义:"外汇是指下列以外币表示的可以用作国际清偿的支付手段和资产,具体包括:① 外国货币,包括钞票、铸币;② 外币支付凭证,包括票据、银行存款凭证、邮政储蓄凭证;③ 外币有价证券,包括政府债券、公司债券、股票等;④ 特别提款权,欧洲货币单位;⑤ 其他外汇资产。"

狭义的静态外汇概念是指以外币表示的可用于进行国际间结算的支付手段。按照这一概念,只有存放在国外银行的外币资金,以及将对银行存款的索取权具体化了的外币票据才构成外汇。具体来看,外汇主要包括以外币表示的银行汇票、支票、银行存款等。人们通常所说的外汇就是指这一狭义的概念。

2. 汇率

所谓汇率(Foreign Exchange Rate),就是两种不同货币之间的折算比价,也就是以一国货币表示的另一国货币的价格,也称汇价、外汇牌价或外汇行市。

汇率的表达方式有两种:直接标价法(Direct Quotation)和间接标价法(Indirect Quotation)。直接标价法是以一定单位的外国货币为标准来折算应付若干单位的本国货币的汇率标价法。间接标价法是以一定单位的本国货币为标准来折算应收若干单位的外国货币的标价法,又称应收标价法(Receiving Quotation)。可以看出,在直接标价法下,汇率的数值越大,意味着一定单位的外国货币可以兑换越多的本国货币,也就是本国货币的币值越低;在间接标价法下,这一关系则相反。

(二)外汇市场的交易活动

1. 外汇市场的参与者与交易层次

外汇市场由主体和客体构成,客体即外汇市场的交易对象,主要是各种可自由交换的外国货币、外币有价证券及支付凭证等。外汇市场的主体,即外汇市场的参与者,主要包括外汇银行、顾客、中央银行、外汇交易商及外汇经纪商。

根据上述对外汇市场参与者的分类,外汇市场的交易可以分为三个层次的交易,即银行与顾客之间、银行同业之间、银行与中央银行之间的交易。在这些交易中,外汇经纪人往往起着中介作用。

2. 外汇交易类型

外汇市场上的各种交易可按不同的标准作不同的种类划分。若按合同的交割期限或交易的形式特征来区分,可分为即期外汇交易和远期外汇交易两大类;若按交易的目的或交易的性质来区分,那么除了因国际结算、信贷融通和跨国投资等所引起的一般商业性外汇交易以外,外汇买卖还可分成套利交易、掉期交易、互换交易、套期保值交易、投机交易等。

(1) 即期交易。即期外汇交易(Spot Exchange Transaction),又称现汇买卖,是交易双方以当时外汇市场的价格成交,并在成交后的两个营业日内办理有关货币收付交割的外汇交易。

(2) 远期交易。远期外汇交易(Forward Transaction),又称期汇交易,是指买卖外汇双方先签订合同,规定买卖外汇的数量、汇率和未来交割外汇的时间,到了规定的交割日期买卖双方再按合同规定办理货币收付的外汇交易。在签订合同时,除交纳 10% 的保证金外,不发生任何资金的转移。远期交易的期限有 1 个月、3 个月、6 个月和 1 年等几种,其中 3 个月最为普遍。远期交易很少超过 1 年,因为期限越长,交易的不确定性越大。

人们进行期汇交易的具体目的是多方面的,但不外乎是为了套期保值和投机。套期保值(Hedge),是指卖出或买入金额相当于一笔外币资产或负债的外汇,使这笔外币资产或负债以本币表示的价值避免遭受汇率变动的影响;外汇投机(Speculation)是指根据对汇率变动的预期,有意保持某种外汇的多头或空头,希望从汇率变动中赚取利润的行为。

(3) 掉期交易。掉期交易(Swap),又称时间套汇(Time Arbitrage),是指同时买进和卖出相同金额的某种外汇但买与卖的交割期限不同的一种外汇交易。进行掉期交易的目的也在于避免汇率变动的风险。掉期交易可分为以下三种形式。

① 即期对远期(Spot Against Forward),即在买进或卖出一笔现汇的同时,卖出或买进相同金额该种货币的期汇。期汇的交割期限大都为 1 个星期、1 个月、2 个月、3 个月、6 个月。这是掉期交易中最常见的一种形式。

② 明日对次日(Tomorrow-Next or Rollover),即在买进或卖出一笔现汇的同时,卖出或买进同种货币的另一笔即期交易,但两笔即期交易交割日不同,一笔是在成交后的第二个营业日(明日)交割,另一笔反向交易是在成交后第三个营业日(次日)交割。这种掉期交易主要用于银行同业的隔夜资金拆借。

③ 远期对远期(Forward to Forward),指同时买进并卖出两笔相同金额、同种货币不同交割期限的远期外汇。这种掉期形式多为转口贸易中的中间商所使用。

(4) 择期外汇交易。选择交割日的远期交易(Optional Maturity Date Forward Transaction),指主动请求交易的一方可在成交日的第三天起至约定的期限内的任何一个营业日,要求交易的另一方,按照双方事先约定的远期汇率办理货币收付的远期外汇交易。

由于择期交易在交割日上对顾客较为有利,因此,银行在择期交易中使用的是对顾客较不利的汇率,也就是说,银行将选择从择期开始到结束期间最不利于顾客的汇率作为择期远期交易的汇率。

自 1973 年国际货币体系进入浮动汇率制后,汇率频繁波动,外汇风险增大,各种防范汇率风险的金融创新不断应运而生,如货币互换及其与利率互换相结合的混合互换、货币期货交易、货币期权交易等,并且这些外汇交易与资本市场交易日益结合,使金融创新更加深入,从而使外汇市场交易更加丰富多彩。

单元案例

中国资本市场发展的战略措施

一、大力推进多层次股票市场体系建设,满足多元化的投融资需求

随着中国经济的持续发展和创新型经济体系的逐步建立,企业的融资及其他金融服务需求将是持续和多元化的。同时,随着各类投资者的进一步成熟和壮大,投资需求也会日益显现出多样化的趋势。因此,建设多层次股票市场是一项长期的重要任务。

大力发展主板市场。继续鼓励和支持主板上市公司做优做强,推动更多代表中国经济的大盘蓝筹公司上市,吸引境外上市中国企业和红筹公司回归,推动境外企业到境内上市,扩大市场的规模;建立和完善上市公司股权激励机制,完善内控机制和公司治理结构,提高上市公司规范运作水平;以信息披露和打击违法违规行为为重点,强化对控股股东、实际控制人、高管人员及董事的监管,加强对违规信息披露行为的惩罚力度。

继续推进中小企业板建设。完善中小企业板的各项制度,不断扩大规模;建立适应中小企业特点的快捷融资机制,提高中小企业板公司再融资的灵活性;不断丰富上市公司行业结构。

加快推动创业板建设。积极推进创业板市场建设,为创新型和高成长性企业提供融资渠道,为创业资本提供退出渠道;借鉴国际经验,在创业板实行更加市场化的发行上市制度,以适应创新型企业成长的需求;建立相应的交易制度和信息披露监管制度,防范风险,保护投资者合法权益。

二、推动债券市场的市场化改革,加快债券市场的发展

作为资本市场的重要组成部分,债券市场丰富了企业的融资渠道,为投资者提供了风险相对较低、收益相对稳定的投资产品。大力发展债券市场,有利于提高直接融资比例,对改善中国金融市场结构具有重要意义。

完善监管体制,改革发行制度。应建立职责明确、集中统一的监管体制,制定债券发行、交易和信息披露的有关监管规则;加快推进公司债券发行制度改革,提高发行效率,逐步建立发行利率、期限、品种的市场化选择机制。

建立健全债券市场主体的信用责任机制。建立发债主体的信息披露制度,确保投资者及时、准确获得信息;规范债券市场中介服务机构,提高其管理和服务质量;健全债券信用评级制度,建立债券市场的市场化约束机制;增强投资者对债券投资的风险意识,保障债券持有人的合法权益。

丰富债券品种,完善债券投资者结构。逐步建立健全以市场为主导的创新体制,推动债券市场产品发展;在稳步发展国债、公司债、可转换债券等产品的同时,积极推动其他固定收益类和结构化金融产品的创新。

三、积极稳妥地发展商品期货及金融衍生品市场

期货市场对各种商品市场的成熟和中国经济的稳定发展具有重要意义,因此,要稳步推进

期货市场发展,强化制度建设,丰富品种,扩大规模,使期货市场在国民经济发展中发挥应有的作用。

完善期货品种体系,稳步发展金融衍生品。逐步推出一批对国民经济有重大影响的大宗商品期货品种,以满足相关企业日益增长的风险管理需要,并完善能源、金属、农畜产品等期货品种系列;逐步发展商品期权交易;稳步发展各类金融衍生品。

健全期货市场交易机制。完善期货保证金监控机制和期货公司净资本安全监管制度,继续推进期货交易所建设,完善期货交易结算制度,维护市场稳定运行。

四、促进上市公司健康发展

上市公司质量是资本市场的基石。应不断完善上市公司监管体系和市场约束机制,提高公司治理水平和整体质量,推动上市公司做优做强。

加强公司信息披露。改进信息披露的内容、格式和程序,强化信息披露监管手段,不断提高信息披露监管的有效性和权威性,加大违规披露的成本,提高信息披露的质量。

完善上市公司退市制度。增加退市制度的灵活性,以适应不断变化的市场情况;建立有效的赔偿制度,保护退市公司投资者及相关债权人的合法权益;根据《企业破产法》,建立有效的破产公司接管制度。

案例分析题:怎样确保我国资本市场未来发展更加健康和持续?

第三节　衍生金融市场

金融衍生工具(Financial Derivative Instruments),又称金融衍生证券、金融衍生产品,是指以杠杆或信用交易为特征,其价值依赖于基本(Underlying)标的资产价格的金融工具或金融商品,如远期、期货、期权、互换等。它既指一类特定的交易方式,也指由这种交易方式形成的一系列合约。衍生市场的历史虽然很短,但却因其在融资、投资、套期保值和套利行为中的巨大作用而获得了飞速的发展。

一、金融衍生工具市场的形成

20世纪70年代以来,世界正悄然发生着两大革命:一是以电脑和通信技术为核心的信息革命;二是以金融创新(Financial Innovation)为核心的金融革命。而以期货、期权等衍生证券(Derivative Securities)为核心的金融工具的创新更是这场金融革命核心的核心。金融期货和期权仅有几十年的历史,然而其发展速度之快、交易量之大、影响面之广已远非其他金融工具所能企及。按标的物价值计算,1998年,世界各交易所金融期货和期权的交易量高达387.7万亿美元,1998年年底,未平仓和未执行的现有合约金额高达13.5万亿美元。20世纪90年代以来,由于规则日益标准化,金融衍生工具(包括期权、期货、互换、远期、信用衍生证券等)柜台交易所具有的灵活性的优势日益突现出来,因而得到了更为迅猛的发展。

1972年,芝加哥商品交易所开辟了国际货币市场分部,办理澳元、英镑、加元、日元、瑞士法郎和西德马克等六种主要外币的期货交易,这是全世界第一个能够转移汇率风险的集中交易市场,也是衍生金融商品诞生的标志之一。1975年,芝加哥期货交易所率先开办了抵押协会债券利率期货。1982年,芝加哥期货交易所推出第一份利率选择权合约。1983年,芝加哥期货交易所推出了股票指数选择权即标准普尔 100 指数选择权、标准普尔 500 指数选择权。1984 年,芝加哥商品交易所开办期货合同选择权交易,期货与期权两种衍生交易方式组合到了一起。1981 年,世界银行发行了 2.9 亿美元的欧洲债券,并决定将其本金和利息同 IBM 公司进行法国法郎和西德马克的货币互换,开创了互换市场的先河。1992 年,第一笔利率互换在美国完成,随后,又出现了期货互换、期权互换等。

远期、期货、期权和互换合同是主要的衍生金融工具,它们既是金融工程的成果,又是金融工程的工具。换句话说,任何衍生金融工具都可分解成一系列其他衍生金融工具,而几种衍生金融工具又可组合成新的更复杂的衍生金融工具。

世界是五彩缤纷的,金融世界也是五彩缤纷的。各种金融工具有不同的收益、风险和流动性特征,就好像每一道菜都有自己的色、香、味一样。好的厨师可以根据客人的不同需要,烹调出具有不同色、香、味特征的套餐。好的金融设计师同样可以根据市场的需要,创造出新的金融工具及金融工具组合。

二、金融远期市场与期货市场

(一)金融远期市场

金融远期合约(Forward Contracts)是指双方约定在未来的某一确定时间,按确定的价格买卖一定数量的某种金融资产的合约。在合约中规定在将来买入标的物的一方称为多方(Long Position),而在未来卖出标的物的一方称为空方(Short Position)。合约中规定的未来买标的物的价格称为交割价格(Delivery Price)。远期合约是非标准化合约。因此,它不在交易所交易,而是在金融机构之间或金融机构与客户之间通过谈判后签署远期合约。已有的远期合约也可以在场外市场交易。

在签署远期合约之前,双方可以就交割地点、交割时间、交割价格、合约规模、标的物的品质等细节进行谈判,以便尽量满足双方的需要。因此,远期合约跟下面将要介绍的期货合约相比,灵活性较大,这是远期合约的主要优点。

但远期合约也有明显的缺点:首先,由于远期合约没有固定的、集中的交易场所,不利于信息交流和传递,不利于形成统一的市场价格,市场效率较低。其次,由于每份远期合约千差万别,这就给远期合约的流通造成较大不便,因此远期合约的流动性较差。最后,远期合约的履约没有保证,当价格变动对一方有利时,对方有可能无力或无诚意履行合约,因此远期合约的违约风险较高。

(二)金融期货市场

20 世纪 70 年代初,西方国家出现了严重的通货膨胀,固定汇率制也被浮动汇率制所取代,国内外经济环境和体制安排的转变使经济活动的风险增大。这种情况反映到金融市场上就是利率、汇率和证券价格的急剧波动,原有的远期交易由于其流动性差、信息不对称、违约风险高等缺陷而无法满足人们急剧增长的需要,金融期货交易应运而生。

金融期货合约(Financial Futures Contracts)是指协议双方同意在约定的将来某个日期按约定的条件(包括交割价格、交割地点、交割方式)买入或卖出一定标准数量的某种金融工具的标准化协议。合约中规定的价格就是期货价格(Futures Price)。金融期货主要有套期保值、价格发现和信息传递、投机等功能,其中前两者是金融期货的两大基本功能。金融期货交易具有如下显著的特征。

(1) 期货合约均在交易所进行,交易双方不直接接触,而是各自跟交易所的清算部或专设的清算公司结算。清算公司充当所有期货买者的卖者和所有卖者的买者,因此交易双方无须担心对方违约,由于所有买者和卖者都集中在交易所交易,因此就克服了远期交易所存在的信息不对称和违约风险高的缺陷。

(2) 期货合约的买者或卖者可在交割日之前采取对冲交易以结束其期货头寸(即平仓),而无须进行最后的实物交割。这相当于买者可把原来买进的期货卖掉,卖者可把原来卖出的期货买回,这就克服了远期交易流动性差的问题。由于通过平仓结束期货头寸比起实物交割既省事又灵活,因此目前大多数期货交易都是通过平仓来结清头寸的。据统计,最终进行实物交割的期货合约不到 2%。

金融期货合约的种类按标的物不同,金融期货可分为外汇期货、利率期货和股价指数期货。

(1) 外汇期货是最早出现的金融期货品种,是为了回避汇率波动风险而创新出来的。外汇期货的标的物是外汇,如美元、德国马克、法国法郎、英镑、日元、澳元、加元等。

(2) 利率期货是继外汇期货之后产生的又一个金融期货类别。利率期货是指标的资产价格依赖于利率水平的期货合约,如长期国债期货、短期国债期货和欧洲美元期货。

(3) 股价指数期货的标的物是股价指数。由于股价指数是一种极特殊的商品,它没有具体的实物形式,双方在交易时只能把股价指数的点数换算成货币单位进行结算,没有实物的交割。这是股价指数期货与其他标的物期货的最大区别。例如,芝加哥商品交易所(CME)的 S&P 500 指数期货的单位价格(即每份合约的价格)规定为指数点数乘以 500 美元。

三、金融期权市场

(一) 金融期权及其相关概念

金融期权,又叫选择权(Option),是指赋予其购买者在规定期限内按双方约定的价格(简称协议价格 Striking Price)或执行价格(Exercise Price)购买或出售一定数量某种金融资产(称为潜含金融资产 Underlying Financial Assets,或标的资产)的权利的合约。

对于期权的买者来说,期权合约赋予他的只有权利,而没有任何义务。他可以在规定期限以内的任何时间(美式期权)或期满日(欧式期权)行使其购买或出售标的资产的权利,也可以不行使这个权利。对期权的出售者来说,他只有履行合约的义务,而没有任何权利。当期权买者按合约规定行使其买进或卖出标的资产的权利时,期权卖者必须依约相应地卖出或买进该标的资产。作为给期权卖者承担义务的报酬,期权买者要支付给期权卖者一定的费用,称为期权费(Premium)或期权价格(Option Price)。期权费视期权种类、期限、标的资产价格的易变程度不同而不同。

期权合约中经常包括一些常见的术语,如协定价格,又称"履约价格"或"执行价格",在期权交易中,指期权合约规定的期权购买者向期权出售者买进或卖出一定数量的某种金融商品或金融期货合约的价格。又如,期权费,又称权利金、期权价格或保险费,是指期权买方为获得期权合约所赋予的权利而向期权卖方支付的费用。协定价格与市场价格有实值、虚值和平价三种情况。首先须知"内在价值",即期权购买者通过执行期权而可获得的收益。所谓实值、虚值和平价分别指期权的内在价值为正、负、零。

（二）金融期权交易制度

金融期权市场有场外市场和场内市场之分，且场内市场有比场外市场更高的效率，这是因为场内市场有着一整套严格而有规范的交易制度。我们将根据金融期权的特点，对其中比较重要的交易制度做简单介绍。

1. 合约的标准化

凡在几个典型的市场上上市的金融期权合约都是标准化合约。在这些标准化合约里，交易单位、最小变动价位、每日价格波动限制、协定价格、合约月份、交易时间、最后交易日、履约日等均由交易所做统一的规定。

2. 保证金制度

为确保期权交易的履约，期权出售者须交纳一定的保证金。期权交易的保证金制度中只有期权出售者须交纳保证金，因为期权购买者并没有履约的义务，且期权的买方已经交纳了期权费。

3. 对冲与履约

在场内期权交易中，如果交易者不想继续持有未到期的期权头寸，那么，在最后交易日或在最后交易日之前，他可以通过反向交易来结清。相反，如果在最后交易日或在最后交易日之前，交易者持有的期权头寸并未平仓，那么，期权购买者就有权要求履约，而期权出售者也就必须做好履约的准备。

4. 头寸限制

所谓头寸限制，是指交易所对每一账户所持有的期权头寸的最高限额。之所以这样规定，是为了防止某一投资者承担太大风险或对市场有过大的操纵能力。

（三）金融期权的分类

按不同的划分标准，金融期权有不同的分类。

（1）根据选择权的性质划分，金融期权可分为看涨期权（Call Option）和看跌期权（Put Option）。

看涨期权也称认购权，指期权的买方具有在约定期限内（或合约到期日）按协定价格（也称敲定价格或行权价格）买入一定数量基础金融工具的权利。交易者之所以买入看涨期权，是因为他预期基础金融工具的价格在合约期限内将会上涨。如果判断正确，按协定价买入该项金融工具并以市价卖出，可赚取市价与协定价之间的差额；如果判断失误，则放弃行权，仅损失期权费。

看跌期权也称认沽权，指期权的买方具有在约定期限内按协定价格卖出一定数量基础金融工具的权利。交易者买入看跌期权，是因为他预期基础金融工具的价格在近期内将会下跌。如果判断正确，可从市场上以较低的价格买入该项金融工具，再按协定价格卖给期权的卖方，将赚取协定价与市场价的差额；如果判断失误，将放弃行权，损失期权费。

（2）按照合约所规定的履约时间的不同，金融期权可以分为欧式期权、美式期权。

欧式期权只能在期权到期日执行；美式期权则可在期权到期日或到期日之前的任何一个营业日执行。

（3）按照金融期权基础资产性质的不同，金融期权可以分为股权类期权、利率期权、货币期权、金融期货合约期权等。

① 股权类期权。与股权类期货类似,股权类期权也包括三种类型:单只股票期权、股票组合期权和股票指数期权。

单只股票期权(简称"股票期权")指买方在交付了期权费后,即取得在合约规定的到期日或到期日以前按协定价买入或卖出一定数量相关股票的权利。

股票组合期权是以一揽子股票为基础资产的期权,代表性品种是交易所交易基金的期权。

股票指数期权是以股票指数为基础资产,买方在支付了期权费后,即取得在合约有效期内或到期时以协定指数与市场实际指数进行盈亏结算的权利。股票指数期权没有可作实物交割的具体股票,只能采取现金轧差的方式结算。

② 利率期权。利率期权指买方在支付了期权费后,即取得在合约有效期内或到期时以一定的利率(价格)买入或卖出一定面额的利率工具的权利。利率期权合约通常以政府短期、中期、长期债券,欧洲美元债券,大面额可转让存单等利率工具为基础资产。

③ 货币期权。货币期权又称外币期权、外汇期权,指买方在支付了期权费后,即取得在合约有效期内或到期时以约定的汇率购买或出售一定数额某种外汇资产的权利。货币期权合约主要以美元、欧元、日元、英镑、瑞士法郎、加拿大元及澳大利亚元等为基础资产。

④ 金融期货合约期权。金融期货合约期权是一种以金融期货合约为交易对象的选择权,它赋予其持有者在规定时间内以协定价格买卖特定金融期货合约的权利。

四、金融互换市场

(一) 金融互换的含义

金融互换是指交易双方利用各自筹资机会的相对优势,以商定的条件将不同币种或不同利息的资产或负债在约定的期限内互相交换,以避免将来汇率和利率变动的风险,获取常规筹资方法难以得到的币种或较低的利息,实现筹资成本降低的一种交易活动。

(二) 金融互换的类型

利率互换和货币互换是最常见的两大互换形式。

1. 利率互换

利率互换是指交易双方按照事先商定的规则,以同一种货币、相同金额的本金在相同的期限内,相互交换以不同利率计算的资产或货币的支付行为。在利率互换中,初期或到期日都没有实际本金的交换,交易双方只是按照事先商定的本金交换利息的支付。

双方进行利率互换的主要原因是双方在固定利率和浮动利率市场上各自具有比较优势。比较优势理论是金融互换合约产生的理论基础。在利率互换中,市场浮动利率是以伦敦银行同业拆借利率为基准的,参与交易的各方根据各自的情况在 LIBOR(London Interbank Offer Rate)上附加加息率作为自己的浮动利率。例如,某公司有一笔美元贷款,期限 10 年,从 2010 年 8 月 3 日至 2020 年 8 月 3 日,利息为每半年计息付息一次,利率水平为 USD6 个月 LIBOR+70 基本点。该公司预期在今后十年之中,美元利率呈上升趋势,如果持有浮动利率债务,利息负担会越来越重。同时,由于利率水平起伏不定,公司无法精确预测贷款的利息负担,从而难以进行成本计划与控制。因此,公司希望能将此贷款转换为美元固定利率贷款,并可在外汇市场与银行做一笔利率互换交易。通过利率互换,在每个利息支付日,公司要向银行支付固定利率 7.32%(利率来源于银行及金融机构的互换参考价格表),而收入的 USD6 个月 LIBOR+70

基本点，正好用于支付原贷款利息。这样一来，公司将自己今后 10 年的债务成本，一次性地固定在 7.32% 的水平上，从而达到规避利率风险的目的。

2. 货币互换

货币互换是指交易一方拥有一定数量的资本和由此产生的利息支付，另一方拥有另一种货币相应的资本以及因此承担的利息支付义务，交易双方将各自拥有的资本和付息义务进行交换。实现交换的前提是，首先交易双方要分别需要对方拥有的币种，其次是所持资本的数值、期限相同。货币互换与利率互换最大的区别在于本金在期初和期末都要交换。货币互换的交易要点有：交易双方以约定的协议汇率进行本金的互换；之后在协议有效期内，双方以约定的利率和本金为基础进行利息支付的互换；协议到期时，交易双方以预先商定的协议汇率将原本金换回。

通过货币互换能降低筹资成本；能预先锁定汇率、利率，规避了汇率风险和利率风险。货币互换的主要原因是双方在各自国家中的金融市场上具有比较优势。由于货币互换涉及本金互换，因此当汇率变动很大时，双方就将面临一定的信用风险。当然这种风险仍比单纯的贷款风险小得多。

例如，公司 A 有一笔英镑贷款，金额为 8 000 万英镑，期限 5 年，利率为固定利率 3.25%，付息日为每年 6 月 30 日和 12 月 30 日。2012 年 12 月 30 日提款，2017 年 12 月 30 日到期归还。公司 A 提款后，将英镑换成美元，用于采购生产设备。到期日，公司需将美元收入换成英镑还款，如果未来英镑升值，美元贬值（相对于期初汇率），则公司要用更多的美元来买英镑还款。这样，由于公司的英镑贷款在借、用、还上存在着货币不统一，就存在着汇率风险。该公司 A 为规避汇率风险，决定与外汇银行做一笔货币互换交易。双方约定，交易于 2012 年 12 月 30 日生效，2017 年 12 月 30 日到期，使用汇率为 1 英镑＝1.53 美元。这一货币互换的交易过程为：

（1）在提款日公司 A 与外汇银行互换本金。A 从贷款行提取贷款本金 8 000 万英镑，同时支付给外汇银行，外汇银行按约定的汇率水平向公司 A 支付相应的美元。

（2）在付息日公司 A 与外汇银行互换利息。外汇银行按英镑利率水平向 A 支付英镑利息，A 将英镑利息支付给贷款行，同时按约定的美元利率水平向外汇银行支付美元利息。

（3）在到期日 A 与外汇银行再次互换本金。外汇银行向 A 支付英镑本金，A 将英镑本金归还给贷款行，同时按约定的汇率水平向外汇银行支付相应的美元。

因此，由于在期初和期末，公司与外汇银行均按预定的同一汇率（1 英镑＝1.53 美元）互换本金，且在贷款期间公司 A 只支付美元利息，而收入的英镑利息正好用于归还原英镑贷款利息，从而使公司 A 避免了未来的汇率变动风险。

本章小结

1. 金融市场是指以金融资产为交易对象而形成的供求关系及其机制的总和。金融市场可以按多种方式进行分类，其中最常用的是按交易的标的物划分为货币市场、资本市场、外汇市场和黄金市场。金融市场在经济系统中具有聚敛功能、配置功能、调节功能和反映功能。

2. 资本市场通常由股票市场、债券市场和投资基金三个子市场构成。股票是投资者向公司提供资金的权益合同，是公司的所有权凭证。债券是投资者向政府、公司或金融机构提供资金的债权债务合同，它具有与股票不同的特征，其种类可分为政府债券、公司债券和金融债券三大类。

3. 投资基金是资本市场的一个新的形态,即通过发行基金股份(或受益凭证)将投资者分散的资金集中起来,由专业管理人员分散投资于股票、债券或其他金融资产,并将投资收益分配给基金持有者的一种投资制度。

4. 衍生金融工具是指其价值依赖于基本标的资产价格的金融工具,如远期、期货、期权、互换等。

5. 金融期货合约是指协议双方同意在约定的将来某个日期按约定的条件买入或卖出一定标准数量的某种金融工具的标准化协议。合约双方都交纳保证金,并每天结算盈亏。合约双方均可单方通过平仓结束合约。金融期货的主要功能是转移价格风险功能和价格发现功能。

6. 期权是指赋予其买者在规定期限内按双方约定的价格买或卖一定数量某种金融资产的权利的合约。期权分看涨期权和看跌期权两大类,这两大类期权又有美式期权和欧式期权之分。

综合案例

2015 年全国金融市场总体运行情况

一、"新三板"市场快速发展,股票市场剧烈波动

"新三板"挂牌公司数量快速增加,东部地区上市公司数量居首。2015 年年末,"新三板"挂牌公司总数 5 129 家,新增 3 557 家,总股本和总市值同比分别增长 349.5% 和 435.4%。分省份看,"新三板"挂牌公司数量在 100 家以上的有北京、江苏、上海、浙江等 12 省(市),合计占比 65.6%。年末,境内上市公司(A、B 股)总数 2 827 家,较上年末增加 214 家,其中中小企业板和创业板上市公司数分别较上年末增加 44 家和 86 家。东部地区上市公司数量最多,占全国的比重为 66.1%(见表 4-1),其中广东、浙江、江苏、北京、上海五省(市)上市公司数量均超过 200 家。

表 4-1 2015 年年末各地区证券业分布 单位:%

	东 部	中 部	西 部	东 北	全 国
总部设在辖内的证券公司数	69.6	9.6	16.0	4.8	100.0
总部设在辖内的基金公司数	98.0	0.0	0.2	0.0	100.0
总部设在辖内的期货公司数	73.3	10.0	10.7	6.0	100.0
年末境内上市公司数	66.1	14.3	14.3	5.3	100.0
年末境外上市公司数	72.9	14.3	4.8	8.0	100.0
当年国内股票(A 股)筹资额	66.7	10.3	18.6	4.4	100.0
当年发行 H 股筹资额	76.1	14.2	4.3	5.4	100.0
当年国内债券筹资额	64.4	15.2	16.9	3.6	100.0
其中:短期融资券筹资额	76.7	7.9	13.0	2.4	100.0
中期票据筹资额	57.2	2.16	18.4	7.8	100.0

(数据来源:各省(自治区、直辖市)证监局,中国人民银行工作人员计算)

2015年市场筹资额增长较快,东部和东北地区筹资额占比上升。2015年各类企业和金融机构在境内外股票市场上通过发行、增发、配股、权证行权等方式累计筹资1.1万亿元,同比增长60.4%,其中A股筹资8 518亿元,同比增长75.9%。2015年年末,沪、深股市流通市值41.6万亿元,同比增长31.7%。

二、证券业机构加快发展,资产管理规模快速增长

证券业机构加快发展,在东部地区集聚特征明显。2015年年末,全国各地区共有证券公司125家,年末总资产为6.4万亿元,净资产为1.5万亿元,同比分别增长57%和58%;具有公募牌照的资产管理机构112家,其中基金管理公司101家,公募基金管理规模8.4万亿元,同比增长85%;150家期货公司总资产932.2亿元(不含客户权益),同比增长30%。分地区看,东部地区证券公司、基金公司、期货公司数量分别占全国的69.6%、98.0%和73.3%,其中上海的基金公司、期货公司数量均列全国首位,分别占全国的44.6%和20.7%。广东的证券公司数量居全国首位,占全国的20%。资产管理规模快速增长。

三、股指期货成交活跃,期货市场创新加快

2015年,受股指期货交易旺盛带动,全国期货市场累计成交量、成交额同比分别增长42.8%和89.8%,再创历史新高。中国金融期货交易所、上海期货交易所、大连商品交易所、郑州商品交易所累计成交金额同比分别增长154.7%、0.5%、1.1%、33.3%,分别占全国的75.4%、11.5%、7.6%、5.6%。从交易产品看,股指期货成交活跃,商品期货交易平稳增长。全年沪深300股指期货成交量为2.77亿手,成交额为341.9万亿元,同比分别增长27.9%和109.6%;20多个商品期货品种的成交量稳步上升。期货市场创新加快。2015年,期货市场新增锡和镍等2个商品期货,10年期国债期货、上证50和中证500股指期货等3个金融期货品种,以及首个股票期权上证50ETF,全市场期货期权品种总数达到52个。期货公司风险管理子公司试点业务发展较快,通过期现结合的"交易商"模式,服务中小微和涉农企业效果较好。期货公司上市取得突破,鲁证期货、弘业期货成功赴港上市,创元期货、永安期货正式挂牌"新三板"。

案例分析题:请根据上述资料,对此案例进行分析。

提示:从金融市场的分类和区域特点进行分析。

本章复习题

一、单项选择题

1. 金融市场以( )为交易对象。

   A. 实物资产　　　　　B. 货币资产　　　　　C. 金融资产　　　　　D. 无形资产

2. 一般说来,金融工具的流动性与偿还期( )。

   A. 呈正比关系　　　　B. 呈反比关系　　　　C. 呈线性关系　　　　D. 无确定关系

3. 推动同业拆借市场形成和发展的根本原因是( )的实施。

   A. 法定存款准备金制度　　　　　　　　B. 再贴现政策

   C. 公开市场政策　　　　　　　　　　　D. 存款派生机制

4. 下列选项中,不属于货币市场的是( )。

   A. 同业拆借市场　　B. 票据市场　　　　C. 回购市场　　　　D. 债券市场

5. 通过向社会公开发行一种凭证来筹集资金,并将资金用于证券投资的集合投资制度指的是(　　)。

    A. 股票　　　　　B. 债券　　　　　C. 投资基金　　　　D. 公开市场业务

6. 某国有银行通过公开发行股票融资的方式属于(　　)。

    A. 直接融资　　　B. 间接融资　　　C. 吸收投资　　　D. 民间借款

7. 金融机构为保证客户提取存款和资金清算需要而准备的,在中央银行的存款被称为(　　)。

    A. 存款准备金　　B. 基础货币　　　C. 法定盈余公积　D. 任意盈余公积

8. 下列不属于直接金融工具的是(　　)。

    A. 可转让大额定期存单　　　　　　B. 公司债券

    C. 股票　　　　　　　　　　　　　D. 政府债券

二、多项选择题

1. 下列金融工具中属于衍生金融工具的是(　　)。

    A. 商业票据　　　B. 期权　　　　　C. 期货　　　　　D. 股票

    E. 债券

2. 下列属于货币市场的是(　　)。

    A. 国库券市场　　B. 商业票据市场　C. 股票市场　　　D. 同业拆借市场

    E. 回购协议市场

3. 金融市场的参与主体有(　　)。

    A. 各类金融机构　B. 居民个人　　　C. 中央银行　　　D. 工商企业

    E. 政府部门

4. 期货合约的特点有(　　)。

    A. 每份合约都有买卖双方当事人　　B. 每份合约都要持有到期并进行实务交割

    C. 期货合约需要设立保证金账户　　D. 期货合约账户是每天交割的

    E. 期货合约都是标准化的

三、思考题

1. 什么是金融市场,其含义可包括几个层次?

2. 从金融市场在储蓄—投资转化机制中的重要作用这一角度理解"金融是现代经济的核心"。

3. 金融市场有哪些分类,哪些主体?

4. 理解金融市场的经济功能,其聚敛功能、配置功能、调节功能和反映功能各表现在哪些方面?

5. 货币市场的界定标准是什么? 它包括哪些子市场?

6. 简述同业拆借市场的主要参与者、交易对象及利率形成机制。

7. 简述同业拆借市场的交易原理,及其与回购市场的区别。

8. 简述商业票据市场和银行承兑票据市场的联系和区别。

9. 为什么国库券市场具有明显的投资特征?

微信扫一扫
查看更多资源

第五章　金融机构

教学目标

　　了解金融机构是如何形成及其存在与发展的原因;掌握金融机构、中央银行、商业银行、各专业银行及非银行金融机构的基本概念;认识和掌握西方国家金融机构体系的构成以及中国现行金融机构体系演变的历程及构成。

导入案例

　　起步于20世纪70年代末或80年代中后期的信托公司、企业集团财务公司、金融租赁公司,在经历了一个曲折发展阶段后,目前存量风险基本得到化解,业务创新有效推进,机构竞争力不断加强;而近年来新设立的汽车金融公司、货币经纪公司等非银行金融机构,则有效地促进着金融服务的专业化发展。

　　1. 信托公司从"融资平台"向理财机构转型

　　信托公司正在从"融资平台"向"受人之托、代人理财"的理财机构转型,发展成为面向合格投资者、主要提供资产管理、投资银行业务等服务的专业理财机构。截至2008年一季度末,全国信托公司受托管理的信托财产为12 105.32亿元。

　　根据银监会2007年新颁布的管理办法,银监会依法为符合条件的信托公司更换新的金融许可证。截至2015年一季度,已有34家信托公司更换新的金融许可证。

　　银监会有关负责人表示,将积极支持换证后的信托公司逐步开展私人股权投资信托、产业投资信托、企业年金、资产证券化、受托境外理财等新业务试点,为社会提供更多更好的理财产品和信托服务。

　　目前,商业银行参股信托公司取得了新突破。湖北国投引进交通银行作为战略投资者的重组方案获核准,并完成重新换发金融许可证等工作。民生银行参股陕西省国际信托投资股份有限公司近期也已获银监会批准。

　　同时,外资金融机构入股信托业日渐增多。例如,澳大利亚国民银行、英国安石投资管理公司等入股信托公司分别获银监会批准。

　　2. 财务公司

　　7家财务公司成功发行150亿元金融债券。

　　银监会有关负责人表示,截至目前,中国电力财务有限公司等7家财务公司在银行间市场成功发行了总额为150亿元的金融债券。财务公司发债完全采用市场化定价和发行方式,债券期限包括 3 年、5 年和 10 年,利率分固定利率和浮动利率。

2007 年 7 月,银监会启动财务公司发行金融债券试点工作。中电财、中石化、华能、华电、中核、上海电气和武钢 7 家财务公司成为首批发债的试点单位。

有关专家认为,财务公司金融债券成功发行,增加了财务公司中长期资金来源,有利于改善财务公司资产负债结构,更好地支持企业集团的战略发展。同时,开辟了财务公司的直接融资渠道,完善了债券市场的投资品种,丰富了投资者的市场选择。

1987 年 5 月,中国第一家企业集团财务公司——东风汽车工业财务公司诞生。截至 2008 年一季度末,全国共有企业集团财务公司 83 家,正常经营的 77 家财务公司资产总额 8 310 亿元,负债总额 7 247 亿元,所有者权益 1 063 亿元,实现:扣除资产减值损失后利润总额 69 亿元。

(案例来源:http://china. findlaw. cn/falvchangshi/jinrong/fyhjrjg/fyhyjrjg/2010/0724/25387. html)

案例分析题:你认为我国金融机构由哪些组成? 这些金融机构发展中呈现怎样的特点?

第一节　金融机构概述

一、金融机构的含义

金融机构也即金融中介机构(Financial Intermediaries),是资金盈余者与资金需求者之间融通资金的信用中介。金融中介机构主要以发行间接证券(存款)的方式形成资金来源,然后把这些资金投向贷款、收益等金融资产。它是金融体系的重要组成部分,在整个国民经济起着举足轻重的作用。它们通过疏通、引导资金的流动,促进和实现了资源在经济社会中的分配,提高了全社会经济运行的效率。

二、金融机构的产生

金融中介机构有多种形态,但作为有效融通资金从盈余单位流向赤字单位,实现资源转移的中介,银行最为典型。我们把对银行的分析作为分析金融中介机构产生和发展的代表。

从历史上看,银行(Bank)一词被认为来源于近代意大利。从 12 世纪中期开始,欧洲许多城市流通着种类繁多的货币。随着商业的发展,不同地区之间多种货币用作媒介的商品交易日益困难。于是,有些意大利人在威尼斯等地,犹太人则在伦巴特等地,沿街摆摊,专门从事鉴定、兑换各种货币的业务。他们有时也接受存款,放高利贷。由于这些经营货币的商人多坐在长板凳上,意大利人便把他们称为 banco,即长板凳,英语中的 bank 和法语中的 banguc 就是由此演变而来的。

近代银行的出现,是在中世纪的欧洲,当时欧洲的贸易已很发达。最早的银行是意大利的威尼斯银行,建于 1171 年;随后又有于 1407 年设立的热那亚银行,1609 年在荷兰成立的阿姆斯特丹银行;接着,1619 年在德国成立了汉堡银行。这些早期的银行具有高利贷性质。随着资本主义生产关系的确定和资本主义商品经济的发展,高利贷性质的银行业已不能适应资本扩张的需要。因为资本的本质是要获取尽可能高的利润,利息率只能是平均利润率的一部分,同时,资本主义经济工业化的过程需要资金雄厚的现代化银行做后盾,高利贷性质的货币经营业已经成为资本主义经济发展的障碍。

现代资本主义银行主要通过两条途径产生：一条途径是旧高利贷业转变为资本主义银行；另一条较典型的途径是以股份公司的形式建立的新型股份制银行。1694 年英国成立的英格兰是第一个资本主义股份制银行，它是现代银行的标志。由此，股份制银行在各国得以成立。这些股份制银行资本雄厚、业务全面、利率较低，在社会上建立了规范的信用制度和信用货币制度，极大地促进了工业革命的发展，同时也使它们成为现代金融业的主体。

三、金融机构发展的原因

以银行为主体的金融中介机构之所以能够存在和发展，主要是因为金融机构所产生的间接融资在某些方面具有直接融资不可比拟的竞争优势。

（一）处理信息问题的竞争优势

根据现代经济学的观点，金融中介机构业务的主要功能可以理解为"生产借款人的有关信息"。社会上对这种信息的需要来自于信用交易中广泛存在的信息不对称（Information Asymmetry）。信息不对称泛指买卖双方对交易对象质量掌握的情况是不对等的，卖者比买者知道得更多。对于信用交易而言，借款人或债务人对自己的财产现状和未来状况比贷款人和债权人知道得更多。在信用交易中，信息不对称以两种方式出现，即逆向选择和道德风险。逆向选择（Adverse Selection）的本意指人们越不希望做的事情越有人做，而越希望做的事情越没人做。在经济学上常举的例子是二手车问题：质量上乘的二手车，车主不愿意出售，而质量低下的二手车，没有人愿意购买，结果，二手车市场的成交量很小。其原因在于信息不对称，买主不如卖主那样了解二手车的质量和运转情况，因此，买主愿意支付的价格是全部二手车的平均价格，它反映二手车的平均质量。对于质量上乘的二手车的卖主来讲，该价位低了，车主不愿出售；而对于质量低下的二手车的车主来讲，该价格偏高，车主愿意出售，却没有人愿意购买，从而导致二手车市场成交量很小。在融资市场上，逆向选择出现在金融交易发生以前。金融市场上那些最可能造成不利结果（造成信用风险）的借款人往往最为积极地寻求贷款。例如，在融资过程业务中，所有的借款人都会尽力展现他们自己有很高的绩效和较低的风险。由于缺乏对各种潜在借款人信息的准确掌握，贷款人容易按平均风险的利率，甚至较高的利率发放贷款。在这种情况下，好的借款人将会离开融资市场，融资市场上仅留下质量不高的借款人，最终导致融资市场萎缩。道德风险（Moral Hazard）发生在金融交易发生以后。这种情况的出现是由于借款人在借款后可能转向投资于其他风险更高、潜在收益更高的业务而造成的。一部分借款人之所以倾向于从事更具风险的投资和业务，是因为贷款人和作为业主的借款人在项目成功后分享的权益不一致。无论项目获得多大的成功，贷款人只能获取契约规定的本金和利息，而项目的成功程度给作为借款人的业主带来的利润却可能有巨大的差异；在发生损失时，无论损失的结果差异如何，业主只失去相同的部分，即股权投资。

信息不对称所引致的巨大交易成本限制了信用活动的发展，阻碍了金融市场正常功能的发挥。然而，金融中介机构，特别是银行在解决这些问题中，由于间接融资机构的相对优势，使其显得比借贷双方直接融资和通过金融市场融资交易更有效。

（1）信息揭示优势。一般的贷款人很难获取与公司借款人有关的经营和投资项目信息，特别是那些中小企业借款人。但是，无论哪类企业都在银行开有账户。通过对存款账户所支付的观察，银行可以掌握借款人的收入、财富、支出以及投资策略，从而使银行可以比金融市场更有效地确定借款人的信用风险。

(2) 信息监督优势。由于对借款人行为监督的成本太高,大多数资金盈余的贷款者把监督活动委托给银行处理。银行对借款人同时提供存款账户和贷款账户,每一笔交易和资金转账都会被记录下来。因此,在持续观察和监督借款人的行为上,银行比个人和金融市场处在更有利的位置上。

(3) 信用风险的控制和管理优势。通过其专业化的机制,银行在解决贷款的道德风险问题上一直具有相对优势:第一,银行可以设计适当的契约来解决借贷双方利益背向的问题。最常用的方法就是通过一系列信贷条款来限制借款人随意的经营。第二,银行在贷款中往往要求有抵押或担保,这可以强化借款人与银行的同向利益。第三,银行有时可以在借款公司中要求股权(在日本),或者可以在借款企业董事会中要求股权代理(Proxy)。这两种情况都提高了银行对借款企业行为的影响力。

金融中介机构在处理信息不对称问题上所具有的相对优势,源于它们在信息生产过程中的规模经济。银行在信用分析、监督和风险控制中以大量的贷款为基础,换言之,由少量的贷款人来管理大量的借款人会极大地降低在处理信息不对称问题中的费用。因此,通过银行的信用中介是低成本、高效率的融资方式。

(二) 业务分销和支付优势

金融中介机构的另一个传统的核心竞争力是其业务分销和支付系统,这个系统基于它们庞大和昂贵的分支机构网络,形成有效的市场进入壁垒。在那些实行分支行制的国家,银行一直通过星罗棋布的分支行体系来销售由总行"生产"的各种金融服务和金融产品,其中一个最重要的业务是银行所提供的资金结算和支付。由商业银行和中央银行的结算支付机制所构成的支付体系在国民经济中占有十分重要的地位,它使得资金支付在任何地方都可以安全和便捷地进行。单独就支付体系的建设成本而言是十分昂贵的投资,然而,银行对提供支付服务所收取的费用并不高,这是因为银行从提供多种产品和服务中可以实行交叉补贴。

(三) 风险转移优势

金融中介机构之所以存在还有一个原因,那就是它们有效地把厂商发行的初级证券转换成为最终贷款人愿意持有的间接证券。例如,银行发行存款权益凭证,这些凭证具有高流动性、低风险和小面额的特征。然后,银行用筹集的资金去获取厂商发行的低流动性、高风险和面额大的权益凭证。在这个过程中,银行有效地实现了两种转移。

(1) 流动性风险转移。盈余者(即最终贷款者)经常在机会成本和流动性风险之间面临两难选择。它们希望将盈余资金投资出去,以增加收益,同时又希望保持随时运用资金的权利,但是,个体的小额资金很难实现两者的有效组合。通过集聚大量存款,金融中介机构却可以预测资金需求的规律,从而能以最低成本的方式来满足存户的流动需求,实现较高的投资收益。例如,在正常情况下,银行的存款一半以上有可能到期不会提款,或者在部分存款被提后,马上又有新的存款补充进来,这意味着银行在期限上可以"错配"其资产负债表或"短借贷长",将流动性资产控制在最低水平。这种转换为盈余者(即最终贷款者)提供了化解流动性风险,从而跨地、跨时转移经济资源的机制(在银行学上也被称为"非保险的保险"功能),满足了流动性风险厌恶者的需求。

(2) 信用风险转移。银行的资产组合中以贷款为主,所承担的违约风险比它们发行的存款大得多。银行之所以能把高风险的资产转换成低风险的存款主要是通过:信贷组合分散风险、专业化管理降低风险、稀释风险(大数法则)、持有足够的准备金来抵消不可预料的损失。

第二节　西方金融机构体系

金融中介机构种类繁多,按照它们的性质和主要业务类别来划分,可以分为三大类:存款性金融机构,非存款性金融机构和官方、半官方的专业信用机构。在金融机构系统中,中央银行和各种金融监管机构也包括在其中,但是中央银行是特殊的银行,它不对一般客户和公众办理业务,而只对金融机构要进行管理性业务往来,并执行货币政策,它实质上是政府的一个职能机构。各种金融监管机构代表国家的意志,分别对银行、证券、保险进行监管,不从事任何经营性业务。正因为它们的特殊性,我们将有专章对中央银行和各种金融监管机构进行论述。

一、存款性金融机构

存款性金融机构(Depository Financial Institutions)有许多类型,但就其共同特点来讲,是指其资金来源主要通过吸收各类存款而获得的金融机构。

(一)商业银行

从一般意义上讲,商业银行(Commercial Bank)是依法接受活期存款,主要为工商企业和其他客户提供短期贷款,并从事广泛金融业务的金融机构。商业银行是一个被长期使用的名词,但其性质已完全不同于其名称。在这里,对"商业"这个词的理解决不能顾名思义。最初使用商业银行这个名词,是由于这类银行主要承做短期自偿性贷款,即基于商业行为自动清偿的贷款。这类贷款期限一般不超过 1 年,贷款对象限于商人和进出口贸易商,目的是对国内和国际贸易中货物周转和货物销售的短期库存提供资金。随着资本主义工业的高速发展,厂商资金需求面不断扩大,商业银行开始对工业企业发放短期贷款,银行理论界也承认了商业银行对生产企业提供短期贷款以解决生产企业存款、流动资金以及工资周转等需要都是合理的。目前,商业银行已成为西方各国金融中介业务最广泛、资金实力最雄厚的存款性金融机构。在负债业务方面,它不仅办理签发支票的活期存款,也办理储蓄存款和定期存款,并积极在金融市场上借款。在资产业务方面,它除了经营短期工商业、农业贷款外,而且还可以对消费者、政府机关、法人团体等提供贷款,贷款期限也扩展到 10 年,甚至更长。20 世纪 80 年代,随着西方各国对金融管制的放松,各国商业银行又纷纷开办较长期限证券投资业务、投资银行业务、保险业务,从事外汇经营业务、租赁、信托业务等。正如西方经济学家所指出的,商业银行已属于一种金融百货商店型金融机构。因此,商业银行一词在金融业中已成为一种约定俗成的服从于习惯的专用称谓。

(二)储蓄机构

在西方国家,储蓄机构(Thrift Institutions)长期以来通过储蓄存款的传统方式来获取几乎全部的资金。近几十年来,某些储蓄机构开办了"股份"式的资金来源业务,即发行一种契约性的股份,但这种股份在要求时即能退股,它实质上是一种储蓄存单,与严格意义上的股票相差甚远。储蓄机构的资金运用大部分是发放不动产贷款,投资中长期国债券和其他证券。储蓄机构贷款的期限可长达 15～30 年。因此,储蓄机构的负债与资产之间在期限上是难以对称的,借短贷长的情况比较突出。与商业银行相比,它们的资产业务期限长,抵押贷款比重很高,因此,西方各国政府常常利用它们来实现政府的某些经济目标,如房地产政策目标。然而,房地产抵押贷款又具有自偿性、资金周转慢的特点,这使得储蓄机构的抗风险能力较弱。

储蓄机构在各国的名称不一样,英国主要是信托储蓄银行和房屋互助协会,美国称储蓄贷款协会和互助储蓄银行,在法国、意大利、德国则称储蓄银行。

(三) 信用协会

信用协会(Credit Unions)也属于存蓄性金融机构,但它与前述的一般意义上的存蓄机构又有差别。信用协会是一种由某些具有共同利益的人们组织起来的,具有互助性质的会员组织,如某行业雇员、某互助会成员或某教会教徒等。传统意义上的信用协会的资金来源主要是会员存款,也可以有一定数量的非会员存款。例如,日本允许信用组合的会员外存款可占存款总额 20%。信用协会的资金运作主要是对会员提供短期贷款、消费信贷、票据贴现、从事证券投资等。其余的资金则用于同业拆放或转存款。除以上业务外,信用协会开办的业务还有有价证券转入款的收受以及利息或红利的分配支付、保护性寄存业务、指定公司大代理业务等。

信用协会在经济生活中起着广泛动用资金的作用,它们遍布了大银行难以顾及的每一个角落,进一步促进了社会闲散资金的汇聚和利用。

过去,由于金融业不太发达,公众的金融资产累计程度较低,资金流动的社会化趋势不明显,各行业分工十分明确,各国信用协会的会员色彩很浓厚,经营中的互助性质很强,但随着市场经济的发展,信用协会的传统经营状况发生了一些重要的改变。第一,会员制度名义化。信用协会向着普通银行转化,只有会员才能参加信用协会已成为形式上的要求了。在实际授信中,信用协会会员以外的存款比例都在增大。另外,由于会员意识的消退,信用协会在管理上从过去贯彻以会员意识为基础的经营方针转向一般银行的经营方针。第二,由于业务范围的扩大和地域发展不平衡,信用协会之间在规模上的差距显著扩大。在谋求"规模经济"效益的过程中,不同信用协会之间的兼并时有发生,信用协会规模的扩大和数量的下降,进一步淡化了其会员色彩。第三,信用协会的会员资格限制和仅对同一债权人提供贷款等各种限制,也与社会和经济的发展极不协调。在金融自由化浪潮中,信用协会纷纷拓展业务面,以便与其他金融机构竞争,各国管理当局也逐步放松了对信用协会的管制。美国信用协会已通过股份汇票的方式开办了支票存款账户,贷款领域也已从过去的消费贷款扩大到发放长期抵押贷款,这些在美国的 1980 年银行法中已得到了承认。

(四) 共同基金

共同基金(Mutual Funds)是人们在自愿的基础上,以一定的方式组织资金,并在金融市场上进行投资,以获取高收益的金融组织。

投资共同基金有两大类型:一类是股票市场共同基金,参加共同资金的是股票市场上的小额投资人,他们以股份的形式形成共同基金,然后投资于各类股票,从而把投资风险分散;另一类被称为货币市场共同基金,它们是 20 世纪 70 年代中期才发展起来的。货币市场共同资金由小额股份者以购买股份的方式形成基金,但基金的运用不是将其投向股票市场,而是投入国库券、银行大额可转让存单、高级别商业票据和其他流动性高的货币市场工具。

共同基金在英国称单位信托(Unit Trust),它们有专门的经营企业。1990 年,英国约有

155 家共同基金企业。在美国,共同基金则一般没有专门设立的机构和具体的交易场所,它们往往是金融公司或银行机构管理下的一个项目。严格来说,它们只是一种基金账户,所有的交易都通过邮件、电话、电传等通信方式进行。

英、美等国家的共同基金,特别是货币市场基金在近几十年里获得了巨大的发展,主要起因于货币市场短期利率急剧上升和银行存款利率最高限的双重压力。20 世纪 30 年代大危机后,西方各国为了防止银行之间为争夺存款而支付过高利息,纷纷通过立法确定了银行存款利率最高限制。这些法令成功地阻止了银行之间为争夺存款而开展过度竞争,但却引起了周期性的直接融资,即每当银根紧缩、货币市场利率上升时,存款大户们就把钱从银行取出来,投向高利率的货币市场金融工具。然而,由于这些货币市场的浮动利率金融工具往往是大面额的,小额存款者不敢问津。货币市场共同基金的出现正是迎合了小额存款者的利益,这种新型的金融组织把许多小额存款者的资金以股份的形式汇集成共同基金,然后去购买大面额、高收益率的货币市场金融工具,从而使小额存款者绕过了法令的限制而获得了高市场收益率。

二、非存款性金融机构

非存款性金融机构(Non-Depository Financial Institutions)的资金来源不是像银行那样的负债,而是自行发行证券的收入或来自于某些社会组织或公众的契约性缴款。这些机构资金来源的周转率极低,其资产业务主要以长期投资为主。非存款性金融机构主要有以下几类。

(一) 人寿保险公司

人寿保险公司(Life Insurance Companies)是为人们因意外事故或死亡而造成经济损失提供保险的金融机构。人寿保险公司的主要资金来源是按一定标准收取的保险费,如果规定的事故发生,保险公司必须按契约支付保险金。投保人应缴纳的保险费率是根据人们正常的死亡率统计出来的,因而人寿保险公司可以比较准确地测定全体投保人员的危险率(预计事故发生概率和死亡率),从而计算出从现在起的当年、次年乃至 10 年或 20 年后将支付的人寿保险赔付费。由于人寿保险具有保险金支付的可预测性,并且只有当契约规定的事件发生时或到约定的期限时才支付保险金的特征,因此,保险费实际上是一种稳定的资金来源。人寿保险公司的资产业务大部分是长期的,主要用于购买公司债券、股票、发放长期抵押贷款等。人寿保险公司的利润来自于资金运用与资金来源的利差(价差收益),以及保险费收入与保险金实际偿付之间的差额所产生的收益(费用差收益)。

人寿保险类别有以下几种基本形式:

(1) 定期人寿险。该保险承担一定时期内的人身险,从几周到几十年不等。一旦事故发生,造成投保人丧失收入能力或死亡,或造成投保对象损伤,可由投保人或其指定人获得保险赔偿。

(2) 终身人寿险。该保险在投保人死亡后,由保险公司支付一笔总付的款项给投保人的指定人。一般来讲,这种保险是固定的保险费率,投保人在整个期限内都按此费率缴纳保险费。

(3) 长期人寿险。该保险规定,投保人在到某一特定年龄时,常常是法定退休年龄时,由保险公司支付一笔总付的款项给投保人。这种保险的吸引力在于,假如投保人能活到契约所规定的年龄,就可以由自己来支配这笔钱。在长期人寿保险中,保险费率开始较低,随投保人年龄的增长,费率逐渐提高,以便于统计上的更高死亡概率保持一致。

(二) 财产和灾害保险公司

财产和灾害保险公司(Property and Casualty Insurance Companies)是对法人单位和家庭提供财产意外损失保险的金融机构。财产保险的保险范围极广,包括火灾等自然灾害险、运输保险、汽车保险、责任赔偿保险、防窃保险、过世诉讼保险、伤害保险等。

财产保险的保险率是根据事故发生的概率和损坏程度来计算的。由于财产保险投保对象的事故发生可能性很不确定,随机性很强,不可能像人寿保险那样精确计算,所以财产保险费率的确定通常要受到政府的某些制约。例如,在日本,财产保险费率由按照法律设立的财产保险费率基数按委员会确定。在美国,则由各州保险委员会规定费率的浮动幅度以及经营标准,并对财产保险公司的政策实施全面监督。

由于灾害事故的发生比较难预料,因此在资金的运用上,财产保险公司对转存款、短期拆借、购买货币市场金融工具等项目的比重明显高于人寿保险公司,资金运用的其他方面则多为市政债券、高级别公司债券和少数股票等。

(三) 养老基金

养老基金(Pension Funds)是一种类似于人寿保险公司的专门金融组织。任何就业人员只要一直缴纳基金,并且工作到退休时,他的养老金项目就开始逐月支付。在西方国家,社会保障制度几乎为每个退休人员都提供了最低生活费用,但人均寿命的延长和强制退休制度以及社会生活水准的不断上升,使得如何保障退休人员的日常生活水平成为一个社会问题。养老基金就是在这种背景下,作为社会保障制度的一个补充而产生和发展的。

养老基金的资金来源是公众为退休后生活所准备的储蓄金,在形式上通常由劳方和资方共同缴纳,也有由雇主单独交纳的。和人寿保险一样,养老基金也能够精确地预计出若干年内他们将必须支付的养老金,因此,养老基金的资金运用主要投资于长期公司债券、绩优股票和发放长期贷款。养老基金的托管人有两类:一类是专业的公营或私营的金融机构,如英国的部分情况;另一类是银行的信托部门或人寿保险公司,如美国和日本的部分情况,通常由这些机构或部门按照委托人的意愿对基金进行管理。

(四) 投资银行

投资银行(Investment Bank)是主要经营资本市场的非银行金融机构。一般情况下,筹措长期资金的公司和经济单位并不是自己在市场上发行证券,而是通过专门的中介机构——投资银行或证券公司进行的。由于这些中介机构熟悉长期资金的市场供求动态、投资者的偏好以及证券发行公司的财务和资信状况,有自己多年来形成的证券营销网络,所以能较好地为长期资金供需者提供金融服务,促进了资金流动和资本的形成。

投资银行和证券公司主要以发行自己的股票和债券的方法来形成资金来源。一般来讲,它们只拥有较少的自有资本,因为投资银行的主要收益来自于代理发行各种证券的佣金和服务费等收入,而不是来自于资金的运用。投资银行和证券公司的主要业务有以下几种:

(1) 包销业务,即投资银行将发行公司的证券全部予以承购,并在规定时间内付给该公司约定数额的价款。

(2) 代销业务,即投资银行只是代理发行公司销售新证券,从中赚取佣金。

(3) 自营买卖和证券零售业务等。投资银行经营证券的范围主要有公司股票、公司债券、国债、市政债券、政府担保债和其他长期债券。

（4）投资顾问，协助企业进行资产重组，为企业并购提供方案和设计。

三、官办、半官办的专业信用机构

在西方国家，为了加强国家对经济的干预能力，保证国民经济发展的相对平衡，由政府出面建立了一些官办或半官办性质的专业信贷机构。这类金融机构根据本国具体情况设立，类型较多，但普遍来讲，在以下三个方面比较突出：一是支持国家重点产业发展和新兴产业开发方面的金融机构；二是农业信贷方面的金融机构；三是外贸信贷方面的金融机构。这些政府金融机构与一般金融机构不同，其特点是：① 大都是国有资本，业务上由政府相关部门领导；② 一般不接收存款，也不从事民间借贷；③ 业务性质与产业政策密切配合。

（一）重点产业发展和新兴产业开发方面的金融机构

各国在其经济发展过程中，都有其重点产业或新兴开发产业，它们在本国经济中起着举足轻重的作用，但这些产业和行业往往资金需求量大，借款期限长，而且风险高。为了支持本国经济正常运行和发展，各国大都根据国情由政府出资建立了若干个行业性专业信用机构。例如，日本在第二次世界大战后设立了日本开发银行，它是根据 1951 年制定的《日本开发银行法》于同年 4 月成立的长期信贷机构，其职能是通过对企业进行长期低息贷款，来支持重点产业发展和新产业开发。该行的资本全部由政府提供，每年还可向政府资金运用借款，此外，它还可以接受外资和以发行债券方式筹集资金。日本开发银行自成立之日起，一直密切配合政府经济政策，以各种形式支持工业和科技的发展，在日本有着重要的地位。

德国类似的银行是复兴信贷银行、柏林工业银行等。复兴信贷银行成立于 1948 年 11 月，总部在法兰克福。该行资本 80％ 归联邦政府所有，20％ 归各州所有。按规定，复兴信贷银行的主要任务是用"马歇尔计划"的资金为原联邦德国经济的恢复和发展提供中长期资金。后来该行的业务有了很大的发展，为促进原联邦德国向海外开发项目提供贷款资助的开发银行。柏林工业银行成立于 1949 年，资金来源由联邦政府和其他政府机构提供，资金运用为中长期贷款，目的在于帮助西柏林地区发展经济。

美国的官办产业支持性的金融机构主要集中在房地产行业。房地产业是美国的经济支柱之一，而房地产融资方面的业务主要由各类储蓄机构来承担。由于储蓄机构短借长贷的经营特征，它们应付金融环境波动的能力差。美国政府长期以来一直在努力创建和调整官办金融机构和管理机构，以便支持房地产抵押贷款业务。早在 1932 年，根据法案，美国国会批准成立了联邦住宅贷款银行体系，它与美国联邦储备体系平行。它们以发行债券的方式形成资金来源，其资金运用主要是向成员储蓄机构提供以他们的住宅抵押贷款契据或以政府债券为担保的低利率贷款。美国国会又于 1938 年成立了联邦全国抵押协会，其职能是，以向公众发行债券的方式吸取资金，然后再用这些资金去购买储蓄机构所不愿持有的抵押贷款契据，从而为储蓄机构的抵押贷款开辟了次级市场。1968 年，美国成立了政府国民抵押协会，其职能是对储蓄机构所创立的抵押契据组合证券的本金和利息的及时支持提供担保，这种有政府国民抵押协会担保的私人抵押贷款组合证券被称之为过户项目证券（Pass-Through Program Securities）。保险公司和养老基金这类机构投资者对过户项目证券具有很大的兴趣。1970 年，美国国会又成立了联邦住宅贷款抵押公司，它创造了一种参与证书，即通过组合私人抵押贷款，使之转变为一种类似政府债券的金融工具，并把它们销售给最终投资者。

(二) 农业方面的金融机构

第二次世界大战以来,国际农产品市场一直不太景气,而且农产品季节性强,易受自然气候影响,借款者往往收不抵支,难以清偿债务,致使农业生产无法进行,因此,农业贷款具有每笔金额较小、风险大、季节性资金需求强、贷款期限长等特点。为了能够给农业生产以及有关业务及时提供信贷资金,西方各国政府成立了专业农业信贷机构。法国农业信贷银行是比较典型的,该行是一家半官方的农业银行(1980 年世界排名第 1 位,2000 年世界排名第 9 位)。法国农业信贷银行的结构是三层金字塔状,最底层有 3 000 多个地方金库,中间一层是 94 个区域金库,最上边是全国农业信贷金库。地方金库和区域金库都是互助性质的,全国农业信贷金库是官方金融机构,它们三者之间的分工是:地方金库吸取存款,交付其所属的区域金库使用。区域金库则利用下属地方金库所吸收的存款和全国农业信贷金库统一调拨使用。全国农业信贷金库是联系国家和农业互助信贷组织的一个桥梁,在业务上受农业部和财政部的双重领导,它的主要职能是参与制定国家农业信贷政策,控制、协调和检查各区域金库的业务等。农业信贷银行的贷款对象仅仅是自己的会员,贷款种类很多,主要有农业生产贷款、农业公用事业贷款、农业合作社贷款和一些特别贷款。这类贷款不仅期限长(可长达 30 年),而且利息优惠,低于农业银行。法国政府对农业信贷银行给予了很大支持,如政府对该行某些贷款实行利息补贴,该行享受减免税收待遇等。

美国政府资助的农业信贷机构也是一个机构系统,但它不像法国那样有上下层次,其特点是:农业信贷系统内的各类金融机构突出自己的业务重点,农业信贷署是联邦政府独立的机构,农业方面的政策由该署 13 人组成的联邦信贷委员会制定,13 名成员均由政府部门命名,并由参议院同意。农业信贷业务的具体实施由以下金融机构来完成,即全国划分为 11 个农业信贷区,每区各设一个联邦本地银行、联邦中期信贷银行和合作银行。

日本这方面的工作由农林渔业金融公库来完成。农林渔业金融公库成立于 1953 年 4 月,其宗旨是:当农林渔业者向农林中央金库以及其他一般金融机构筹资时,其贷款主要用于土地改良、造林、渔港等基础设施。以后,为了满足农林渔业政策的要求,融资领域面更宽了,增加了渔业经营资金贷款、水产加工贷款、渔场设备资金贷款、地区农业改组贷款等。公库的贷款采取转贷款和直接贷款两种方式,利率一般比民间金融机构低 1%～5%。

(三) 进出口和对外投资方面的金融机构

为了促进本国商品出口,资助原材料进口,承担私人出口商和金融机构不愿意或无力承担的风险,同时用国家资本带动或帮助私人资本对外输出,西方发达国家普遍在这方面设立了官方信贷机构。

日本输出入银行成立于 1950 年 12 月,其目的是用资金来促进日本与国外的贸易交流,补充一般金融机构的输出入金融业务和海外投资业务的不足。该行资本全部由政府提供,借款也大部分来自于"政府资金运用部"。日本输出入银行的贷款利率有浓厚的政策色彩,利率水平低于商业银行,但贷款的偿还要求较严,采取要求抵押等必要手段,该行的贷款原则上要求与民间商业银行同时提供,而且融资比率不超过 70%。

美国的进出口银行创设于 1934 年,是美国联邦政府所属的独立企业单位,它通过提供优惠的出口信贷条件来增强美国出口竞争力。同时,该行也执行美国政府对外"援助计划"。该行资本额由联邦政府拨付,每年经营的利润有一小部分上缴财政部,大部分抵补该行准备金。

除了进出口银行外,美国还有不少政府主办的金融机构以及在政府支持下成立的私人金融机构,从事出口信贷或出口信贷保险业务:① 对外信贷保险协会。该会创立于 1961 年,参加者有 50 家保险公司。该会与美国进出口银行关系密切,一般来讲,政治风险由进出口银行承保,经济风险由该公司承保。② 国外私人投资公司。该公司于 1971 年由美国政府国际开发署的一部分改组而成,其目的主要是从事投资保险和投资项目资助。③ 农产品信贷公司。该公司是美国农业部所属的一个机构,主营农产品的出口贷款业务。④ 美国对外销售公司。这是一个私营专业性股份公司,参加者大部分是制造厂商的出口销售机构。美国政府对该公司给予两种优待:第一,延期纳税;第二,使用特殊价格。由于该公司缴纳负担较轻,美国政府规定,该公司向制造厂商进货时可以使用较高价格,这就使一部分利润转给该公司。

第三节　中国金融机构体系

一、我国金融中介机构体系的演变

(一)高度集中的金融机构中介体系

1953 年,我国开始大规模有计划地发展国民经济,按照苏联模式实行高度集中的计划管理体制和相应的管理方法。与此相适应,我国对金融中介机构体系进行改造,建立其高度集中的国家银行体系。这种体系实际上是中国人民银行独家经营金融业务。在此期间,在形式上也有除中国人民银行以外的金融机构存在,但都对这种格局影响甚微。农村信用社虽然大量存在,但实际上是中国人民银行在农村的基层机构。中国人民建设银行只是办理财政基建拨款的一个机构,并不经营一般存、贷款业务。中国银行虽然一直独立存在,但它仅是经办中国人民银行规定的对外业务,并一度成为中国人民银行办理国际业务的一个部门。中国农业银行三起三落,按苏联的经验划归财政部领导,1959 年停办国内保险业务进行清理,转交中国人民银行国外局领导,专营少量国外业务。

(二)1979 年来我国金融机构体制的改革

1978 年,中国共产党十一届三中全会召开后,我国的金融中介机构体系进行了一系列重大改革,主要包括以下四大方面:

(1)恢复和建立专业银行,并在此基础上对其进行改革和向国有商业银行转制。1979 年,为适应农村经济体制改革和适应对外开放的需要,中国农业银行和中国银行相继恢复,同年,中国人民建设银行也从财政部分设出来,并于 1983 年进一步明确为全国性的金融经济组织,除仍执行拨款任务外,还开展一般银行业务。1984 年 1 月成立的中国工商银行,承办原中国人民银行办理的工商信贷业务和城镇储蓄业务。1994 年,为了解决商业银行实行企业经营与执行国家政策任务的矛盾,分离专业银行的政策性业务和商业性业务,推进专业银行向国有商业银行的转变,又先后成立了三家政策性银行。

(2)建立了中央银行体制。随着大一统的金融体制向多类型、多层次的格局演变,金融机构的不断增多,金融竞争的加剧,金融监管和宏观调控的重要性日益凸显。在这样的背景下,1983 年 9 月,国务院决定:中国人民银行专门行使中央银行职能,其原来承办的工商信贷业务和城镇储蓄业务移交新成立的中国工商银行办理。

(3) 在国有商业银行之外,组建了其他商业银行。我国于 1986 年按现代企业制度重新组建了股份制的交通银行,随后又陆续成立了 10 余家全国性的和区域性的股份制商业银行。20世纪 90 年代中期,我国又对各大城市的信用合作社进行了调整,组建了近百家城市商业银行。这些不同层次的商业银行的产生,对于银行业构建合理的市场组织结构,加强金融业的合理竞争,支持经济均衡发展起了巨大的作用。

(4) 组建政策性银行。1994 年为推进专业银行向商业银行的转变,更好地支持经济发展,促进社会进步,经国务院批准,国家开发银行、中国进出口银行和中国农业发展银行三家政策性银行先后组建。

此外,在 20 多年的金融改革中,我国还成立了信托投资银行、保险公司、证券公司、财务公司以及投资基金等各类非银行金融机构,并引进了相当数量的外国银行和保险公司,初步形成了以中国人民银行为领导,商业银行为主体,包括政策性金融机构、其他非银行金融机构等多种金融机构并存、分工协作的金融中介机构体系。

二、我国现行金融机构体系的构成

我国现行金融机构体系地位和功能大致可分为五类。

第一类是货币当局和金融监管机构,即中国人民银行、中国证券监督管理委员会、中国保险监督管理委员会和中国银行业管理监督委员会。

第二类是政策性银行和政策性金融机构,我国有政府主办的政策性金融机构有三家政策性银行和四家金融资产管理公司。

第三类是商业银行,按其性质和业务范围又可分为:国有商业银行,即国家独资的商业银行;股份制商业银行;正在发展的城市商业银行,以及住房储蓄银行。

第四类是非银行金融机构,主要包括国有以及股份制的保险公司、信托投资公司、证券公司、企业集团财务公司、金融租赁公司、投资基金机构以及其他非银行金融机构。

第五类是在境内开办的外资、侨资、中外合资金融机构,这类机构包括外资、侨资、中外合资的银行、财务公司、保险机构等在我国境内设立的业务分支机构及驻华代表处。

(一) 货币当局和金融监管机构

1. 中国人民银行

中国人民银行是我国的中央银行,在国务院的领导下,制定和执行货币政策,防范和化解金融危机,维护金融稳定。其主要职责是:发布和履行与其职责有关的命令和规章;制定和执行货币政策;发行人民币,管理人民币流通;监督管理银行间同业拆借市场和银行间债券市场;实施外汇管理,监督管理银行间外汇市场;监督管理黄金市场;持有、管理、经营国家外汇储蓄、黄金储备;经理国库,维护支付、清算系统的正常运行;指导、部署金融业反洗钱工作,负责反洗钱的资金监测;负责金融业的统计、调查、分析和预测;作为国家的中央银行,从事有关的国际金融活动;国务院规定的其他职责。

中国人民银行总行设在北京,1998 年以前其分支机构按行政区划设置,1998 年后按经济区域设立了九个跨省(自治区、直辖市)的大区分行,各大区分行下设若干中心支行,并将中国人民银行北京分行和重庆分行改为两个营业部,作为总行的内部机构。

2. 国务院证券委员会和中国证券监督管理委员会

国务院证券委员会(简称证券委),是国家对全国证券市场进行统一宏观管理的主管机构,成立于 1992 年 10 月。证券委实行委员制,由国务院 14 个部(局)委的部长何局长担任委员。证券委的主要职责包括:负责组织拟订有关证券市场的法律、法章草案;研究制定有关证券市场的方针、政策和规章;制定证券市场发展规划,指导、协调、监督和检查各地区、各有关部门与证券市场有关的各项工作;统一安排和审批国内企业到海外公开发行股票和上市;审核申请设立的证券交易场所;配合国家纪委下达证券市场的年度规章;归口管理中国证券监督管理委员会。

中国证券监督委员会(简称证监会),是国务院证券委员会对全国证券业和证券市场进行监督管理的执行机构,属于国务院直属的事业单位。证监会由有证券专业知识和实践经验的专家组成,下设发行部、交易部、上市部、期货部、海外上市部、稽核部、机构部等职能部门,分别具有行使证监会的各种职责权限。证监会还下设相对独立的发行审核委员会,负责复审申请公开发行股票企业的招股说明书。

1993 年 11 月,国务院决定将期货市场的试点工作交由国务院证券委负责,中国证监会具体执行。1997 年 8 月,国务院决定,将上海、深圳证券交易所统一划归中国证监会监督。同年11 月,中国召开金融工作会议,决定由证监会对地方证券监管部门实行垂直领导,并将原来由中国人民银行监管的证券经营机构划归中国证监会统一监管。

1998 年 4 月,根据国务院机构改革方案,决定将国务院证券委与中国证监会合拢,至此,中国证监会的职能明显强化,成为全国证券、期货市场的主管部门。

3. 中国保险监督管理委员会

中国保险监督管理委员会(简称保监会)成立于 1998 年,为国务院直属事业单位,是全国商业保险的主管机关,国务院授权履行行政管理职能,依照法规、法律统一监督管理保险市场。其主要任务是:拟定有关商业保险的政策法规和行业规划;依法对保险企业的经营活动进行监督管理和业务指导,依法查处保险企业违法违规行为,保护被保险人的利益;维护保险市场的秩序,培育和发展保险市场,完善保险市场体系,推进保险市场改革,促进保险企业公平竞争;建立保险业风险的评价和预警系统,防范和化解保险业风险,促进保险业的稳健经营和业务的健康发展。

4. 中国银行业监督管理委员会

中国银行业监督管理委员会(简称银监会)根据授权,统一监督管理银行、金融资产管理公司、信托投资公司以及其他存款类金融机构,维护银行业的合法、稳健运行。中国银行业监督管理委员会自 2003 年 4 月 28 日起正式履行职责。银监会的主要职责是:制定有关银行业金融机构监管的规章制度和方法;审批银行业金融机构及分支机构的设立、变更、终止及其业务范围;对银行业金融机构实行现场和非现场监管,依法对违法违规行为进行查处;审查银行业高级管理人员任职资格;负责统一编制全国银行数据、报表,并按照国家有关规定予以公布;会同有关部门提出存款类金融机构经济风险处置意见和建议;负责国家重点银行业金融机构监事会的日常管理工作;承办国务院交办的其他事项。

(二) 政策性金融机构

1. 政策性银行

政策性银行是由政府投资设立的,以贯彻国家产业政策和区域发展政策为目的的非营利性的金融机构。1994年以前,我国无专门的政策性金融机构,国家的政策性金融业务分别由四家国有专业银行承担。1994年,适应经济发展的需要,按照"把政策性金融和商业性金融相分离"的原则,我国相继组建了3家政策性银行,即国家开发银行、中国进出口银行和中国农业发展银行。

国家开发银行于1994年3月17日正式成立,总部设在北京,其主要任务是:建立长期稳定的资金来源,确保重点建设资金需要,办理政策性重点建设贷款和贴息贷款业务;对国家固定资产投资总量和结构进行调解;逐步建立投资约束和风险责任机制;按照市场经济的运行原则,提高投资效益。其资金主要来源于向金融机构发行政策性金融债券,其资金运用的领域主要包括:制约经济发展的"瓶颈"项目;直接增强综合国力的自主产业的重大项目;高新技术在经济领域应用的重大项目;跨地区的重大政策性项目等。

中国进出口银行于1994年7月1日成立,总行设在北京。它不设营业性分支机构,但可根据业务需要和发展情况,在一些业务比较集中的大城市设立办事处或代表处,负责调查、统计、监督代理业务等事宜。中国进出口银行的任务是:执行国家产业政策和外贸政策,为扩大机电产品和成套设备等资本性货物出口提供政策性服务。其主要资金来源是发行政策性金融债券,也从国际金融市场筹措资金。其业务范围主要是为机电产品和成套设备等资本性货物出口提供出口信贷;办理与机电产品出口有关的各种贷款、混合款和转贷款,以及出口信用保险和担保业务。

中国农业发展银行于1994年11月18日正式成立,总行设在北京,在全国设有分支机构。中国农业发展银行的主要任务是:按照国家法律、法规、方针和政策的规定,以国家信用为基础,筹集农业政策性资金;承担国家规定的农业政策性金融业务;代理财政性支农资金的拨付,为农业和农村经济发展服务。主要资金来源是中国人民银行的再贷款,同时也发行少量的政策性金融债券。其业务范围主要是办理粮食、棉花、油料、猪肉、食糖等主要农副产品的国家专项储备和收购贷款,办理扶贫贷款和农业综合开发贷款,以及国家确定的小型农、林、牧、水基本建设和技术改造贷款。

2. 政策性金融管理公司

我国的金融资产管理公司(AMC)是1999年由国家投资组成的,专门用来剥离和处理国有商业银行不良资产的金融机构。这些公司将负责收购、管理和出资国有商业银行存在的不良资产,并将部分企业的贷款转化成为对企业的股权。债权转股权后,金融资产管理公司将成为企业阶段性的持股人,参与企业的决策,但不干预企业的日常生产经营。金融资产管理公司与企业的关系将从原来的借贷关系变成持股与被持股、控股与被控股的关系。待企业生产效益好转后,金融资产管理公司将采取上市转让、兼并、分立、企业回购等方式退出。我国有四家政策性金融资产管理公司:中国信达、华融、长城、东方资产管理公司。四家金融资产管理公司注册资本分别为100亿元,均为财政拨款。它们的经营范围是:信达公司主要收购并经营中国建设银行剥离的不良资产,华融公司主要收购并经营中国工商银行剥离的不良资产,长城公司主要收购并经营中国农业银行剥离的不良资产,东方公司主要收购并经营中国银行剥离的不良资产。剥离不良资产的范围包括:按传统贷款分类办法剥离预期贷款和部分呆滞、呆账贷款,其中待核销呆账以及1996年以来新发放,但已逾期的贷款不属于此次剥离范围。财政政策包括:四家资产管理公司免收工商登记注册手续费,免征公司收购、承担处置不良资产过程中的一切税收。处置不良资产的最终损失,由财政部提出方案报国务院批准。

(三) 商业银行

商业银行是我国金融中介机构体系的主体,主要由国有独资商业银行、股份制商业银行构成。从组织形式上看,我国商业银行实行的是分支行制;从业务经营范围看,我国现有商业银行属于职能分工性商业银行。

我国商业银行可以经营以下业务:吸收公众存款,发放贷款,办理国内外结算、票据贴现、发行金融债券;代理发行、兑付、承销、买卖政府债券;从事同业拆借;买卖、代理买卖外汇;提供信用证服务及担保,代理收付款及代理保险业务等。2001 年,我国金融管理当局扩大商业银行中间业务的范围,银行可以从事股票以外的证券业务和更广泛的非银行业金融业务。

1. 国有独资商业银行

国有商业独资银行是由国家专业银行演变而来的,包括中国工商银行、中国农业银行、中国银行、中国建设银行和交通银行,是金融中介机构体系的主体。中工农建这四家银行是 1979 年以后陆续恢复、分设的,但交通银行在 2007 年才转为国有行。原有的分工是:中国农业银行以开办农村信贷业务为主,中国工商银行主要承担城市工商信贷业务,中国建设银行主要承担中长期投资信贷业务,中国银行主要经营外汇业务。随着金融体制改革的不断深化,几家银行的传统分工开始被打破。1944 年,原国家专业银行的政策性业务被划分出去,国家成立了几家政策性银行,国有专业银行专营商业性业务,成为国有独资商业性银行。自此,各行的业务交叉进一步扩大,传统分工完全消失。近几年来,这几家银行营运机制有所改善,内部管理得到加强。除中国农业银行外,固有独资商业业务逐步向大中城市发展,主要服务于大中型企业和大型建设项目,业务的国际化也大大加强。

2. 股份制商业银行

随着金融体制改革的不断深化,我国陆续组建和成立了一批股份制商业银行。1987 年 4 月,交通银行重组为我国改革开放后第一家股份制的商业银行。随后,按现代企业制度又成立了股份制的深圳发展银行、中信实业银行、中国光大银行、华夏银行、招商银行、广东发展银行、(福建)兴业银行、上海浦东发展银行、中国民生银行等。

这些商业银行的共同特点是:① 初步建立了自体经营、自负盈亏、自担风险、自求平衡、自我约束、自我发展的经营体制;② 产权关系清晰,最终所有者比例明确,风险意识和盈利意识大为加强;③ 公司治理结构得到不断地完善,实行董事会领导下的行长负责制和股东大会制度;④ 依照国际通行规则和市场原则开展各项银行业务,进行自身经营管理。

3. 城市商业银行

城市商业银行有时冠以"合作"两字,但实际上也属于股份制商业银行,适用《商业银行法》。它们是在我国金融监管机构对原城市信用社清产核资的基础上,通过吸收地方财政、企业法人股份组建而成的。我国原有约 5 000 家城市信用社,有相当多的城市信用社已失去合作性质,实际上已办成小的商业银行。由于规模太小、数量太多,管理水平较低,金融监管机构对城市信用社的监管成本很高,且监管难以到位,导致有信用社引发的信用危机频频发生。为规避风险,形成规模,1995 年,国务院决定,在城市信用社基础上组建城市合作银行和城市商业银行,其服务领域为发展地方经济服务,为中小企业发展服务。城市商业银行发展速度很快,经营管理水平有所提高,经济效益明显改善,抵御风险能力有所增强。

(1)信用合作银行。我国的城市和农村信用合作社是群众性合作制金融组织,是对国家银行体系的必要补充和完善。它的本质特征是:由社员入股组成,实行民主管理,主要为社会提供信用服务。城市信用合作社是城市合作金融组织,是由个体工商户和城市集体企业入股组建的,入股者民主管理,主要为入股人提供金融服务,具有法人地位的金融机构。目前,我国部分城市的信用合作组织已经通过合并、改组成为地方城市商业银行。农村信用合作社是由农民和集体经济组织自愿入股组成,由入股人民主管理,主要为入股人服务的具有法人资格的金融机构。其业务主要是:办理个人储蓄,办理农户、个体工商户、农村合作经济组织的存、贷款,代理银行委托业务及办理批准的其他业务。2008 年以来,国家确立了农村信用社要坚持银行化、股份制的改革方向,根据这一原则,省政府研究决定,选择莱州联社、邹平合行和寿光合行作为首批农村商业银行改革试点单位,由股份合作制向股份制推进。从合作制到股份合作制再到股份制,农村信用社改革的出发点是为化解风险,并进一步加大对"三农"的扶持力度。2008 年 12 月,3 家试点单位分别提出筹建申请;2009 年 1 月,获得中国银监会批复;2 月初召开创立大会;2 月底、3 月初,先后正式挂牌开业。

(2)中国邮政储蓄银行。中国邮政储汇局是经国务院和中国人民银行批准,对邮电部原来的邮政储汇局改组而成的邮政储蓄金融机构,实行自主经营、自负盈亏、自担风险、自求平衡。根据国务院金融体制改革的总体安排,在改革原有邮政储蓄管理体制基础上,2007 年 3 月 20 日中国邮政储蓄银行正式挂牌成立。2012 年 1 月 21 日,经国务院同意并经中国银行业监督管理委员会批准,中国邮政储蓄银行有限责任公司依法整体变更为中国邮政储蓄银行股份有限公司。

年轻的邮储银行已有近百年的历史。1919 年,中国邮政储蓄银行的前身邮政储金局成立,开办邮政储金业务。1942 年,储金汇业局成为当时六大金融支柱"四行两局"的重要组成部分。在新中国成立初期,1953 年邮政储蓄业务停办,邮政继续办理汇兑业务。1986 年,邮政储蓄正式恢复开办。

中国邮政储蓄银行坚持服务"三农"、服务中小企业、服务城乡居民的大型零售商业银行定位,发挥邮政网络优势,强化内部控制,合规稳健经营,为广大城乡居民及企业提供优质金融服务,实现股东价值最大化,支持国民经济发展和社会进步。目前,中国邮政储蓄银行已成为全国网点规模最大、覆盖面最广、服务客户数量最多的商业银行。截至 2015 年 6 月末,邮储银行拥有营业网点超过 4 万个,打造了包括网上银行、手机银行、电话银行、电视银行、微博银行、微信银行和易信银行在内的电子金融服务网络,服务触角遍及广袤城乡,服务客户近 4.9 亿人。

(四)非银行金融机构

1. 保险机构

1949 年 10 月 20 日,中华人民共和国刚刚成立 20 天,中国人寿保险公司即作为保险业的管理机关宣告问世。刚开始,登记复业的华商保险公司有 63 家,外商保险公司有 41 家。1958 年以后,由于受"左"的思想干扰,保险也陷入停顿状态,全国保险系统职工人数锐减至不足 500 人。直至 1980 年,中国人民保险公司恢复办理国内保险业务,大为开展涉外保险以后,中国的保险事业才得以真正复苏,并进入新的发展阶段。

1993 年以后,保险业改革步伐进一步加快,中国人民保险公司完成了财产险、人寿险和再保险业务的分离业务,改组设立了中国人民保险(集团)公司,包括中保财产保险公司、中保人寿保险公司和中保再保险公司 3 家子公司。太平洋保险公司与交通银行脱钩,改制为独立的股份制商业保险公司。平安保险公司将 6 家子公司的独立法人地位取消,将其改为直属分公司。太平洋保险公司和平安保险公司还完成了财产和寿险的分账核算工作。与此同时,中国人民银行有计划地批准设立了一批新的股份制保险公司,如大众、天安、华泰、水安、华安、泰康等保险公司,保险业由中国人民保险公司一家独揽转向"百家争鸣"的局面。

目前,我国基本形成了以国有保险公司为主体,多种保险形式并存,多家保险公司竞争和共同发展的保险机构体系,并称为金融业中最具活力、发展最快的行业。2000年,全国保险业保费收入1 600亿元,其中寿险比重为50%,其余为财产保险、汽车险和住宅保险。

我国保险公司的业务险种达400余种。按保险范围划分,我国的保险主要分为财产保险、责任保险、保证保险和人身保险四大类。财产保险是以财产为保险标的一种保险,补偿因自然灾害或意外事故所造成的经济损失;责任保险是以被保险人的民事损害赔偿作为保险标的保险;保证保险指由保险人承担在信用借贷或销售合同关系中因一方违约而造成的经济损失;人身保险包括人寿保险、健康保险和意外伤害保险等。还有一种保险机构之间的保险业务,被称之为再保险,也称分保。1996年,中国人民银行先后公布实施了《保险代理人管理暂时规定》和《保险管理暂时规定》等多项规章制度,为保险业健康发展提供了必要的监管工具和标准。

2. 证券机构

为了提高金融体系的运行效率,我国在改革开放后逐步发展直接融资,鼓励有条件的企业在金融市场上发行股票和债券进行融资,以改善公司资本结构和财务结构,证券机构作为专业性证券经营机构在我国有了快速的发展。我国证券公司的业务范围有:代理企业发行各种有价证券,代理客户买卖各种证券,证券自营,代理股票红利支付和债券的还本利息,证券的代保管和签证,证券投资咨询等。我国的证券业在最初发展时可分为两大类:一类是由若干金融机构和非金融机构投资组成的股份制证券公司,经营全部证券业务;另一类是由银行、信用社、企业集团、租赁公司和信托公司等金融机构设立的证券营业部,仅经营证券代理买卖业务。近年来,随着规范证券公司发展工作的落实,证监会在要求证券机构彻底完成与其他种类金融机构脱钩的同时,鼓励经营较好的证券公司通过增资扩股、收购和兼并业务量不足的证券机构,组建较大规模、更为规范的现代证券机构。中国的证券公司将分成两大类:一类是综合类券商,它们可以从事投资银行和证券类的所有业务;另一类是经济类券商,仅能从事证券买卖代理、自营等证券类相关业务。要指出的是,我国证券公司与发达国家的投资银行还不完全一样,主要的差距表现在对企业并购、资产重组、财务顾问等主要投资银行业务上参与较少。

3. 基金公司

基金公司,是通过发行股票募集资本并投资于证券市场的股份有限公司。投资者在购买基金公司的股票以后成为公司的股东,公司董事会是基金公司的最高权力机构。基金公司的发起人一般是投资银行、投资咨询公司、经纪商行或者保险公司。基金公司一般委托外部的基金管理人来管理基金资产,委托其他金融机构托管基金资产。

投资基金在我国的起步始于1987年前后,首先是由熟悉海外业务的金融机构在海外组建以国外投资者为对象的中国投资基金开始的,这些基金旨在以信托投资基金的方式为国内的经济建设筹措资金。进入20世纪90年代,随着我国证券市场的迅速发展,从1991年开始,国内金融机构纷纷推出以国内投资者为对象的国内投资基金。受条件和经验所限,这些初始的投资基金很不规范。按照中国证券监督管理委员会的规定,我国证券市场从1999年4月对老基金进行全面的清理规范,根据资产流动性的不同,老基金分别被转化为证券投资基金、金融债券或者被清盘。我国目前的投资基金以封闭式投资基金为主,截至2000年年底,在深、沪证券交易所上市的封闭式基金已达33家,基金总规模560亿元。我国于2001年9月又先后推出两只开放式投资基金,即华安创新投资基金和南方稳健成长证券投资基金。开放式投资基金在我国的推出,意味着我国证券市场的进一步成熟。

4. 期货经纪公司

期货经纪公司,是指依法设立的、接受客户委托、按照客户的指令、以自己的名义为客户进行期货交易并收取交易手续费的中介组织。期货经纪公司是经中国证监会批准,并在国家工商行政管理局登记注册的独立法人。期货经纪公司至少应该成为一家期货交易的会员。按照中国证监会的规定,期货经纪公司不能从事自营业务,只能为客户进行代理买卖期货合约、办理结算和交割手续;对客户账户进行管理,控制客户交易风险;为客户提供期货市场信息,进行期货交易咨询,充当客户的交易顾问等。

5. 信托投资公司

信托投资公司是受人之托、代人理财的金融机构。大多数信托投资公司以经营资产和财产委托,代理资产保管、金融租赁、经济咨询、证券发行及投资为主要业务。

我国的信托投资业起始于20世纪初商品经济较发达的上海,1921年成立的上海通商信托公司是中国最早的信托公司。在此之前,零星的信托业务由银行的保管部或信托部办理。国民党统治时期成立了中央信托局,其分支机构遍布各地。中华人民共和国成立初期,在上海、天津、广州等大城市开办了信托机构,一类是银行的信托部,如中国人民银行上海分行信托部;一类是投资公司,如天津市投资公司。这些信托机构在20世纪五六十年代陆续停办。

我国实行改革开放以后,信托业务逐步恢复。1979年10月,中国银行信托咨询部成立;同月,中国国际信托投资公司作为国家的一个重要对外窗口组建成立。此后,随着商品经济的发展,社会预算外资金的积累不断扩大,信托投资业快速发展。

信托投资公司可以经营以下业务:经营资金和财产委托,代理资产保管、金融租赁、经济咨询、证券发行以及投资等。金融信托投资机构可以吸收下列1年期(含1年)以上的信托存款,包括:① 财政部门委托投资或贷款的信托资金;② 企业主管部门委托投资或贷款的信托资金;③ 保险机构的劳保基金;④ 科研单位的科研基金;⑤ 各种协会、基金会的基金;⑥ 100万元以上的企业存款。

6. 财务公司

我国的财务公司是由企业集团内部各成员单位入股,向社会募集中长期资金,为企业技术进步服务的金融股份有限公司。企业集团财务公司不是商业银行,它的业务限制在本集团内,不得从企业集团外吸收存款,也不得对非集团单位和个人发放贷款。1984年,我国第一家财务公司在深圳经济特区成立。

财务公司的业务主要有存款、贷款、结算、票据贴现、融资性租赁、投资、委托以及代理发行有价证券等。财务公司在业务上接受中国人民银行领导、管理、监督和稽核,在行政上隶属于各企业集团,实行自主经营、自负盈亏的独立法人企业。

7. 金融租赁公司

中国租赁有限公司是中国首家租赁公司,成立于1987年。2000年,行业主管出台《金融租赁公司管理办法》,金融租赁行业产生自己的行业组织,但行业自律的职能没有发挥,租赁公司的整顿仍在进行。2007年,中国银监会颁布修订金融租赁公司管理办法,并批准5家银行试点设立金融租赁公司,这一正确决策开创了中国金融租赁的新时代,我国融资租赁业迎来新的历史发展机遇,并呈现出蓬勃的生机。2012年,包括新开业的3家金融租赁公司,即浦银租赁、皖江金租、北部湾金租,金融租赁公司已经扩容到 20 家,总资产规模近 8 000 亿元。20 家金融租赁公司主要分为三类:一类为银行系金融租赁公司,一类为 AMC 和央企系金融租赁公司,再一类为地方金融租赁公司。

金融租赁公司的主要业务为:直接租赁、回租、转租赁、委托租赁等融资性租赁业务;经营性租赁业务;接受法人或机构委托租赁资金;接受有关租赁当事人的租赁保证金;向承租人提供租赁项下的流动资金贷款;有价证券投资、金融机构股权投资;经中国人民银行批准发行金融债券;向金融机构借款;外汇借款;同业拆借业务;租赁物品残值变卖及处理业务;经济咨询和担保。

(五) 外资金融机构

外资金融机构是指依照中华人民共和国的有关法律法规,经批准在中国境内设立和营业的金融机构,其主要有三种形式:一是外资银行,具体包括外国独资银行、外国银行分行、中外合资银行;二是外资财务公司,具体包括外国独资财务公司、中外合资财务公司;三是外资保险公司,具体包括外国独资保险公司、外国保险公司分公司、中外合资保险公司。

随着金融机构地对外开放和我国加入 WTO 后,外资银行将陆续进入我国,这既有利于引进外国银行资本和先进的管理经验,但也加剧了金融业的竞争;既对国内金融机构提供了机遇,但也提出了挑战。国内金融机构只有转换经营机制,提高管理水平,才能适应市场,接受挑战。

本章小结

1. 金融中介机构是资金盈余者与资金需求者之间通融资金的信用中介。金融中介机构主要以发行间接证券(存款)的方式形成资金来源,然后把这些资金投向贷款、收益证券等金融资产。它是金融体系的重要组成部分,在整个国民经济运行中起着举足轻重的作用。

2. 以银行为主体的金融中介机构之所以能够存在和发展,主要是因为金融机构所产生的间接融资在某些方面具有直接融资不可比拟的竞争优势。

3. 信息不对称所引致的巨大交易成本限制了信用活动的发展,阻碍了金融市场正常功能的发挥。然而,金融中介机构,特别是银行在解决这些问题中,由于间接融资机制的相对优势,显得比借贷双方直接融资和通过金融市场交易更有效。金融中介机构在处理信息不对称问题上所具有的相对优势,源于它们在信息生产过程中的规模经济。

4. 金融中介机构的另一个传统的核心竞争力是其业务分销和支付系统,这个系统基于它们庞大和昂贵的分支机构网络,形成有效的市场进入壁垒。

5. 金融中介机构之所以存在还有一个重要原因。那就是它们有效地把厂商发行的初级证券转换成最终贷款人愿意持有的间接证券。例如,银行发行存款权益凭证,这些凭证具有高流动性、低风险和小面额的特征。然后,银行用筹集的资金去获取厂商发行的低流动性、高风险和大面额的权益凭证。在这个过程中,银行有效地实现了两种转移:流动性风险转移和信用风险转移。

6. 金融中介机构种类繁多,按照它们的性质和主要业务类别可以分成三大类:存款性金融机构,非存款性金融机构和官方、半官方的专业信用机构。存款性金融机构有许多类型,但就其共同特点来讲,是指其资金来源主要通过吸收各类存款而获得的金融机构。非存款性金融机构的资金来源不像是银行存款那样的负债,而是自行发行证券的收入或来自于某些社会组织或公众的契约性交款。这些机构资金来源的周转率较低,其资金业务主要以长期投资为主。非存款性机构主要有保险公司、养老基金、投资银行等。

7. 中华人民共和国金融中介机构体系的建立是通过合并革命根据地银行,组建中国人民银行,没收官僚资本银行,改造私人银行与钱庄,以及建立农村信用社等途径实现的。我国现行金融机构体系按照其地位和功能大致可分为五大类:第一类是货币当局和金融监管机构;第二类是商业银行;第三类是非银行金融机构;第四类是在境内开办的外资、侨资、中外合资金融机构;第五类是政策性银行和政策性金融机构。

综合案例

银行业真的会在 15 年内消亡吗?

2016 年 9 月下旬,世界领先的全球管理咨询公司麦肯锡对全球各大银行经过分析得出的报告,被形象誉为"银行业死亡笔记":未来能活下来的银行只有五分之三。而就在近日(10 月 24 日),据美国财经网站 Business Insider 消息,美国银行大幅关闭网点,美国银行、花旗和摩根大通自去年第三季度以来,已经关闭了 389 个网点。不止国际机构,中国银行业协会前常务副会长杨再平先生很早就预言:未来若干年中国 20 多万个银行物理性网点或不复存在。据相关数据统计,中国四大银行缩减物理网点,仅 2016 年前半年裁员近 2.5 万人。可见,在全球性金融科技大潮猛烈冲击下,传统银行物理性网点大幅度减少是没有悬念的,裁员似乎也是不可抗拒的。

(案例来源:http://www.sohu.com/a/118122763_463948)

案例分析题:你认为未来我国金融体系格局会发生怎样的变化? 商业银行仍会是金融体系的主体吗?

本章复习题

一、单项选择题

1. 在一个国家或地区的金融监管组织机构中居于核心位置的是( )。

    A. 社会性公律组织   B. 行业协会

    C. 中央银行或金融管理局   D. 分业设立的监管机构

2. 现代各国商业经营性金融结构,尤其是银行业,主要是按照( )形式建立的。

    A. 合作制   B. 国有制   C. 私人所有制   D. 股份制

3. 我国的财务公司是由( )集资组建的

    A. 商业银行   B. 政府   C. 投资银行   D. 企业集团内部

4. 改革开放以来,我国保险业迅速发展,基本形成了以( )为主体的保险业体系。

    A. 中国人民保险公司   B. 中国太平洋保险公司

    C. 中国平安保险公司   D. 天安保险股份有限公司

5. 我国城市信用社改组之初,采用了( )的过渡名称。

A. 城市商业银行　　B. 城市发展银行　　C. 城市投资银行　　D. 城市合作银行

二、多项选择题

1. 金融机构的功能可以基本描述为(　　)。

　　A. 提供支付结算服务　　　　　　B. 融通资金

　　C. 改善信息不对称　　　　　　　D. 风险转移和管理

　　E. 降低交易成本并提供金融服务便利

2. 我国大陆的金融机构体系的特点是以(　　)作为最高金融管理机构,实行分业经营与分业监管。

　　A. 银监会　　　　B. 证监会　　　　C. 保监会　　　　D. 财政部

　　E. 中央银行

3. 1994 年,我国相继成立了(　　)政策性银行。

　　A. 交通银行　　　B. 国家开发银行　　C. 中国民生银行　　D. 中国进出口银行

　　E. 中国农业发展银行

4. 我国的金融资产管理公司主要有(　　)。

　　A. 信达　　　　　B. 华夏　　　　　C. 华融　　　　　D. 长城

　　E. 东方

三、思考题

1. 简述金融机构的功能。

2. 试述金融机构产生的经济原因。

3. 简述现代金融体系的构成情况。

4. 简述我国现行的金融体系。

第六章　商业银行

教学目标

　　通过本章的学习,能够熟知商业银行的负债业务、资产业务、中间业务的含义及内容;掌握商业银行的性质、职能与经营原则;能够分析安全性、流动性、盈利性之间的矛盾与协调关系;能够运用现代的银行经营理念对我国商业银行进行简单的评价与分析,提出自己的见解。

导入案例

银行业运用普惠金融支持和服务实体经济

　　2015 年,银监会引导银行业金融机构牢牢把握经济新常态下的发展新机遇,按照市场化原则配置金融资源,着力盘活存量、用好增量,合理安排信贷投向、优化信贷结构、提高信贷资金使用效率,不断提升服务实体经济水平,有效支持了实体经济稳增长、调结构。

　　近年来,银监会推动健全普惠金融发展总体政策框架,加强对薄弱领域金融服务的配套政策支持。2015 年 12 月,国务院印发《关于印发推进普惠金融发展规划(2016—2020 年)的通知》(国发〔2015〕74 号),确立推进普惠金融的指导思想、基本原则和发展目标,在普惠金融服务机构、产品、基础设施建设等方面提出政策措施,对推进普惠金融实施、加强组织协调、开展示范工程试点等方面做出相关安排。发展普惠金融,目的是提升金融服务的覆盖面、可得性和满意度,不断满足人民群众日益增长的金融需求,特别是让小微企业、农民、城镇低收入人群、贫困人群等及时获取价格合理、便捷安全的金融服务。

　　(1) 强化政策引领作用。2015 年工作目标由以往单纯侧重贷款增速和增量的"两个不低于"调整为"三个不低于",即在有效提高贷款增量的基础上,小微企业贷款增速不低于各项贷款平均增速,小微企业贷款户数不低于上年同期户数,小微企业申贷获得率不低于上年同期水平,从增速、户数、申贷获得率三个维度更加全面地考察小微企业贷款增长情况。要求商业银行单列全年小微企业信贷计划,并在执行过程中不得挤占、挪用,确保对小微企业的信贷支持力度。在改进贷款还款方式、明确不良贷款容忍度要求、做实尽职免责办法等方面进一步深化监管政策创新。同时,继续加大督导检查力度,组织各级派出机构和银行业金融机构开展小微企业金融服务专项督查工作,确保政策落地执行。

　　(2) 强化标杆示范作用。银监会召开 2015 年全国小微企业金融服务评优表彰暨工作推动(电视电话)会议,对小微企业金融服务先进集体和个人予以表彰。在全国范围内组织开展主题为"普助小微　惠及民生"的第四届小微企业金融服务宣传月活动,通过会场展览、银企对话、媒体专刊等形式宣传小微企业金融服务的良好做法和优秀经验。

(3) 强化创新驱动作用。指导银行业金融机构通过设立小微企业特色支行、采集编制小微企业运行指数、运用互联网技术等手段,创新小微企业服务模式。引导大型商业银行树立"大银行也能做好小生意"的理念,持续完善专营的组织体系、专门的制度机制、专属的产品服务、专业的人才队伍,成为小微企业金融服务的主力军;推动中小商业银行明确战略定位,打造服务小微企业的特色品牌。

截至 2015 年年底,全国小微企业贷款余额 23.5 万亿元,占各项贷款余额的 23.9%。小微企业贷款同比增速比各项贷款平均增速高 0.4 个百分点;小微企业贷款余额户数 1 322.6 万户,同比增加 178.0 万户;小微企业申贷获得率 92.8%,同比上升 2.1 个百分点,实现了"三个不低于"目标。

(案例来源:中国银行业监督管理委员会官网)

案例分析题:请问为什么要强调银行业须为小微企业等实体经济服务?

第一节　商业银行的概念、特征与职能

一、商业银行的概念

商业银行(Commercial Bank, CB),其网络通俗谐音是"存吧",意为存储银行。商业银行的概念是区分于中央银行和投资银行的,是一个以营利为目的,以多种金融负债筹集资金,多种金融资产为经营对象,具有信用创造功能的金融机构。一般的商业银行没有货币的发行权,传统的商业银行的业务主要集中在经营存款和贷款(放款)业务,即以较低的利率借入存款,以较高的利率放出贷款,存贷款之间的利差就是商业银行的主要利润。商业银行的主要业务范围包括吸收公众、企业及机构的存款、发放贷款、票据贴现及中间业务等。它是储蓄机构而不是投资机构。自 2014 年 8 月 1 日起有条件免收个人客户账户管理费、年费和养老金异地取款手续费,并降低部分收费标准。个人跨行柜台转账汇款手续费最高 50 元封顶,对公跨行柜台转账汇款手续费 200 元封顶。

从商业银行的发展来看,商业银行的经营模式有两种类型。一种是英国模式,商业银行主要融通短期商业资金,具有放贷期限短、流动性高的特点。此种经营模式对银行来说比较安全可靠。另一种是德国式,其业务是综合式。商业银行不仅融通短期商业资金,而且还融通长期固定资本,即从事投资银行业务。

为了适应中国分业监管的特点和混业经营的发展趋势,2003 年 12 月 27 日第十届全国人民代表大会常务委员会第六次会议通过了《关于修改〈中华人民共和国商业银行法〉的决定》。新《商业银行法》对原来商业银行法不得混业经营的有关规定进行了修改。

二、商业银行的性质

(1) 商业银行与一般工商企业一样,是以盈利为目的的企业。它也具有从事业务经营所需要的自有资本,依法经营,照章纳税,自负盈亏,它与其他企业一样,以利润为目标。

(2)商业银行又是不同于一般工商企业的特殊企业。其特殊性具体表现在经营对象和内容的差异。

工商企业经营的是具有一定使用价值的商品,从事商品生产和流通;而商业银行是以金融资产和金融负债为经营对象,经营的是特殊商品——货币和货币资本。经营内容包括货币收付、借贷以及各种与货币运动有关的或者与之相联系的金融服务。从社会再生产过程看,商业银行的经营,是工商企业经营的条件。同一般工商企业的区别,使商业银行成为一种特殊的企业——金融企业。

(3)商业银行与专业银行(指西方指定专门经营范围和提供专门性金融服务的银行)相比又有所不同。商业银行的业务更综合,功能更全面,经营一切金融"零售"业务(门市服务)和"批发业务"(大额信贷业务),为客户提供所有的金融服务。

而专业银行只集中经营指定范围内的业务和提供专门服务。随着西方各国金融管制的放松。专业银行的业务经营范围也在不断扩大,但与商业银行相比,仍差距甚远;商业银行在业务经营上具有优势。

三、商业银行的职能

商业银行的职能是由它的性质所决定的,主要有五个基本职能。

(一)调节经济

调节经济是指商业银行通过其信用中介活动,调剂社会各部门的资金短缺,同时在央行货币政策和其他国家宏观政策的指引下,实现经济结构、消费比例投资、产业结构等方面的调整。此外,商业银行通过其在国际市场上的融资活动还可以调节本国的国际收支状况。

商业银行因其广泛的职能,使得它对整个社会经济活动的影响十分显著,在整个金融体系乃至国民经济中位居特殊而重要的地位。随着市场经济的发展和全球经济的一体化发展,2012年的商业银行已经凸现了职能多元化的发展趋势。

(二)信用创造

商业银行在信用中介职能和支付中介职能的基础上,产生了信用创造职能。商业银行是能够吸收各种存款的银行,用其所吸收的各种存款发放贷款,在支票流通和转账结算的基础上,贷款又派生为存款,在这种存款不提取现金或不完全提现的基础上,就增加了商业银行的资金来源,最后在整个银行体系,形成数倍于原始存款的派生存款。

商业长期以来,商业银行是各种金融机构中唯一能吸收活期存款,开设支票存款账户的机构,在此基础上产生了转账和支票流通。商业银行以通过自己的信贷活动创造和收缩活期存款,如果没有足够的贷款需求,存款贷不出去,就谈不上创造,因为有贷款才派生存款;相反,如果归还贷款,就会相应地收缩派生存款。

收缩程度与派生程度相一致。因此,对商业银行来说,吸收存款在其经营中占有十分重要的地位。

(三)信用中介

信用中介是商业银行最基本、最能反映其经营活动特征的职能。这一职能的实质,是通过银行的负债业务,把社会上的各种闲散货币集中到银行里来,再通过资产业务,把它投向经济各部门;商业银行是作为货币资本的贷出者与借入者的中介人或代表,来实现资本的融通,并从吸收资金的成本与发放贷款利息收入、投资收益的差额中,获取利益收入,形成银行利润。商业银行成为买卖"资本商品"的"大商人"。

商业银行通过信用中介的职能实现资本盈余和短缺之间的融通,并不改变货币资本的所有权,改变的只是货币资本的使用权。

(四) 支付中介

商业银行除了作为信用中介,融通货币资本以外,还执行着货币经营业的职能。通过存款在账户上的转移,代理客户支付,在存款的基础上,为客户兑付现款等,成为工商企业、团体和个人的货币保管者、出纳者和支付代理人。

以商业银行为中心,形成经济过程中无始无终的支付链条和债权债务关系。

(五) 金融服务

随着经济的发展,工商企业的业务经营环境日益复杂化,银行间的业务竞争也日益剧烈化。银行由于联系面广,信息比较灵通,特别是电子计算机在银行业务中的广泛应用,使其具备了为客户提供信息服务的条件,咨询服务、对企业"决策支援"等服务应运而生。工商企业生产和流通专业化的发展,又要求把许多原来的属于企业自身的货币业务转交给银行代为办理,如发放工资、代理支付其他费用等。

个人消费也由原来的单纯钱物交易,发展为转账结算。现代化的社会生活,从多方面给商业银行提出了金融服务的要求。

在强烈的业务竞争压力下,各商业银行也不断开拓服务领域,通过金融服务业务的发展,进一步促进资产负债业务的扩大,并把资产负债业务与金融服务结合起来,开拓新的业务领域。在现代经济生活中,金融服务已成为商业银行的重要职能。

第二节　商业银行负债业务

商业银行负债是银行由于受信而承担的将以资产或资本偿付的能以货币计量的债务。负债所代表的是商业银行对其债权人所承担的全部经济责任,是商业银行筹措资金、借以形成资金来源的业务。存款、派生存款是银行的主要负债,约占资金来源的80%以上,另外联行存款、同业存款、借入款项或拆入款项或发行债券等,也构成银行的负债。

一、商业银行资本

商业银行资本(Commercial Bank's Capital),即自有资本,是银行从事经营活动必须注入的资金,是金融管理部门实施控制的工具。银行面临的未来风险越大,资产增长越快,则银行所需的资本量就越多。

我国对设立商业银行的最低资本要求是:设立分支机构的全国性商业银行,最低实收资本为20亿元人民币;不设立分支机构的全国性银行为10亿元人民币;区域性商业银行最低实收资本为8亿元人民币;合作银行最低实收资本为5亿元人民币等。金融管理部门通过规定和调节各种业务的资本比率,就可对其业务活动实施控制。

（一）商业银行资本的作用

资本金作为商业银行最初的资金来源，在银行经营活动中具有极其重要的作用。

1. 资本为商业银行提供业务发展的基础，是银行存在的先决条件

商业银行要从事金融业务，首先需要拥有营业场所、办公设备等物质条件和必需的货币资金。这些固定资产和货币资金必须有创办者即投资者提供，因为银行在成立注册前无法负债筹资。可见商业银行在设立开业之前首先要有一定数额的资本金。同时，银行开办货币信用业务，必须建立较高的信誉，银行在成立之初投入的资本越雄厚，就越能得到社会公众的信赖，越能以负债方式筹到更多的资金，这样银行才能作为信用中介、支付中介生存下去。

2. 资本是商业银行补偿意外损失、保护存款人等债权人利益的物质保障

银行作为信用机构，主要靠负债经营，即负债经营是其经营活动获取赢利的基础和主要来源。假如银行信贷资产遭受损失，贷款本息收不回来，必将危及存款人和其他债权人的利益。为了保证银行债权人债权的安全，维护银行经营的安全性和偿付能力，维护银行声誉，必须拥有充足的资本金以应付意外损失和资产风险。一旦银行资产遭受损失，收入不足以抵补时，就可以动用资本金弥补，不至于损害存款人的利益或尽量保证存款人存款本金的提取，把债权人的资金损失降到最低限。因此，资本是弥补意外损失、保护债权人权益的后盾。

3. 资本是银行拓展经营规模、追求利润最大化的条件

银行盈利最大化的途径之一就是扩展业务，广设分支机构，实现规模效益。只有资金来源扩大了，资金运用即资产的规模才可能扩大，实现更多的赢利，而负债、资产业务的扩大必须有足够的资本作保障。资本不仅给投资者带来收益，而且一旦投入银行就不得抽走，为银行提供了持久的资金来源。商业银行在业务活动中，当出现大量客户集中申请借款或存款人同时大量提款时，如果金融市场资金短缺，利率看涨，银行难以拆入资金或需要支付较高成本而又不想放弃贷款盈利的机会时，银行可以用手中的资本金予以满足。

4. 资本数量及资本充足率是中央银行进行金融监管的控制工具

商业银行开业经营，银行法规定了其注册资本的最低限额。这不仅关系到银行的信誉，关系到金融体系运行的安全，而且有助于金融当局履行监管职能。商业银行是国民经济的综合部门，在现代经济中发挥着信用中介、支付中介、信用创造和金融服务等作用，而且属于高风险行业，其资本是否充足，关系到金融体系的安全甚至社会安定。

（二）商业银行资本的构成

资本是商业银行的自有资金，是指其拥有所有权的资本金，包括核心资本和附属资本，具体来说主要由股本、储备资本以及未分配利润等构成。其中，股本是银行成立时发行股票所筹集的股份资本；储备资本即公积金，主要是税后利润提成而形成的，用于弥补经营亏损的准备金；未分配利润是指经营利润尚未按财务制度规定进行提取公积金或者分利处置的部分。

在商业银行的全部信贷资金来源中，自有资金所占比重小，一般为全部负债业务总额的10%左右，但是自有资金在银行经营活动中发挥着十分重要且不可替代的作用。首先，它是商业银行开业并从事银行业务的前提；其次，它是银行资产风险损失的物质基础，为银行债权人提供保障；再次，它成了提高银行竞争力的物质保证。

1. 核心资本

银行资本中最重要的部分是核心资本，它同时也是判断银行资本是否充足率的基础，对银

行的盈利及竞争能力影响极大。核心资本，又称一级资本，由商业银行的自有资本构成，主要包括实收资本或普通股、优先股、资本公积、盈余公积、未分配利润。它占资本总额的比例不得低于50%。

(1) 普通股。普通股是商业银行资本的主体和基础，它不仅代表对银行的所有权，而且具有永久的性质。一方面，普通股股东作为商业银行的所有者，有权参与股东大会，对银行的重大事务进行投票表决；有权分享商业银行的经营成果，获取股息红利。另一方面，普通股股东又必须承担商业银行的各种经营风险，一旦银行破产倒闭，普通股股东对银行资产的分配权也是排在最后的。在银行组建时，普通股是银行资本金的主要来源，也是最安全的资本来源。

(2) 优先股。优先股和普通股均是商业银行所有权的凭证，但是，除了没有决策管理权，优先股股东比普通股股东享有更为优越的待遇：享有优先支付的固定利率的股息；在公司发生兼并、重组、倒闭、解散、破产等情况下，优先股股东比普通股股东有优先的分配权；在股息收入纳税时，优先股股东还可以获得部分税收优惠。因此，优先股兼有普通股和债券的特点，没有到期偿付的压力，从而成为商业银行重要的资本来源。

(3) 资本公积、盈余公积和未分配利润，即公开储备，是指以留存盈余或其他盈余（如资本盈余、保留利润、普通准备金和法定准备金的增值而创造和增加的新增储备）的形式，反映在资产负债表上的储备上。

2. 附属资本

附属资本，又称二级资本或补充资本，主要包括各种准备金、长期资本性债券和带有债券性质的资本工具，以及非公开储备和重估储备。

(1) 准备金。准备金是银行为应付意外损失而从收益中提取出来的资金，包括资本准备和贷款与证券投资损失准备金。资本准备金是指商业银行从留存收益中专门划出来的，用于应付即将发生的有关股本的重大事件的基金，如为了赎回，可赎回优先股或可赎回资本债券，或者为了偿还债券本息而建立的偿债基金。

资本准备金是逐年积累，供一次或多次使用的，也是商业银行资本组成部分。损失准备金是指商业银行为了应付意外事件的发生对商业银行带来的损失而建立的基金。一般来说，损失准备金主要有两类，即贷款损失准备金和证券投资损失准备金，它们是从商业银行的税前利润而不是从留存盈余中提留的。

(2) 长期资本性债券。长期资本性债券从本质上看与一般债券并没有什么差别，都是规定有固定利息率与期限的金融工具。但其期限一般很长，往往在10年以上，而且如果商业银行经营状况不佳，还可以推延对其本息的偿还，因而与存款、借款等一般银行债务有所不同，可供银行长期使用，以维持相当的流动性水平。正因为这样，许多国家金融监管机构也将资本债券列入商业银行的资本构成之中。

(3) 重估储备。重估储备来源于对银行某些资产的价值进行重新评估，以便反映它们的真实市值，并且将这种重估的储备包括在银行的资本中。重估储备之所以能被计入附属资本，是因为一般可认为这些资产是审慎作价的，并且充分反映了价格波动及被迫强制销售的可能性。

自2013年1月1日起，银行应符合巴塞尔委员会规定的各成员国国内执行新的资本监管要求，以下为新的相对于风险加权资产（RWAs）的最低资本要求：

3.5%，普通股/风险加权资产；

4.5%，一级资本/风险加权资产；

8.0%，总资本/风险加权资产。

普通股和一级资本最新要求：从 2015 年 1 月 1 日开始，银行将必须达到普通股 4.5% 和一级资本 6% 的最低要求，总资本充足率一直要求保持 8% 的水平。

二、存款的构成和种类

(一) 存款的构成

在各类负债业务中，存款是最为核心的业务。商业银行提供的存款类型主要包括对公存款和储蓄存款。储蓄存款为银行带来了长期稳定的资金流，而同业存放、同业拆入、向人民银行借款及债券融资也是重要的资金来源渠道，应付款项、或有负债等其他负债类型也在商业银行资金来源中始终保持着相当的数量。随着金融市场日趋激烈的竞争，商业银行相继研发了一些新型的负债业务，包括发行金融债券、大额可转让定期存单、出售或发行商业票据等，这些新业务既大大丰富了负债业务的产品库，也日益成为负债业务发展的亮点和新的业务增长点。

(二) 存款的种类

按业务品种分类，负债业务大体可分为：单位存款（实际工作中一般称对公存款）、储蓄存款、同业存放、同业拆入、向人民银行借款、债券融资、应付款项以及或有负债等。按存款支取方式划分可分为活期存款、定期存款和储蓄存款等。

1. 活期存款

活期存款是相对于定期存款而言的，是不需预先通知可随时提取或支付的存款。活期存款构成了商业银行的重要资金来源，也是商业银行创造信用的重要条件。商业银行只向客户免费或低费提供服务，一般不支付或较少支付利息。

2. 定期存款

定期存款是相对于活期存款而言的，是一种由存户预先约定期限的存款。定期存款占银行存款比重较高。因为定期存款固定而且比较长，未到期一般不能提前支取，资金利率高于活期存款。定期存款为商业银行提供了稳定的资金来源，对商业银行长期放款与投资具有重要意义。

3. 储蓄存款

储蓄存款是个人为积蓄货币和取得利息收入而开立的存款账户，储蓄存款又可分为活期和定期。储蓄存款的活期存款，或者称为活期储蓄存款，存取无一定期限，只凭存折便可提现。我国的储蓄存款则专指居民个人在银行的存款，政府机关、企业单位的所有存款都不能称之为储蓄存款。

4. 大额可转让定期存单存款

大额可转让定期存单存款是定期存款的一种主要形式，但与前述定期存款又有所区别。大额可转让存单存款的明显特点是：存单面额固定，不记姓名，利率有固定也有浮动，存期为 3 个月、6 个月、9 个月和 12 个月不等。存单能够流通转让，以能够满足流动性和盈利性的双重要求。具体内容详见金融市场章节，这里不再赘述。

5. 可转让支付命令存款账户

它实际上是一种不使用支票的支票账户。它以支付命令书取代了支票。通过此账户，商业银行既可以提供支付上的便利,又可以支付利息,从而吸引储户,扩大存款。

开立这种存款账户,存户可以随时开出支付命令书,或直接提现,或直接向第三者支付,其存款余额可取得利息收入。由此满足了支付上的便利要求,同时也满足了收益上的要求。

6. 自动转账服务存款账户

这一账户与可转让支付命令存款账户类似,是在电话转账服务基础上发展而来。发展到自动转账服务时,存户可以同时在银行开立两个账户:储蓄账户和活期存款账户。银行收到存户所开出的支票需要付款时,可随即将支付款项从储蓄账户上转到活期存款账户上,自动转账,即时支付支票上的款项。

三、短期借入款

(一) 同业拆借

银行间的同业拆借是银行获得短期资金的简便方法。通常,同业拆借要在会员行之间通过银行间资金拆借系统完成。同业拆借的利率一般是由拆出行和拆入行共同协商确定的。我国的同业拆借利率已经实现了市场化,基本体现了市场对资金的供求关系。拆入资金只能用于解决调度头寸过程中的临时资金困难,而不能将其用于弥补信贷缺口和固定资产的投资。参与银行间同业拆借的金融机构也由原来的若干家银行扩展到由非银行金融机构参与的较大范围。

在同业拆借市场上,主要的拆借方式有隔夜拆借和定期拆借两种。隔夜拆借是指拆借资金必须在次日偿还,一般不需要抵押。定期拆借是指拆借时间较长,可以是几日、几个星期或几个月,一般有书面协议。

(二) 中央银行的贴现借款

商业银行为满足资金需求,还可以从中央银行取得贴现借款。此时,商业银行需持中央银行规定的票据向中央银行申请抵押贷款。商业银行获得贴现借款的贴现率由中央银行规定,而这一利率恰是中央银行调节商业银行准备金的最重要的利率之一。如果中央银行调高它的贴现率,则意味着中央银行将实施紧缩的货币政策。

(三) 证券回购

商业银行可以用签订回购协议的方式,暂时将一部分证券资产出售,同时约定在未来的某一日以协商的价格购回这些资产。回购协议可以是隔夜回购或较长时期。

利用回购协议进行资金融通,不仅可以使银行充分利用这些优质资产,而且由于回购协议利率较低,如果银行一次融资用于收益较高的资产,则会带来更高的盈利。

(四) 国际金融市场融资

商业银行还可以通过国际金融市场获取资金,最典型的是欧洲货币存款市场。当银行所接受的存款货币不是母国货币时,该存款就称为欧洲货币存款,它最早起源于欧洲。

在国际金融市场上,融资利率有固定的,也有浮动的。近年来,浮动利率广泛应用,融资利率参考的是伦敦同业拆借利率。

第三节　商业银行资产业务

商业银行的资产业务,是指商业银行运用资金的业务,也就是商业银行将其吸收的资金贷放或投资出去赚取收益的活动。商业银行盈利状况如何,经营是否成功,很大程度上取决于资金运用的结果。商业银行的资产业务一般由票据业务、贷款业务、证券业务和承兑业务构成。但其中也有一部分资产,如库存现金、中央银行的存款准备金、存放同业和托收过程中现金,基本上不会给银行带来收益,但却是银行正常经营所必需的。

一、商业银行的现金资产业务

现金资产是银行持有的库存现金以及与现金等同的、可随时用于支付的银行资产。从构成上看,以下四类资产都属于银行现金资产的范畴。

(一) 库存现金

库存现金是指商业银行保存在金库中的现钞和硬币。库存现金的主要作用是银行用来应付客户提取现金和银行本身的日常零星开支。从经营的角度讲,库存现金不宜太多。库存现金的经营原则就是保持适度的规模。

(二) 在途资金

在途资金,也称托收未达款,是指在本行通过对方银行向外地付款单位或个人收取的票据。在途资金在收妥之前,是一笔占用的资金,又由于通常在途时间较短,收妥后即成为存放同业存款,所以将其视同现金资产。

(三) 在中央银行存款

这是指商业银行存放在中央银行的资金,即存款准备金。在中央银行存款由两部分构成:一是法定存款准备金;二是超额准备金,而只有超额准备金才是商业银行的可用资金。法定存款准备金是按照法定准备率向中央银行缴存的存款准备金。规定缴存存款准备金的最初目的,是为了银行备有足够的资金以应付存款人的提取,避免流动性不足而产生流动性危机,导致银行破产。目前,存款准备金已经演变成为中央银行调节信用的一种政策手段,在正常情况下一般不得动用。缴存法定比率的准备金具有强制性。所谓超额准备金有两种含义:广义的超额准备金是指商业银行吸收的存款中扣除法定存款准备金以后的余额,即商业银行可用资金;狭义的超额准备金是指在存款准备金账户中,超过了法定存款准备金的那部分存款。银行可以用来进行日常的各种支付和贷放活动,如支票的清算、电子划拨和其他交易。当银行库存现金不足时,也可随时从该账户上提取现金。

(四) 存放同业存款

存放同业存款是指商业银行存放在代理行和相关银行的存款。在其他银行保持存款的目的,是为了便于银行在同业之间开展代理业务和结算收付。由于存放同业的存款属于活期存款的性质,可以随时支用,因此可以视同银行的现金资产。

二、票据贴现业务

票据贴现指商业汇票的持票人在汇票到期日前，为了取得资金贴付一定利息将票据权利转让给金融机构的融资行为，是金融机构向持票人融通资金的一种方式。

票据贴现是收款人或持票人将未到期的银行承兑汇票或商业承兑汇票向银行申请贴现，银行按票面金额扣除贴现利息后将余款支付给收款人的一项银行授信业务。票据一经贴现便归贴现银行所有，贴现银行到期可凭票直接向承兑人收取票款。票据贴现的客户为在中国境内经依法注册经营并持有有效贷款卡，能证明其票据合法取得、具有真实贸易背景，在银行开立存款账户的企业法人及其他组织。

票据贴现的特点如下：① 票据贴现是一种高效实用的融资手段；② 贴现业务能为客户快速变现手中未到期的商业票据，手续方便、融资成本低；③ 客户可预先得到银行垫付的融资款项，加速公司资金周转，提高资金利用效率。现在各大商业银行已推出了电子商业汇票贴现业务，可以杜绝传统纸质商业汇票的假票风险，缩短票据和资金在途时间，降低交易成本，提高支付效率。

三、贷款业务

（一）按贷款的用途划分

银行贷款的用途非常复杂，涉及再生产的各个环节、各种产业、各个部门、各个企业，与多种生产要素相关，贷款用途本身也可以按不同的标准进行划分。

按照我国的习惯做法通常有两种分类方法：一是按照贷款对象的部门来分类，分为工业贷款、商业贷款、农业贷款、科技贷款和消费贷款；二是按照贷款的具体用途来划分，一般分为流动资金贷款和固定资金贷款。受计划经济的影响，以往我国的银行比较注重对企业的贷款，尤其是对企业的工商贷款，这类贷款多为短期的，属于流动资金贷款。工商贷款在我国银行贷款中的比重一般可以在一半以上。近些年，随着我国经济的快速发展，这种情况有了较大的变化。商业银行开始注重对个人的消费信贷中的其他业务类型，如各种中长期贷款、与进出口有关的贷款类型，这些类型越来越多发展速度也越来越快。以下主要讲解消费信贷的情况。

消费信贷是由金融机构向消费者提供资金用以满足消费者需求的一种信贷方式。消费信贷的产生与发展与经济发展水平密切相关。经济发展水平越高，消费者对于消费信贷的使用就越多。

目前，我国商业银行消费信贷的主要类型包括消费领域住房，助学，汽车，耐用消费品，旅游，存单、国库券质押贷款，信用卡消费信贷等。

开办消费信贷的金融机构为所有具备条件开办信贷业务的商业银行。

我国主要的消费信贷方式包括以下几种：

（1）个人住房消费贷款：贷款人向借款人发放的用于购买自用普通住房的贷款。

（2）个人住房担保贷款：贷款人向借款人发放的用于购买各类自用住房的贷款。

（3）个人住房抵押按揭贷款：我国目前的一种主要消费者贷款，是由购买者在支付一定的购房款，通常占总购房款的 $30\%\sim40\%$。

（4）个人住房公积金贷款：以住房公积金为贷款资金和还款资金来源，以交纳住房公积金的借款人为发放对象的一种政策性补贴性质的住房消费贷款。

按贷款的偿还方式分类：一次性偿还贷款和分期偿还贷款。一次性偿贷款指借款人在贷款到期日一次性还清贷款本金的贷款，其利息可以分期支付也可以在归还本金时一次性付清。一般说短期的临时性、周转性贷款都是采取一次性偿还方式。分期偿还贷款是指借款人按规定的期限分次偿还本金和支付利息的贷款。这种贷款的期限通常按月、季、年确定，中长期贷款大都采用这种方式，其利息的计算方法常见的有加息平均法、利随本减法等。

（二）按贷款的风险与质量划分

1. 正常贷款与不正常贷款

我国以往是采用"一逾两呆"的贷款分类方法将贷款分为正常贷款和不正常贷款。不正常贷款包括逾期贷款、呆滞贷款和呆账贷款三类。其中逾期贷款是指借款合同约定到期，含展期后到期未归还的贷款，不含呆滞贷款和呆账贷款。呆滞贷款按财政部有关规定逾期，含展期后到期超过规定年限以上仍未归还的贷款或虽未逾期或逾期不满规定年限，但生产经营已终止、项目已停建的贷款，不含呆账贷款。

呆账贷款指按财政部有关规定列为呆账的贷款，包括：① 借款人和担保人被称为依法宣告破产、清偿后仍不能还清的贷款；② 借款人死亡，或依照《民法通则》的规定宣告失踪或宣告死亡以其财产或遗产清偿后未能还清的贷款；③ 借款人遭受重大自然灾害或意外事故，损失巨大且不能获得保险赔偿，确实无力偿还的贷款，或得到保险赔偿以后仍然不能还清的贷款；④ 经国务院专案批准核销的贷款。

"一逾两呆"贷款分类方法的主要标准是贷款的时间长短，以此划分贷款质量并不十分科学或准确。

2. 五级贷款分类的标准

按照贷款的质量和风险程度划分，银行贷款可以分为正常贷款、关注贷款、次级贷款、可疑贷款和损失贷款等五类。其中，前两类属于正常贷款，后三类属于不正常贷款。其核心是评估借款人的还款能力。

（1）正常贷款（Pass）指借款人能够履行借款合同，没有足够理由怀疑贷款本息不能按时足额偿还。显然，这类贷款的借款人财务状况无懈可击，没有任何理由怀疑贷款的本息偿还会发生任何问题。

（2）关注贷款（Special Mention）指尽管借款人目前有能力偿还贷款，但存在一些可能对偿还产生不利影响的因素。该类贷款的本息偿还可能仍然正常，但是已经发生了一些可能会影响贷款偿还的不利因素，如宏观经济、市场以及行业等外部环境出现对借款人不利的变化，企业改制借款人的主要股东、关联企业或母子公司等发生重大不利变化，借款人的一些重要财务指标低于同行业水平或有较大的下降等。如果任凭这些因素继续下去就有可能影响贷款的偿还。因此，银行需要对其进行关注或对其进行监控。

（3）次级贷款（Substandard）指借款人的还款能力出现明显问题，完全依靠其正常营业收入无法足额偿还贷款本息，即使执行担保，也可能会造成一定损失。此时，借款人已经无法继续依靠其正常的经营收入偿还贷款的本息，支付出现严重困难，内部管理出现严重问题或经营亏损、净现金流量已为负数等，不得不通过重新融资或"拆东墙，补西墙"的办法来归还贷款。

（4）可疑贷款（Doubtful）指借款人无法足额偿还贷款本息，即使执行担保，也肯定要造成较大损失。这类贷款具备了上述次级贷款的所具备的基本特征，但是程度更加严重。例如，借款人处于停产、半停产的状态，贷款项目已经处于停建或缓建状态，借款人已经资不抵债，银行已经诉诸法律来收回贷款等。

（5）损失贷款(Loss)指在采取所有可能的措施或一切必要的法律程序之后，本息仍然无法收回，或只能收回极少部分。此时，借款人和担保人已经被依法宣布破产且经法定清偿后仍不能还清贷款，借款人死亡、失踪以其财产或遗产清偿后仍不能还清的贷款；借款人遭受重大自然灾害和意外事故，损失巨大且不能获得保险赔偿，确实无力偿还贷款；贷款企业虽未破产，工商部门也未吊销其营业执照，但企业早已关停或名存实亡等。对于这类贷款，银行已没有意义将其继续保留在资产账面上，应当在履行必要的内部程序之后，立即冲销。

银行可以通过观察贷款企业的财务报表及其他有关情况反映出来的各种表象来进行证实，以科学判断银行贷款的具体情况，并及时采用相关措施进行不良贷款的风险管理。

四、证券业务

商业银行的证券投资业务是指银行购买有价证券的活动。投资是商业银行一项重要的资产业务，是银行收入的主要来源之一。

（一）银行证券投资的目的和功能

商业银行证券投资是指为了获取一定收益而承担一定风险，对有一定期限的资本证券的购买行为。它包含收益、风险和期限三个要素，其中收益与风险呈正相关，期限则影响投资收益率与风险的大小。银行证券投资的基本目的是在一定风险水平下使投资收益最大化。围绕这一基本目标，商业银行证券投资具有以下几项主要功能。

1. 获取收益

从证券投资中获取收益是商业银行投资业务的基本功能。商业银行证券投资由两部分组成，一是利息收益，包括债券利息、股票红利等；二是资本利得收益，即证券的市场价格发生变动所带来的收益。

2. 保持流动性

商业银行保持一定比例的高流动性资产是保证其资产业务安全的重要前提。尽管现金资产具有高流动性，在流动性管理中具有重要作用，但现金资产无利息收入，为保持流动性而持有过多的现金资产会增加银行的机会成本，降低盈利性。变现能力很强的证券投资是商业银行理想的高流动性资产，特别是短期证券，既可以随时变现，又能够获得一定收益，是银行流动性管理中不可或缺的二级准备金。

3. 分散风险

降低风险的一个基本做法是实行资产分散化。证券投资为银行资产分散化提供了一种选择，而且证券投资风险比贷款风险小，形式比较灵活，可以根据需要在市场上随时买卖，有利于资金运用。

总之，银行从事证券投资是兼顾资产流动性、盈利性和安全性三者统一的有效手段。

（二）银行证券投资的主要类别

商业银行的投资业务，按照对象的不同，可分为国内证券投资和国际证券投资。国内证券投资大体可分为三种类型，即政府证券投资、地方政府证券投资和公司证券投资。国家政府发行的证券，按照销售方式的不同，可以分为两种：一种是公开销售的证券；另一种为不公开销售的证券。商业银行购买的政府证券，包括国库券、中期债券和长期债券三种。

1. 政府证券

中央政府证券是指由中央政府为财政部发行的债券。政府债券的基本特点是:第一安全性较好,由于政府为政府债券的发行人,因而投资于政府债券,本息一般都可以及时收回;第二,流动性较高,政府债券是金融市场上交易最为活跃、交易数量最为巨大、变现能力强的债券,是商业银行进行流动性管理的重要工具;第三,收益率较高,世界各国一般都规定,投资于政府债券是不需要交纳所得税的,这就使得投资于政府债券的实际收益率较高。第四,可以作为抵押品或者是金融市场回购业务的对象,是一种理想投、融资工具。政府债券主要包括以下两种。

(1) 短期国债——国库券也称金边债券,是指政府发行的短期债券,期限一般为 1 年以内所筹资金主要用于中央财政预算平衡后的临时性开支。国库券往往不含息票,多以贴现方式发行。商业银行既可以从财政部或中央银行直接购买,也可以在二级市场上购买。

(2) 中长期国债是指政府发行的中长期债务凭证。一般的 1～10 年为中期国债,10 年以上为长期国债,所筹资金主要用于基础设施建设。

2. 公司债券

公司债券是企业对外筹集资金而发行的一种债务凭证,发行债券的公司向债券持有者做出承诺,在指定的时间按票面金额还本付息。优级公司债券是规模、业绩、经营管理等各方面较好的公司发行的债券。

公司债券可分为两类:一类是抵押债券,公司以不动产或动产作为抵押而发行的债券;另一类是信用债券,公司仅凭其信用发行,通常只有信誉卓著的大公司才有资格发行此类债券。除了以上两类主要工具之外,商业银行还可以投资货币市场的短期债券、票据等,随着各国金融管制的放松,商业银行证券投资范围逐渐扩大。

第四节 商业银行表外业务

一、商业银行表外业务的含义

商业银行表外业务(Off-Balance Sheet activities,简称 OBS)是银行从事的,按会计准则不计入资产负债表内或不直接形成资产或负债,但能改变银行损益状况的业务。广义的表外业务包括银行的金融服务业务和或有资产/负债业务,狭义的表外业务仅指银行的金融服务业务。

从风险角度广义的银行表外业务也可以分为无风险的表外业务和有风险的表外业务。前者是指银行只提供金融服务,不承担任何资金损失的风险,以收取手续费为目的的业务活动,如大量的结算服务、咨询和代理业务等。商业银行有风险的表外业务主要有以下三类:担保和类似的或有负债,承诺,与利率或汇率有关的或有项目。

二、无风险的表外业务

商业银行无风险的表外业务,也称中间业务,是指商业银行通过为客户办理支付、进行担保和其他委托事项,从中收取手续费的各项业务。这些业务虽游离于负债业务与资产业务之外,但又与之有一定的关系。

(一)汇兑业务

汇兑业务是银行代理客户把现款汇给异地收款人的业务。这种业务要使用特殊的汇兑凭证:银行汇票或支付委托书。这些凭证是承汇银行向另一家银行或分支银行发出命令,命令后者向第三者支付一定数额的货币。银行汇票由银行交给客户,客户再将它寄给收款人,由收款人向汇票指定的银行取款。支付委托书由承兑银行用邮寄或电报直接通知另一家银行,再由后者通知第三者取款。

(二)结算业务

结算也称"清算",是指一定经济行为所引起的货币关系的计算和结清,即社会经济生活中的交易各方因商品买卖、劳务供应等产生的债权债务通过某种方式进行清偿。结算分为两种,现金结算和转账结算。现金结算是指直接用现金进行支付结算,结清彼此之间的债权债务关系,这种结算方式成本耗费大而且不安全。转账结算是指通过转账进行清偿,这种通过银行中转记账的货币收付行为,又称为银行结算,这种方式有利于商品流通和资金周转,能够避免现金结算中大量现金运送的风险,而且成本耗费低。同时,银行可以通过办理转账结算及时从各项货币收付行为中了解资金的运动和市场动态情况,有利于调节货币供应量和加强对货币流通的管理。

银行的结算工具主要有以下几种。

(1)票据,票据是出票人依票据法签发的,由自己无条件支付或委托他人无条件支付一定金额给收款人或持票人的一种凭证,根据票据法的规定,票据包括汇票、本票和支票。这在前面已经介绍,不再赘述。

(2)银行卡,银行卡是指商业银行向社会发行的具有消费信用、转账结算、存取现金等全部或部分功能的信用支付工具。银行卡的分类前面已经介绍,这里不再赘述。

(3)汇款结算(Remittance),是汇款人委托银行将款项汇给异地收款人的结算方式,按凭证传递方式不同,汇款结算可分为信汇、票汇和电汇,由汇款人选择使用。单位和个人的各种款项结算,都可使用汇款结算方式。汇款结算一般涉及四个当事人,即汇款人、收款人、汇出行和汇入行。

(4)托收(Collection),托收是收款人向银行提供收款依据,委托银行向付款人收取款项的结算方式,凡在银行开立账户的单位和个人的款项结算,均可运用委托收款结算方式,这种结算方式在同城、异地均可办理。它一般涉及四个当事人,即委托人、托收银行、代收银行和付款人。办理托收时,要由债权人或售货人开出一份以外地债务人或购货人为付款人的汇票,将汇票和其他单据交给其开户行,由开户行寄给债务人或收货人所在地的该银行的分行或代理行,请其向债务人收取款项,然后转交给债权人。

(5)信用证,信用证是指开证银行依照申请人(买方)的申请签发的,在满足信用证规定的单据向受益人(卖方)付款的一种书面凭证。我国信用证为不可撤销、不可转让的跟单信用证。不可撤销信用证是指信用证开具后在有效期内,非经信用证各有关当事人同意,开证行不得修改或者撤销的信用证;不可转让信用证是受益人不能将信用证的权利转让给他人的信用证。这种结算方式的特点是,能够避免买方拖欠货款或不按合同付款的结算风险。它尤其适用于卖方对买方信誉不了解,或异地之间特别是国际贸易中的货款结算。

（三）代理业务

代理业务（Agent Service），是指商业银行接受客户的委托、代为办理客户指定的经济事务、提供金融服务并收取一定费用的业务，包括代理融通业务、保管箱出租业务、代理证券业务等。代理业务是典型的中间业务。银行充分利用自身的信誉、技能、信息等资源代客户行使监督管理权、提供各项金融服务。

1. 代理融通业务

代理融通又称代收账款或收买应收账款，是由商业银行或专业代理融通公司代顾客收取应收款项，并向顾客提供资金融通的一种业务方式。商业银行或专业代理融通公司代理赊销企业收账，使赊销账款按时收回，同时通过购买赊销账款向赊销企业提供资金融通，这就从两方面巩固了商业信用。代理融通业务通常涉及三方面当事人：一是银行或经营代理融通业务的公司；二是出售应收账款并取得资金融通的工商企业；三是取得商业信用赊欠工商企业货款的顾客。三者的关系是，工商企业对顾客赊销货物，然后把应收账款转让给银行或代理融通公司，由后者向企业提供资金并到期向顾客收账。

2. 保管箱出租业务

保管箱业务是一种金融保障服务，既维护个人财物不受损失，又严格遵守个人隐私不受侵犯的原则，因而已成为普通居民理财的精明之选。现在有些银行的保管箱采用电脑识别身份同时电控开启银行端锁。当客户在指纹仪上录入指纹后，经系统识别确认，保管箱箱体上的银行端锁自动打开，客户进入库区后持个人专用的保管箱钥匙即可自行打开保管箱存取物品，无须银行工作人员跟随开锁，更加有效地维护了客户的个人隐私权。商业银行同时制定出严密的租箱、开箱、退租与逾租处理，钥匙遗失与换销，印鉴的遗失与更换等管理办法。

3. 代理证券业务

代理证券业务是指银行接受委托办理的代理发行、兑付、买卖各类有价证券的业务，还包括接受委托代办债券还本付息、代发股票红利、代理证券资金清算等业务。本文所指有价证券主要包括国债、公司债券、金融债券、股票等。

（四）咨询业务

咨询顾问类业务是指商业银行依靠自身在信息、人才、信誉等方面的优势，收集和整理有关信息，并通过对这些信息以及银行和客户资金运作的记录和分析，形成系统的资料和方案，提供给客户的服务活动。商业银行不仅拥有一大批精通金融实务的专业人才，还能为客户提供利率、汇率、有价证券行市、资本流动、货币政策以及立法等方面的信息，帮助客户选择最有利的金融资产组合和投资机会。

提供信息服务的业务机构一般是商业银行的社会调查部门。规模较大的商业银行则设置征询部门，专门从事信息的收集、加工和存储工作。征询部门下设财务分析、信用调查、信用咨询、信用档案等子部门。银行的公共关系发达，各银行所有的信息常以最快的速度进行交换，可以全面、正确、及时地收集到各方面信息，更好地提供信息咨询服务。

三、有风险的表外业务

商业银行有风险的表外业务主要有以下三类：担保和类似的或有负债、承诺、与利率或汇率有关的或有项目。

（一）担保业务

担保业务,即银行根据交易中一方的申请,为申请人向交易的另一方出具履约保证,承诺当申请人不能履约时,由银行按照约定履行债务或承担责任的行为。担保业务虽不占用银行的资金,但形成银行的或有负债,银行为此要收取一定费用。银行开办的担保类业务主要有保函、信用证、备用信用证、票据承兑等形式。

(1) 银行保函也称银行担保书(Letter of Guarantee,简称 L/G),是银行应契约一方当事人的请求,为其向受益人保证履行某项义务,并承诺在申请人违约时由银行按保函规定的条件承担经济赔偿责任而出具的书面担保。

(2) 商业信用证(Letter of Credit,简称 L/C),是国际贸易结算中的一种重要方式,指进口商请求当地银行开出的一种证书,授权出口商所在地的另一家银行通知出口商,在符合信用证规定的条件下,愿意承兑或付款承购出口商交来的汇票单据。信用证结算业务实际上就是进出口双方签订合同以后,进口商主动请求进口地银行为自己的付款责任做出的保证。

从银行角度来看,商业信用证业务是一种重要的表外业务,是银行获取收益的一条重要途径。

(3) 备用信用证(Standby Credit Letter,简称 SCL)也是开证行的一种书面付款承诺,当备用信用证的申请人不能履行对第三方所做的承诺时,由开证行承担赔付责任。备用信用证在性质上与银行保函类同,在形式上与商业信用证相似。

(4) 票据承兑是一种传统的银行担保业务,银行在汇票上签章,承诺在汇票到期日支付汇票金额。向银行申请办理汇票承兑的是商业汇票的出票人,经过银行承兑的商业汇票就成为银行承兑汇票,其付款人为承兑人。银行对汇票的付款责任以自己的名义进行担保,以银行信用取代了商业信用,故应向出票人(承兑申请人)按票面金额收取手续费。

（二）承诺业务

承诺业务是指银行向客户允诺在未来按照事前约定的条件向客户提供约定信用的业务。虽然承诺交易不反映在资产负债表上,但银行可能在未来某一时间因满足客户的融资需求形成银行的或有资产。银行开办的承诺业务有贷款承诺、票据发行便利、透支额度等品种。

贷款承诺(Loan Commitment)是指银行承诺客户在未来一定的时期内,按照双方事先确定的条件,应客户的要求,随时提供不超过一定限额的贷款。这里所说的"事先确定的条件"通常包括贷款利率的计算方式、贷款的期限以及贷款的使用方向等。

在贷款承诺下,银行为客户提供了一种保证,使其在未来一段时间内肯定可以获得所需要的贷款,银行则收取一定的费用作为提供这种保证的补偿。

贷款承诺是典型的含有期权的表外业务。承诺分为可撤销承诺和不可撤销承诺。

可撤销承诺(Revocable Commitment)附有客户在取得贷款前必须履行的特定条款,一旦在银行承诺期间及实际贷款期间发生客户信用等级降低的情况,或客户没有履行特定条款,则银行可以撤销该项承诺。有些可撤销承诺的协议对双方不具有法律上的约束力。

贷款承诺主要以以下几种方式提供给客户。

(1) 信用额度(Open Line of Credit),是最常见的贷款承诺之一,一般是客户与银行之间达成的非正式协议,银行同意在一定时期内以规定的利率及其他条件向客户提供不超过额度范围的贷款。

（2）备用信用额度（Standby Line of Credit），是银行和客户之间达成的不可撤销的正式协议，协议详细规定了银行提供信贷便利的额度、时间、贷款利率及贷款的清算等。

（3）循环信用额度（Revolving Line of Credit），是银行和客户之间达成的不可撤销的正式协议，协议条款列明了最高贷款额、协议期限、贷款利率等条款，银行在约定的时间向客户提供贷款，客户可在协议期限内多次使用贷款。

（三）与利率和汇率有关的或有项目

与利率和汇率有关的或有项目是指由商业银行从事与金融衍生工具有关的各种交易引起的业务，包括远期利率协议、金融期货、金融期权和互换业务等。金融期货、金融期权和互换业务请参考本书前面金融衍生工具的相关内容。下面仅介绍远期利率协议。

远期利率协议是一种远期合约，买卖双方商定将来一定时间段的协议利率，并指定一种参照利率，在将来清算日按规定的期限和本金数额由一方向另一方支付协议利率和参照利率之间差额利息的贴现金额。远期利率协议是建立在交易双方对未来一段时间利率的预测存在差异的基础上。通常，远期利率协议的买方预测未来一段时间内利率将上升，因此，期望现在就把利率水平确定在自己愿意支付的较低水平（协议商定利率）上。如果未来利率果真上升，他将从卖方获得差额利息收入；如果未来利率下降，他将向卖方支付差额利息。

第五节　商业银行经营与管理理论

商业银行是依法成立的吸收存款、发放贷款、办理结算业务的企业法人，但它是经营货币资金授受信用的特殊企业，其资金来源主要来自负债，因此在经营管理上与一般工商企业不同，有其特殊性。商业银行如何处理好盈利性、安全性和流动性三者的关系，是银行经营管理的永恒主题。

一、商业银行的经营原则

商业银行的经营管理一般应当遵循三个基本原则，即盈利性、安全性、流动性，也称为银行经营业务的"三性"方针。

（一）盈利性

商业银行作为独立的企业法人，追求经济效益是其经营的核心目标，是银行经营的内在动力。因为，充足的盈利对商业银行的经营管理将发挥重要作用。首先，盈利水平的提高有利于银行充实资本，使银行扩大经营规模，从而赚取更多的利润。其次，较高的盈利水平，增加了银行的实力，提高了银行对客户的吸引力，增强了银行的信誉，有利于提高银行的竞争能力。如果银行无法盈利，投资者将丧失信心，银行的信誉将下降，可能引发银行的信用危机，导致客户挤兑，危及银行的生存。

银行利润指各项收入减去各项支出的余额，具体地说，银行收入包括贷款利息收入、同业拆借利息收入、各种利差补贴收入、各项结算手续费收入、金银外汇业务收入等。银行支出包括存款利息支出、同业拆借利息支出、各项业务费支出、职工工资支出、固定资产折旧支出、营业性支出等。其中对银行利润影响较大的因素是存贷款利差、其他业务手续费收入和管理费用。

银行盈利的增加,总的来说可以通过增收、节支两方面来实现。银行增加收入的渠道包括:第一,提高贷款利率。只要银行拥有一定的利率自主权,只要贷款出现需求大于供给,只要客户存在某种劣势,银行就可以相应提高贷款的利率。第二,扩大贷款数量,这取决于客户需求和银行资金。银行应主动实行贷款营销,扩大贷款;同时扩大资金来源作为保证。第三,增加各种手续费收入,主要指大力发展中间业务,积极拓展各种服务业务。第四,增加资本积累,推进设备更新。这是提高未来盈利能力的长期行为。

(二)安全性

安全性是指银行的资产、收入、信誉以及所有经营生存发展条件免遭风险损失的可靠性程度。安全性原则对于商业银行的经营管理来说有其特殊的作用。因为商业银行经营的条件和对象特殊,商业银行的经营对象是货币,作为国民经济综合变量的货币,受许多复杂的客观因素的影响,同时又受中央银行的人为干预,资本成本、利率的变动基本无法预测。而且商业银行自有资本比较少,基本上是负债经营,只能利用较多的负债来维持其资本运转,因此就要特别注意其经营活动中的安全性。要想在竞争激烈的市场经济中发展壮大,商业银行就必须加强内部经营管理,严格遵循安全性原则。坚持安全性原则,有助于商业银行减少或者避免资产流失,也有利于在客户和公众中树立良好的形象,提高企业信誉。

(三)流动性

1. 流动性的概念

流动性是指银行能够随时收回资金或者付出资金的能力。流动性之所以成为商业银行三大经营原则之一,是由商业银行的经营特点所决定的。商业银行的现金流动最为频繁,整个经营活动都要经过现金收付来进行,因此银行资产必须保持足够的流动性。银行的流动性体现在资产和负债两个方面。资产的流动性指银行持有的资产能够随时得以偿付或在不损失价值的情况下迅速变现。负债的流动性指银行能够轻易地以较低成本随时获得所需要的资金。

2. 流动性的衡量

在银行经营实践中,通常以下列指标来粗略衡量流动性。

(1)现金资产率。这一指标是指现金资产在流动资产中所占的比率。现金资产包括库存现金、同业存款和中央银行的存款,这部分资产流动性强,能随时满足流动性的需要,是银行预防流动性风险的一级储备。流动性资产又称储备资产,是指那些流动性较强,可以预防流动性风险的资产,包括现金资产和短期有价证券。短期有价证券是指期限在一年以内的债券,其流动性仅次于现金资产,变现速度快。现金资产率越高,说明银行的流动性越高,对债权人的保障程度越高,因为现金具有最后清偿债务的特征。

(2)贷款对存款的比率。贷款对存款的比率是指存款资金被贷款资产所占用的程度。这一比率高,说明银行存款资金被贷款占用比率高,急需提取时难以收回,银行存在流动性风险。这一指标的缺点是没有考虑存款和贷款的期限、质量和收付方式,因此,该指标衡量流动性的可靠性需要得到其他指标的印证。

(3)流动性资产对全部负债或全部贷款的比率。这一比率越高,说明流动性越充分。其中,前者反映负债的保障程度,后者反映银行资金投放后的回收速度。比率越高,说明银行还本付息的期限越短,既可满足客户提现的要求,又可用于新的资产上。这一指标存在一定的操作难度,也忽略了负债方面流动性的因素。

(4)超额准备金。超额准备金是相对于法定准备金而言的,法定准备金是按中央银行规定的比例上缴部分。银行总准备金减去法定准备金就是超额准备金。因为超额准备金的现实保障感极强,可以随时使用,它的绝对值越高,表示流动性越强。这一指标的缺陷在于体现银行的流动性范围比较狭窄,往往不能全面正确地说明银行流动性水平。

(5)流动性资产减易变性负债。所谓易变性负债,是指季节性存款、波动性存款和其他短期负债。其差大于零,表明有一定的流动性,其数值越大,表明流动性越高;若其差值小于或等于零,表明了流动性短缺的程度,说明有信用风险。该指标最大的优点是同时考虑资产和负债,是理论上比较准确、现实感很强的指标。

(6)资产结构比率。这一指标反映流动性资产和非流动性资产在数量上的比例关系,说明商业银行整体性流动水平。

(7)存款增长率减贷款增长率。这一数值大于零,表示银行流动性在上升;若该数值小于零,表明流动性下降。这一指标只能大体上反映银行的流动性趋势,管理者可以根据一定时期的数值策划下一阶段的业务重点。由于该指标没有考虑到具体的存款和贷款在性能上、结构上的差别,因此,这一指标仍然有些粗略。

上述指标体系能综合反映银行的流动性状况,其中个别指标难以准确全面反映银行整体流动性状况并说明其流动性高低的原因,只有对各种指标加以综合分析,并相互印证,才能正确地判断流动性状况,并进行相应的调整。

(四)"三性"的对立统一

盈利性、安全性和流动性之间是既相互矛盾又相互统一的。

商业银行经营的"三性"原则之间往往是相互矛盾的。"三性"原则之间的矛盾性集中表现在流动性、安全性与盈利性之间的矛盾。从资产方面说,盈利性与安全性和流动性之间呈反方向变动,盈利性较高的资产,由于时间一般较长,风险相对较高,因此流动性与安全性就比较差;反之,资产流动性越强,安全性越高,盈利性就越低。从盈利性角度看,商业银行的资产可以分为盈利性资产和非盈利性资产,资金用于盈利资产的比重较高,商业银行收取的利息就越高,盈利规模也越大。从流动性角度看,非盈利资产(如现金资产)可以随时用于应付存款的提现需要,具有十足的流动性,因而现金资产的库存额越高,商业银行体系应付提现的能力越强,商业银行的流动性越强。从安全性角度看,一般情况下,具有较高收益的资产,其风险总是较大的。为了降低风险,确保资金安全,商业银行不得不把资金用于收益率较低的资产。

实际上,商业银行经营"三性"原则之间存在着潜在的统一协调关系。一般来说,商业银行的流动性和安全性呈正相关关系,流动性较大的资产,风险就小,安全性就高;反之亦然。保持适度的流动性是商业银行发展业务、获取盈利的基础,通过积极、灵活的流动性管理策略,商业银行能获取更多的盈利机会;而商业银行盈利水平高,能够提高银行的信誉和市场竞争力,便于商业银行从市场获得更多的资金以保持流动性。盈利性与安全性也有相一致的一面。盈利必须以资金的安全为前提,没有安全性,资金本息不能收回,盈利性也就失去了保障;但盈利又是弥补资产损失的来源,要保证资金的安全,就必须要有盈利。

因此,商业银行在经营管理过程中,要全面协调"三性"之间的关系,审时度势,既要照顾全面,又需有所侧重。例如,在经济繁荣时期,由于银行的资金来源充足,因而银行应首先考虑的是盈利性,流动性、安全性次之。在经济不景气时期,由于企业贷款的还款风险加大,因而银行应将流动性和安全性放在首位,获取盈利应居于次要位置。在银行持有较多的流动性、安全性好,但盈利性差的资产情况下,银行应首先考虑盈利性,设法增加中长期贷款之类的盈利性较好资产的比重,反之亦然。

二、商业银行的经营管理理论

资产负债管理理论是现代商业银行管理的基础和核心,商业银行其他方面的管理都是在这一基础上进行的。随着各个历史时期经营条件的变化,西方商业银行经营管理理论在不断变化和创新的过程中大致经历了四个阶段,即资产管理、负债管理和资产负债综合管理。

(一) 资产管理理论

资产管理理论产生于商业银行建立初期,一直到 20 世纪 60 年代,它都在银行管理领域中占据着统治地位。这种理论认为,由于银行资金的来源大多是吸收活期存款,提存的主动权在客户手中,银行负债管理起不了决定作用;但是银行掌握着资金运用的主动权,于是银行侧重于资产管理,争取在资产上协调流动性、安全性与盈利性问题。

随着经济环境的变化和银行业务的发展,资产管理理论的演进经历了三个阶段,即商业性贷款理论、资产转移理论和预期收入理论。

1. 商业性贷款理论

商业性贷款理论又称真实票据理论。这一理论认为,银行资金来源主要是吸收流动性很强的活期存款,银行经营的首要宗旨是满足客户兑现的要求,所以,商业银行必须保持资产的高流动性,才能确保不会因为流动性不足给银行带来经营风险。因此,商业银行的资产业务应主要集中于以真实票据为基础的短期自偿性贷款,以保持与资金来源高度流动性相适应的资产的高度流动性。短期自偿性贷款主要指的是短期的工商业流动资金贷款。

商业性贷款理论产生于商业银行发展的初期,当时企业的资金需求比较小,主要依靠自有资本经营,企业对资金的需求以商业周转性流动资金为主。此外,由于金融机构管理水平较低,还没有作为最后贷款人角色的中央银行在商业银行发生清偿危机时给予救助,商业银行的经营管理者更强调维持银行的流动性,并不惜以牺牲部分盈利性为代价。在这种金融市场很不完善、融资渠道和资产负债业务单一的历史条件下,银行在经营实践中找到了保持资产流动的理论依据,即商业性贷款理论。

商业性贷款理论的思想为早期商业银行进行合理的资金配置与稳健经营提供了理论基础。它提出银行资金的运用受制于其资金来源的性质和结构,并强调银行应保持其资金来源的高度流动性,以确保银行经营的安全性。

商业性贷款理论的局限性:首先,这一理论没有认识到活期存款余额的相对稳定性,即在活期存款的存取之间,总会有一个相对稳定的资金余额可用于发放长期贷款,而是将银行资产过多地集中于盈利性很差的短期自偿性贷款上。其次,这一理论忽视了贷款需求的多样性。此外,它还忽视了贷款自偿性的相对性,即在经济衰退时期,即便是有真实票据作抵押的商业性贷款,也会出现缺乏偿还性的情况,从而增加了银行的信贷风险。

2. 资产转移理论

资产转移理论又称转换理论,这一理论认为,银行保持资产流动性的关键在于资产的变现能力,因而不必将资产业务局限于短期自偿性贷款上,也可以将资金的一部分投资于具有转让条件的证券上,作为银行资产的二级准备,在满足存款支付时,把证券迅速而无损地转让出去,兑换成现金,保持银行资产的流动性。最典型的可转换资产是政府发行的短期债券。

资产转移理论是在第一次世界大战以后,西方国家金融市场不断完善和发展的历史背景下产生的。转移理论沿袭了商业性贷款理论应保持高度流动性的主张,但突破了商业性贷款理论对银行资金运用的狭窄局限,扩大了银行资金组合的范围,增强了商业银行的盈利性。但转移理论也存在不足,它对银行短期资产的变现能力缺乏全面认识,从短期证券自身的变现能力考虑得多,而对短期证券变现的外部环境考虑得少。实际上,在经济危机时期或在证券市场不旺盛的情况下,商业银行不能顺利地通过出售证券而保证资产的流动性,进而影响盈利性目标的实现。

3. 预期收入理论

预期收入理论是一种关于资产选择的理论,它在商业性贷款理论的基础上,进一步扩大了银行资产业务的选择范围。这一理论认为,贷款的偿还或证券的变现能力,取决于将来的收入,即预期收入。如果将来收入没有保证,即使是短期贷款也可能发生坏账或到期不能收回的风险;如果将来的收入有保证,即便是长期放款,仍可以按期收回,保证其流动性。只要预期收入有保证,商业银行不仅可以发放短期商业性贷款,还可以发放中长期贷款和非生产性消费贷款。

预期收入理论产生于第二次世界大战以后,当时,西方国家的经济已逐渐从战争中复苏起来,开始高速发展。经济的发展带动了对资金需求的多样化,不仅需要短期资金,而且又产生了对固定资产投资和设备更新等中长期资金的需求。同时,货币金融领域竞争的加剧,也使商业银行迫切地需要开拓新的业务领域。

预期收入理论具有积极的意义。首先,它深化了对贷款清偿的认识,指出贷款清偿的来源是借款人的预期收入,找到了银行资产流动的经济动因,要求银行的资产与预期收入直接挂钩,克服了商业性贷款理论的缺陷。其次,这一理论促成了贷款形式的多样化,拓宽了银行的业务范围。银行由生产经营的局外人成了企业扩大再生产的参与者,从而加强了银行对经济活动的渗透和控制。

预期收入理论的不足之处在于:银行对借款人未来收入的预测建立在银行主观判断的基础之上,由于预期收入很难预测,客观经济条件经常发生变化,借款人将来收入的实际情况往往与银行预期存在一定的差距,所以以这种理论为依据发放贷款,常常会给银行带来更大的经营风险。

(二) 负债管理理论

负债管理理论兴起于 20 世纪 60 年代中期以后的西方商业银行。负债管理理论在很大程度上缓解了商业银行流动性与盈利性的矛盾。

负债管理理论认为:银行资金的流动性不仅可以通过强化资产管理获得,还可以通过灵活的调剂负债达到目的。商业银行保持资金的流动性无须经常保有大量的高流动性资产,通过发展主动型负债的形式,扩大筹集资金的渠道和途径,也能够满足多样化的资金需求,以向外借款的方式也能够保持银行资金的流动性。

负债管理理论意味着商业银行经营管理思想的创新,它变被动的存款观念为主动的借款观念,为银行找到了保持流动性的新方法。根据这一理论,商业银行的流动性不仅可以通过调整资产来保证,还可以通过调整负债来保证,变单一的资产调整为资产负债双向调整,从而减少银行持有的高流动性资产,最大限度地将资产投入到高盈利的贷款中去。而且,商业银行根据资产的需要调整和组织负债,让负债适应和支持资产,也为银行扩大业务范围和规模提供了条件。

然而,负债管理理论也存在缺陷,由于它建立在对吸收资金保有信心,并能如愿以偿的基础上,因而在一定程度上带有主观色彩。通过借款融资保持银行的流动性,不仅提高了银行的融资成本,而且不利于银行稳健经营。所以,负债管理理论的运用必须谨慎,应当经常注意一些基本指标,如存贷款比率、资本充足率、流动资产比率等,并随时注意防范经营风险。

这种主动性负债管理随着金融市场的发展而发展,按照其发展的进程,主要可以划分为银行券理论、存款理论、资金购买理论和销售理论。下面重点介绍销售理论。

销售理论是负债管理理论的重要组成部分。该理论认为银行是金融产品的创造者,银行负债管理的核心任务就是尽可能满足客户的需要,创造客户需要的产品与服务,并将其推销给客户,扩大银行的资金和收益来源。具体来讲,销售理论主要包括以下内容。

(1) 客户至上。银行关注客户需求,并努力满足客户需求。

(2) 多样化的产品服务。客户需求之间不仅有共性的一面,也有差异的一面,银行要提供更丰富的产品以满足客户的差异化需求。

(3) 金融产品推销渠道主要是依靠信息的沟通、加工和传播。

(4) 金融产品创新既要考虑银行的资产,也要考虑银行的负债。

销售理论产生于20世纪80年代,当时金融创新盛行,金融业高速发展,竞争异常激烈,金融危机日益深化,销售理论的出现使得商业银行的负债业务有了新的突破,不再单纯地着眼于资金,突出了银行的中间业务,强调了银行的服务角色,标志着商业银行正朝着功能多样化和复合化的方向发展。然而,其不利的一面是给商业银行增添了许多新的混乱和不稳定的因素。

(三) 资产负债综合管理理论

20世纪70年代后期,伴随金融创新的不断涌现,各种新型金融工具和交易方式以各种形式抬高资金价格,市场利率大幅上升,使得负债管理理论在提高负债成本和增加银行经营风险等方面的缺陷越来越明显地暴露出来,单纯的负债管理已经不能满足银行经营管理的需要。同时,随着西方各国银行管制的放松和金融自由化浪潮的涌现,商业银行在金融市场上主动融资的权力增加,吸收存款的压力减少,这一切使商业银行由单纯的负债管理转向资产负债综合管理。

资产管理理论过于注重流动性和安全性,而忽视了盈利性;负债管理理论虽然较好地解决了盈利性和流动性之间的矛盾,但过多的负债经营又会给银行带来更大的经营风险。资产负债综合管理理论总结了资产管理和负债管理的优缺点,银行应对资产和负债两方面业务进行全方位、多层次的管理,保证资产与负债结构调整的及时性、灵活性,以此保证流动性供给能力,实现商业银行流动性、安全性和盈利性管理目标的均衡发展。

资产负债综合管理理论的产生是银行管理理论的一大突破,它为银行乃至整个金融业带来了稳定和发展,对完善和推动商业银行的现代化管理具有积极的意义。它的基本观点是银行单靠资产管理或者负债管理难以有效实现盈利性、流动性和安全性这三者之间的平衡,银行必须根据政治、经济以及其他客观因素的变化,运用各种手段对资产和负债进行综合调控和管理,保持总量和结构的均衡,才能在保证流动性和安全性的前提下,实现盈利的最大化。

资产负债综合管理理论的进步性具体表现在以下几个方面:

(1) 流动性管理手段有所扩展。资产负债综合管理理论认为,银行需要从资产和负债两个方面去预测流动系需求,同时又从这两个方面去寻找满足流动性需求的途径,并提出分析与解决流动性问题的关键是控制、调节流动性资产与易变负债之间的缺口,以及贷款增长与负债增长之间的差距,并且商业银行对于流动性的调节需要及时与灵活。

(2)利差更易保持适度与稳定。商业银行利润的来源主要是利差,资产负债综合管理能够较好地控制资产负债的期限搭配、利率结构的搭配以及加强对违约风险的协调,并以此来达到在确保安全性和流动性的前提下追求利润最大化的目标。

(3)加强了银行安全性管理措施。资产负债综合管理理论吸取资产管理理论和负债管理理论的精华,不仅强调盈利性、流动性和安全性三者间应保持适当的比例,还强调了三者之间可以互相补充,以及商业银行可以通过分散化经营与运用衍生工具来控制风险。

(四) 中间业务管理理论

随着银行业的竞争越来越激烈,银行管理者也越来越意识到表外业务特别是中间业务发展的重要性,于是提出了超货币供给理论。

超货币供给理论是关于银行扩展其业务范围的理论。该理论的核心思想是提供货币只是商业银行达到经营目标的手段之一,除此之外,它不仅有多种可供选择的手段,还有广泛而兼达的目标。因此,银行资产管理应超越货币的狭隘空间,为适应金融发展的需要而提供更多的服务,增强自身的竞争力。

根据超货币供给理论,只有银行能够利用信贷方式提供货币的传统观念已经不再符合实际,随着货币形式的多样化,非银行金融机构也可以提供货币,银行信贷市场将面临和大的竞争压力。因此,银行资产应该超出单纯提供信贷货币的界限,要提供多样化的服务,如开展投资中介和咨询、委托—代理等全方位的配套服务,使银行资产经营向深度和广度发展,这样才能提升银行在与非银行金融机构竞争中的竞争力。

现代商业银行全能化、国际化的发展趋势已经表明,银行信贷的经营管理应当与银行整体营销和风险管理结合起来,发挥更大的作用。当然,这一理论也存在不足之处,它容易产生两种偏向:一种是商业银行涉足新的业务领域和扩大的规模,导致银行的集中或者垄断;另一种是银行涉足了诸多自身并不熟悉的新业务领域,增大了银行面临风险的可能性,不利于商业银行的稳健性经营。

本章小结

1. 商业银行是以追求利润最大化为目标,以多种金融负债筹集资金,以多种金融资产为其经营对象,能利用负债进行信用创造,并为客户提供多功能、综合性服务的金融企业。

商业银行的性质:具有一般的企业特征,但是不是一般的企业,而是经营货币资金的金融企业,是一种特殊的企业。和中央银行相比较,商业银行是面向工商企业、公众及政府的金融机构;和其他金融机构相比较,商业银行能够提供更多、更全面的金融服务,能够吸收活期存款。

2. **商业银行的经营目标**:保证资金的安全,保持资产的流动,争取最大的盈利,简称为"三性"目标,即安全性、流动性和盈利性。

安全性目标:要求银行在经营活动中,必须保持足够的清偿能力,经得起重大风险和损失,能随时应付客户提存,使客户对银行保持坚定的信任。

流动性目标:商业银行保持随时能以适当的价格取得可用资金的能力,以便随时应付客户提存,即银行其他支付的需要。流动性:资产的变现能力,一是资产变现的成本,二是变现的速度。

盈利性目标:要求商业银行的经验管理者在可能的情况下,尽可能追求利润最大化。

3. 银行监管:政府和金融管理当局对商业银行进行包括开业管制、分支机构管制、业务管制、价格管制、资产负债表控制等为主要内容的监控活动及制定相关的政策法规的总和。

4. 商业银行负债的构成:主要由资本金、存款、借入款项所组成。

5. 商业银行的资产业务是运用资金的业务,根据资本投放的对象和信用担保的性质,可以分为以下四种:票据业务、贷款业务、证券业务和承兑业务。但其中也有一部分资产,如库存现金、中央银行的存款准备金、存放同业和托收过程中的现金,它们基本上不给银行带来收益,但却是银行正常经营所必需的。

6. 贷款政策:商业银行指导和规范贷款业务、管理和控制贷款风险的各项方针、措施和程序的总和。

7. 表外业务的含义及类型。所谓表外业务,是指商业银行所从事的、按照现行的会计准则不记入资产负债表内、不形成现实资产负债但能增加银行收益的业务。广义的表外业务则除了包括狭义的表外业务,还包括结算、代理、咨询(技术服务)等无风险的经营活动,所以广义的表外业务是指商业银行从事的所有不在资产负债表内反映的业务。通常我们所说的表外业务主要指的是狭义的表外业务。

综合案例

放开存款利率上限与利率市场化改革

当前,我国经济处在新旧产业和发展动能转换接续关键期,为了更充分地发挥市场优化资源配置的决定性作用,推动经济增长方式转变,需要加快推进利率市场化改革。同时,近年来科技进步、互联网发展及其与金融的不断融合,一些创新型的金融理财产品迅速发展,对存款的分流作用日益明显,存款利率管制的效果趋于弱化,对加快推进利率市场化改革提出了迫切要求。此外,国际国内实践都表明,存款利率市场化改革最好在物价下行、降息周期中进行,这样存贷款定价不易因放松管制而显著上升。当前,我国物价涨幅持续处于低位,市场利率呈下行趋势,也为放开存款利率上限提供了较好的外部环境和时间窗口。

放开存款利率上限的市场条件也已成熟。目前,金融机构的资产方已完全实现市场化定价,负债方的市场化定价程度也已达到90%以上。人民银行仅对活期存款和一年以内(含一年)定期存款利率保留基准利率1.5倍的上限管理,距离放开利率管制只有一步之遥。从实际情况看,我国金融机构的自主定价能力已显著提升,存款定价行为总体较为理性,已形成分层有序、差异化竞争的存款定价格局。主要商业银行对放开存款利率上限已有充分预期并做了大量准备工作,"靴子"落地有利于进一步稳定预期。此外,大额存单和同业存单发行交易有序推进,市场利率定价自律机制不断健全,存款保险制度顺利推出,也为放开存款利率上限奠定了坚实基础。

在此背景下,人民银行决定抓住有利时机,对商业银行、农村合作金融机构、村镇银行、财务公司等金融机构不再设置存款利率浮动上限。这标志着我国利率管制基本放开,金融市场主体可按照市场化的原则自主协商确定各类金融产品定价。这既有利于促使金融机构加快转变经营模式,提升金融服务水平,也有利于健全市场利率体系,提高资金利用效率,促进直接融资发展和金融市场结构优化,更有利于完善由市场供求决定的利率形成机制,发挥利率杠杆优化资源配置的作用,充分释放市场活力。

利率市场化是我国金融领域最核心的改革之一。此次放开商业银行和农村合作金融机构等存款利率上限,标志着我国的利率管制已经基本放开,改革迈出了非常关键的一步,利率市场化进入新的阶段。这在利率市场化进程中,在整个金融改革的历史上,都具有重要的里程碑意义,充分体现了我国坚定推进改革的信心和决心。

利率管制的基本放开,对优化资源配置具有重大意义。在利率市场化条件下,利率的价格杠杆功能将进一步增强,推动金融资源向真正有资金需求和发展前景的行业、企业配置,有利于发挥市场在资源配置中的决定性作用。特别是在当前我国经济处在新旧产业和发展动能转换接续的关键期,放开利率管制可为金融机构按照市场化原则筛选支持的行业、企业提供更大空间,促进实现经济健康可持续发展。

利率管制的基本放开,为推动金融机构转型发展注入新的动力。随着存款利率上限的放开,金融机构在利率受保护情况下"规模即效益"的传统经营模式将不可持续,有利于推动金融机构树立起"以利润为中心"的经营理念,加快转变经营模式,完善定价机制,提高自主定价能力,实现差异化、多元化、持续化经营,切实提升金融服务水平。

(资料来源:中国人民银行官网)

案例分析题:根据上述资料,从银行的盈利性和安全性角度对此案例进行分析。

本章复习题

一、单项选择题

1. 银行经营发展的根本动力是(　　)。
   A. 投融资需求和服务性需求
   B. 居民与企业储蓄
   C. 利息收入
   D. 股东利益的推动

2. 商业银行向客户直接提供资金支持,这属于商业银行的(　　)。
   A. 授信业务　　　B. 受信业务　　　C. 表外业务　　　D. 中间业务

3. 下列关于同业拆借的说法,错误的是(　　)。
   A. 同业拆借是银行及其他金融机构之间进行短期的资金借贷
   B. 借入资金称为拆入,贷出资金称为拆出
   C. 同业拆借业务主要通过全国银行间债券市场进行
   D. 同业拆借的利率随资金供求的变化而变化,常作为货币市场的基准利率

4. 下列不属于支付结算业务的是(　　)。
   A. 信用卡　　　B. 票据　　　C. 汇款　　　D. 托管

5. 在定期存款中,最典型的代表是(　　)。

　　A. 整存整取　　　　B. 零存整取　　　　C. 整存零取　　　　D. 存本取息

6. 下列银行票据中既可以转账也可以提取现金的是(　　)。

　　A. 现金支票　　　　B. 转账支票　　　　C. 普通支票　　　　D. 划线支票

7. 银行最重要的无形资产是(　　)。

　　A. 良好声誉　　　　B. 土地使用权　　　C. 专有技术　　　　D. 商标权

8. 商业银行不得向关系人提供信用贷款,向关系人发放担保贷款的条件不得优于其他借款人同类贷款的条件。这里"关系人"不包括(　　)。

　　A. 商业银行的监事　　　　　　　　　B. 商业银行的管理人员

　　C. 商业银行董事投资的公司　　　　　D. 保险公司

二、多项选择题

1. 下列属于基本存款账户的存款人的有(　　)。

　　A. 居民委员会　　B. 外国驻华机构　　C. 机关　　　　　　D. 企业法人

2. 汇款的方式主要有(　　)。

　　A. 电汇　　　　　　B. 票汇　　　　　　C. 信汇　　　　　　D. 信用证

3. 在以下贷款五级分类中属于不良贷款的有(　　)。

　　A. 正常　　　　　　B. 关注　　　　　　C. 次级　　　　　　D. 可疑

　　E. 损失

4. 商业银行的负债业务包括(　　)。

　　A. 自有资本　　　　B. 存款　　　　　　C. 借款　　　　　　D. 购买国债

　　E. 代理业务

三、思考题

1. 简述商业银行的性质、职能及其经营原则。

2. 简述商业银行的负债业务。

3. 简述商业银行的资产业务

4. 简述商业银行的中间业务

5. 简述商业银行的经营管理理论。

6. 对商业银行中间业务及表外业务开展情况进行总结分析,说明拓展中间业务及表外业务的难点与对策。

微信扫一扫
查看更多资源

第七章　中央银行

教学目标

　　了解中央银行的产生与发展,熟悉中央银行的性质、职能和基本业务;掌握中央银行制度的类型,能够分析中央银行在现代经济体系中的地位和与政府的关系。

导入案例

欧洲中央银行

　　欧洲中央银行是一个典型的跨国中央银行。它是欧洲一体化进程逐步深入的产物。"二战"之后,处于苏联和美国两个超级大国夹缝之间的欧洲各国走上了互相联合以谋求共同发展的道路。法国、联邦德国、意大利、荷兰、比利时和卢森堡六国于 1951 年签订的欧洲煤钢联营条约标志着欧洲一体化进程的开始。1957 年,上述六国又在罗马签订了欧洲原子能共同体条约和欧洲经济共同体条约(合称《罗马条约》)。在这些条约的基础上,经过多年的建设,形成了一个迄今为止一体化程度最高、影响最大的地区经济集团——欧洲共同体(European Communities),也就是今天的欧洲联盟(European Union)。

　　欧共体成员国于 1991 年的《马斯特里赫特条约》(简称《马约》)中正式提出建立欧洲经济货币联盟(EMU)的计划,该计划的核心是在共同体内实现只有一个中央银行、一种单一货币的欧洲货币联盟。1994 年 1 月 1 日,欧洲中央银行的前身——欧洲货币局在德国法兰克福建立,它规定的时间内完成了未来欧洲中央银行货币政策运作框架的设计工作。在 1988 年 5 月 2 日至 3 日的欧盟特别首脑会议上,根据《马约》规定的入盟条件,欧盟 15 个成员国中的 11 个率先取得了加入欧洲货币联盟的资格,荷兰中央银行前任行长威廉·杜伊森贝赫被推选为欧洲中央银行行长。根据欧盟制定的时间表,从 1999 年 1 月 1 日起,未来的单一货币——欧元将以支票、信用卡、电子钱包、股票和债务方式流通,欧洲中央银行将开始正式运作,实施独立的货币政策。从 2002 年开始,欧元钞票和硬币将进入流通,取代所有货币联盟参加国的货币。

　　欧洲央行行址设在法兰克福。其基本职责是制定和实施欧洲货币联盟内统一的货币政策。从制度架构上讲,欧洲中央银行将由两个层次组成:一是欧洲中央银行本身;二是欧洲中央银行体系。后者除欧洲中央银行外,还包括所有参加欧元区成员国的中央银行,类似联席会议。前者具有法人身份,而后者没有。欧洲中央银行与各成员国中央银行之间的关系可以粗略理解为决策者和执行者的关系,也就是说,欧洲中央银行将为欧元区内所有国家制定统一的货币政策,然后交由各成员国中央银行去实施。各国中央银行将失去其独立性,从而事实上成为欧洲中央银行的分行。所有欧元区成员国都必须按其人口和国内生产总值的大小向欧洲央行认购股本。

　　欧洲中央银行的日常管理机构是执行委员会,决策机构则是理事会。前者由4至6名成员组成,其中包括行长和副行长各一名,他们由欧盟首脑会议直接任命;后者除执行委员会成员外,还包括欧元区各成员国中央银行行长。理事会每年至少要举行10次会议,以做出有关欧元利率、汇率和货币投放量等方面的重大决策。

　　欧洲中央银行的成立标志着欧盟国家的一体化迈上了一个崭新的台阶。各国为实现欧洲合众国的梦想,不惜以放弃本国货币政策独立性为代价来支持欧洲建设。这是一次伟大的尝试,但是和人类所有的伟大实验一样,欧洲中央银行未来的道路也将充满各种难以预料的困难和不确定性。

(案例来源:中国金融学习网)

　　案例分析题:欧洲中央银行的成立对世界各国中央银行的发展将产生如何影响? 欧洲中央银行的成立对其他区域性经济组织是否会产生示范性?

第一节　中央银行的产生和发展

一、中央银行产生与发展

(一) 中央银行产生的经济背景

　　中央银行(Central Bank),也称货币当局(Monetary Authority),当今世界上大多数国家都实行中央银行制度。

　　中央银行产生于17世纪后半期,形成于19世纪初,其产生有着深刻的经济背景。

　　1. 商品经济迅速发展

　　18世纪初,西方国家开始了工业革命,手工业和工场手工业逐渐被机器大工业代替。在社会生产力的快速发展下,商品经济得到迅速扩大,促使货币经营业日益普遍且有利可图。由此,资产阶级政府也开始重视对货币财富的控制。

　　2. 资本主义经济危机频繁出现

　　伴随着资本主义经济的空前发展,资本主义经济自有的矛盾开始加剧,经济危机不断出现。以英国的纺织工业为例,在1770—1815年的45年时间里有5年处于危机和停滞状态,在1815—1863年的48年中有28年处于不振和停滞时期。在这种形势下,资产阶级政府开始从货币制度上寻找原因,希望通过发行银行券以控制、避免及挽救频发的经济危机。

　　3. 银行信用普遍化和集中化

　　资本主义产业革命促使社会生产力空前提高,由此又带来了资本主义银行信用业的迅猛发展。具体表现在两个方面:① 银行经营机构不断增加。英国在1776年有150家银行,1814年发展到940家;美国在1830年有329家银行,1840年增加到901家。② 银行业逐步走向联合、集中和垄断。私人银行受资力所限,在竞争中逐渐被大银行控制。例如,英国,其私人银行由 1826 年的 554 家锐减到 1842 年的 310 家。而与此同时,英国的股份制银行业却在不断扩大,由 1827 年的 6 家发展到 1942 年的 118 家。

(二) 中央银行产生的必要性

18 世纪末至 19 世纪初,社会生产力的迅速发展和商品流通的迅速扩大,使得货币、信用业务迅速扩大。与此相适应,资本主义银行业也随着资本主义经济的发展而迅速发展起来。这时的银行不仅种类和数量不断增多,资本迅速扩张,而且银行纷纷关门倒闭,给银行的信誉和金融市场造成极大的威胁,并冲击着整个资本主义市场。总之,当时主要存在以下四个方面的问题。

1. 银行券发行问题

在银行产生的初期,商业银行都有发行银行券的权力。同时,由于当时存款业务尚未得到充分发展,各商业银行不得不依赖发行银行券来增加银行的资金,以解决资金不足的问题,因而出现了市面上多种银行券并行流通的局面。随着资本主义的发展,这种状况越来越不适应现实的需要,主要原因是分散发行的制度存在严重的缺陷。首先,银行券流通具有区域限制。许多分散的小银行因其信用活动领域存在一定的区域限制,而随着资本主义的发展,商品流通必然会冲破区域的限制,形成全国统一的市场。这种商品市场的统一性和流通区域的无限性与银行券流通的区域限制性就发生了矛盾,给生产和流通造成了许多困难。这在客观上要求银行券成为能在全国市场流通的一般信用工具,否则,将阻碍资本主义商品经济的进一步发展。其次,银行券的兑现得不到可靠的保证。银行券由许多银行分散发行,无法保证货币流通的稳定。由于众多的小银行信用功能薄弱,信用度较差,它们所发行的银行券往往不能兑现。尤其是在经济危机时期,不能兑现的情况非常普遍,从而使货币流通趋于非常混乱的状态。因此,要保证银行流通券的稳定,客观上要求银行券集中统一发行。即客观上要求有一个资力雄厚并且有权威的银行,发行能在全国范围内流通并保证随时兑现的货币。

2. 票据交换问题

随着银行业务的扩大,银行每天收受的票据数量也日益增加,各银行之间的债权债务关系越来越复杂化,由各银行自行轧差当日清算已成问题。不仅异地间的结算矛盾突出,即使同城结算也很麻烦,这样客观上就要求有一个统一的票据交换和债权债务的清算机构。虽然当时在一些大中城市已经建立了票据交换所,但还不能为所有的银行服务,同样不能彻底解决全国性票据交换问题。因此,建立全国统一的公正的清算中心已成为金融事业发展的必然趋势。

3. 最后贷款人问题

随着资本主义商品生产的发展和流通的不断扩大,对贷款的需求量也不断扩大,商业银行自己以吸收存款来发放贷款已远远不能满足经济发展的需要,且自己发行的银行券又受到地区和信用度的限制。特别是在金融危机时期,银行业普遍是银根吃紧,告贷无门,于是客观上要求有一个金融机构以最后贷款人(Lender of Last Resort)的身份,支持资金周转困难的银行,以免银行挤兑风潮的扩大而导致整个银行业崩溃。

4. 金融管理问题

在自由资本主义向国家垄断资本主义的过渡、发展时期,资产阶级政府干预经济、调节经济的作用、手段明显在加强,银行在国民经济中居于十分重要的地位。银行业的稳定和发展对国民经济的稳定和发展关系重大,于是银行业也就成为政府管理经济的重点。为了管理和控制好以盈利为目的的各种金融企业,客观上要求设定一个不以盈利为目的、超然于所有金融企业之上的政府金融管理机构。

中央银行正是为解决上述四方面的问题而产生的。可见,中央银行的产生是商品经济和银行发展的必然产物。中央银行的产生基本上有两条渠道:一条途径是由信誉好实力强的大商业银行逐步发展演变而成,政府根据客观需要不断赋予这家银行某些特权,从而使这家银行逐步具有了中央银行的某些性质并最终发展成为中央银行。英格兰银行就是典型的例子。另一途径恰与英格兰银行相反,即不是由商业银行转化而成,而是一开始就作为中央银行出现。比如美国的联邦储备银行,它在最初就归政府所有。

(三) 中央银行发展历程

19 世纪中叶,西方各国为了维护信用秩序、稳定金融,先后建立了中央银行。世界各国中央银行制度的建立和发展,大致经历了三个阶段。

第一阶段(1844—1913 年),即从英格兰银行成为中央银行开始至第一次世界大战前。这是中央银行初创阶段,其主要任务是统一货币发行和防止商业银行的倒闭。

英国是资本主义发展最早的国家,1844 年在商业银行基础上演变而成的英格兰银行被称为现代中央银行的先驱。这一阶段产生的中央银行以英格兰银行为典型代表,多数是由商业银行逐步发展而来的;同时中央银行的产生和发展的步伐较为缓慢,除个别国家的部分地区外,建立中央银行的必要性还没有得到世界各国的重视。

第二阶段(1913—1945 年),即第一次世界大战到第二次世界大战结束。这是中央银行急剧发展的时期,其主要任务是调节货币供应量,为商业银行服务。这段时间所产生和改组的中央银行,以美国中央银行为典型代表,多数是由于各国政府出于加强货币信用管理的需要,以及在国际社会的要求下而创立的。

在第一次世界大战中,多数实行金本位制的国家停止了黄金兑现,银行券的稳定性已从根本上动摇了,从而带来了整个金融市场的动荡不安。于是,各国为了改善货币金融状况,在重建币制的同时,也认识到中央银行的重要作用,从而出现了建立和改组中央银行的热潮。在1920 年的布鲁塞尔国际会议上,倡议未建立中央银行的国家尽快建立中央银行,已建立中央银行的要进一步发挥中央银行的作用。1930 年,在瑞士的巴塞尔成立了国际清算银行,被称为"中央银行的中央银行",其宗旨是谋求各国中央银行加强国际合作,这使中央银行的地位和作用又有所加强。

第三阶段(1946 年以来),这是各国对中央银行进一步加强控制的时期。其主要任务是完善组织结构,加强独立性,成为国家干预和调控经济的工具,这是中央银行发展的完成形态。

第二次世界大战后,各国中央银行有了很大发展,中央银行的作用普遍为人们所重视,尤其是 1936 年凯恩斯的《就业、利息与货币通论》发表后,凯恩斯理论风靡一时,国家干预成了西方国家管理经济的理论基础,而国家干预经济又主要通过中央银行来进行,因此,中央银行的作用更为重要了。世界各国大多数都通过立法程序,授权中央银行担起调节国民经济的重任。不但要负责稳定币值,调节金融,而且要以充分就业、经济增长和国际收支平衡为其政策目标,这样,中央银行就成为国家机器的主要组成部分。在西方中央银行地位迅速提高的同时,社会主义国家和其他发展中国家对中央银行的认识有了新的发展。从 20 世纪 40 年代末到 50 年代初,它们也纷纷成立了中央银行。从这些国家的性质来看,主要分为两大类:一类是一大批新独立的第三世界国家,即殖民地和半殖民地国家独立后纷纷成立了中央银行;另一类是以生产资料公有制为基础,实行计划经济的社会主义国家,它们以苏联为模式,各自建立起中央银行制度。

二、我国中央银行制度的产生与发展

(一) 我国中央银行的产生

1905 年 8 月清政府建立户部银行,在北京西郊民巷开业,它是模仿西方资本主义国家中央银行而建立的我国最早的中央银行。光绪三十四年(1908 年),户部银行改为大清银行。1911 年的辛亥革命,大清银行改组为中国银行。1924 年 8 月,孙中山领导的广东革命政府在广州创设中央银行。1928 年 11 月 1 日重新成立中央银行,总行设在当时全国的经济金融中心——上海。1949 年 12 月,中央银行撤往台湾省。

1931 年 11 月 7 日,中国共产党在江西瑞金召开的中华苏维埃第一次代表大会通过决议,决定成立中华苏维埃共和国国家银行(简称苏维埃国家银行)。1948 年 1 月,陕甘宁边区与晋绥边区合并为西北解放区,陕甘宁边区银行和晋绥北农民银行合并为西北农民银行。同年 11 月,华北区人民政府经与陕甘宁边区政府、晋绥边区政府和山东省政府协商后发布命令,决定把华北银行、西北农民银行、北海银行合并成立中国人民银行。1948 年 12 月 1 日,中国人民银行在石家庄正式宣告成立。

(二) 中国人民银行及其体制的沿革

中国人民银行经历了以下四个发展阶段。

1. 1948—1978 年的中国人民银行

1949 年 2 月,中国人民银行总行随军迁入北京。以后,各解放区银行合并改组成为各大区行,并按行政区,分省(市)、地(市)、县(区)设立分行、中心支行和支行(办事处),支行以下设营业所,基本上形成了全国统一的金融体系。

2. 1979—1983 年的中国人民银行

中国共产党十一届三中全会以后,为贯彻改革开放的方针,努力发展社会主义的商品经济,各专业银行和其他金融机构相继恢复和建立。1979 年 2 月,中国农业银行从中国人民银行分离出来,恢复营业,人民银行与农业银行两行再度划分业务范围;同年 3 月,中国银行从中国人民银行中独立出来,成为国家指定的外汇专业银行;1979 年 4 月,中国人民银行又扶持中国人民保险公司于次年 1 月 1 日恢复办理中断 20 年之久的国内保险业务;同时,还巩固了农村信用合作制度和建立了一些城市信用合作社。

这种混合式的中央银行制度,虽对过去"大一统"的银行体制来说是个改良,但从根本上说,在中央银行的独立性、宏观调控能力和政企不分等方面并无实质性进展。同时,随着各专业银行的相继恢复和建立,"群龙无首"的问题也亟待解决。

3. 1984—1998 年的中国人民银行

1983 年 9 月 17 日,国务院发布 146 号文件,决定中国人民银行专门行使中央银行的职能,不再兼办工商信贷和储蓄业务,专门负责领导和管理全国的金融事业。1984 年 1 月 1 日,中国工商银行正式成立,承办原来由中国人民银行办理的城市工商信贷和储蓄业务,中国人民银行则专门行使中央银行的职能。

4. 1999 年之后的中国人民银行

根据国务院的决定,1999 年中国人民银行管理体制进行了重大改革。具体事项有:① 撤销中国人民银行各省、自治区、直辖市分行,在全国设立 9 个跨省、自治区、直辖市分行,作为中国人民银行的派出机构。② 在不设中国人民银行分行的省、自治区人民政府所在地城市,共设立 20 个金融监管办事处,作为中国人民银行分行的派出机构。③ 在不设中国人民银行分行的省会城市,共设立 20 个中心支行。中心支行与当地金融监管办事处都是分行的派出机构,相互之间不是领导与被领导的关系。④ 中国人民银行地区级的分行与县级支行保持现状,职责不变。2005 年 8 月 10 日,央行在上海成立了第二总部,央行上海总部的职能定位是总行的货币政策操作平台和金融市场监测管理平台。

第二节 中央银行的特征和职能

中央银行的业务是中央银行职能的表现,中央银行的性质是通过其各项职能表现出来的。以下主要介绍中央银行的性质和职能。

一、中央银行的性质

中央银行从其性质来说,既是政府干预经济的重要金融工具,又是国家机构的组成部分,换而言之,中央银行既是特殊的金融机构,又是特殊的国家管理机关。

(一)中央银行是特殊的金融机构

中央银行是金融机构的组成部分,但它与其他的银行和金融机构相比较,具有特殊之处。首先,中央银行不以盈利为目的,不与商业银行和其他金融机构争利益。虽然中央银行的某些业务,如公开市场业务等,也有部分盈利,但这不是其目的,其目的是调节信用规模。其次,中央银行不经营普通银行业务,不与普通银行争业务。虽然中央银行也办理存款、贷款和清算业务,但它的服务对象是政府和银行等金融机构,而不是企业、个人。再次,中央银行对来自政府、普通银行及其他金融机构的存款一般不付利息。代理国库收支不付利息,也不收取手续费;吸收存款准备金的目的在于控制信用,并不运用于周转,因而也不支付利息。最后,中央银行处于超然地位。因此,中央银行是作为"银行的银行""最后贷款人""信用管理者"身份出现的,是以控制信用和调节金融为目的的。

(二)中央银行是特殊的国家管理机关

中央银行是国家机关的组成部分,但它与一般的行政管理机关相比较有其本身的特殊性。这主要表现在两个方面:第一,中央银行管理和服务的领域是货币信用领域,如组织全国各银行的清算,代理政府债券的发行与还本付息,从事金融统计分析,发布有关经济与金融信息、数据,进行经济金融预测,充当最后贷款人,集中保管全国的准备金,保管全国的黄金、外汇储备,调剂、筹措和运用外汇头寸,为建立正常的金融活动秩序而制订种种"竞赛规则"并监督执行等。而其他一般行政管理机关所从事的是非货币信用领域的管理和服务,或与货币信用领域无直接联系的管理和服务。第二,中央银行的管理手段主要是经济手段。中央银行作为金融管理机关,是不同于那些以法律为依据,纯粹为行使其法定权力而直接进行行政管理的机关,也不同于国家金融管理委员会或证券管理委员会。中央银行是以其所拥有的经济变量,如货币供给量、利率、贷款量等,来对金融领域以及整个经济活动进行管理、调节和控制。中央银行运用经济变量调节经济,较少行政色彩和强制性,如运用公开市场业务手段调控货币供应量是完全按照市场原则行事的。正是因为中央银行的管理具有"自愿性""有偿性"和非强制性,才使它的影响力更容易融合到各经济主体的经济利益中去,并易于为其所接受。因此,中央银行作为金融管理机关的管理作用,主要是通过其营业活动来实现的。

二、中央银行的职能

中央银行的基本职能有三个,即"发行的银行""银行的银行""国家的银行"。

(一)"发行的银行"

所谓"发行的银行"(Bank of Issue),是指中央银行垄断货币(银行券)的发行权。统一货币发行是中央银行产生的前提,从中央银行的产生与发展历史来看,各商业银行虽也曾发行过银行券,但自中央银行成立以来,各商业银行的银行券发行权被逐步取消而均统一于中央银行。目前,差不多所有国家的纸币都是由中央银行发行的,发行纸币已成为各国中央银行的特权,但在有些国家中,硬币或辅币是由财政部发行的,如美国、日本、德国等。

1995年3月18日我国公布的《中国人民银行法》第十七条明确规定:人民币由中国人民银行统一印制、发行。

(二)"国家的银行"

所谓"国家的银行"(State's Bank),是指中央银行代表国家政府贯彻执行财政金融政策,代为管理财政收支服务于国家。中央银行作为"政府的银行"或"国家的银行",其职能具体表现在以下几个方面。

(1)代理国库。中央银行一般都是政府各项资金的主要存款银行,政府的收入与支出,都通过财政部门在中央银行开立的各种账户进行,如代理税收、办理公债的还本付息等事宜及国库款项的拨付等。中央银行所以能承担这些任务,是因为中央银行本身有一套完整而发达的分支机构,又有一套完整的划拨资金的结算手段,使它成为全国国库的出纳中心。

(2)对财政融通资金提供特定信贷支持。中央银行可根据国家财政的需要,向政府提供贷款。在国家财政收支出现临时逆差时,中央银行对国家以有价证券为抵押和以国库券贴现等方式,发放短期贷款以解决财政的暂时困难。在这种情况下,提供的信贷一般不会产生货币流通混乱的现象。但如果是对经常性财政赤字提供贷款,就会对货币流通产生不利影响。另外通过购买政府债券的方式来融通资金,有两种情况:一是直接购买,即中央银行在一级市场上购买;二是间接购买,即在二级市场上购买。

(3)制订以货币政策为主的金融调控政策。中央银行是国民经济的重要调节机构之一,为了进行有效宏观金融调控,除采取必要的经济手段外,还应充分利用法律法规武器,通过制定以货币政策为核心的金融调控政策,以达到稳定宏观金融秩序的目标。

(4)代理政府进行黄金、外汇的交易,或管理国家的黄金外汇储备。

(5)代表国家政府参加国际金融组织和各项国际金融事务。中央银行一般代表政府签订国际协定,从事国际金融活动以及与外国中央银行交易。

(6)作为财政部的顾问。因为中央银行和世界各地金融机构建立了广泛的联系,对货币、证券和外汇市场方面的情况非常熟悉,所以财政部参与证券市场、外汇交易市场活动时,中央银行能为其提供咨询和情报服务。

（7）政府债券的代理机构。西方国家的中央银行一般都是政府证券的代理机构,代理政府发行债券,办理还本付息业务。

（三）"银行的银行"

所谓"银行的银行"（Bank of Bank）,是指中央银行一般不直接与工商企业发生业务往来,而主要是以各种金融机构为服务对象,集中它们的准备金向它们提供信用和提供清算服务,充当它们的最后贷款人等。其具体表现在以下几个方面。

1. 作为商业银行存款准备金的管理者

绝大多数国家,为了保障存款的安全与调节货币信用,都要求银行及有关金融机构根据其存款的种类和余额,按一定比例提取存款准备交存中央银行。此项准备金一般不能由银行动用,中央银行通常以调整存款准备率作为其调节货币信用的一种有效手段。

2. 作为商业银行的最后贷款人

最后贷款人意指在商业银行发生资金困难而无法从其他银行或金融机构筹措资金时,向中央银行融资成为最后的选择。中央银行对困难银行提供资金支持则是承担最后贷款人的角色,否则困难银行便会破产倒闭。一般来说,商业银行或其他金融机构需要资金时,可将其持有的票据向中央银行进行再贴现或要求抵押贷款,从而获得所需资金。从这个意义上说,中央银行是一般银行或金融机构所需资金的最终发放者。最后贷款人的角色确立了中央银行在金融体系中的核心和主导地位。

3. 作为全国票据清算的组织者

商业银行的票据多通过中央银行进行清算,各行都在中央银行开立账户,各金融机构之间的清算通过在中央银行的存款账户进行转账、轧差,直接增减存款金额便可完成。同时中央银行办理金融机构的票据交换与结算,因此中央银行实际上已成为全国票据清算中心。

单元案例

中国人民银行的职能

根据 1995 年 3 月 18 日第八届全国人民代表大会第三次会议通过,且经 2003 年 12 月 27 日第十届全国人民代表大会常务委员会第六次会议修正的《中华人民共和国中国人民银行法》,中国人民银行具体应履行下列职责:

（1）发布与履行其职责有关的命令和规章;

（2）依法制定和执行货币政策;

（3）发行人民币,管理人民币流通;

（4）监督管理银行间同业拆借市场和银行间债券市场;

（5）实施外汇管理,监督管理银行间外汇市场;

（6）监督管理黄金市场;

（7）持有、管理、经营国家外汇储备、黄金储备;

（8）经理国库;

（9）维护支付、清算系统的正常运行;

（10）指导、部署金融业反洗钱工作,负责反洗钱的资金监测;

(11) 负责金融业的统计、调查、分析和预测;

(12) 作为国家的中央银行,从事有关的国际金融活动;

(13) 国务院规定的其他职责。

(案例来源:http://www.chinadmd.com)

案例分析题:中国人民银行上述具体职责分别体现了中央银行的哪些基本职能?

第三节　中央银行的主要业务

中央银行的主要业务,可分为负债业务、资产业务和中间业务。

一、中央银行的负债业务

中央银行的负债业务也就是其资金来源项目,一般包括货币发行业务、代理国库、集中存款准备金、其他负债业务等。

(一) 货币发行业务

货币发行有两重含义:一是指货币从中央银行的发行库通过各家商业银行的业务库流到社会;二是指货币从中央银行流出的数量大于从流通中回笼的数量。这两者都被称为货币发行。

中央银行享有垄断货币发行的特权。货币发行是中央银行的职能之一,也是中央银行主要的负债业务。中央银行的货币发行,是通过再贴现、贷款、购买证券、收购金银外汇等投入市场,从而形成流通中的货币,以满足国民经济发展对流通手段和支付手段的需求,促进商品生产的发展和商品流通的扩大。纸币投入市场流通,便成为中央银行对社会公众的负债。

我国的货币发行,是通过人民银行、商业银行和经人民银行批准经营现金业务的其他金融机构的现金收付业务活动实现的。一定时期内(一年、一季、一月或一天)各商业银行向人民银行解缴的现金量大于支取的现金量时,即为货币回笼;反之,当支取的现金量大于解缴的现金量时,即为货币投放。在一般情况下,以年计算的货币发行结果均为货币投放。因为经济发展了,商品生产和流通规模扩大了,需要有更多的货币去实现其价值。

在我国,经办和管理货币发行业务的部门与人民银行是对应的,即一级人民银行机构设立一级货币发行部门和一级发行库,人民银行总行设有货币发行司和发行总库;一级分行设有货币发行处和发行分库;二级分行设有货币发行科和发行中心支库;县支行设有货币发行股和发行支库(在行政机构重叠的同一城市或最必要的安全条件不具备的县城,没有发行库)。

人民币的具体发行是由中国人民银行设置的发行基金保管库(简称发行库)来办理的。所谓发行基金,是人民银行保管的已印好而尚未进入流通的人民币票券。发行库在人民银行总行设总库,下设分库、支库;在不设人民银行机构的县,所设的发行库委托商业银行代理。

各商业银行对外营业的基层行处设立业务库。业务库保存的人民币,是作为商业银行办理日常收付业务的备用金。为避免业务库过多存放现金,通常由上级银行和同级中国人民银行为业务库核定库存限额。

具体的操作程序是:当商业银行基层行处现金不足以支付时,可到当地中国人民银行在其存款账户余额内提取现金。于是人民币从发行库转移到商业银行基层行处的业务库。这意味着这部分人民币进入流通领域。当商业银行基层行处收入的现金超过其业务库库存限额时，超过的部分应自动送交中国人民银行，该部分人民币进入发行库，意味着退出流通领域。人民币的发行过程如图 7-1 所示。

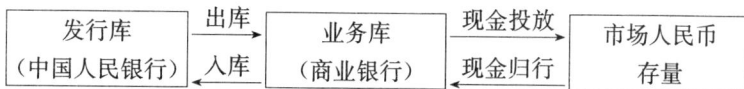

图 7-1 人民币的发行过程

（二）代理国库

中央银行作为国家（或政府）的银行，一般都由政府赋予其代理国库的职责，财政的收入和支出，都由中央银行代理。同时，依靠国家财政拨给行政经费的行政事业单位（即公共机构）的存款，也都由中央银行办理。金库存款、行政事业单位（公共机构）存款在其支出之前存在中央银行，是构成中央银行资金的重要来源。

由中央银行办理这一项业务的意义重大，它可以沟通财政与金融之间的联系，使国家的财源与金融机构的资金来源相连接，充分发挥货币资金的作用，并为政府资金的融通提供一个有力的调剂机制。经常大量的财政存款构成了中央银行的负债业务。这部分存款经财政分配，下拨给机关、团体单位作为经费后，形成机关、团体的存款，即公共机构存款，这部分存款是财政性存款，它与财政存款一样，都是中央银行的负债。对这两种存款，中央银行一般不支付利息，故中央银行代理国库不仅可以积累大量资金，还可以降低其总的筹资成本。对于国家政府而言，由中央银行代理国库，既可以减少（甚至完全免去）收付税款的成本，又可以安全地保管资金，为其妥善使用提供方便。同时，在资金短缺时还可借助中央银行做短期融通。

（三）集中存款准备金

集中存款准备金是中央银行制度形成的重要原因之一。各商业银行既然吸收存款，则势必要保留一部分准备金，以备随时提取，这种准备金称为存款准备金。存款准备金一部分留在商业银行本行，称为商业银行库存现金。另一部分存储于中央银行，按照法律规定交存中央银行的部分称作法定存款准备金，超过法定存款准备金的部分，称作超额准备金。目前，中央银行吸收的商业银行存款主要是法定存款准备金。各商业银行都将准备金存于中央银行，倘若某一银行客户大量提现，中央银行便可以用这些准备金支持这家银行。这种集中的准备金犹如蓄水池，其意义就在于节省各家商业银行存在本行的准备金，充分发挥资金作用，以满足社会对资金的需要。

随着商品经济的发展，中央银行集中存款准备金的原始目的逐步消失，现在这项业务已成为中央银行调节信用的货币政策工具。中央银行通过制定或调整商业银行交存存款准备金的比率，督促各商业银行按期如数上交存款准备金，以控制全国各商业银行的放款规模，从而达到有效调控货币供应量的目的。关于存款准备金的比率，各国的规定不太一致。英国按负债的一定比率确定；美国 1980 年规定普通法定存款准备率为 12%，联邦银行可在 8%～14% 幅度内调整；法国和德国对各种不同存款规定不同的准备率（活期存款比定期存款的法定准备率高）。一般来说，制定存款准备率有两个依据：一是根据存款的性质，流动性越强的存款，准备金比率越高;二是根据存款规模的大小确定不同的准备率,存款规模越大,准备率越高,反之则越低。

法定存款准备金是中央银行资金来源的重要组成部分,在大多数国家,中央银行对这种负债是不付利息的,这就为中央银行调控经济和金融、在资产业务中不以盈利为目标提供了客观基础和现实保障。

(四) 其他负债业务

中央银行的负债业务除了货币发行业务、代理国库、集中存款准备金等主要业务外,还有一些其他负债业务,如发行中央银行债券、对外负债和资本业务等。

(1) 发行中央银行债券是中央银行的一种主动负债,中央银行债券发行的对象主要是金融机构,通常是在商业银行或其他金融机构的超额储备过多,而中央银行不便采用其他政策工具进行调节的情况下发行的。

(2) 对外负债业务主要包括从国外银行借款、对外国中央银行的负债、国际金融机构的贷款、在国外发行中央银行债券等。

(3) 中央银行的资本业务实际上就是筹集、维持和补充自有资本的业务。中央银行的自有资本的形成有三个途径:政府出资、地方政府和国有机构出资、私人银行或部门出资。

二、中央银行的资产业务

中央银行的资产业务也就是资金运用项目,它一般包括对商业银行的贷款、对政府及公共机构的贷款、黄金及外汇储备业务和证券买卖等。

(一) 贷款业务

贷款业务是中央银行的主要资产业务之一,充分体现了中央银行作为最后贷款人的职能作用。中央银行的贷款是向社会提供基础货币的重要渠道。

1. 对商业银行等金融机构的贷款

由于中央银行独家拥有货币发行权,并集中保管全国的存款准备金,因而其实力雄厚,在资金上是一般银行和其他金融机构的后盾。中央银行向商业银行及其他金融机构提供贷款,主要采取再贴现(Counterpoise)和再抵押(Re-Mortgage, Re-Collateralize)的方式。

(1) 票据再贴现,是指商业银行将其对工商企业贴现的票据,向中央银行再办理贴现的融通资金行为,也称重贴现。它是中央银行向商业银行融通资金的重要方式之一。商业银行向中央银行申请办理再贴现取得资金,而中央银行成为"最后的贷款者"。办理再贴现时要计收再贴现利息,再贴现利率是中央银行根据宏观金融调整的需要而确定的,因而再贴现又是中央银行实施宏观调节的主要手段之一。

(2) 票据再抵押,这是中央银行以商业银行所提供商业票据作抵押的短期放款业务。商业银行如果在短期内需要资金,则往往采取这种方式,而不采取再贴现的方式。因为,当距离票据到期日较远时,如要求贴现,与再抵押短期放款相比较,要支付较多的利息。

(3) 有价证券再抵押,它是中央银行以商业银行所提供的有价证券(如公司债券、国库券等)作为抵押放款。

中央银行对商业银行办理再贴现和再抵押业务时应注意这类资产业务的流动性和安全性,注意期限的长短,以保证资金的灵活周转。

2. 对政府及公共机构的贷款

中央银行作为国家的银行，其职能之一就是向政府提供贷款。中央银行向政府提供贷款的形式主要有两种：一是中央银行向政府部门进行无担保的直接透支；二是中央银行购买公债或国库券所提供的信用。

3. 其他贷款业务

主要有两类：一是对非金融部门的贷款，这类贷款一般有特定的目的和用途，贷款对象的范围比较窄，各国中央银行都有事先确定的特定对象。例如，中国人民银行为支持"老少边穷"地区的经济开发发放的特殊贷款；出于国家安全和金融体系稳定考虑而向发生财务困境金融机构发放的再贷款等。二是中央银行对外国政府和国外金融机构的贷款。

（二）黄金及外汇储备业务

由于黄金和外汇是国际间进行清算的支付手段，各国都把它们作为储备资产，由中央银行保管和经营，以便在国际收支失衡时，用来清偿债务。所以，黄金及外汇储备乃是中央银行的一项重要资产业务。这种黄金、外汇储备也是中央银行集中储备金职能的具体表现。目前，世界各国国内市场上并不流通和使用金币，纸币也不能兑换黄金，而且在多数国家实行不同程度的外汇管制，纸币一般也不能随便地兑换外汇，在国际收支发生了逆差时一般也不直接支付黄金，而是采取出售黄金换取外汇来支付。这样，各国的黄金外汇自然要集中到中央银行储存。需要黄金、外汇者，一般也需向中央银行申请购买。因此，买卖黄金和外汇也就成了中央银行的一项重要业务。中央银行这种买卖业务的目的在于集中外汇储备，调节货币资金，稳定外汇市场，改善经济和外贸结构，保持国际收支平衡等。一国的黄金、外汇储备是否雄厚，是该国经济实力强弱的一个标志。储备越多，国际支付能力相对越强；储备越少，则支付能力相对越弱。但储备也不是越多越好，储备过多，因收兑黄金、外汇而增加的货币投放也过多，从而易导致通货膨胀；同时，储备外汇的数额过多，既不易发挥这笔巨额资金的经济效益，还要承担储备货币币值变动或汇率变动的风险。因此，一国的黄金、外汇储备总额，应与本国的经济力量相适应。

（三）证券买卖业务

所谓证券买卖业务，是中央银行的公开市场业务之一。一般说来，中央银行应持有优良且有利息的证券，而对那些随市场变化和经营状况不稳定的证券则不宜大量持有。中央银行肩负调节金融的重任，需视市场银根松紧调节资金供应。中央银行握有证券和买卖证券的目的，并不在于盈利，而是为了调剂资金供求，影响整个国民经济。为了保证手中握有优良证券，中央银行主要经营政府债券、国库券以及其他市场性非常高的有价证券，必要时也可持有少量企业证券。

中央银行买卖证券业务，各国的指导思想基本是一致的。不过根据各国的具体情况，也有一些细微的差别。在日本，法律规定日本银行可以从事商业票据、银行承兑票据、公债等的买卖。在德国，法律则规定，联邦银行可以对信用机构买卖国库券，联邦银行为了调节货币流通量，可以进入公开市场按市价买卖汇票、国库券、债券，以及其他在证券交易所正式挂牌的有价证券。在法国，法律规定法兰西银行可以购买、出售或保管理事会编制的清单上列名的证券和票证。在瑞典，则要求国家银行买卖瑞典政府公债和其他瑞典政府的债券，也可以收购易变现的外国债券，但期限限于 3 年之内。

1995 年，中国人民银行开始通过融资券的买卖试点公开市场业务。1996 年 4 月 9 日，国家正式启动中央银行国债公开市场业务。操作工具是国债、中央银行融资券、政策金融债,交易主体是国债一级交易商,而不是个人和企业事业单位。

三、中央银行的中间业务

中央银行的中间业务主要是资金清算业务。有一些中央银行也从事信托代理等业务。中央银行介入资金清算,疏通了货币所有权转移的主干及分支渠道,使各商业银行之间的债权债务得到顺利、及时的清偿,实现了全社会范围内各种错综复杂的经济、社会联系,对优化资源配置、提高劳动生产率、保证经济健康发展和社会生活正常进行具有极为重要的意义。

资金清算业务主要有三类,即集中办理票据交换、结清交换差额和办理异地资金转移。

(一) 集中办理票据交换

中央银行主持办理商业银行之间的票据交换工作,是在商业银行代客户收付资金时具有相互收付特征的基础上产生的。商业银行在发展过程中,支票业务迅速扩大,每家银行几乎每天都会收进客户提交的本家银行支票。同时,其他银行也会收进其客户提交的本家银行支票。于是,就产生了各银行相互之间的资金收付结算问题。

由中央银行参与的集中办理票据交换业务是在票据交换所(Clearing House)进行的。参加票据交换所交换票据的银行均为"清算银行"或"交换银行";按票据交换所的有关章程,清算银行均应承担一定的义务后方可享受入场交换票据的权利。这些义务主要有:① 交纳一定的交换保证金;② 在中央银行开立往来存款账户,以供交换差额的结清;③ 分摊交换所的有关费用。基本程序是各银行相互之间同时交换应收应付票据,抵消部分债权债务关系,然后结清差额。

(二) 结清交换差额

各清算银行均在中央银行开立有往来存款账户(独立于法定存款准备金账户),票据交换后的最后差额即由该账户上资金增减来结清。票据交换所总清算员将应收行和应付行的明细表提交给中央银行会计后,会计人员便开始账务处理。当某家清算银行为应付行时,则借记其往来存款账户(资金减少),而对于应收行,则贷记其往来存款账户(资金增加)。该账户上的金额可以视为商业银行的"超额存款准备金",当应付而账户上的资金又不足时,中央银行便做退票处理,同时,按有关规章予以处罚。

(三) 办理异地资金转移

中央银行不仅通过其分支机构组织同城票据交换与资金清算,还要在全国范围内办理异地资金转移,这是中央银行资金清算工作的重要一环。通过在全国范围内办理异地资金清算,中央银行在为各地、各家银行提供服务的同时,也有利于及时掌握全国的经济、金融情况,便于按政策实施监督管理。

由于票据流通规则和银行组织方式的不同,中央银行办理异地资金转移时的具体做法也不尽相同。英国以伦敦为全国的清算中心,先由四大清算银行清算,其差额再由英格兰银行转账划拨。在美国,是由联邦储备银行代收外埠支票,建立清算专款,然后以华盛顿为最后清算中心。法国则是利用中央银行遍布全国的分支机构,建立转账账户为各银行服务的。

表7-1　一些国家(地区)中央银行运行的支付系统

支付系统	所属中央银行	开始运行时间	设计模式
全国电子联行系统(EIS)	中国人民银行	1991年	分散式
中国现代化支付系统(CNAPS)	中国人民银行	2000年	RTGS
联邦资金转账系统(FEDWIRE)	美国联邦储备银行	1918年	RTGS
日本银行金融网络系统(BOJ-NET)	日本银行	1988年	RTGS/净额
瑞士跨行清算系统(SIC)	瑞士国民银行	1987年	RTGS
储备银行信息与转账系统(RITS)	澳大利亚储备银行	1991年	RTGS
韩国银行金融电信网络(BOK-WIRE)	韩国银行	1994年	RTGS
银行间支付系统(SPEEDS)	马来西亚银行	1989年	净额
法兰西银行转账系统(TBF)	法兰西银行	1992年	RTGS
欧洲实时全额自动转账系统(TARGET)	欧洲中央银行	1999年	RTGS

注:RTGS为实时全额清算模式。

(资料来源:《国际清算银行十国集团支付系统》《亚太十国金融市场体系与运作》(中国金融出版社))

我国对异地资金的清算,是由中国人民银行组织的全国银行联行资金清算系统完成的。清算办法历经1981年、1985年、1987年、1990年和1997年五次改革。依据1997年12月1日起施行的《支付结算办法》第二十条规定:支付结算实行集中统一和分级管理相结合的管理体制。目前,我国运行的主要支付系统包括票据交换系统、全国电子联行系统、电子资金汇兑系统、银行卡支付系统和中国现代化支付系统。

中央银行和商业银行在联行转汇清算业务中的基本做法如下。

(1)各商业银行全国联行跨系统和系统内大额汇划款项,均通过中国人民银行联行办理转汇并清算资金,其转汇金额起点为人民币10万元以上(含10万元)。

(2)各商业银行全国联行跨系统和系统内未达到转汇金额起点的汇划款项、内部资金汇划款项和县以下全国联行通汇机构的汇划款项,都分别通过商业银行跨系统或本系统联行划转。

(3)商业银行的银行汇票和银行承兑汇票的资金划转,由各自的联行管理,不通过人民银行划付。

(4)商业银行必须在人民银行存款账户留足备付金,如果资金不足,应主动调拨资金或向他行拆借或向人民银行申请日拆性贷款。人民银行收到商业银行的汇划凭证时,如其存款不足支付,应通知商业银行于一日之内补足,到期仍不能补足的,对不足部分退回凭证,人民银行存款账户不得透支。

(5)商业银行办理转汇时,应将转汇清单、划款凭证连同有关汇划凭证一并向人民银行提出信件交换或单独提交,一般不得轧入同城票据交换差额内。人民银行划拨解付款项,可通过同城票据交换办理。

(6)人民银行和商业银行对办理转汇和清算资金的各个环节密切配合,及时传递凭证,严密核算手续,保证双方往来账务相符。

中国人民银行总行负责制定统一的支付结算制度,组织、协调、管理、监督全国的支付结算工作,调解、处理银行之间的支付结算纠纷。

中国人民银行的省、自治区、直辖市分行根据统一的支付结算制度制定实施细则,报总行备案;根据需要可以制定单项支付结算办法,报经中国人民银行总行批准后执行。中国人民银行分、支行负责组织、协调、管理、监督本辖区的支付结算工作,调解、处理本辖区银行之间的支付结算纠纷。

政策性银行、商业银行总行可以根据统一的支付结算制度,结合本行情况,制定具体管理实施办法,报经中国人民银行总行批准后执行。政策性银行、商业银行负责组织、管理、协调本行内的支付结算工作,调解、处理本行内分支机构之间的支付结算纠纷。

目前,我国异地资金清算工作正在从手工联行向电子联行转化,通过计算机网络和卫星通信技术,处理全国联行业务,这可以大大加快资金周转速度,提高资金使用效益。

单元案例

中国现代化支付系统

中国现代化支付系统(CNAPS)是中国人民银行按照我国支付清算需要,并利用现代计算机技术和通信网络自主开发建设的,能够高效、安全处理各银行办理的异地、同城各种支付业务及其资金清算和货币市场交易的资金清算的应用系统。它是各银行和货币市场的公共支付清算平台,是人民银行发挥其金融服务职能的重要的核心支持系统。中国人民银行通过建设现代化支付系统,将逐步形成一个以中国现代化支付系统为核心,商业银行行内系统为基础,各地同城票据交换所并存,支撑多种支付工具的应用和满足社会各种经济活动支付需要的中国支付清算体系。

中国现代化支付系统建有两级处理中心,即国家处理中心(NPC)和全国省会(首府)及深圳城市处理中心(CCPC)。国家处理中心分别与各城市处理中心连接,其通信网络采用专用网络,以地面通信为主,卫星通信备份。

各政策性银行、商业银行可利用行内系统通过省会(首府)城市的分支行与所在地的支付系统CCPC连接,也可由其总行与所在地的支付系统CCPC连接。同时,为解决中小金融机构结算和通汇难问题,允许农村信用合作社自建通汇系统,比照商业银行与支付系统的连接方式处理;城市商业银行银行汇票业务的处理,由其按照支付系统的要求自行开发城市商业银行汇票处理中心,依托支付系统办理其银行汇票资金的移存和兑付的资金清算。

中央银行会计核算系统(ABS)是现代化支付系统运行的重要基础。为有效支持支付系统的建设和运行,并有利于加强会计管理,提高会计核算质量和效率,中央银行会计核算也将逐步集中,首先将县支行的会计核算集中到地市中心支行,并由地市中心支行的会计集中核算系统与支付系统CCPC远程连接。地市级(含)以上国库部门的国库核算系统(TBS)可以直接接入CCPC,通过支付系统办理国库业务资金的汇划。

为有效支持公开市场操作、债券发行及兑付、债券交易的资金清算,公开市场操作系统、债券发行系统、中央债券簿记系统在物理上通过一个接口与支付系统NPC连接,处理其交易的人民币资金清算。为保障外汇交易资金的及时清算,外汇交易中心与支付系统上海CCPC连接,处理外汇交易人民币资金清算,并下载全国银行间资金拆借和归还业务数据,供中央银行对同业拆借业务的配对管理。

为适应各类支付业务处理的需要,正在建设的现代化支付系统由大额支付系统(HVPS)和小额批量支付系统(HEPS)组成。

(1) 大额支付系统实行逐笔实时处理,全额清算资金。建设大额支付系统的目的,就是为了给各银行和广大企业单位以及金融市场提供快速、高效、安全、可靠的支付清算服务,防范支付风险。同时,该系统对中央银行更加灵活、有效地实施货币政策具有重要作用。该系统处理同城和异地、商业银行跨行之间和行内的大额贷记及紧急的小额贷记支付业务,处理人民银行系统的贷记支付业务。

(2) 小额批量支付系统在一定时间内对多笔支付业务进行轧差处理,净额清算资金。建设小额批量支付系统的目的,是为社会提供低成本、大业务量的支付清算服务,支撑各种支付业务的使用,满足社会各种经济活动的需要。该系统处理同城和异地纸凭证截留的商业银行跨行之间的定期借记和定期贷记支付业务,中央银行会计和国库部门办理的借记支付业务,以及每笔金额在规定起点以下的小额贷记支付业务。小额批量支付系统采取批量发送支付指令,轧差净额清算资金。

(案例来源:http://www.ncpssd.org)

案例分析题:什么是中国现代化支付系统? 它的主要功能有哪些?

第四节　中央银行制度的类型

从中央银行制度的形成与发展可以看出,中央银行的出现在有些国家主要表现为自然演进的结果,而在另一些国家却更多地带有人为设计的色彩。因此,世界各国的中央银行制度并不存在一个统一的模式,中央银行的选择与设置受到各国政治、经济、历史及法律等诸多因素的影响。归纳起来,中央银行制度大致可以分为四种类型:单一式中央银行制度、复合式中央银行制度、准中央银行制度和跨国中央银行制度。

一、单一式中央银行制度

单一式中央银行制度是指国家单独设立中央银行机构,并由其专门行使中央银行的全部职能。因各国的政治体制不同,这种单一式的中央银行在机构设置上又可分为三种类型:一元的、二元的和多元的中央银行体制。一元的中央银行体制是在全国只设一家统一的中央银行,总行统一领导各分支行。英、法、日以及我国目前都是实行这种制度。二元的中央银行体制是在全国设立中央和地方两级相对独立的中央银行机构,中央机构不能绝对领导地方机构的管理体制,加入欧盟之前的德国实行这种制度。多元的中央银行体制是在全国建立较多的中央银行机构执行中央银行的职能和任务,美国是实行这一制度最典型的国家。

二、复合式中央银行制度

复合式中央银行制度(Compound Central Bank System)是指一个国家没有专司中央银行职能的银行,而是由一家大银行集中央银行职能和一般存款货币银行职能于一身的银行体制。这种体制主要存在于实行计划经济体制的国家,苏联、1990 年以前的东欧国家以及 1983 年以前的中国都实行这种中央银行制度。

三、准中央银行制度

准中央银行制度(Quasi Central System)是指在一个国家或地区还没有建立通常意义上的中央银行制度，只是由政府授权一个或几个商业银行行使部分中央银行职能，或者设置类似中央银行的机构。其特点是：一般只有发行货币，为政府服务，提供最后贷款援助和资金清算。新加坡和中国香港是实行这种制度的典型代表。新加坡设有金融管理局和货币委员会两个机构来共同行使中央银行的职能。其中，金融管理局负责制度执行货币政策，管理和监督银行及其他金融机构，行使除货币发行以外的中央银行一切职能；而货币委员会主要负责发行货币、保管发行准备金。中国香港现行的中央银行职能有以下几个机构来承担：成立于 1993 年 4 月的金融管理局，集中行使货币政策、金融监管和支付体系管理等中央银行职能；成立于 1981 年的香港银行公会参与协调货币和信贷政策；港币发行由汇丰银行、渣打银行和中国银行负责，辅币则由港府自己发行，其中汇丰银行独家管理票据交换所。此外，斐济、马尔代夫、利比里亚、莱索托等国也都实行准中央银行制度。

四、跨国中央银行制度

跨国中央银行制度(Multinational Central Bank System)是指两个以上主权独立的国家共同拥有一个中央银行的制度。其主要职能有：发行统一货币、为成员国政府服务，执行共同的货币政策及其有关成员国政府一致决定授权的事项。这些国家一般在地域上相邻，经济状况比较接近，联系密切。这种中央银行制度的最初出现是与特殊的世界政治经济背景相联系的。20 世纪 60 年代，一些国家摆脱殖民统治取得了民族独立，在经济发展水平较低、金融制度落后的情况下根据地区的特点共同组成了以货币联盟形式为主的跨国中央银行，主要有成立于 1962 年的西非货币联盟(6 个成员国)、中非货币联盟(5 个成员国)以及成立于 1965 年的东加勒比海通货管理局(6 个成员国)。

1998 年 7 月欧洲中央银行(European System of Central Bank，简称 ESCB)的成立再次使跨国中央银行制度受到世人的关注。由于欧洲中央银行成立的背景与原有的跨国中央银行大不相同，引起了人们对中央银行制度的新思考，而欧元的出现更是对传统的货币制度提出了挑战。

1999 年 1 月 1 日，欧洲货币同盟中的 11 个国家开始使用欧盟单一货币——欧元(EURO)；2002 年年初，欧元纸币和硬币进入流通，半年后，成员国各自的通货逐步收回。货币联盟的支持者们指出：单一货币可以消除各国之间在互换货币时发生交易成本的好处。其更深层次的动机还希望以此推动欧洲国家的经济一体化。

传统的货币制度都与国家的主权不可分割地结合在一起，但欧元是超越欧洲各国传统边界的货币；欧洲中央银行是超越各国货币主权的统一的中央银行。

第五节　中央银行在现代经济体系中的作用

一、中央银行在现代经济体系中的地位

中央银行在社会经济体系中处于一个很重要的地位,这从促使中央银行产生和发展的基本经济原因和中央银行自身所具有的职能以及承担的社会责任分析中不难得出结论。由于商品经济的迅猛发展,经济货币化程度的加深,金融在经济中作用的增强,中央银行在现代经济体系中的地位和作用更加突出。

(1)从经济体系运转看,中央银行为经济发展创造货币和信用条件,为经济稳定运行提供保障。在金属货币制度下,由于金币可自由铸造,当市场上对货币的要求增加时,便会有相应的金块被铸造成金币进入流通,这个过程是自发完成的。而在中央银行垄断货币发行特别是在不兑现信用货币流通条件下,经济体系对货币的需求就必须通过中央银行来实现,中央银行成了唯一的货币供应者。中央银行根据经济发展的客观需要,不断地向经济体系提供货币供给,也就是不断地为经济发展提供必要的条件,从而使中央银行成为推动经济发展的重要力量,达到稳定货币、稳定金融的目的。同时还为经济体系的正常运行提供有效的保障,主要体现在:一是中央银行为经济运行提供稳定的货币环境,通过稳定货币来实现经济的稳定增长。二是中央银行为经济体系的信用活动提供支付保障,中央银行作为商业银行等金融机构的"最后贷款人",对全社会的支付体系承担着最终的保证责任。此外,中央银行通过组织、参与和管理全国的票据清算,大大节约了现金流通使用的费用,加速了资金的周转。

(2)从国家对经济的宏观管理看,中央银行是最重要的宏观调控部门之一。在现代经济中,金融成为经济的核心。所有的经济活动均伴随着货币的流通和资金的运行,中央银行则处于货币流通的起点和信息活动的中心。另外市场经济条件下,国家的宏观经济调控主要依靠货币政策和财政政策,中央银行作为货币政策的制定者和执行者,因而成为国家最重要的宏观调控部门之一。同时国家对宏观经济的调控越来越依靠经济手段,在有必要时才采用行政手段,而中央银行通过货币政策对宏观经济的调节基本上是属于经济手段。

(3)从对外经济金融关系看,中央银行是国家对外联系的重要纽带。由于中央银行与促进世界融合的诸多要素(如贸易、货币与资本的流动、合作与交流等)有着极其重要的相关性,因而在国际联系当中,中央银行发挥着桥梁或纽带作用。同时对世界经济的管理需要各国政府的相互协调和密切配合,共同建立和维护新的国际秩序,保证世界经济健康稳定发展,而中央银行就成为担负这一职责的重要国家部门,是国际金融组织的参加者,承担着维护国际经济、金融秩序的责任。

总之,中央银行虽然从一产生就在经济体系中扮演着重要角色,但在现代经济体系中,中央银行的地位则是空前地提高了,它已成为经济体系中最为重要的政策部分。

二、中央银行与政府的关系

(一) 中央银行的相对独立性

中央银行与政府的关系,集中表现在中央银行的独立性(Independence of Central Bank)

问题上。中央银行不能完全独立于政府之外,不受政府约束或凌驾于政府机构之上,而应在政府的监督和国家总体经济政策的指导下,独立地制定、执行货币政策。这就是当代中央银行的相对独立性。

所谓相对独立性,是指中央银行与政府的关系要遵循以下两个原则。

1. 国家经济发展目标是中央银行活动的基本点

任何国家中央银行的活动,都离不开该国经济、社会发展的目标,离开经济发展目标,就没有中央银行活动的基本点。在中央银行制度建立和扩大的过程中,已蕴含着这种关系。尤其是在第二次世界大战之后,中央银行货币政策成为国家经济发展目标实现的重要工具,国家干预和调节经济要通过货币供应量来实现。中央银行不以盈利为目的,对国家经济发展目标中央银行必须予以支持。否则,货币政策自行其是,会影响国家经济目标的实现。正是在这一点上,中央银行制定和执行货币政策,不仅要考虑自身所担负的重任,还要重视国家经济利益,而不能独立于国家经济发展目标之外。

2. 中央银行货币政策要符合金融活动的规律性

中央银行在具体制定和执行货币政策时,要充分考虑国家资源、社会积累、货币信用规律等,不应完全受政府的控制,而应保持一定的独立性。因为,政府与中央银行所担负的使命不同。政府是政治实体,侧重于政治利益,往往引发超经济行为;中央银行是一个经济实体,侧重于经济利益,其业务活动必须符合金融活动规律。中央银行在国家经济目标指导下,通过货币政策及其措施保持相对独立性,能对政府的超经济行为起到一种制约作用。防止在特定的政治需要和脱离实际的计划条件下,政府不顾必要性和可能性,牺牲货币政策,堕入短期化行为的陷阱,影响社会经济的正常发展和国民经济的稳定。因此,中央银行必须坚持相对独立性。

(二) 各国中央银行相对独立性的比较

各国中央银行的独立性可以从它们的有关立法、组织形式、资金和财务等方面加以说明。

(1) 从立法方面看,很多西方国家的中央银行法都明确赋予中央银行法定职责,或赋予中央银行在制定和执行货币政策方面具有相对的独立性。例如,在日本银行法中,曾多次提到日本银行要受大藏大臣的监督,并规定,大藏大臣认为日本银行在完成任务上有特殊必要时,可以命令日本银行办理必要业务,变更条款或其他必要事项。又如,在加入欧盟之前,德国联邦银行法中规定:德意志联邦银行为了完成本身使命,必须支持政府的一般经济政策,在执行本法授予德意志联邦银行的权力是非常广泛的,在贴现、准备金、公开市场政策等方面,联邦银行都可以独立地做出决定。在独立性方面,德意志联邦银行大于日本银行。再如,《中国人民银行法》第七条明确规定:中国人民银行在国务院领导下依法独立执行货币政策,履行职责,开展业务,不受地方政府、各级政府部门、社会团体和个人的干涉。

(2) 从任命中央银行的理事或总裁来看,政府作为中央银行的唯一或主要的股东,甚至在私人全部持有中央银行股份的情况下,政府一般都拥有任命中央银行理事或总裁的权力。但是在中央银行理事会中,政府是否派有代表参加或政府代表的权限有多大,各国则有较大的差别。一般来说,有以下几种情况:一是在中央银行理事会中没有政府代表,政府对中央银行政策的制定不过问,如英国、美国、荷兰和奥地利等国;二是在中央银行中政府派有代表,但这些代表的发言权、投票权、否决权以及暂缓执行权,则各有不同。在意大利银行中,政府代表的权力较大;在德国联邦银行和日本银行中,政府代表只有发言权而无表决权。

(3) 从中央银行的资本所有权看,它的发展趋势是趋于归政府所有。目前很多国家的中央银行资本归国家所有,其中主要有英国、法国、德国、加拿大、澳大利亚以及荷兰、挪威、印度、中国等;有些国家中央银行的股本是公私合有的,如日本、比利时、奥地利、墨西哥、土耳其等;另外一些国家的中央银行虽归政府管辖,但其资本仍归个人所有,如意大利和美国等。凡允许私人持有中央银行股份的,一般都对私人股份规定一些限制条件。例如,日本银行的私人持股者只能领一定的红利,不享有其他权力;意大利只允许某些银行和机关持有意大利银行的股票;美国联邦储备银行的股票只能由会员银行持有。同时,对私人所持有的中央银行股权数额也有限制。中央银行的资本逐渐趋于国有化或对私人股份加以严格的限制,主要是因为中央银行是为国家政策服务的,不允许私人利益在中央银行占有任何特殊的地位。

(4) 从中央银行与财政部的资金关系上看,很多国家严格限制中央银行直接向政府提供长期贷款,但又要通过某些方法对政府融资予以支持。例如,美国财政部筹款只能通过公开市场进行,也就是发行公债的办法。如果财政部筹款遇到困难,也只能向联邦储备银行短期借款,有的期限只有几天,而且是以财政部发行的特别库券作为担保的。意大利银行可以向财政部提供短期贷款,但贷款余额不得超过年度预算支出的14%。法兰西银行可以向财政部提供无息透支,但有上限且实际透支量很少。中央银行与财政部的资金关系,是衡量中央银行相对独立性大小的一个重要尺度。

(5) 从中央银行的利润分配与税收管理上看,中央银行有着保持相对独立性的财务基础。中央银行虽不是企业,但都有盈利,不但能够维持自己营业支出和股票分红,还有一部分盈利上缴财政。中央银行不需要财政拨款,因此减少了政府的制约,这是中央银行不同于其他政府部门的地方。各国中央银行盈利上交的比例都相当高,如美国、日本都达到80%左右。

根据以上分析,我们可以按中央银行独立于政府的程度不同,把中央银行分为3大类型:第一类,直接向国会负责,独立性较大的中央银行,如德国、美国、瑞典和瑞士等国的中央银行;第二类,名义上归财政部领导,实际上有相当独立性的中央银行,如日本、英国等国的中央银行;第三类,归财政部领导,独立性较小的中央银行,如意大利的中央银行。

本章小结

1. 随着商业银行的发展,具有特殊性质——既是特殊的金融机构,又是特殊的管理机关的中央银行应运而生。中央银行产生以来,经历了一个半世纪的演变发展过程,形成了多种类型。其特殊性质主要通过中央银行三大职能充分表现出来,即"发行的银行""国家的银行"和"银行的银行"。

2. 中央银行作用于经济主要通过运用其业务,即负债业务、资产业务和中间业务。中央银行的负债业务也就是其资金来源项目,一般包括货币发行业务、代理国库、集中存款准备金、其他负债业务等。

3. 中央银行的资产业务,也就是资金运用项目,它一般包括对商业银行的贷款、对政府及公共机构的贷款、黄金及外汇储备业务和证券买卖等。

4. 中央银行的中间业务主要是资金清算业务。资金清算主要是为了使各商业银行之间的债权债务顺利、及时得到清偿。资金清算业务主要有三类,即集中办理票据交换、结清交换差额和办理异地资金转移。

5. 当今世界中央银行制度可分为四种类型:单一式、复合式、准中央银行和跨国中央银行制度。

第二次世界大战以后,随着中央银行在现代经济体系中的地位和作用不断提升,中央银行与政府的关系成为各个国家宏观经济管理议事日程中的一个不可忽视的问题,问题的实质就在于中央银行是否保持相对独立性。

综合案例

日本央行以静制动符合预期

近来,全球资本市场上两大资产表现格外亮眼,一个是黄金,另一个是日元。作为具有避险功能的币种,日元仅2月份已累计上涨近7%,在外汇市场上可谓"一枝独秀"。种种迹象表明,全球市场情绪很难短期逆转,日元的"高烧"也很难立即"痊愈"。

但如市场预期,日本央行在3月15日结束为期两天的货币政策例会后宣布,维持市场货币流通量每年增加约80万亿日元的现行货币宽松政策,同时继续实行负利率政策,向民间银行在日本央行的存款征收0.1%利息。会议认为,未来一段时间有必要关注负利率政策对日本国内经济和物价造成的影响,未加码货币宽松。因年初以来日元走高、日股下跌,加上新兴经济体经济增速放缓造成日本出口和生产放缓,日本央行此次把对国内经济形势的评估由"持续缓慢复苏"调整为"处于缓慢复苏"基调。这是自2014年4月日本消费税率上调以来央行首次向下调整经济评估。

在1月29日结束的政策例会上,日本央行以5:4的投票结果通过了负利率政策,从2月16日开始实施。负利率政策正式实施已经一个月,从现实效果来看并不理想。与日本央行预期相反,负利率政策出台后日元升值、股市下跌的趋势一直在持续,令市场对金融市场混乱、企业收益进一步下滑的担忧加剧。

日本央行1月例会决议中"必要时将进一步降低负利率"的措辞未出现在本次例会决议中,日本央行调整表述为"若有必要将加大宽松"。黑田东彦此前在国会听证会上曾表示,日本央行必要时可能在目前负0.1%的基础上进一步下调存款利率,以激活家庭消费和企业信贷,抵御长期阻碍日本经济增长的通缩,尽力达成2%的通胀目标。他表示,推行负利率主要为抵消全球原油价格暴跌和新兴市场国家经济下滑所造成的负面影响,未来日本央行扩大宽松的手段将不局限于降低利率,也可能进一步加大金融资产购买规模。

(案例来源:中国金融新闻网)

案例分析题:日本央行实施负利率政策对其本国金融市场的影响有哪些?

本章复习题

一、单项选择题

1. 2003年中国人民银行体制和职责改革的主要内容是(　　　)。

 A. 将政策性贷款业务移交给政策性银行

 B. 将证券监管职能移交给证券会

 C. 将保险监管职能移交给保监会

D. 将银行业监管职能移交给银监

2. 一般认为,世界中央银行的鼻祖是( )。

    A. 瑞典银行   B. 英格兰银行   C. 法兰西银行   D. 德国国家银行

3. 管理信用货币,制定和执行货币政策是( )中央银行最重要的职责。

    A. 19 世纪   B. 初期发展阶段

    C. "一战"后普遍推广时期   D. 当代

二、多项选择题

1. 目前中国人民银行总行掌握的权利有( )。

    A. 货币发行权   B. 政策性金融机构监管权

    C. 基础货币管理权   D. 信贷总量调控权

    E. 基准利率调节权

2. 单一中央银行制的主要形式有( )。

    A. 一元中央银行制   B. 二元中央银行制

    C. 一体式中央银行制   D. 混合式中央银行制

    E. 跨国金融监管体制

三、思考题

1. 试述中央银行建立的必要性。

2. 银行券的分散发行制度有何弊端?

3. 中央银行制度有哪些?

4. 简述中央银行的主要业务。

5. 试述中央银行的性质。

6. 试述中央银行的职能。

第八章　货币供给

导入案例

中国货币流动性过剩之谜

　　自 2006 年年初以来直到目前,"流动性过剩"始终是一个热门话题,不仅因为央行在最近几年虽然不断奋战过剩的货币流动性,却出现了越战越多的结果,也因为巨大的过剩货币正在强劲地推动中国的资产价格上涨,从而开始酝酿出日益扩大的资产泡沫风险。为了防范这个风险,政府一方面在加强回收过剩流动性的力度,一方面在努力打压地产和股市的泡沫,这些做法无疑都是对的,但要"治本"还得从消除产生过剩货币流动性的根源入手。

　　　　　　　　　　　　　　　　　　　　　　　　　　　　　　(案例来源:中华文本库)

　　案例分析题:中国为何会形成如此之大的货币存量?

第一节　货币供给概述

一、货币供给与货币供给量

(一) 货币供给

　　货币供给(Money Supply)是指货币供给主体向社会公众供给货币的经济行为。在现代经济社会中,能够向社会公众提供信用货币(现代货币和存款货币)是通过这些金融机构的信贷活动而形成的。例如,中央银行根据社会需要发行现金,使得流通中的现金货币增加,商业银行向企业发放贷款,使得企业的存款货币增加等。以上两个过程的结果使流通中的货币增加,货币供给量扩大;反之,当现金货币回笼到中央银行,或商业银行收回贷款,企业存款货币减少时,货币量就会收缩。从货币供给过程看,现金货币供给与存款货币供给是两个相互区别又相互联系的过程,总的来说,它是由中央银行和商业银行共同完成的。它以中央银行供给基础货币为起点,以商业银行运用基础货币为中间环节,以非银行部门转移、结算货币为终点,形成一个复杂的货币供给系统。

(二)货币供给量

货币供给量是指在企业、个人以及各金融机构中的货币总存量。货币供给量是一个时点数量,是一定时刻的货币存量。

我们曾经介绍了货币供给量的层次划分,主要有 M_0、M_1、M_2 和准货币。尽管各国对货币层次的划分标准不尽相同,但都是以货币的流动性为主要依据。货币的流动性是指某种能够充当货币的资产转换为现金或银行存款的能力的高低,包括交易成本的大小和变现的时间长短等。转换成本越低,时间越短,损失越小,该资产的流动性高,货币层次也就越高;反之,货币层次就较低。而且,货币层次的划分要有利于宏观监测和调控。至于具体的货币层次以及各层次的组成内容,往往因一国经济、金融的发达程度不同而有所区别。

二、金融创新对货币供给与货币层次划分的影响

(一)货币层次的划分与经济运行的联系

不同层次的货币与各种经济活动联系的密切程度有所不同。例如,M_0 的变化主要反映并影响我国消费市场的供求和价格,与居民生活联系密切;M_1 和 M_2 的变化主要和企业的行为相关,反映投资的各个环节的变化,而企业存款变化情况是货币政策的制定以及确定宏观调控力度所依据的重要指标。M_1 对经济的影响比 M_2 更直接、更迅速,因为 M_1 是现实的购买力,它的变化将直接引起市场供求和价格的变化,而 M_2 由于没有直接的支付与转账功能,只有转化为 M_1 后,才会产生这种影响。

(二)金融创新对货币供给与货币层次划分的影响

20 世纪 70 年代以来,金融创新浪潮的掀起对货币供给产生了深远影响,可以说是金融领域的一场革命。金融创新是指金融业突破传统的经营方式和范围,采用新的技术,开办新的业务,创造新的金融工具,建立新的金融机构,开拓新的金融市场,最终形成新的运行机制。计算机和通信技术在金融领域的运用和规避中央银行严格的监管是推动金融创新的主要原因。我们将在第十二章专门阐述金融创新的相关理论和知识,此处侧重分析金融创新对货币供给和货币层次划分的影响。

中央银行对金融机构的经营进行监管,目的就是为了控制全社会的货币供给,以达到宏观调控的目标,所以,金融创新在帮助金融机构合法地规避中央银行的种种限制,摆脱中央银行施加的强制性影响的同时,必然影响到中央银行对货币供给控制以及货币政策操作的有效性。这就是金融创新为什么会影响货币供给的深层次原因。下面,以在 20 世纪 70 年代掀起金融创新浪潮的美国为例,说明金融创新对货币供给与货币层次划分的影响。

美国金融机构当时受到的管制措施主要有:只有商业银行才能吸收活期存款;商业银行对活期存款不能支付利息;储蓄存款和定期存款不能开支票;活期存款的法定准备金率高于储蓄存款和定期存款;商业银行不得经营投资银行的业务;储蓄存款和定期存款的利息有最高限额的规定等。

正是为了逃避上述管制措施的约束,争取更多的顾客和资金,更好地开拓市场,金融机构

利用法律的漏洞和新的技术开展了一系列的创新活动。以金融工具为例，下列的金融创新品种直接影响到货币供给和货币层次的划分：自动转账账户、可转让提款通知书、大额定期存单、回购协议、货币市场互助基金、货币市场存款账户、超级可转让提款通知书、信贷协会股金提款账户等。

自动转账账户的开发。1978年，美国各商业银行和互助储蓄银行开始办理一种新型的储蓄存款账户——自动转账账户（Automatic Transfer Service Account），简称ATS账户。ATS账户由两部分组成：一部分是储蓄存款账户；另一部分是支票账户。两个账户的余额可以相互自动转移。客户与存款机构事先达成协议，若客户开出的支票金额超过支票账户的余额，储蓄账户中的资金会自动转入支票账户，以满足支付的需要；当支票账户的余额超过一定的数量，超额部分自动转入储蓄账户，客户可以享受存款利息。1980年后美国所有的存款机构都办理这种业务。ATS账户不仅保证了客户转账与支付要求得到满足，还使客户享受到利息好处，是一种付息交易账户。ATS账户的成功推广，达到了银行与客户"双赢"的目标。银行吸引到了更多的闲置资金用于增加贷款，进一步开拓市场的同时，客户享受到流动性与利息的双重好处，也愿意把资金存入这种账户。

大额定期存单的开发与推广。大额定期存单是在20世纪60年代初由花旗银行首先推出的金融工具。它出现的背景是物价的不断上涨引起市场利率的上升，这对银行吸引资金造成了很大冲击。因为银行能够支付的利率水平受到最高限额的约束。当市场利率超过银行能够支付的最高利率时，人们会倾向于直接把资金投入金融市场。在当时，大公司发行的企业债券、商业票据以及储蓄机构的融资工具使商业银行的存款业务面临巨大压力。正是货币市场上的争夺客户与资金的激烈竞争推动了CDs的问世。CDs是商业银行发行的一种吸引存款的凭证，是定期存款的一种变形。它的特点：一是起点金额大，至少在10万美元以上；二是可以转让，持有者在存单到期前可以将其出售，但不能提前兑现。这两个特点使得CDs兼具活期存款的流动性与定期存款的盈利性的特点，它的利率水平比较高，因而很受投资者的欢迎。同时，由于CDs给发售的银行带来了可观的资金，它的流动性并不妨碍银行在存单到期前安全地使用这笔资金，不会给银行增加流动性风险，因此它也受到了银行的青睐。

由上述两个金融创新的品种可以看出，商业银行通过金融创新，开拓了更多的资金来源渠道，一方面增强了经营的灵活性和竞争力，另一方面减少了对中央银行资金的依赖，从而较大地削弱了严厉的货币控制措施力度。因此，在中央银行与商业银行之间进行管制与反管制的斗争时，金融创新无疑向中央银行货币供给的调控与货币政策的操作提出了严峻的挑战。

第二节　中央银行与基础货币

一、基础货币及其构成

基础货币（Base Money），也称货币基数（Monetary Base），又被称为高能货币（High-powered Money）。基础货币包括商业银行系统持有库存现金和银行外部公众所持有的货币，以及银行与非银行金融机构在中央银行的存款，其中银行的库存现金及存放中央银行的存款被称为准备金。一般将基础货币定义为流通中现金与银行准备金总和。基础货币的公式为

158

$$B = R + C$$

式中，B 为基础货币；R 为银行准备金；C 为流通中现金。

二、影响基础货币的因素

基础货币实际上是中央银行的负债，包括中央银行发行流通的所有通货以及银行系统在央行的存款。由于这两项均属于中央银行的负债，所以可以通过中央银行的资产负债表来测量基础货币的值。

各国中央银行资产负债表具体科目的设置各不相同，为了讨论的方便，这里使用简化的中央银行资产负债表(见表 8-1)作为讨论影响基础货币因素的基础。

表 8-1　中央银行资产负债简表

资产	负债
A_B：对银行的债权 A_G：对政府的债权 A_F：对国外的债权 A_O：其他资产	L_C：流通中现金 L_R：银行准备金 L_G：对政府的负债 L_F：对国外的负债 L_O：其他负债 O_C：中央银行自有资本

根据资产等于负债的原理，得

$$A_B + A_G + A_F + A_O = L_C + L_R + L_G + L_F + L_O + O_C$$

由于基础货币 $B = L_C + L_R$，整理后得出基础货币方程式

$$B = A_B + (A_G - L_G) + (A_F - L_F) + (A_O - L_O) - O_C$$

从上式可以看出，基础货币受中央银行对银行债权、对政府净债权、对国外净债权、其他净资产以及中央银行自有资本等因素的影响。

(一) 对银行债权

中央银行对银行债权主要包括票据再贴现和再贷款。中央银行投放再贷款和增加再贴现，会导致基础货币增加；反之，则使基础货币减少。

(二) 对政府净债权

中央银行对政府债权表现为中央银行持有的政府债券和向政府提供的贷款或透支。中央银行在公开市场上购买政府债券，向政府提供贷款或透支，会导致基础货币增加；反之，中央银行在公开市场上售出政府债券，收回政府贷款或透支，则使基础货币减少。

(三) 对国外净债权

中央银行对国外债权表现为中央银行持有的外汇储备、货币黄金和特别提款权等。中央银行在公开市场上收购外汇、货币黄金等，基础货币增加；反之，出售外汇和货币黄金，基础货币减少。

(四) 其他净资产

中央银行其他净资产是其他资产(包括中央银行对非银行金融机构债权、对非金融机构债

权等)减去其他负债(包括中央银行债券等)的净额。中央银行其他资产增加,其他负债减少,都会导致基础货币增加;相反,其他资产减少,其他负债增加,会导致基础货币减少。

(五) 自有资本

中央银行提高自有资本,会导致基础货币减少;降低自有资本,会导致基础货币增加。

三、基础货币投放渠道及机制

中央银行投放基础货币主要通过收购证券、外汇和黄金,以及发放贴现贷款和再贷款等资产业务。以下以有价证券买卖及发放贴现贷款两种常见方式为例说明。

(一) 中央银行买卖有价证券调整基础货币

中央银行交易有价证券的对象可以选择商业银行,或者在公开市场中与非银行公众交易。

1. 买入有价证券

(1) 向商业银行购买有价证券。假设中央银行向商业银行买入价值 100 万元有价证券,两者资产负债表将发生如下变化:

中央银行(万元)

资产		负债	
有价证券:	+100	商业银行准备金:	+100

商业银行(万元)

资产		负债
有价证券:	-100	
准备金:	+100	

中央银行资产增加价值 100 万元的有价证券,负债则增加 100 万元的准备金存款。而商业银行资产负债表减少 100 万元的有价证券,并增加 100 万元准备金存款。交易结果为基础货币增加 100 万元。

(2) 向非银行公众购买有价证券。假定中央银行在公开市场买入价值 100 万元的有价证券,则中央银行资产增加 100 万元有价证券,并转账支付 100 万元。于是公众增加活期存款余额(在商业银行存款)100 万元,商业银行增加准备金 100 万元,基础货币增加 100 万元。由此导致非银行公众、商业银行和中央银行的资产负债表变化如下:

中央银行(万元)

资产		负债	
有价证券:	+100	商业银行准备金:	+100

商业银行(万元)

资产		负债	
准备金:	+100	活期存款:	+100

非银行公众(万元)

资产		负债
有价证券：	－100	
活期存款：	＋100	

（3）提取现金。假如商业银行需要提取现金,商业银行及中央银行的资产负债表变化如下,基础货币不发生变化：

中央银行(万元)

资产	负债	
	流通中的现金：	＋100
	商业银行准备金：	－100

商业银行(万元)

资产		负债
库存现金：	＋100	
存放中央银行款项：	－100	

假设非银行公众向商业银行提取现金,则在此基础上商业银行及公众的资产负债表继续发生如下变化：

商业银行(万元)

资产		负债	
库存现金：	－100	活期存款：	－100

非银行公众(万元)

资产		负债
现金：	＋100	
活期存款：	－100	

同样不影响基础货币总量,基础货币无变化。可见,只有当中央银行购买有价证券的时候,无论购买对象是商业银行还是公众,中央银行的负债增加,基础货币增加。而是否提取现金并不影响基础货币总量,只影响基础货币中流通中货币与准备金存款的比例。

2. 中央银行出售有价证券

假定中央银行卖出价值100万元证券,则中央银行所持有的证券减少100万元,商业银行或非银行公众所持有的证券增加100万元。与此相对应,银行准备金减少100万元或流通中现金减少100万元,其结果都会导致基础货币减少100万元。出售有价证券是一种中央银行回收基础货币的行为。

(二) 贴现贷款业务与基础货币

1. 发放贴现贷款

假设中央银行向商业银行发放 100 万元贴现贷款,则中央银行资产增加对商业银行债权 100 万元,负债增加商业银行准备金存款 100 万元。商业银行则增加 100 万元的准备金存款及 100 万元的贴现贷款。由此导致商业银行和中央银行的资产负债表调整,且基础货币增加 100 万元:

中央银行(万元)

资产		负债	
贴现贷款:	+100	商业银行准备金:	+100

商业银行(万元)

资产		负债	
准备金:	+100	贴现贷款:	+100

2. 收回贴现贷款

假定中央银行向商业银行收回 100 万元贴现贷款,则中央银行资产减少 100 万元,商业银行负债减少 100 万元。由此导致基础货币减少 100 万元:

中央银行(万元)

资产		负债	
贴现贷款:	−100	商业银行准备金:	−100

商业银行(万元)

资产		负债	
准备金:	−100	贴现贷款:	−100

可见在收回贴现贷款业务活动中,当中央银行发放贴现贷款时,基础货币增加,而中央银行回收贴现贷款时,基础货币相应减少。

(三) 其他业务与基础货币投放

中央银行外汇买卖业务、黄金买卖业务的基础货币投放机制与证券买卖业务的相类似,再贷款业务的基础货币投放机制与贴现贷款业务的相类似。

第三节 商业银行与存款创造

一、存款货币及其信用创造的条件

存款货币指的是可以支付的银行存款,按其来源性质的不同可以分为原始存款和派生存款。原始存款指的是源于中央银行通过购买有价证券、外汇和黄金等资产或是通过发放贴现贷款投放的基础货币;而派生存款是商业银行在中央银行投放的基础货币的基础上,通过发放贷款衍生出的存款货币。商业银行存款货币的扩张和收缩须具备两个前提条件。

(一)部分准备制是商业银行创造或削减存款货币的首要条件

所谓部分准备制,是指银行对于所吸收的存款,不保留百分之百的现金准备,而只保留其中一定百分比以应付流动性需求,其余部分则通过贷款等资产业务运用出去的准备制度。部分准备制是相对于十足准备制而言的。在十足准备制下,商业银行无法衍生出贷款,只能将存款百分之百保留在银行内保管。只有在部分准备制下,商业银行才有创造存款货币的能力。

法定存款准备金制度的产生最初是为了避免商业银行出现流动性危机,后来成为中央银行的一般性货币政策工具。

在存款准备制度下,商业银行吸收的存款必须按照法律规定的合宜形式保留,这部分准备金称为法定存款准备金。同时商业银行内部超出法定存款准备金要求部分的流动性被称为超额准备金。超额准备金形成的一部分原因是商业银行为了满足流动性需求主动保留的,另一因素则是在日常业务资金往来被动产生的。

(二)存款货币的流通是商业银行创造存款货币的前提

存款货币的流通也叫非现金结算制,即通过银行转账完成的货币收付行为。非现金结算是相对于现金结算而言的。现金结算是指直接的现金收付,银行每笔贷款都必须付现,这就否定了银行创造存款货币的可能。这是由于在现金结算中银行贷款必须使用现金,而现金受限于中央银行的发行。在非现金结算制度中,银行发放贷款只需要增加贷款人在商业银行的活期存款余额,并不需要拿出现金,同时公众也只需要通过转账支付来使用大部分的贷款,这就给商业银行创造派生存款提供了可能性。

二、原始存款的形成机制

原始存款来源于中央银行投放的基础货币。当中央银行通过收购证券、外汇和黄金以及发放贴现贷款等渠道投放基础货币,并最终表现为银行准备金和流通中现金两种形式。假如中央银行投放的基础货币形式为准备金,商业银行将其贷放后将通过支付转账流入其他商业银行,则成为商业银行系统的原始存款;如果中央银行投放的基础货币为流通中现金,其持有者必然将现金的大部分或全部存入商业银行,商业银行同样也获得了原始存款。下面我们以中央银行收购证券为例说明原始存款的形成机制。

假定中央银行向 A 银行购买价值 100 万元有价证券。工商银行出售证券后,准备金将增加 100 万元:

A 银行(万元)

资产		负债
有价证券:	−100	
准备金:	+100	

在部分准备金制度下,由于该业务没有引起商业银行存款负债的增加,无须调整法定存款准备金,则可以把这100万元全数贷出。假设A银行将这100万元贷款给客户,则资产负债表累积调整如下:

A 银行(万元)

资产		负债	
有价证券:	−100		
准备金:	+100		
贷款:	+100	活期存款:	+100

由于存款货币是可以使用的货币,贷款人并不需要提取现金就可以转账支付,于是在此业务中,A银行通过发放贷款增加了社会公众可以使用的100万元的存款货币。

借款人贷款之后必然会使用这笔贷款,于是这笔存款货币将流入银行系统,比如说,当借款人把这100万元支付给B银行的客户,则A银行及B银行的资产负债表累积调整如下:

A 银行(万元)

资产		负债	
有价证券:	−100		
准备金:	0		
贷款:	+100	活期存款:	0

B 银行(万元)

资产		负债	
准备金:	+100	活期存款:	+100

上述操作的净结果是,中央银行投放了100万元的基础货币,商业银行体系内增加了100万元的原始存款。

三、派生存款的形成机制

假设法定准备率为10%,延续上面的例子,由于B银行活期存款余额增加了100万元,法定存款准备金相应的要增加10万元,其余90万元为超额准备金。假定B银行与A银行一样不持有超额准备,将90万元超额准备金全部贷出,则B银行贷出90万元时资产负债表变化如下:

B 银行(万元)

资产		负债	
准备金：	＋100	活期存款：	＋190
（其中法定准备金 10 万元,超额准备金 90 万元）			
贷款：	＋90		

此时,B 银行通过将超额准备金贷出这一行为创造了 90 万元的存款货币。

假设 B 银行的贷款人把这 90 万元存款货币转账支付给在 C 银行开户的收款人,则 B 银行及 C 银行的资产负债表变化如下:

B 银行(万元)

资产		负债	
准备金：	＋10	活期存款：	
（法定准备金　10 万元）		＋100	
贷款：	＋90		

C 银行(万元)

资产		负债	
准备金：	＋90	活期存款：	
（其中法定准备金 9 万元,超额准备金 81 万元）		＋90	

同样的操作过程,在 C 与 D 以及其他银行之间反复进行,派生存款也将不断地被创造出来,汇总后银行系统创造存款货币的情况如表 8－2 所示。

表 8－2　存款货币的扩张过程　　　　　　　　单位:万元

银　行	创造的存款货币	创造的贷款	增加的法定存款准备金
A	100	90	10
B	90	81	9
C	81	72.9	8.1
…	…	…	…
所有银行合计	1 000	900	100

由表格可见,在法定准备率为 10％、不留超额准备以及全部非现金结算条件下,中央银行投入 100 万元的原始存款,通过商业银行系统的信用创造,能够形成 900 万元的派生存款,从而使存款货币总额达到 1 000 万元,即

$$\Delta D = \frac{\Delta B}{r_l}$$

式中,ΔD 为存款货币变化额;ΔB 为基础货币变化值;r_l 为法定存款准备金率。

四、存款货币的收缩机制

存款货币的收缩是存款货币扩张的逆过程。假设法定准备率依然为 10％,商业银行不持

有任何超额准备金。假如中央银行出售价值100万元的有价证券,某投资者使用其在A银行的活期存款支付购买了这一笔有价证券,则A银行的准备金账户将减少100万元,A银行则需要减少贷款规模100万元,从而连锁性地收缩整个银行系统的信贷收缩,最终使存款货币收缩1 000万元。

五、存款货币扩张及收缩模型

把上述存款货币扩张和收缩的过程推广到一般情况,可以得到相应的模型。假定中央银行投放总额为A的基础货币,在商业银行不持有任何超额准备及全部非现金结算前提下,银行系统中相应形成总额为A的原始存款。设定商业银行法定准备率r,经过n家银行的信用创造,银行系统中形成总额为S的存款货币,则有

$$S=A+A(1-r)+A(1-r)^2+\cdots+A(1-r)^{n-1}$$

对上述等比数列进行求和运算得

$$S=\frac{A}{r}[1-(1-r)^n]$$

由于$0<r<1$,因而$0<(1-r)<1$,当$n\to+\infty$时,$(1-r)^n\to0$,即经过商业银行无穷次信用创造后,存款货币总额S为

$$S=\frac{A}{r}$$

这就是在部分准备制、全部非现金结算以及商业银行不持有任何超额准备前提下,存款货币扩张与收缩模型。联系前述案例,当$r=10\%$,$A=100$万元,则$S=1\ 000$万元。与前述案例列表结果相同。

单元案例

货币收缩案例

甲银行的客户以现金的形式提取存款10 000元。根据中央银行规定的法定存款准备金比率,甲银行因减少存款10 000元,只能减少准备金2 000元(即其存款总额的20%)。同时,由于已假定商业银行并不保留任何超额准备金,所以,在这种情况下,甲银行发生了准备金的短缺,其短缺的金额为8 000元。现假设甲银行通过收回贷款来弥补其短缺的准备金,则其资产负债表的变化如表8-3所示。

表8-3 甲银行的资产负债表　　　　　　　　　　　　　　　　　　单位:元

资产		负债	
准备金:	−2 000	存款:	−10 000
贷款:	−8 000		
总额:	−10 000	总额:	−10 000

表8－4　乙银行的资产负债表　　　　　　　　　　单位:元

资产		负债	
准备金:	－1 600	存款:	－8 000
贷款:	－6 400		
总额:	－8 000	总额:	－8 000

表8－5　丙银行的资产负债表　　　　　　　　　　单位:元

资产		负债	
准备金:	－1 280	存款:	－6 400
贷款:	－5 120		
总额:	－6 400	总额:	－6 400

（案例来源:http://www.ncpssd.org）

案例分析题:若甲银行的客户以现金的形式存款 10 000 元,分析其资产负债表如何变化?

第四节　货币供给理论与模型

一、货币供给模型

在第三节中,以部分准备制、商业银行不持有任何超额准备金及完全非现金结算为前提,讨论了存款货币的扩张和收缩机制。然而在现实情况下商业银行一般会持有一定的超额准备以应付提取现金等流动性需求,同时公众的结算也并非完全用非现金结算。考虑这些现实因素,可以将存款货币扩张和收缩模型扩展得到货币供给模型。

(一) 货币乘数的定义

为推导货币供给模型,首先引入货币乘数的概念。所谓货币乘数,是指货币供给量与基础货币的比值,用公式表达为

$$m=\frac{M}{B}$$

式中,m 为货币乘数;M 为货币供给量;B 为基础货币。

由于货币供给量有 M_1、M_2 等层次划分,因而货币乘数也有 m_1、m_2 之别。

$$m_1=\frac{M_1}{B}$$

$$m_2=\frac{M_2}{B}$$

(二) 货币供给量的界定

根据货币供给层次划分标准,M_1 包括活期存款和流通中现金。为了方便讨论,在此把其

他类型的存款全部划归一类,以非活期存款称谓,即 M_2 包括活期存款、非活期存款和流通中现金。用公式表达为

$$M_1 = D + C$$
$$M_2 = D + T + C$$

式中, D 为活期存款; C 为流通中现金; T 为非活期存款。

(三) 基础货币的构成

根据基础货币的定义,基础货币由银行准备金存款和流通中现金两部分构成,用公式表达为

$$B = R + C$$

式中, R 为准备金; C 为流通中现金。

其中,银行准备金存款又分为两部分:法定存款准备金和超额准备金,用公式表达为

$$R = R_L + R_E$$

式中, R_L 为法定存款准备金; R_E 为超额准备金。

进一步,我们再将法定存款准备金分为两部分:活期存款的法定存款准备金和非活期存款的法定存款准备金,用公式表达为

$$R_L = R_D + R_T$$

式中, R_D 为活期存款法定存款准备金; R_T 为非活期存款准备金。

综上所述,基础货币的构成被分解为活期存款法定准备金、非活期存款法定准备金、超额准备金及流通中现金,即

$$B = R_D + R_T + R_E + C$$

(四) 货币乘数的推导

根据货币乘数 m_1 的定义,有

$$m_1 = \frac{D + C}{R_D + R_T + R_E + C}$$

把上式右端的分子和分母同除以 D,为了使其分母中的第二项具有经济意义,对其进行除以 T 和乘以 T 的等价处理,得

$$m_1 = \frac{1 + \dfrac{C}{D}}{\dfrac{R_D}{D} + \dfrac{R_T}{T}\dfrac{T}{D} + \dfrac{R_E}{D} + \dfrac{C}{D}}$$

将 $\dfrac{C}{D}$ 界定为现金漏损率,以 h 表示; $\dfrac{R_D}{D}$ 为活期存款法定存款准备金率,以 r_D 表示; $\dfrac{R_T}{T}$ 为非活期存款准备金率,以 r_T 表示; $\dfrac{T}{D}$ 为非活期存款与活期存款比例,用 t 表示; $\dfrac{R_E}{D}$ 为超额准备率,以 r_E 表示。上式可变换为

$$m_1 = \frac{1 + h}{r_D + r_T t + r_E + h}$$

根据货币乘数 m_2 的定义,有

$$m_2 = \frac{D+T+C}{R_D+R_T+R_E+C}$$

采用类似的推导方法,可以得到下式

$$m_2 = \frac{1+t+h}{r_D+r_Tt+r_E+h}$$

(五) 货币供给模型

对货币乘数定义的公式作简单的变换,就可得到货币供给模型

$$M = mB$$

从以上公式可得,货币供给是由货币乘数和基础货币两个基本变量决定的。货币供给的任何变化都是货币乘数、基础货币或者两者综合变化的结果。进一步,还可以将货币供给模型根据货币供给层次的划分具体表达为

$$M_1 = \frac{1+h}{r_D+r_Tt+r_E+h}B$$

$$M_2 = \frac{1+t+h}{r_D+r_Tt+r_E+h}B$$

根据上述公式,可以考察中央银行、商业银行以及非银行公众对不同层次上的货币供给影响方向和影响力度,从而指导具体的经济实践。

二、货币乘数影响因素

在影响货币乘数的五个变量中,活期存款法定准备金率和非活期存款法定准备金率由中央银行决定,超额准备金率取决于商业银行,而活期存款与非活期存款的比例、现金漏损率取决于非银行公众。下面就中央银行、商业银行及非银行公众行为对各变量影响情况做具体考察。

(一) 法定存款准备金率

法定存款准备金率最初是为了应付商业银行的流动性需求,满足客户提现支付以及合格贷款的需求。由于准备金的变动能直接影响商业银行创造存款货币的能力,法定存款准备金率逐渐成为中央银行调控货币信用的有力工具之一。法定存款准备金率的变动直接由中央银行决定,中央银行可以根据其货币政策的需要,调整该比率,从而达到鼓励或限制商业银行创造存款货币控制货币供给量的目的。一般说来,货币供给过多时,提高法定存款准备金率可以紧缩货币供给;而经济萧条时,中央银行可以通过降低法定准备金率来扩张货币供给,促进经济复苏。

(二) 超额准备金率

超额准备金的多少是商业银行对持有超额准备的成本和不持有超额准备金的损失及风险进行比较分析之后的抉择。作为商业银行的无收益资产,持有超额准备金意味着放弃使用这笔资金去放贷或投资可能取得的收益,即持有超额准备存在机会成本;而不持有超额准备金,则商业银行可能在缺乏流动性的时候会被迫用较高的利率借入资金,甚至造成损失。因此超

额准备金率受以下因素影响。

1. 市场利率

市场利率的高低决定着持有超额准备机会成本的大小。市场利率越高,银行放款或投资越有利,则愿意减少超额准备;反之,市场利率越低,银行就愿意增加持有超额准备金。所以,超额准备金率与市场利率呈反向变动。故而资金需求旺盛时,市场利率上升,银行超额准备金率降低;资金需求萎缩时,市场利率下降,银行超额准备金率提高。

2. 出现流动性不足的可能性

银行出现流动性不足的可能性较多,宏观角度而言主要原因是银行系统存款流出的波动性。预期存款流出量越大,出现流动性不足的可能性越大,通常经济动荡时期,预期存款流出量大,且波动范围大,银行应持有较多的超额准备;经济稳定时期,预期存款流出量小,且波动范围小,银行可以持有较少的超额准备。同理,在金融危机爆发,出现国家风险等情况下,银行系统也可能因为不愿意贷出款项而大幅度增加超额准备金,防止贷款出现损失造成流动性严重不足的可能。

3. 弥补流动性不足的难易

当银行出现流动性不足时,可以通过多种途径补充流动性,如从同业拆入资金、向货币市场借入资金、出售有价证券或贷款以及向央行寻求融资等。从银行系统的宏观层面来看,弥补流动性不足的难易程度取决于金融市场的发达程度,金融市场越发达,弥补流动性不足越容易,则超额准备率相应较低;若金融市场落后,补充流动性的渠道狭窄,弥补流动性不足困难,则超额准备率相应较高。

4. 补充流动性的成本

无论银行选择从同业拆入资金、向货币市场借入资金还是向央行寻求融资,都需要支付相应的成本。同业拆借、贴现贷款、回购协议均需要支付利息,出售有价证券除了佣金损失还有市场价值损失的可能,出售贷款则很可能付出巨大的价格损失。补充流动性的成本越高,则超额准备率越高;反之,则越低。

(三) 现金漏损率

现金漏损是指非银行公众将货币以通货的形式持有而非存入银行的现象。流通中现金与活期存款之比称为现金漏损率。由于资产的需求主要取决于财富总量以及该种资产的相对收益率、相对风险、相对流动性,因此现金漏损率受以下因素影响。

1. 财富总量

非银行公众财富总额的增长将会使流通中现金和活期存款都相应增加。然而,由于两者需求的财富弹性是不同的,现金需求的财富弹性小于活期存款的财富弹性,因此随着财富总量的不断增长,现金漏损率不断减少。

2. 金融资产的相对预期收益率

由于现金是无收益资产,活期存款利率越高,公众持有现金的意愿就越小;反之,若活期存款利率下降,则现金漏损率上升。其他金融资产预期收益率的变动也会影响现金漏损率,其他金融资产预期收益率上升,会导致现金持有量和活期存款均下降,但现金持有量下降幅度会小于活期存款的下降幅度,从而使现金漏损率相对上升。

3. 金融资产相对风险

由于活期存款可能面临银行倒闭不能兑付风险,而现金则不存在该种风险。因此在金融危机时期,现金漏损率明显上升。

4. 金融资产相对流动性

现金是无收益的资产,持有现金最重要的原因之一就是其流动性最强。所以,支付系统越完善,转账支付越无障碍,现金漏损率就越低。

(四)非活期存款与活期存款比例

非活期存款与活期存款比例的高低也是非银行公众对于资产选择的结果,随着公众对于利率越来越敏感,非活期存款与活期存款的利差越大,非活期存款与活期存款比例越高;利差缩小,则比例下降。

三、货币供给内生性与外生性

(一)货币供给内生性与外生性的概念

内生变量和外生变量,是计量经济学术语。内生变量,也称非政策性变量,是指在经济体系内部由诸多纯粹经济因素影响而自行变化的变量。这种变量通常不为政策所左右,如市场经济中的价格、利率、汇率等变量。外生变量,也称政策性变量,是指在经济机制中受外部因素影响,而由非经济体系内部因素所决定的变量。这种变量通常能够由政策控制,并以之作为政府实现其政策目标的变量。

货币供给的内生性是指货币供给取决于社会的货币需求,由经济体系内的经济行为主体的行为所决定的,中央银行难以对货币供给进行绝对控制,从而使货币供给量具有内生变量的性质。货币供给的外生性是指货币供给独立于货币的需求,由中央银行根据政策、意志决定或由经济过程之外的因素决定,从而货币供给量具有外生变量的性质。货币供给的内生性或外生性的研究意义在于中央银行货币政策的有效性。货币供给的外生性越强,则中央银行对于货币供给的控制越强。

(二)货币供给外生论

货币供给外生性的思想,源于 19 世纪初英国的金块论者。金块论者认为,贵金属货币的供给限于黄金的开采及生产,其他经济因素无法影响黄金的供给,故而货币供给是外生的。在这一阶段,货币供给决定了名义收入和物价水平,以后的大多数货币数量论者均持相似的观点。

希克斯在其《经济学展望》中认为,休谟时代的货币供给毫无疑问是外生的。萨缪尔逊也认为,金矿和银矿的偶然发现使货币供给处于混乱状态。凯恩斯和新古典主义者虽然反对传统的货币数量论,但也是外生论者。至于弗里德曼以及以他为代表的新货币数量论者则更是主张货币的外生性。

弗里德曼提出的"不变增长率"的货币控制规则就以货币供给能够被中央银行控制作为必要前提。货币主义者根据一般所公认的存款与货币创造模型 $M_S = B \times m$,在统计数据的支持下得出了以下几个结论:① 基础货币(B)与货币乘数相互独立,互不影响;② 影响货币乘数的各因素在短期内是稳定的,长期而言也常会起反向作用而相互抵消,因而货币乘数可看作是常数;③ 基础货币对货币供给量的影响比货币乘数要大;④ 中央银行通过公开市场操作等政策工具,不但可以主动增减基础货币量,还可抵消货币乘数内某些系数变动的影响。由此得出货币供给外生的结论。

(三) 货币供给内生论

货币供给内生性的思想同样源远流长,最早可追溯至早期的货币名目主义者詹姆斯·斯图亚特,他在 1767 年出版的《政治经济学原理的研究》一书中,指出一国流通只能吸取一定量的货币,经济活动水平使货币供给量与之相适应,这一原理后来被亚当·斯密加以继承,又被银行学派加以发展。马克思从劳动价值论出发,认为黄金是一种商品货币,其价值和与流通的商品量共同决定了社会的"必要货币量"。瑞典经济学家米尔达尔打破了传统货币数量说所坚持的货币流通速度稳定的结论,将银行学派的货币供给内生论进一步加以发展,从而把纸币本位制下 M 与 P(或 PY)的单向前因后果重塑为双向的相互作用。

近代货币内生论较为代表性的观点来自 1959 年英国《拉德克利夫报告》,以及格利和肖(Gurney & Shaw)、托宾(J. Tobin)等人。

1959 年,英国委员会发表了一份关于《货币体系之运行》的报告(简称拉德克利夫报告),报告虽然没有明确指出货币供给的内生性,但流动性命题已完全摈弃了以货币外生性为前提的传统货币政策。该报告除了将货币定义为"流动性"之外,还指出流动性的最重要来源是大量的非银行金融机构。各种非银行金融机构的迅猛发展使对货币供给量的控制变得毫无意义。这些金融机构具有比银行更低的准备率,一旦人们的资产选择发生变化,银行的存款负债就有可能被转移到这些金融机构中,于是整个社会的现金准备尽管未变,信用却得到了扩张。决定整个社会支出的是整个流动性状况,而不仅仅是货币供给。只有对经济的一般流动性加以控制才能获得一种有效的货币政策。虽然没有明确说出,拉德克利夫委员会所实际主张的是,货币供应是内生的,因而它是不受货币当局控制的。

格利和肖认为,货币不是货币金融理论的唯一分析对象,货币金融理论应面对多样化的金融资产。他们认为银行和非银行金融中介机构在充当信用中介的过程中并没有本质的区别,它们都创造某种形式的债权;货币系统和非货币中介机构的竞争取决于它们创造的金融资产间的替代程度,而货币、非货币间接金融资产具有较强的替代性,这就使货币供给不再仅仅取决于银行体系的货币创造。据此,他们证明货币供给具有内生性,而不是一个外生变量。格利和肖的上述观点得到了近三十年来世界各国(尤其是西方国家)呈现的金融机构和金融工具多样化趋势的证实。

托宾认为,由于商业银行与其他金融机构之间、货币与其他资产之间的区别日渐消失,货币越来越多地决定于经济过程的内部变动,即成为内生变量,从而使人为的对货币供给的"外生"控制日渐失去有效性。随着金融机构的多样化与金融资产的多样化使货币的供给函数变得复杂,银行与其他非银行金融机构的资产负债规模以及社会大众对资产结构的选择,都对社会货币供给产生影响,因而并非由货币当局直接控制。他还认为,真正的存款创造过程是一个反映银行与其他私人单位的经济行为的内生过程。他将银行对准备金的需求行为函数与社会大众的货币需求行为函数引进货币乘数的计算,从而得出了货币乘数具有内生性的结论。

本章小结

1. 信用货币的范围正随着金融体系的不断更新而不断扩大,当前的信用货币不仅包括通货、活期存款,其广义的概念还包括定期存款、储蓄存款以及其他金融资产。各国根据本国具体情况对货币供给层次做划分,划分的标准是货币的流动性。

2. 货币供给过程包括中央银行投放基础货币及商业银行创造存款货币两个部分。基础货币由银行准备和流通中现金,中央银行通过买入资产和发放贴现贷款投放基础货币。商业银行通过发放贷款创造派生存款,部分准备制和部分非现金结算是商业银行创造存款货币的前提。

3. 基础货币的变动取决于中央银行,货币乘数的变动受活期存款法定准备率、非活期存款法定准备率、超额准备率、非活期存款与活期存款比例以及现金漏损率的影响。其中,法定准备率取决于中央银行,超额准备率取决于商业银行,非活期存款与活期存款比例、现金漏损率取决于非银行公众。

4. 货币供给内生论认为,货币供给取决于货币需求,由经济体系内的经济行为主体的行为所决定的,中央银行难以对货币供给进行绝对控制;货币供给外生认为,货币供给独立于货币需求,由经济过程之外的因素决定,中央银行能有效地控制货币供给。

综合案例

从货币供应过程看外汇储备与货币供应的关系

我国中央银行是通过调控基础货币向社会供应货币的。基础货币,主要由流通中现金和商业银行在中央银行的存款准备金组成。基础货币通过商业银行存款创造的功能,放大数倍(货币乘数)后形成货币供应量。

我国目前投放基础货币主要有两个渠道,一是对商业银行发放再贷款或进行再贴现,二是通过公开市场操作从市场上购买人民币和外汇资产(如国债、外汇等)。当中央银行购入外汇资产时,每购入1美元(外汇储备每增加1美元),就相当于投放了6.58元人民币的基础货币。

从中央银行资产负债表看,基础货币是中央银行的负债,国外净资产是中央银行的资产。一般说来,中央银行资产增加得越多,负债方的基础货币增加得就越多。换句话说,中央银行的国外净资产的增加,意味着中央银行投放的基础货币增加,从而使货币供应量增加。

(案例来源:HTTP://WWW. doc88.com/p-00599309056. HTML)

案例分析题:一国外汇储备越多越好吗? 为什么?

本章复习题

一、单项选择题

1. 基础货币等于( )。

　　A. 商业银行准备金＋商业银行库存现金＋流通中现金

　　B. 商业银行准备金＋流通中现金

　　C. 商业银行准备金＋公众手持现金＋商业银行库存现金

　　D. 商业银行法定准备金＋流通中现金

2. 当中央银行在公开市场上购买有价证券时,若有价证券的出售方是商业银行,这一公开市场购买的净结果是商业银行的准备金( )。

　　A. 反向减少　　　B. 同向递增　　　C. 等额增加　　　D. 等额减少

3. 对于投资扩张,流传甚广的概括是(   )。

    A. 基建挤财政   B. 财政挤银行   C. 银行发票子   D. 票子变金子

二、多项选择题

1. 货币供给的决定因素有(   )。

    A. 货币需求   B. 企业行为   C. 居民行为   D. 政府行为

2. 影响货币乘数的社会主体有(   )。

    A. 中央银行   B. 商业银行   C. 团体   D. 居民

三、计算题

1. 假设 A 国公众持有的现金为 700 亿元,商业银行系统的库存现金为 300 亿元,商业银行系统在中央银行的准备金存款为 200 亿元,请问该国基础货币为多少亿元?

2. 假设中央银行进行公开市场操作,从公众手中购买价值 1 000 万元的有价证券,若法定存款准备金率为 10%,超额准备金率为 3%,现金漏损率为 4%,在不考虑活期非活期存款比例的情况下,试计算整个银行体系新增的存款货币是多少。

四、思考题

1. 中国的货币层次是如何划分的?

2. 请描述中央银行投放基础货币的渠道及机制。

3. 基础货币的变化受到哪些因素影响?

4. 货币乘数由哪些因素如何影响?

5. 货币供给过程中哪些因素由中央银行控制,哪些不由中央银行控制? 你如何评价中央银行对货币供给的控制?

第九章 货币需求

　　了解货币需求的概念及其影响因素,熟悉传统的货币需求理论和现代货币需求理论。掌握马克思货币需求学说及西方货币需求理论的同时,能够分析货币需求量的决定因素。

导入案例

　　电子货币,从字面上看就是采用电子形式的货币,它不具有实体性,而是电子载体所包含的信息,其价值以电子形式储存。1973 年,Roland Mornno 发明了 IC 卡作为电子货币,揭开了网络货币发展的序幕。19 世纪 80 年代,美国最早开始了电子货币的研究、试验。随后英、德等欧洲国家也相继研发电子货币。1993 年,我国政府开始组织实施金卡工程,即以电子货币应用为重点启动的各类卡基应用系统工程,旨在加强对经济的宏观调控、深化金融改革、加速金融商贸现代化建设。现在人们所称的"电子货币",所含范围极广,如信用卡、储蓄卡、IC卡、消费卡、电话卡、电子支票、电子钱包、智能卡等,几乎包括了所有与资金有关的电子化的支付工具和支付方式。

　　以银行卡为例,截止到 2009 年年末,加入银联网络的发卡机构 261 家,全年增加 26 家。其中,境内发卡机构 218 家,境外发卡机构 43 家。全年累计发行银行卡 20.66 亿张,同比增长 14.8%。其中,借记卡发卡量为 18.80 亿张,同比增长 13.4%,占银行卡发卡量的 91.0%。2009 年全年银行卡消费 34.91 笔,金额 6.86 万亿元,同比分别增长 32.0% 和 73.8%。全年银行卡消费额(剔除房地产、汽车销售及批发类交易)占当年社会消费品零售总额的比重达到 32.0%,比 2008 年提高了 7.8 个百分点,银行卡使用更加广泛。

　　我国电子货币市场发展迅速,随着计算机、互联网的普及,使用电子货币、电子支付的人将会越来越多。电子货币将是 21 世纪的主要金融支付工具,也将是国家管理金融的重要基础,我们必须加快推广电子货币,加快制定电子货币的发展及管理办法,迎接电子商务时代的到来。

　　　　　　　　　　　　　　　　　　　　　　　　(案例来源:《中国支付体系发展报告》)

　　案例分析题:试论述电子货币对货币需求的影响。

第一节 货币需求概述

一、货币需求概念

货币需求是指宏观经济运行以及微观经济主体对货币的需求。从一个国家的角度考虑，指在一定资源（如财富拥有额、国民生产总值、恒久收入等）条件下，整个社会应拥有多少货币可用来执行其有关的职能；从微观经济主体角度考虑，则指其在不同条件下出于各种考虑愿意以货币形式持有其拥有的财产的需求。具体而言，就是商品流通或商品交换对货币的需求。

二、货币需求的分析视角

货币需求是一项极为重要的货币理论和实践问题，其表现形式多种多样。从不同角度对其进行分析，可归纳为以下几种类型。

(一) 经济运行对货币的需求

这是从宏观角度研究货币需求和需求量的。作为流通与支付的手段，货币的数量必须与全社会商品与劳务总量保持一定的比例，才能保证经济的正常运行，即货币发行量必须与需要量相适应。

(二) 各经济主体对货币的需求

这是从微观角度研究货币需求和需求量的。经济主体对货币的需求，是指企业、单位、个人和政府部门对货币的需求，如企业需要购买原材料、支付工资和其他生产费用等对货币的需求。个人用货币购买商品、支付劳务、购买股票、债券等有价证券或以货币形式保存财富，以及预防不测之需等也表现为货币需求。

(三) 名义货币需求与实际货币需求

名义需求是指在物价变动的情况下同一货币单位所能购买的商品和劳务的数量；实际需求则是剔除了物价变动因素影响的货币需求量。货币的名义需求和实际需求的区别在于是否考虑物价变动的影响。假设生产、流通规模和实际财富水平不变而物价上涨了一倍，亦即全社会的商品、劳务的名义价值增加了一倍。如果货币流通速度不变，货币存量必须增加一倍，否则经济无法运转。但这种增加只是适应物价上涨幅度，在名义上的增加，就经济成长过程本身所提出的货币需求并没有变。

(四) 发挥产出潜力的货币需求

货币是为了使商品、服务交易更加便捷而产生的，因此，由已有的和即将有的商品、服务交易所提出的货币需求是最基本的货币需求。然而，商品、服务的提供是资源结合的过程，由于种种客观原因，资源的结合可以是处于相当充分的状态，即商品、服务的提供数量已接近最大可能；同样，资源的结合也可以是处于相当不充分的状态，从而商品、服务可提供的数量还有相当的增长潜力。当处于前一种状态时，决定货币需求的商品、服务交易量已接近产出潜力的最大可能，也就是说，这时的货币需求接近其最大值。而当处于后一种状态时，有相当的资源闲置，产出潜力尚有待发挥，在这种情况下，就意味着同时还有一种需求，即需要货币使部分闲置资源结合的可能性转化为现实。只要实现了资源的结合,就会有追加的商品、服务交易,从而为促成资源结合而投出的货币也就成为经济过程之所必需。我们把这部分货币需求称为发挥产出潜力的货币需求。

当然,并非所有以闲置的资源为根据而提出的需求都可构成这里所说的货币需求。不少闲置资源不能形成有效产出,不能增加商品、服务交易量,从而就提不出追加的货币需求量。另一方面,当资源的结合从总体上说处于相当充分状态之际,也并非在所有的领域均不存在闲置但有可能结合的资源,因而也会有这种意义的货币需求。

三、决定货币需求的因素

在经济生活中,决定货币需求的因素十分复杂,包括经济、技术、制度,甚至还有社会风尚等多方面的因素。在货币需求分析中,通常将上述因素划分为三类:一类为规模变量,主要指的是收入;一类为机会成本变量,主要包括利率与预期通货膨胀率;余下的则称为其他变量,如制度因素等。

(一) 规模变量

规模变量指收入和财富。该变量是决定货币需求的主要因素。经济主体手中的货币来源于收入,无论是出于交易动机、预防动机还是投机动机,其持有的货币量不可能超过其财富总额,而只是其财富总额的一部分。一般而言,收入水平越高,人们持有的货币量越多;反之,收入水平越低,人们持有的货币量越少。根据“收入＝消费＋储蓄”这个恒等式,随着收入的增加,消费和储蓄部分会增加。这对货币的需求是两方面的:一方面,收入增加,人们的日常开支消费会相应扩大,货币的交易需求就会增加;另一方面,收入增加时,边际消费倾向(在增加的每1元收入中用于消费的比例)呈递减趋势,即边际储蓄倾向是递增的。随着储蓄部分的增加,货币的资产需求也会增加。因此,收入水平的变化无论对货币的交易需求,还是对货币的资产需求都有影响。货币需求是收入水平的递增函数。

(二) 机会成本变量

机会成本变量是利率和预期物价变动率。在既定的收入水平下,经济主体所持有的货币量占总收入的比例并不是固定不变的,该比例总是朝着使持有货币的经济主体的经济效益达到最大化的方向变动。经济效益最大化的货币持有比例应多大,则取决于持有货币的机会成本。利率和预期价格水平的变动等因素会对货币持有主体可能造成潜在的收益和损失,因此,机会成本的大小会直接导致货币需求量的增加或减少。以利率水平为例:利率水平越低,人们持有的货币越多;反之,利率水平越高,人们持有的货币越少。这实际上是人们的储蓄部分在利率的作用下资产结构的调整问题。人们的金融资产主要有现金、存款和有价证券,每一种金融资产都可以相互转换,这种转换是有得有失的。在得到流动性的同时,丧失的是收益性。于是,人们自然会权衡利弊得失,做出理性的资产调整。例如,持有现金具有十足的流动性,但不产生任何收益,即收益率为零。因此,利息收入可视为持有现金的机会成本。只要未来的交易量能够预期,任何人都可以将所需的现金换成其他证券,届时再出卖证券以应付交易之需。但将证券换成货币需要花费一定的费用(如去银行从存款账户中提取现金,或将有价证券在市场上转让变现都会有所花费,并且很麻烦),所以人们持有多少货币,取决于上述机会成本(利息)与费用的对比。货币需求是利率水平的递减函数。预期物价变动率同货币需求的关系也是逆向的,预期通货膨胀率越高,持有货币的机会成本越大,货币持有量越小,货币需求量就越小;反之,货币需求量就越大。

(三) 其他变量

其他变量指除上述两种变量之外的对货币需求量的决定因素,主要有以下几点。

1. 收入间隔期

人们两次收入的间隔时间长短对货币的需求量有影响,收入间隔时间越长,持有的货币越多;反之,收入间隔时间越短,持有的货币越少。

2. 核算单位数量

每一个核算单位,不管是居民个人还是企事业单位,在经济生活中或多或少都需要持有一定的货币量。在国民经济中,随着核算单位数量的增加,如人口增加、企事业单位增加,原一个核算单位独立出几个核算单位等,即使国民生产总值不变,货币的需求也会增加。

3. 信用制度的状况

货币流通速度的大调节器是信用。信用制度的发展对人们手中的货币持有量有很大影响。一方面是由于转账制度的发展,许多债权债务得以抵消,资金周转加速,使得货币的交易需求减少;另一方面是储蓄机构的发展,如网点的增加、工作效益的提高、服务态度的改善等,使得人们储蓄变得便利,货币持有量也就减少;还有一方面就是信用工具的发展,使得人们有多种资产选择的可能,人们的储蓄部分不再是仅在货币与存款两者之间做选择,而是在更广阔的范围内选择。所以,货币在金融资产中所占的比例呈缩小趋势。

4. 社会风尚

社会风尚包括国民的生活习俗、消费结构、勤俭风尚及人生观念等,这些因素对于一国的货币需求有一定的影响。

四、货币需求量

(一) 货币需求量的概念

传统的解释是:社会公众在其总财富中愿意以货币形式保有的那一部分实际量,即为货币需求量。这一概念包括两个要点:一是意愿的,意愿持有表示这种需求完全出于公众自身的经济利益。二是实际的(或称真实的)货币需求量。实际货币需求量是相对名义货币需求量而言的。名义货币需求量指社会公众在现行价格水平下对货币的需求量,它以按照现行购买力单位测算的名义货币来表示。实际货币需求量则指剔除价格变动因素后对货币的需求量,它以按照不变购买力单位测算的实际货币表示。一般而言,名义货币需求量和物价水平呈正比,而实际货币需求量和物价水平无关,主要随实际收入和利率的变化而变化。

(二) 货币的流量和存量

货币量包括货币存量和货币流量两个概念。货币存量是指某一时点上存在的货币数量,它是货币静止状态的概念,是某一时点上货币数量的横断面。货币流量是指货币在一定时期内的支出或流动数量,也就是货币存量与每单位货币参加交易次数的乘积。例如,存量为1亿元,每元每年平均参加交易5次,则1年中货币的流量是5亿元,其中"5次"为货币的流通速度。可见,货币流量的大小取决于量与货币流通速度的大小。与存量相比,流量反映的是货币的运转状态,是某一时期内货币数量的纵断面。

货币需求量显然是一种存量指标,但由于货币本身固有的流动性属性,同一枚货币可以多次地发挥交易等职能,因此,考察货币需求量仅仅停留于存量是不够的,还需要同时考虑其流量。同时,由于货币需求理论以及货币政策所关注的不是某一时点上的货币需求量,而是某一时期内货币需求量的大致趋势及变动幅度,因此,在货币需求量的计量中,需要同时考察存量与流量两种指标,做静态及动态的分析。

(三) 货币需求的替代性

货币需求的替代性是指在一定条件下,公众对货币的需求为对其他流动性资产的需求所替代,货币需求量在总量上与结构上发生的转移、更替和变动的现象。

在简单的商品经济条件下,人们对货币的需求,在于直接购买或直接储蓄,此时,货币对持有者主要是一种交易媒介。在发达的市场经济中,由于资产的一般化和利率已成为衡量资产收益的一般标准,货币对持币者就主要表现为一种流动性资产。人们持有货币,不是仅限于对流通媒介的单纯的考虑,而是将它作为一种资产,并在自己的资产持有总额中做综合考虑。个人资产持有的最佳形式是保持各种资产对持币者提供等量效用。例如,存款、有价证券等金融资产能给持有者提供直接收益,而货币则不能。但货币都可以给持有者提供安全、便利等效用,使其感受到与直接收益等量的效用。

替代性对货币需求本身的影响,与货币的定义有关。货币作为一种流动性金融资产,若将流动性范围定得很广,如把可变现的证券一并归纳进去,则替代性不影响货币需求总量,而仅影响它的结构。但若将定期存款等"准货币"排除在货币范畴之外,则其他金融资产的流动性与收益性越高,货币需求量将越小;反之,货币需求量将越大。

货币需求替代的发生,会引起其他金融资产的数量变动。由此引起资本市场中相对价格的变动,进而引起利率水平的变动,这些变动又会引起刺激或抑制实际部门生产的效果。例如,当发生证券取代货币之际,可能出现:① 金融市场中部分证券需求过旺,行情看涨,这一信息传递到实际部门,会刺激以此相关的部门和企业的投资及产出量。② 由于证券取代部分货币,使持币者对货币的意愿需求减少,在货币供给不变的情况下,将出现供大于求的趋势。这一趋势有抬高价格和抑制利率的作用,由此可能对实际部门产生扩张性作用。

货币需求替代性表明,在现实竞争的金融环境中,货币同其他资产的传统区别已被打破(人们对货币的需求会被其他流动性资产的需求部分替代)。人们更注重资产持有的整体性和合理性。货币作为资产之一,它的需求往往不单纯地由它的交换媒介职能决定。进而,它的供给与需求,往往不单纯地由货币本身的供求决定,而是在经济运行中由货币本身的供求与其他金融资产一道决定。货币对经济的影响,也往往是与其他金融资产的影响相互交叉,共同发生作用。

第二节 马克思的货币需求理论

马克思的货币需求理论,立足于资本主义现实,从简单商品货币经济揭示出货币需求的一般规律,然后又以此来揭示资本主义现代化大商品经济和在发达的货币信用经济条件下货币需求的规律。

马克思的货币需求理论集中反映在其货币流通公式中。

　　马克思在研究货币需求问题时,为了分析方便,以"完全的金币流通"为假设条件,以此为背景,他的论证过程是:① 商品的价格取决于商品的价值和黄金的价值,而价值决定于生产过程,所以商品是带着价值进入流通的;② 商品价格是多少就需要多少金币来实现它,比如 5 克黄金的商品就需要 5 克金来购买;③ 商品与货币交换后,商品退出流通,黄金却留在流通之中使另外的商品得以出售,从而一定数量的黄金流通几次,就可使相应倍数价格的商品出售。

　　用方程式表示

$$M=\frac{PT}{V}$$

　　式中,M 表示一定时期内执行流通手段的货币量;P 为商品价格;T 为商品数量;V 为货币流通速度。

　　上式表明:货币需求量取决于价格的变动、流通的商品量和货币流通速度这三个因素。这三个因素按不同的方向和不同的比例变化,流通货币量则可能有多种多样的组合:

　　(1) 在商品价格不变时,由于流通商品量增加或货币流通速度下降,或者这两者同时发生,货币流通量就会增加,在相反的情况下则减少。

　　(2) 在商品价格普遍提高时,如果流通商品量的减少同商品价格上涨保持相同比例,或者流通的商品量不变而货币流通速度的加快同商品价格的上涨一样迅速,则流通货币量不变。如果商品量的减少或货币流通速度的加快比价格上涨更迅速,则流通货币量还会减少。

　　(3) 在商品价格普遍下降时,如果商品量的增加同商品价格的跌落保持相同比例,或货币流通速度的降低同价格的跌落保持相同比例,流通货币量就会依然保持不变。如果商品量的增加或货币流通速度的降低比商品价格的跌落更迅速,流通货币量就会增加。

　　必须注意的是,马克思在分析这个问题时还有一个重要的假设,即在该经济中存在着一个数量足够大的黄金储藏;流通中需要较多的黄金时,黄金从储藏中流出;流通中的一些黄金不需要了,多余的黄金就退出流通,转化为储藏。也正是由于假设存在着这样一个调节器,所以流通中需要多少货币,就有多少货币存在于流通之中。

　　以上是货币需要量的基本公式,当货币支付手段职能产生以后,流通中所需货币量就不仅由货币执行流通手段职能所引起,而是除执行流通手段所需的货币量之外,还有执行支付手段的货币量。把执行流通手段的货币量和执行支付手段的货币量加到一起,构成流通中的货币量。

　　用公式表示

$$M=\frac{T+T_1-T_2-T_3}{V}$$

　　式中,M 表示一定时期流通中所需的货币量;T 表示待实现商品价格总额;T_1 表示到期支付总额;T_2 表示彼此抵消的支付;T_3 表示赊销商品价格总额;V 表示同名货币作为流通手段和支付手段的流通速度。

　　以上公式考虑了在信用制度发展以后,不同期限的票据可以集中在同一个时间内支付,这样完全可以互相抵消,只支付抵消后的余额,从而可以减少流通对流通手段的需要,即待实现的商品价格总额经过加减以后,才是真正需要支付的商品价格总额。

　　马克思进而分析了纸币流通条件下货币需要量与价格之间的关系。他指出,纸币是金属货币衍生而来的。纸币之所以能够流通,是由于国家的强力支持。同时,纸币本身没有价值,只有流通才能作为金币的代表。因此,纸币一旦进入流通,就不可能再退出流通。纸币的流通规律与金币不同,在金币流通条件下,流通所需要的货币数量是由商品价格总额决定的;而在纸币成为唯一流通手段条件下,商品价格水平会随纸币数量的增减而涨跌。

第三节 古典学派的货币需求理论

在传统的货币需求理论中,古典货币数量论占有极其重要的地位,"货币数量论"是一种以货币数量来解释货币价值、一般物价水平的理论。其中,最具代表性的是费雪的现金交易说和剑桥学派的现金余额说。

一、现金交易说——费雪方程式

古典货币需求理论认为,货币本身并不存在内在价值,其价值来源于其交换价值,即货币的价值。它是对商品和劳务的实际购买力,货币只是遮掩"实际力量行动的面纱"。这种思想在经济学说史上被称为"货币数量论"(Quantity Theory of Money)。

20 世纪初,美国耶鲁大学教授欧文·费雪(Irving Fisher)在研究了经济中总货币需求、总支出的关系后,提出了现金交易方程式(也被称为费雪方程式)。为古典货币数量论构筑了一个清晰的框架,这一方程式在货币需求理论研究的发展进程中是一个重要环节。

费雪通过假设货币需求产生于个人之间彼此交易的需要,把货币需求和经济中的交易量相连接,并直接导出货币需求的宏观模型。费雪的分析是从一个简单的恒等式开始的:在每一次交易中都有买者和卖者,同时对总体经济来说,销售的价值必定等于收入的价值。费雪以 M 表示货币数量,V 表示一年中每一元钱用来购买最终产品或劳务的平均次数,它被称为货币流通速度,p、p' 和 p'' 表示各种不同的商品价格,q、q' 和 q'' 表示各种相应的不同的商品数量。他认为,货币量与其流通速度等于各种不同商品交易的总价格。即

$$MV = pq + p'q' + p''q'' + \cdots$$

其一般形式为

$$MV = \sum_{i=1}^{n} p_i q_i$$

若以 P 作为 q 的加权平均,它既不代表个别物价水平,也不代表简单平均的物价水平,而是代表该时期内市场上以货币进行交换的商品及劳务的加权平均价格指数;以 T 作为 q 的总计,即社会商品交易总量,且不管是否当期生产,只要在当期发生货币交易的均计入,则交易方程可写成

$$MV = PT$$

显然,式(9-5)是一个恒等式,它仅仅描述了这样一个简单的事实:在交易中发生的货币支付总额(货币存量乘上它的流通速度,即 MV)等于被交易商品或劳务的总价值(即 PT)。假定在某一年份中,平均货币余额为 1 000 亿元,而平均每元钱又被花费了 8 次,那么在年中发生的货币支付总额就是 8 000 亿元。显然,这 8 000 亿元也就是这一年内利用货币进行交易的

商品和劳务的总价值。反过来,如果某一年的交易总价值达 8 000 亿元,那一定意味着每一元货币平均周转了 8 次。

由于所有商品或劳务的总交易量资料不容易获得,而且人们关注的重点往往也在于国民收入,而不是交易总量,所以交易方程式常被写成下面的形式

$$MV = PY$$

式中,Y 代表以不变价格表示的一年中生产的最终产品和劳务的总价值,也就是实际国民收入;P 代表一般物价水平(用价格指数表示),因此 PY 即为名义国民收入。

显然,上述两式一样,都是一个恒等式,是宏观经济学中最基本的恒等式之一。既然是恒等式,那就是在任何条件下都成立的,因而也是任何经济学家都必须承认的。那么它们又是如何描述了货币数量论的观点呢?这主要是由于费雪等坚持货币数量论的经济学家对式中的某些变量做出了特殊的假定,从而得出了货币数量论的观点。

首先,费雪认为,在上述等式的四个变量中,货币流通速度 V 是由制度因素决定的,具体地说,它取决于人们的个人习惯、社会支付制度、人口密度、运输条件等。

将货币流通速度视为相对固定的常数具有重要的理论意义。因为如果货币流通速度经常波动的话,货币和交易总价值及名义国民收入就不会有稳定的关系,交易方程式也就变成了一个毫无意义的恒等式(事实上,不少凯恩斯学派的经济学家正是这样认为的)。但是只要货币流通速度是固定的,就意味着名义国民收入完全取决于货币供应量,而这正是货币数量论的主要观点之一。

其次,和许多其他的古典经济学家一样,费雪也认为通过工资和物价的灵活变动,经济会保持在充分就业的水平上,因而实际国民收入 Y 在短期内也将保持不变。由于 V 和 Y 都保持不变,所以货币供应量 M 的变化就将完全体现在价格 P 的变化上。例如,当 M 增加一倍时,P 也将上涨一倍。这样我们可以得出货币数量论的另一重要观点:货币供应量的变化将引起一般物价水平的同比例变化。

费雪虽然更多地注意了 M 对 P 的影响,但是反过来,从这一方程式中也能导出一定价格水平和其他因素不变条件下的名义货币需求量。也就是说,

由于 $$MV = PY$$

则 $$M = \frac{PY}{V}$$

在货币均衡的条件下,货币存量 M 就等于人们所愿意持有的货币量(即货币需求量 M_d)。因此我们有

$$M_d = \frac{PY}{V}$$

费雪进一步认为,交易技术和制度性因素对流通速度的影响是相当缓慢的,因此短期内货币流通速度可以被看作是一个常数。考虑到 V 是一个常数,令 $k = \frac{1}{V}$,

则有 $$M = k \times PY$$

上式就是传统货币数量论导出的货币需求函数。它表明:货币需求完全取决于货币流通速度和名义国民收入。而根据货币数量论的观点,货币流通速度是一个相对固定的量,所以货币需求取决于名义国民收入,利率对货币需求没有任何影响。

二、现金余额说——剑桥方程式

在欧文·费雪发展货币需求现金交易理论的同时,英国剑桥的一批古典经济学家,包括马歇尔(Alfred Marshall)、庇古(A. C. Pigou)也在同一领域进行着类似的研究。该学派重视微观主体的行为,开创了微观货币需求研究先河。他们认为,货币是一种资产,处于经济体系中的个人对货币的需求,实质上是选择以怎样的方式保持自己的资产的问题。他们深入探讨哪些因素决定了人们对这种资产的需求,并最终得出货币量和价格水平同比例变动的货币数量论观点。

马歇尔认为,人们通常都将其当期收入的一部分以货币形式储存,但又不会储存过多。因为人们收入的去向不外乎三个方面:一是为了便利和安全储存货币;二是为了享受而购买消费品;三是为了收益而投资。三种用途是相互排斥的,人们究竟在三者之间保持一个什么样的比例,由各自的主观意愿决定。各经济主体在做出多少财富用于货币余额的决定时,除依赖于个人所计划的交易量之外,还随持有货币的机会成本或由于未持有其他资产而放弃的收入而变化(如股票债券能提供货币所没有的利息收入)。此外,名义货币需求会随物价水平成比例变化。持有货币的便利,来自于它在交易中的用处。如果交易对象的商品和劳务的价格增加一定比例,则个人为取得涨价前的相同便利,所持有的一定货币余额也必须同比例增加。

剑桥学派认为,就个人的财富水平来说,交易量和收入量彼此是按稳定的比例变动的。假定其他条件不变,对个人来说,名义货币需求和名义收入水平是成比例的。对整个经济体系来说,也是如此,因此得出剑桥方程式

$$M_d = kPY$$

式中,M_d 代表货币需求;k 代表以货币形式持有的财富占名义总收入的比例;Y 代表总收入;P 代表物价水平。

尽管剑桥学派也将 k 视为常数,并且同意费雪的名义收入有货币存量决定的观点,但在利率能否影响货币需求上意见却不一致。他们认为,个体选择多少货币进行价值储存,除了受名义收入的影响外,还受到其他资产收益率和期望回报率的影响,如果其他资产收益率和期望回报率发生变化,这部分货币量也将发生变化,短期内,k 并不能保证稳定。

三、现金交易说和现金余额说的比较

比较费雪方程式和剑桥方程式,表面上看,两个模型是相似的,特别是当把费雪方程式中的交易商品量(T)用总名义收入量(Y)代表时,两个模型更是一样的,但实际上,这两个方程式存在着显著的差异,主要有以下几方面。

(1) 对货币需求分析的侧重点不同。费雪方程式强调的是货币的交易媒介功能,着重分析货币的支出流;而剑桥方程式则重视货币的储藏功能,着重分析的是存量,是货币的持有而不是支出,用剑桥大学罗伯逊(D. H. Robertson)的话说,前者的货币是"飞翔的货币"(Money on The Wing),后者则是"栖息的货币"(Money Sitting)。

(2) 费雪方程式把货币需求与支出联系在一起,重视货币支出的数量和速度;而剑桥方程式则是从用货币形式保有资产存量的角度考虑货币需求,重视人们持有货币占其收入的比例。

(3) 两个方程式所强调的货币需求的决定因素有所不同。费雪方程式用货币数量的变动来解释价格;反过来,在交易商品量和价格水平一定时,也能在既定的货币流通速度下导出相

应的货币需求数量,但利率对货币需求没有任何影响。而剑桥经济学家们也经常将 k 看作是一个常数,但在利率能否影响货币需求问题上与费雪学派意见并不一致。剑桥学派认为,个体选择多少货币进行价值储存除了受名义收入的影响外,还受到其他资产收益率和期望回报率的影响。出于种种经济考虑,人们对保有货币有一个满足程度问题,保有货币要付出代价,如不能带来收益等,这是对保有货币数量的制约,微观主体在权衡比较中决定货币需求。显然,剑桥方程式中的货币需求决定因素多于费雪方程式,特别是利率的作用已成为不可忽视的因素之一。

第四节　凯恩斯的货币需求理论及其发展

一、凯恩斯的货币需求理论

英国著名经济学家约翰·梅纳德·凯恩斯(J. M. Keynes,1883—1946)在早期是剑桥学派的一员,1936 年他的《就业、利息和货币通论》出版,标志着其独树一帜的学说的形成,导致了西方的经济学革命。就货币理论而言,凯恩斯在书中提出了以收入支出学说为中心的货币理论,取代了原来占统治地位的货币数量论,是西方货币理论的重大突破和发展。同时,这一结论隐含着另一个重要的含义,那就是货币流通速度也是受利率影响的,因而是多变的。

(一) 持有货币的动机:流动性偏好

凯恩斯将人们持有货币的动机,称为流动性偏好,所以凯恩斯的货币需求理论也被称为流动性偏好论。

所谓流动偏好,即指人们的货币需求行为。因为货币是最具流动性的资产,有货币在手,则机动灵活,放弃货币即放弃机动灵活。凯恩斯认为,人们在得到货币收入后,通常要做两个抉择:一是要决定收入中有多少用于消费,有多少用于储蓄,即存在时间偏好的抉择;二是要决定用于储蓄的那部分收入,究竟以什么形式来储蓄,是以手持货币来储蓄还是以购买有价证券来储蓄,即存在流动偏好的抉择。对于时间偏好的抉择,凯恩斯引入了消费倾向和储蓄倾向的概念。根据收入与消费和储蓄间的关系,他得出了边际消费倾向递减和边际储蓄倾向递增的结论。对于流动偏好的抉择,他分析了人们为什么不以其未消费的那部分收入全部用于购买有价证券以得利息,而要手持一部分不生息的货币,从而归纳出了货币需求即流动偏好的三个动机:交易动机、预防动机和投机动机。相应地,货币需求也被分为三部分:交易性需求、预防性需求、投机性需求。

1. 交易性需求

交易性需求指个人生活上或厂商业务上为应付日常的交易支出而愿意持有一部分货币。这是由于货币的交易媒介职能而导致的一种需求。由于收入的获得和支出的发生之间总会有一定的间隔,在这段间隔内,企业或个人固然可以把收入转换成货币以外的资产形式加以保存,但是为支付时的方便起见,仍必须持有一定量的货币。

2. 预防性需求

货币的预防性需求是指企业或个人为了应付突然发生的意外支出,或者捕捉一些突然出现的有利时机而愿意持有一部分货币。正如凯恩斯所一贯坚持的那样,未来是充满不确定性的,人们不可能把一切支出都计算好,并据此来决定持有多少货币,而总要在日常的支出计划之外,留出一部分机动的货币,来应付诸如生病、原材料涨价之类的突发事件,或者捕捉一些意料之外的购买机会(如商品降价等)。这部分货币需求就构成货币的预防性需求。根据凯恩斯的观点,货币的预防性需求也是同收入呈正比的——这一点也不难理解,一个靠工资只能勉强糊口的小职员,又怎么可能为预防起见而在手头持有大量的货币呢?

交易性需求与预防性需求的区别在于:前者持有货币的目的是便于应付日常支出,支出是有规律的、大致确定的;后者持有货币的目的是便于应付意外支出,支出是突发的、不确定的。但两者都注重货币的流通手段职能和支付手段职能,两者都主要取决于收入的大小,为收入的递增函数。凯恩斯以 M_1 代表为满足交易动机和预防动机而持有的货币量,以 L_1 代表由交易动机和预防动机所引起的流动偏好函数,以 Y 代表收入,则函数关系如下

$$M_1 = L_1(Y)$$

凯恩斯把由交易动机、预防动机产生的货币需求统称为交易性货币需求。交易性货币需求的主要特征有以下几点。

(1)货币主要充当交换媒介。它主要用于商品交换。货币持有者将货币作为商品交换的媒介,发挥流通手段职能。

(2)交易性货币需求相对稳定,一般可以事先确定,因为在一定时期内用于交易的货币数量、用途和支出时间大体上可以预见,因而货币的需求也相对稳定。

(3)交易性的货币需求是收入的递增函数,其大小与收入和货币的流通速度有关。

(4)交易性货币需求对利率不敏感,由于持币会损失利息收入,所以利率的变化会影响货币需求。但是,交易性货币需求主要用于日常经济活动或生活中必不可少的交易,因此利率损失再大也必须持有一定数量的现金,以保证日常交易得以顺利进行。

3. 投机性需求

所谓货币的投机性需求,是指人们为了在未来某一适当的时机进行投机活动而愿意持有一部分货币。决定这部分货币需求的因素是什么呢?为分析方便起见,凯恩斯假定人们可以以两种形式来持有其财富:货币或生息资产,后者可以用长期政府债券来做代表。因此,影响财富在这二者之间进行分配的因素也就是影响货币投机性需求的因素。

那么究竟有哪些因素会影响人们在货币和生息资产之间的选择呢?凯恩斯认为,这主要取决于这两种资产分别能给人带来多少预期报酬。他假定,货币的预期报酬率为零。在凯恩斯生活的时代,支票存款是不支付利息的,所以他做出这个假定是很自然的。但实际上我们的目的仅仅是比较两种资产的相对报酬率,货币的预期报酬率是不是真的为零并不重要。和货币不同的是,债券等生息资产却可能有两种报酬:利息和资本利得。

利息收入显然取决于利率的高低。资本利得则是指债券的卖出价和买入价之间的差额,它也是和利率相关的。我们知道,债券的价格是和利率呈反向变化的。利率越高,债券的价格就越低;反之亦然。因此如果现在买入一张债券,三个月后利率下降了,债券就能升值,也就可以获得一笔资本利得;反之,如果三个月后利率上升,就必须蒙受资本损失(也就是负的资本利得)。可见,预期资本利得的大小(包括正负)取决于预期的利率波动。那么人们又是如何预测未来利率波动的呢?凯恩斯假定,每个人心目中都会有一个利率的"安全水准",当利率低于这个安全水准时,人们就会预期它将上升;反之,当利率高于这个安全水准时,人们就预期它将下降。因此,预期资本利得就取决于当前利率与安全利率的偏离程度。

首先,当利率较高时,持有生息资产的利息收入较大;其次,当利率较高时,它高于安全利率,从而在未来时期内下降的可能性也较大,所以持有生息资产获得资本利得的可能性也较大。这两方面因素加起来,就使利率越高,生息资产越有吸引力,货币的投机性需求越小。反之,当利率水平很低时,从生息资产上获得的利息收入还不足以补偿可能的资本损失,所以人们就宁愿持有货币。在极端情况下,当利率水平低到所有人都认为它肯定将上升时,货币的投机性需求就可能变得无限大,任何新增的货币供给都会被人们所持有,而不会增加对债券的需求,结果使利率进一步下降。这就是后人所谓的"流动性陷阱"。对于这种情形是否真的存在,经济学家们有着广泛的争论。

凯恩斯以 M_2 代表为满足投机动机而持有的货币量,以 L_2 代表由投机所引起的流动偏好函数,r 代表利率水平,则函数关系如下

$$M_2 = L_2(r)$$

(二) 凯恩斯的货币需求函数

根据上述分析,以 M 代表货币需求总量,则整个社会的货币需求可用下列函数关系表示

$$M = M_1 + M_2 = L_1(Y) + L_2(r)$$

把利率作为影响货币需求的重要因素考虑进来是凯恩斯的一大创举。在此之前的货币需求理论,要么根本否认利率对货币需求的影响(如现金交易说),要么也只是隐约地提到利率发生作用的可能(如现金余额说)。凯恩斯则将货币需求对利率的敏感性作为其宏观经济理论的重要支点,并以此来攻击传统的货币数量论。

由货币需求对利率的敏感性可以得出下面一系列与货币数量论格格不入的结论:

首先,货币需求是不稳定的。由于市场利率往往有较大的波动,受其影响人们对货币这种资产的需求也会有较大的波动。而且,由于人们对于安全利率的看法也会发生变化,所以货币需求函数本身也是不稳定的,它会随人们对安全利率看法的变化而发生位移。这样,货币需求与利率和实际收入之间就缺乏稳定的关系。因此,货币需求不仅是波动的,而且是难以预测的。

其次,在货币需求波动较大的情况下,货币流通速度也必然有较大的波动。这一点不难由交易方程式看出来。在货币市场均衡(即货币需求 M_d 等于货币供给 M_s)的情况下可得

货币流通速度 $$V = \frac{Y}{L_1(Y) + L_2(i)}$$

也就是说,货币流通速度是和交易性货币需求呈反向关系的。这样,当实际货币需求随利率的涨落而发生波动时,货币流通速度也就随之波动。

在凯恩斯看来,传统货币数量论将货币流通速度视为常数,其错误就在于忽略了货币投机性需求 $L_2(i)$ 的存在。只有当 $L_2(i)$ 等于零时,货币流通速度才可被视为一个主要由制度因素决定的、在短期内变化很小的量。

最后,在货币流通速度波动很大的情况下,货币量与名义收入之间就不具有稳定的关系,因而名义收入完全由货币量决定的货币数量论观点就不能成立。例如,当货币供给增加时,利率将下降,从而实际货币需求上升,由上式可以看出货币流通速度将因此下降。这样,货币供应量的增加就可能完全为货币流通速度的减小而抵消,从而对名义收入没有任何影响。更进一步讲,在货币流通速度不稳定的情况下,交易方程式虽然是一个随时都成立的恒等式,但其本身并不能说明任何问题。这也是凯恩斯抛弃交易方程式这一分析工具的重要原因。

上述分析表明,货币需求对利率是否敏感是一个重大的理论问题,因此无怪乎后来的凯恩斯主义者和货币主义者在这一问题上展开了长期的争论。

凯恩斯的理论被称为是西方经济理论的革命,在货币理论方面,他有两个突出的贡献:

(1) 深入探讨了货币需求动机,提出了以投机需求为中心的流动偏好理论,从而把利率变量引入货币需求函数之中。这一"革命"为中央银行运用利率杠杆调节货币供应量提供了理论依据。凯恩斯主义把货币需求量与名义国民收入和市场利率联系在一起,这就否定了传统数量论者关于货币数量直接决定商品价格说法,使货币成为促进宏观经济发展的重要因素,从而对通过收入政策和利率政策调控货币供应量,促进经济增长有重要借鉴意义。

(2) 深入分析了货币的传递机制。货币的传递机制理论作为货币理论的有机组成部分,在凯恩斯以前的货币理论中是论及的。货币的"面纱观"与传统的"两分法",使货币数量论者对货币的作用不可能有全面深入的认识。19世纪末期,瑞典学派奠基人魏克塞尔(Wicksell,1851—1926)以其积累过程理论,把货币分析引进一般经济分析,成为当代货币传递机制理论的奠基人。凯恩斯比魏克塞尔的进步在于,他直接把利率作为联结货币与产量的纽带,而不借助于物价,更不停留于物价(货币购买力)波动的解释,而是全力分析产量变动的原因。正是由于他的这种分析法,才真正把传统的"两分法"变为"一元论"。

二、凯恩斯货币需求理论的发展

20世纪50年代,一些凯恩斯学派的经济学家在深入研究凯恩斯的货币理论时发现,凯恩斯的货币需求理论还存在一些缺陷,他们提出了许多新的理论。这些新理论有一个共同的特点,那就是都突出地强调了利率对货币需求的影响。

(一) 交易性货币需求理论的完善:平方根定律

凯恩斯把货币需求分析为交易性货币需求与投机性需求,前者取决于收入所得,与利率无关。但一些凯恩斯学派的经济学家发现,实际情况并非如此,利率对交易性货币需求也有较大影响。任何经济主体的经济行为都以收益的最大化为目标。因此,在货币收入取得和支用之间的时差内,没有必要让所有用于交易的货币都以现金形式存在。人们可以把暂时不用的现金转化为生息资产的形式,待需要时再变现。

出于这一情况,美国经济学家鲍谟于20世纪50年代初首先深入研究了交易性货币需求与利率的关系。以后,托宾也论证了货币的交易性需求同样受到利率变动的影响。进而提出了为西方经济学界广泛接受的鲍谟—托宾模型(简称鲍谟模型)。

鲍谟在分析时假定:

(1) 人们有规律地每隔一定时间获得一定量的收入(Y),而支出的数量事先可知且连续和均匀的,即人们的交易活动在一定时期内是可以预见的,而且收支是有规律的。

(2) 人们将现金换成生息资产采取购买短期债券的形式,因为短期债券具有容易变现和安全性强等特点。

(3) 每次变现(出售债券)与前一次的时间间隔及变现量(k)都相等。

鲍谟认为,一个企业的现金余额通常可以看作一种货币的存货,这种存货能够被其持有者随时用来进行交换,而保存任何存货都将耗费成本。保存现金的成本有两项:一是获得现金时(出售债券)所支付的手续费(b);二是保持现金所损失的利息(以r表示利率)。根据假定(1),

支出是一个不变的常量,因此在整个支出期间内的平均交易余额为 $\frac{k}{2}$,所以利息成本为 $r\left(\frac{k}{2}\right)$。以 C 代表保有现金的总成本,则人们持有现金的成本等于将有息资产转换为现金的实际成本(手续费、花费的时间等,鲍谟称之为"佣金"或"重置成本")和持有现金丧失的利息收入之和,即

$$C=将有息资产转换为现金的实际成本+持有现金丧失的利息$$

其代数表达式为

$$C=b\frac{Y}{k}+r\frac{k}{2}$$

鲍谟模型自 20 世纪 50 年代产生以来,一直受到西方经济学界的重视,对西方货币理论产生了重大影响。

第一,鲍谟证明了交易性货币需求在很大程度上受利率变动的影响。这一论证不仅为凯恩斯主义的以利率作为货币政策的传导机制的理论进一步提供了理论依据,而且向货币政策的制定者指出,货币政策如果不能影响利率,那么它的作用将会是十分有限的。

第二,根据平方根公式,假定利率和物价水平不变,增加一定的货币将导致 Y 的更高比例的增加,因为货币的交易需求与 Y 的平方根呈正比。鲍谟的理论因此强调了货币政策的重要性。

第三,鲍谟的理论不仅阐明了 Y 的变化与交易性货币需求变化的数量关系,而且间接地说明了物价的变化与交易性货币需求变化的关系。这对于最适度的货币供应量和保持货币市场的均衡,具有一定的参考价值。

当然,鲍谟的理论也不尽完善,主要是该理论对利率变动与交易性货币需求变动的数量关系的描述不一定十分准确,这一点以后已被其他经济学家,如布伦纳(K. Brunner)、米勒(M. H. Miller)和奥尔(D. Orr)等的实证研究所证实。但是,鲍谟模型中的数量关系所揭示的定性分析,无疑对后来的研究者具有相当的启发性。

(二) 预防性需求理论的进一步完善:惠伦模型

凯恩斯的货币需求理论不仅认为交易动机的货币需求与利率的大小无关,而且还认为,预防动机的货币需求也不受利率变动的影响。鲍谟的理论已经证明,凯恩斯的第一个论点不能成立。1966 年,美国经济学家惠伦发表的研究证明,凯恩斯的第二个论点也不能成立。

惠伦认为,预防性货币需求来自于事物的不确定性。一个人无法保证他在某一时期内的货币收入和货币支出情况同先前所预料的完全一致。因此,人们实际保有的货币通常会比预期所需要的多一些,其中的超额部分,即来自于预防动机的货币需求。

惠伦在其研究中分析了影响最适度预防性货币需求的三个主要因素:一是非流动性成本,它是指"因低估在某一支付期间内的现金需要而造成的后果的严重性",即少持有或不持有预防性货币余额而可能造成的损失;二是持有预防性现金余额的机会成本,它指为持有这些现金而须放弃的一定的利息收入(类似于鲍谟理论中的持有交易性现金余额的机会成本);三是收入和支出的平均值变化的情况。前两项成本构成了持有预防性现金余额的总成本。

现在,货币持有者面临的两难选择是:如果他为预防不测持有较多的货币,则减少了预期非流动性成本,但同时却增加了持有预防性现金余额的机会成本;反之,如果他持有较少的预

防性现金余额,则减少了持有预防性现金余额的机会成本,但提高了非流动性的成本。所以,利润最大化目标是选择一个最适度的预防性现金余额,以使两种成本之和降至最低。

假设 r 为利率,M 代表预防性现金的平均持有额,则持有预防性现金余额的机会成本为 $M \times r$。以 C 代表每次将非现金资产转换成现金的费用(假定 C 不受转换量的影响),N 为一定时期内这种转换的可能次数,则预期非流动性的成本为 $N \times C$。以 Tc 代表总成本,有

$$Tc = M \times r + N \times C$$

现在,惠伦需要解决的是如何确定 N 值。按一般常规,只有当一定时期内支出和收入的差额(净支出)大于该时期内预防性现金的持有额时,才需要将非现金转换为现金。为了求得出现净支出超过预防性现金余额的可能性(出现概率),惠伦引用了奇比切夫(Tchebycheff)不等式定理。根据该定理,一个变量偏离其中位数(偏离度为其标准偏差与乘数 K 的乘积)的概率等于或小于 $\frac{1}{K^2}$。在惠伦理论中,这一变量就是净支出。由于假设人们的长期目标是花费掉所有的收入,故净支出分布的期望值趋于零,亦即净支出的中位数为零。这样,所求概率实际上就是偏离零的概率。以 S 表示净支出分布的标准差,K 为它的一个乘数,M 为预防性现金余额,则有

$$M = K \times S$$

该式表示,支出与收入之间的差额(既净支出偏离其中位数的值),需由预防性现金余额来弥补。

惠伦理论的结论是:预防性货币需求也受利率变动的影响。

根据惠伦和鲍谟的结论,凯恩斯的货币需求函数应被修正为

$$M = L_1(r, Y) + L_2(r)$$

或进一步简化为

$$\frac{M}{P} = L(r, Y)$$

该式也就是凯恩斯学派的货币需求函数,它表明,实际货币需求由利率和收入两个因素共同决定。

(三) 投机性货币需求理论的发展:托宾的资产选择理论

凯恩斯的货币需求理论不能说明人们为什么同时持有货币和债券。凯恩斯一方面认为公众对"均衡利率"持有一种"点预期",当实际利率低于该点时,投资者就不愿意持有任何债券,而实际利率高于该点时,投资者就会将其全部资产都转向债券;另一方面,他假定预期利率不可能无限期地持续地高于以往水平,以此来解释公众在高利率时的现金需求,托宾把这称为利率预期的黏性。托宾放弃了这种"利率预期的黏性"的假定,用投资者逃避风险的行为来解释流动性偏好。

托宾认为,资产的保存形式不外乎两种:货币和债券。持有债券可以得到利息,但也要承担由于债券价格下跌而受损失的风险,因此债券称为风险性资产;持有货币虽然没有收益,但也不必承担风险(物价变动情况例外),故货币称为安全性资产。一般来说,如果某人将其资产全部投入风险性资产,那么他的预期收益达到最大,与此同时他的风险也达到最大;如果某人

的所有资产都以货币形式保存在手里,他的预期收益和所要承担的风险都等于零;如果他将资产分作货币和债券各一半,那么他的预计利益和风险就处于中点。由此可见,风险和收益是同方向变化、同步消长的。

面对同样的选择对象,由于人们对待风险的态度不同,就可能做出不同的选择决定。据此,托宾将人们分成三种类型:一是风险回避者。这部分人注重安全,尽可能避免风险。二是风险爱好者。这部分人喜欢风险,热衷追逐意外收获。三是风险中立者。这部分人追求预计收益也注重安全,当预计收益比较确定时,他们可以不计风险。

托宾认为,现实生活中后两种人只占少数,绝大多数人部属于风险回避者,资产选择理论就以他们为主进行分析。

托宾认为,作为风险回避者,按照效用最大化原则选择其资产组合,而不仅仅是考虑收益最大化。在他看来,收益给人们带来正效用,风险带来负效用。正效用随收益的增加而增加,但收益的正效用随着收益的增加以递减的速度增加,随风险的增加而减少。风险的负效用随着风险的增加而增加。若某人的资产构成只有货币而没有债券,则为了获得收益,他会把一部分货币换成债券,因为减少了货币在资产中的比例就带来收益的正效用。但随着债券比例的增加,债券收益的边际正效用递减而风险的负效用递增,当新增加的债券带来的收益正效用与风险负效用之和等于零时,他就会停止将货币换成债券的行为,这时他的资产组合就达到一种均衡状态。同理,若某人的全部资产都是债券,因其风险太大而使其总效用低,为了安全,他就会抛出债券而增加货币持有额,直到债券风险带来的边际负效用与收益带来的边际正效用之和等于零时为止。正因为人们追求效用的最大化而不仅仅是收益的最大化,才导致了人们资产持有的多样化,这就是所谓的"资产分散化原则"。这一理论解释了:

(1)在不确定状态下人们同时持有货币和债券即资产多样化的原因,以及对各种资产在量上进行选择的依据。

(2)货币投机需求与利率之间存在着反方向变动的关系。当利率上升时,债券的收益率就会上升,但却不会因此而增加持有债券的风险,因此,投资者就会减少货币需求而增购债券。反之,当利率下降时,虽不增加债券的风险,但却减少了债券的收益,这样就促使投资者把一部分债券转换成现金。

(3)货币投机需求的变动是通过人们调整资产组合实现的。这是由于利率的变动引起预期收益率变动,破坏了原有资产组合中风险负效用与收益正效用的均衡,人们重新调整自己资产组合的行为,导致了货币投机需求的变动。

第五节　货币学派的货币需求理论

货币学派(Monetarism)是一个与凯恩斯主义及凯恩斯学派根本对峙的西方经济学流派,它的货币理论实际上是一种现代宏观经济理论,其核心是现代货币数量论、来源于但又有别于传统的货币数量说。货币学派的货币理论无论是在方法论、理论表述形式,还是在政策含义等方面都有令人瞩目的发展和创新。

货币学派的灵魂人物 M. 弗里德曼是当代美国著名的经济学家,他在多年的货币理论研究中形成了一套独具特色的理论观点和政策主张,其货币需求函数在西方货币需求理论中占据重要地位,以他为代表的货币学派的理论主张也因此成为西方货币需求理论发展历程中的第五个标志性学说。

弗里德曼早在 20 世纪 50 年代就高举重新表述的货币数量论的大旗反对凯恩斯主义的理论政策主张,随后他又和同事们一起对美国经济进行实证研究。直到六七十年代,西方"滞胀"严重,凯恩斯主义无能为力时,货币学派才得以名声大振,货币数量说开始复兴,但这种复兴的学说采用了理论分析与实证研究相结合的方法。与古典学派大不相同,所以被称为"新货币数量说",或"货币主义"。

虽然弗里德曼以反"凯恩斯革命"来标榜,但其理论来源中还是包含有凯恩斯主义的观点和主张。他的理论来源有两个:一是承袭了传统货币数量说的长期结论,非常看重货币数量与物价水平之间的因果联系;二是接受了剑桥学派和凯恩斯主义以微观主体行为作为分析起点和把货币看作是受到利率影响的一种资产的观点。弗里德曼有关货币需求的观点主要体现在他的《货币数量论——一种更新的表》(1956),以及《货币需求一些理论和经验结果》(1959)等著作中。他对货币需求的最大贡献就在于提出了和古典学派的货币数量说不同的观点,即货币数量说不是关于产量、货币收入或物价的理论,而首先是货币需求的理论,是明确货币需求由何种因素决定的理论,物价水平或名义收入是货币需求函数和货币供给函数相互反映的结果。

一、方法论

货币学派在进行货币需求理论研究的过程中,在方法论上有自己独到的见解,这也是其区别于其他西方经济学派的重要方面,主要表现在以下几个方面。

(1)货币主义者在货币领域的研究精力主要集中在经验研究方面,而不是用于构造精美、博大的理论结构。他们通过对美国货币史丰富资料的深入分析,得出了货币在经济中起巨大作用的结论。

(2)在构造货币理论时,货币学派强调其结论是否能在经验中获得证实和其预测的准确性。例如,弗里德曼在解释货币存量变动对货币收入变动的作用过程时,并不否认利率变动在传递机制中有重要作用。但从经验研究的结果看,可以把货币存量的变动作为更广泛的各种金融变化的代表,因为经验研究支持货币存量变动在经济中最为重要这一预测。再如,货币主义者在选择使用何种货币定义时不是从货币的作用这一经验的概念出发,而是根据各种经验结构中的货币变动与名义收入和价格变化之间联系的可靠程度来选定。

(3)货币学派认为,由于人们受现阶段知识的限制,最复杂的经济计量模型,也无法给出很准确的结论,以用于对经济运转实行微调。因此,他们不喜欢复杂、庞大、成本很高的经济计量模型,而主张使用相对较为简单和小规模的计量模型,认为这种模型比较有用,能得出对政策制定者有用的结论。

(4)注重经验研究对传统货币数量论的复活以及反对凯恩斯主义的革命有很大好处。假如货币主义革命的重点被置于建造精美的货币模型上,它肯定不可能引起理论界的重视,也难以动摇凯恩斯主义的理论基础。货币学派在 20 世纪 60 年代将研究工作重点放在货币历史经验考察上,不仅一下子引起整个经济学界的重视,而且将其对手拖入货币问题的经验研究和论战中。正是通过这场旷日持久的论战,货币主义才得以在西方经济学界聚集力量、站稳脚跟,进而成为主流学派,其货币理论也逐渐走向成熟,形成一个宏大体系。

二、货币需求函数

货币学派的货币需求函数主要由弗里德曼建立,它比古典学派的货币数量论的关系式复杂得多。弗里德曼结合了剑桥方程式的内涵和凯恩斯货币需求函数的外在形式,创立起自己的货币需求函数。但他放弃了古典学派的货币数量说的"货币供应量只会按比例改变价格水平"的结论。他认为,在短期内(半年),货币供应量的增加基本不会影响价格,但在长期内,货币量的变动主要反映在物价水平上。

(一) 收入水平

在诸多因素中,作为各种形式资产总和的总财富是最重要的变量。由于总财富的衡量实际上很难做到,所以用收入来代替。但这种收入不是用统计测算的现期收入,而是作为长期收入代表的恒久性收入。因为现期收入受不规则的年度波动的影响,带有很大的片面性,不能反映一般情况。而恒久性收入(Permanent Income)表示一个人所拥有的各种财富在相当长的时期内获得的收入的流量,相当于观察到的过去若干年收入的加权平均数,用 Y 来表示。弗里德曼认为,强调把收入作为财富的一种代表,而不是作为衡量货币运行情况的尺度,这是现代货币需求论与传统货币数量论的根本区别。他又把财富分为人力财富和非人力财富两大类。人力财富(Human Wealth)是指个人获得收入的能力,包括一切先天和后天的才能与技术,其大小与受教育的程度紧密相关。非人力财富(Non-Human Wealth)是指物质性的财富,如房屋、生产资料、耐用消费品等各种财产。对大多数财富持有者来说,他的主要资产来自个人的能力,即人力财富。但人力财富给人们带来的收入是不稳定的,所以很难转化为非人力财富,如失业时人力财富就无法取得收入。这两类财富在总财富中的不同构成比例,制约着它们所带来收入的不同比例,进而也就影响货币需求。所以,在总财富中人力财富所占的比例越大,出于谨慎动机的货币需求就越大,而非人力财富所占的比例越大,货币需求则相对较小。这样,非人力财富占个人总财富的比率与实际货币需求呈负相关关系。

(二) 持有货币的机会成本

它是指货币与其他资产的预期收益率,包括预期的货币名义收益率、预期的债券名义收益、预期的股票名义收益率及预期的物价变动率与债券利息和股票红利等经常性支付有关,也与资产价格变动所得到的收益有关,由于人们能从这几个变量的相互关系中衡量出持有货币的潜在收益或损失,所以被称为"机会成本"。弗里德曼认为,货币的名义收益率可以为零,也可以为正的收益或成本,如债券的利息、股票的红利、物质资产的储存费用等;另一部分是这些资产的名义价格的变化,即预期的物价变动率。例如,发生通货膨胀时,商品价格上涨,通货贬值带来的损失就是持币的机会成本。因此,物价上涨越快,持币的机会成本越高,对货币的需求就越少。

(三) 持有货币给人们带来的效用

对个人和企业来说,持有货币可以用于日常交易,可以应付不测之需,还可以抓住获利的机会,这些就是货币所提供的效用。这种流动性效用以及影响此效用的其他因素,如人们的嗜好、兴趣等都是影响货币需求的因素之一。

对企业来说,体现为生产性资产、包括货币在内的资本总量等,是在追求最大利润时可以决定的变量,因为企业可以通过资本市场获得追加的资本。把财富区分为人力形式和非人力形式对企业来说没有什么意义,企业可以通过市场购买这两种财富提供的服务。预期的货币名义报酬率和任何一种其他资产的预期收益率对企业都很重要,这些收益率决定企业货币余额的净成本。因此,此货币需求函数既反映了全社会对货币的需求,又反映了企业对货币的需求。弗里德曼用该函数进行统计处理,发现这个函数能够相当确切地描述美国和英国整整100年的货币需求。

三、对货币学派货币需求理论的评价

货币学派的货币需求理论继承和发展了古典学派货币数量论;同时在对凯恩斯主义货币需求理论的批判的基础上,又对其进行了改进。它有机地结合了宏观经济运行和微观主体行为分析,是较全面的货币需求理论。与传统的货币数量论相比,它有以下独特之处。

(1) 认为财富是收入的资本化价值,因此拒绝以当前收入作为财富的代表,而是以“恒久性收入”作为财富的代表。

(2) 影响实际货币需求的最主要因素是恒久性收入。价格水平和利率虽然也是影响它的变量,但其重要性在恒久性收入之下,恒久性收入增加,则货币需求增加;反之,则减少。

(3) 由于恒久性收入的波动较小,因此实际货币需求是高度稳定的。

(4) 它不是如传统货币数量论者那样假定货币流通速度是固定不变的量,从而货币需求量也是一个稳定的数值,而是把它当作其他变量的稳定函数。

(5) 货币学派反对国家干预经济,他们认为经济中的私营部门具有内在的稳定性,如果政府不用那些考虑欠周的政策来扰乱经济,则虽然收入会有些波动,但失业水平将是可以接受的,而且通货膨胀也是轻微的。因此,应放弃政府干预,主张经济的自由放任。

最后,值得一提的是,弗里德曼等人的实证研究方法突破了前人纯粹从理论上研究问题的局限性,给当时经济学界及以后的经济学家开启了一条崭新而实用的思路,这是他们在方法论上的重大贡献。

本章小结

1. 货币需求是指宏观经济运行以及微观经济主体对货币的需求。货币需求表现形式多种多样,从不同角度对其进行分析。

2. 在货币需求分析中,通常关注三类因素:一类为规模变量,主要指的是收入;一类为机会成本变量,主要包括利率与预期通货膨胀率;第三类称为其他变量,如制度因素等。

3. 传统的货币需求理论中,马克思的货币需求理论集中反映在其货币流通公式中。费雪交易方程式是就国民经济总体而论的,说明一国商品与劳务的交易总值(PT)同交换过程中的货币流通总量(MV)的恒等关系。剑桥学派在研究货币需求问题时,重视微观主体的行为。

4. 现代货币需求理论中,凯恩斯的流动性偏好理论分析了人们持有货币的三大动机,即交易动机、预防动机和投机动机。凯恩斯认为,交易性的货币需求是收入的增函数,而投机性的货币需求则是利率的减函数。

5. 凯恩斯的货币需求理论仅认为投机动机的货币需求与利率的大小有关,而交易动机和预防动机的货币需求不受利率变动的影响。凯恩斯理论的继承者对此提出了修正。具有代表性的研究成果:一是鲍谟的交易性货币需求对利率相当敏感的“平方根定律”;二是惠伦的预防

性货币需求也受利率影响的"惠伦理论";三是托宾的多样化资产选择对投机性货币需求影响的"资产选择理论"。

6. 弗里德曼货币需求理论的最主要的特点,是强调货币需求与其决定因素之间存在稳定的函数关系。在货币政策传导变量上,弗里德曼强调恒常收入对货币需求的重要影响,认为利率对货币需求的影响是微不足道的。

上述货币需求理论,有的互为补充,有的彼此对立,这种对立在凯恩斯主义和货币主义之间表现得尤为明显。要对这些对立的理论做出适当的评价,仅仅停留在理论的层次上是不行的,因为它们在逻辑上都是合理的,我们很难据此分出它们的优劣,最好的办法就是对其进行经验研究,看看哪一种理论对现实有更强的解释、预测能力。因此,涌现出许许多多的关于货币需求的经验研究就是一件很自然的事。

综合案例

1. M_0 的测算

以 2007 年的货币需要量为例,流通中的现金需要量(M_0)取决于零售商品劳务价格总额和货币流通速度。我们计算和考察货币需要量是否适当,需要提供以下几个数据:一是商品劳务价格总额;二是货币流通速度;三是现实的货币流通量。由前面两个数据计算出货币需要量,然后同实际存在的货币量做对比,就可以看出流通中的货币量是否过多。

(1) 商品劳务价格总额。改革开放以来,随着生产的发展和综合市场体系的形成,商品量大大增加,旅游、餐饮、交通、娱乐等服务事业如雨后春笋般涌现,导致商品劳务价格计算和统计的范围大大扩展了。有许多人用当年的GDP来代替商品劳务交易总额,这之间的差距实际很大,它应该以当年以现金实现的商品劳务价格流转总额来表示。

(2) 货币流通速度。它表明了平均每年货币媒介商品劳务的次数。这一数据的求得比较困难,最好是用直接统计法,选取若干个人和企业、单位,统计其年内的平均购买次数。由于这一方法工作量大且难以精确,故尚无有效的数据。在计划经济下,曾以 8 次作为较好的经验数据,但在当前市场经济体制下,这一方法需要重新加以研究。具体原因如下:首先是物价放开,其上涨会吸纳一定的货币量而表现出流通速度的降低;其次,随着经济主体的增加、铺底资金的增多、手持货币的增多等因素的出现,货币流通速度在逐年下降。现在用这一方法,要以某一个货币供应和物价平稳运行下的货币流通速度(比如通货膨胀率为 0)为准。还有人利用当年的 GDP 与货币供应量之比(GDP/M_0、GDP/M_1、GDP/M_2)来表示不同层次货币量的流通速度,这样计算虽然简单,但其准确性大打折扣。因为 GDP 难以代替商品劳务周转总额,并且货币流通量(即供应量)计算出的货币需要量,不是客观的需要量,它会导致循环论证。用这种方法计算,从 1987 年起,现金流通速度每年减慢 0.088 次,1987 年的货币流通速度为 6.435 89 次,1998 年为 7.1 次,到 2007 年,按这一方法计算的货币流通速度(GDP/M_2)为 5.9 次(＝116 694÷19 746)。但是,这一数据并不能作为正常的、客观需要量下的流通速度。如前所述,数据中有许多不可替代的因素,而且,当年尚有 1.2% 的物价上涨。如果根据当年零售商品价格总额45 842 亿元,同这一流通速度加以计算,2007 年当年货币的需要量为 7 769.8 亿元(＝4 582÷5.9)。

2. M_1 与 M_2 的测算

如果扩大到计算非现金流通的货币需要量,则考虑的总是更加复杂。实现大范围的商品流通,媒介手段除了现金外,还有活期存款(结算户存款),所以,计算 M_1 的需要量具有重要的意义。计算公式为

$$流通中 M_1 的需要量 = \frac{流通中以现金和转账实现的商品劳务价格总额}{M_1 流通速度}$$

若以 GDP 代替分子项目,以 M_1 代替需要量,得出的 1998 年的 M_1 流通速度为 2.01 次($=78\,345 \div 38\,954$)。M_2 的流通速度为 0.75 次($=78\,345 \div 104\,498.5$)。同理,2007 年的 M_1 的流通速度为 1.39 次($=116\,694 \div 84\,118.6$),M_2 的流通速度为 0.53 次($=116\,694 \div 221\,223$)。由于这一流通速度尚非正常的速度,再加上其他数据的短缺,计算 M_1 和 M_2 的需要量同样困难。

(案例来源:中国金融学习网)

案例分析题:现实生活中实际存在的货币流量为何难以测量?

本章复习题

一、单项选择题

1. 在信用发达的国家,占货币供应量最大的是(　　)。

　　A. 纸币　　　　　　B. 硬币　　　　　　C. 存款货币　　　　D. 外汇

2. 以下理论及模型中,不属于对凯恩斯"流动性偏好"理论的发展的是(　　)。

　　A. 惠伦模型　　　B. 托宾模型　　　C. 货币理论　　　D. 鲍谟模型

3. 按照凯恩斯的货币理论,当市场利率无限高时,人们的货币需求决定因素是以下哪一项(　　)。

　　A. 谨慎动机　　　　　　　　　B. 投机动机

　　C. 交易动机与投机动机之和　　D. 交易动机与谨慎动机之和

5. 在鲍谟模型中,不影响货币需求的因素是(　　)。

　　A. 利率　　　　　B. 转换成本　　　C. 收入水平　　　D. 心理预期

二、多项选择题

1. 目前,我国货币层次划分中,M_2 包括(　　)。

　　A. 居民储蓄存款　　　　　　B. 证券公司客户保证金

　　C. 同业存放　　　　　　　　D. 短期国库券

　　E. 大额可转让存单

2. 以下引起社会的基础货币增加的是(　　)。

　　A. 中央银行对国外的资产增加　　B. 中央银行对国外的资产减少

　　C. 中央银行对财政的资产增加　　D. 中央银行对财政的资产减少

　　E. 中央银行对商业银行的债权增加　　F. 金融创新影响到对货币的定义

3. 以下关于基础货币的论述,正确的是(　　)。

　　A. 基础货币是存款货币得以数倍扩张的源泉所在

　　B. 基础货币是由中央银行、金融机构和社会公众的行为共同决定的

C. 基础货币指的是流通在银行体系内的资金,因此不包括现金漏损的数量

D. 派生倍数是货币供给和基础货币之比

E. 基础货币指的是参加存款创造的货币

4. 凯恩斯的货币需求理论认为(　　　　)。

A. 货币具有交换媒介与价值储藏的功能

B. 在有效需求不足的情况下,扩大货币供应量,可以降低利率,增加就业和产出

C. 在流动性陷阱出现时,增加货币供给,不能降低利率,货币政策失效

D. 货币供给可以通过利率的变化调节货币需求

E. 人们的心理因素是影响货币需求的重要原因

三、思考题

1. 决定货币需求的主要因素有哪些?

2. 如何看待马克思的货币需求理论? 你认为该理论在今天还有指导意义吗?

3. 谈谈凯恩斯货币需求理论的特色和凯恩斯对货币需求理论发展的贡献。

4. 货币需求函数中的机会成本变量主要有哪些? 它们对货币需求有何影响?

5. 试述弗里德曼货币需求理论与凯恩斯理论的异同。

第十章 通货膨胀与通货紧缩

通过本章的学习,使学生在掌握通货膨胀和通货紧缩的定义及其测量标准的基础上,学会运用通货膨胀及通货紧缩理论来分析我国通货膨胀和通货紧缩的成因,提出治理的办法。

导入案例

中国的通货膨胀

目前,中国居民消费品价格可谓直线上升。大蒜价格暴涨是导火索,紧接着辣椒价格也开始大幅上涨,食用油集体涨价,面粉也有小幅上涨,肉禽蛋价格都出现不同程度上涨。特别是蔬菜价格近十天涨幅令人瞠目结舌。前期蔬菜涨价可以找到受雪灾影响这个原因,而现在雪灾早已过去,但是价格却还在上涨。更加令人惊讶的是,公共产品的水、电、暖气、煤气都开始跳起"涨价集体舞",并且明确说 2010 年还要集体"劲舞"。从居住类价格来说,除众所周知的住房价格暴涨外,二手房价格以及住房租金都在涨。可以说,CPI 中 80% 的项目都在上涨,并且这种上涨程度越来越严重。

(案例来源:余丰慧:中国无通胀论缺乏市场调研,载《经济展望》,2010 年第 3 期)

案例分析题:种种迹象表明通货膨胀已初露端倪,那么,什么是通货膨胀? 为什么会出现通货膨胀? 应该怎样治理?

第一节 通货膨胀概述

一、通货膨胀的定义

普通人对于通货膨胀的认识无外乎"物价涨了""钱不值钱了"。而经济学家对通货膨胀的定义因人因时而异,并没有取得一致的看法。例如,哈耶克(F. A. Hayet)认为,通货膨胀的原意是指货币数量的过度增长,这种增长会合乎规律地导致物价的上涨;但由于其他原因(如农业歉收、能源短缺等)的物价上涨则不能称之为通货膨胀。凯恩斯(J. M. Keynes)在《就业、利息与货币通论》中指出,通货膨胀为有效需求增加程度超过生产增加程度,而物品与劳务并未成比例地增加所发生的现象,亦即货币数量超过现有物品与劳务按市价计量的数量。弗里德曼(M. Friedman)认为,物价普遍上涨就叫作通货膨胀,并断言:"各时各地所发生的通货膨胀,总是货币现象。"萨缪尔森(P. A. Samuelson)则用时期的概念来解释,认为通货膨胀是物品和生产要素的价格普遍上升的时期。罗宾逊(J. Robinson)对通货膨胀的解释是:由于对同样经济活动的工资报酬率的日益增长而引起的物价直升变动。

经济学家之所以对通货膨胀的定义颇多分歧,实际上涉及通货膨胀的成因及治理这两个更深层次的问题。而一个被普遍接受的描述性的定义是:通货膨胀是在一定时间内一般物价水平的持续上涨现象。这里包含着三层含义:第一,通货膨胀内是指一般物价水平的持续上涨。所谓一般物价水平,是指包含所有商品和劳务价格在内的总物价水平,而不是指个别物价或部分物价的上涨。第二,通货膨胀所引起的物价上涨是一个持续的过程,要经过一定的时间才能被人们所认识,因此,季节性的、偶然的或暂时的物价上涨均不能称之为通货膨胀。第三,通货膨胀是一般物价水平的明显上升,而轻微的物价上涨,比如说 0.5%,就很难说是通货膨胀。当然,一般物价水平上升多大幅度才算是通货膨胀,这取决于人们对通货膨胀的敏感程度,实际上是一个带有主观性的概念。

二、通货膨胀的度量

既然通货膨胀是一般物价水平的持续上涨现象,那么,通货膨胀的程度就可以用一般物价水平的上涨程度来表示。在实际的经济分析中,一般物价水平的变动是通过物价指数来衡量的。物价指数是本期物价水平对基期物价水平的比率,通常人们将基期物价指数设定为100(%)。物价指数多以样本商品或劳务的价格为基础,采用加权平均方法计算。其公式如下

$$I_t = \frac{\sum_{i=1}^{n} P_{it} Q_{i0}}{\sum_{i=1}^{n} P_{i0} Q_{i0}} \times 100$$

式中,I_t 为计算期物价指数,P_{i0} 和 Q_{i0} 分别表示第 i 种商品的基期价格和基期数量,P_{it} 表示第 i 种商品的计算期价格,n 为样本数量。

利用物价指数就可以计算出一般物价水平的上涨幅度即通货膨胀率,T 时期的通货膨胀率

$$\pi_t = \frac{I_t - I_{t-1}}{I_{t-1}} \times 100\%$$

有时候我们会发现,在不同资料中同一时期的通货膨胀率会是不同的数字,这时需要注意计算这一通货膨胀率所使用的物价指数。根据所选的样本数量和范围的不同,物价指数也不同。如果所选样本是消费领域的,则是消费物价指数;如果所选样本是生产领域的,则是生产价格指数;如果是批发领域的,则是批发物价指数;如果包括商品也包括劳务等各个领域的国民生产总值,则是 GNP 平减指数。通常使用的物价指数有四个。

(一) 消费物价指数

消费物价指数(Consumer Price Index,简称 CPI)也称为零售物价指数或生活费用指数。

它是以消费者的日常生活支出为对象,反映消费品价格水平的变化情况。这种指数是由各国政府根据本国的主要食品、衣物和其他日用消费品的零售价格以及水、电、居住、交通、医疗、娱乐等服务费用加权平均计算出来的。由于 CPI 能够灵敏地反映居民日常生活成本的变化,而且资料容易搜集,所以在衡量通货膨胀时被多数国家所采用。当然,消费物价指数也有其缺点,如无法考虑商品质量的改进、新产品对消费者福利的增进以及商品间的相互替代性等,因而存在夸大物价上涨幅度的可能。

(二)生产者价格指数

生产者物价指数(Producer Price Index,简称 PPI)主要的目的在衡量各种商品在不同的生产阶段的价格变化情形。一般而言,商品的生产分为三个阶段。一是原始阶段:商品尚未做任何的加工;二是中间阶段:商品尚需做进一步的加工;三、完成阶段:商品至此不再做任何加工手续。

PPI 是衡量工业企业产品出厂价格变动趋势和变动程度的指数,是反映某一时期生产领域价格变动情况的重要经济指标,也是制定有关经济政策和国民经济核算的重要依据。因而这项指数包括原料、半成品和最终产品 3 个生产阶段的资讯。将食物及能源去除后的,称为"核心 PPI"(Core PPI)指数,以正确判断物价的真正走势——这是由于食物及能源价格一向受到季节及供需的影响,波动剧烈。Core PPI 短期内会产生误导作用,所以经济学家注重 PPI 而媒体注重 Core PPI。

如何计算,PPI 主要着眼于工业、矿业、原料、半成品的价格,目前也加进了服务业,不过比重较小。美国劳工部在 25 000 多企业做调查,得出产品价格,根据行业不同和在经济中的比重,分配比例和权重。

PPI 能够反映生产者获得原材料的价格波动情况,推算预期 CPI,从而估计通胀风险。

(三)批发物价指数

批发物价指数(Wholesale Price Index,简称 WPI)是根据大宗商品包括最终商品、中间商品及进口商品的批发价格编制的指数,反映大宗批发交易的物价水平变动情况。这一指数的优点是对商业周期反应敏感,可以用它来衡量物质生产部门生产成本的变化。其缺点是与居民生活没有直接联系,而且不包括劳务的价格,不能准确反映总体物价水平的变动情况;而且大宗商品多为原材料或零部件,其价格波动幅度常常小于零售商品的价格波动幅度,未必能真正反映社会总供给与总需求的对比关系。

(四)GNP 平减指数

GNP 平减指数(GNP Deflator)又称 GNP 折算指数、GNP 所见指数,是按当年价格计算的 GNP 与按不变价格计算的 GNP 的比率,是指没有剔除物价变动前的 GNP 增长与剔除物价变动后的 GNP 增长的比率。例如,某国 2016 年的国民生产总值为 3.3 万亿美元,而按 2015 年价格计算则是 3 万亿美元;如果以 2015 年的价格指数为 100,则 2016 年 GNP 平减指数即为 110(=33 000÷30 000×100%)。该指数以构成国民生产总值的所有最终产品和劳务为对象,因而能够较全面地衡量一国总体物价水平的变化过程。但是由于数据量大,编制 GNP 平减指数既耗时又费力,很难及时更新和公布,在时效上无法满足经济决策的需要。

目前,在大多数发达国家和一些国际组织(如联合国、经合组织、世界银行、国际货币基金组织等)都采用消费物价指数和 GNP 平减指数来度量通货膨胀,前者主要用于月、季度分析,后者主要用于年度分析。

三、通货膨胀的类型

按照不同的划分标准,通货膨胀通常可以进行如下分类。

(一) 根据物价上涨速度快慢划分的通货膨胀类型

(1) 爬行式的通货膨胀(Creeping Inflation),也就是所谓的温和通货膨胀,年物价水平上升速率在5%以内。西方经济学家认为,爬行式的通货膨胀对经济的发展和国民收入的增加都有积极的刺激作用,并将它看作是实现充分就业的必要条件,就像润滑油一样刺激经济的发展,这就是所谓的"润滑油政策"。

(2) 步行式的通货膨胀(Walking Inflation),即指物价上涨的幅度比爬行式通货膨胀要高,但又不是很快,平均物价上涨率约在5%~10%之间。步行式的通货膨胀有可能是通货膨胀即将加速的危险信号。

(3) 跑步式的通货膨胀(Running Inflation),即物价总水平上涨的速度比前两种更为迅速,大体上说,平均每年的物价上涨水平大约为10%~100%,且发展速度很快。

(4) 奔腾式的通货膨胀(Hyper-Inflation),也称之为恶性通货膨胀或超级通货膨胀,它是指一国的物价水平无限制地迅速上升,年物价水平上升速率超过100%。其主要特征是:物价水平急剧上升,正常的经济关系遭到破坏,货币大幅度贬值乃至货币体系崩溃。1923年,德国的通货膨胀率超过1 000 000%,成为恶性通货膨胀的典型代表。

(二) 根据表现形式划分的通货膨胀类型

(1) 公开型的通货膨胀(Open Inflation),也称之为开放型通货膨胀,是指政府对物价水平不加管制,价格随市场供求变化而自由涨落,只要出现通货膨胀,就表现为价格水平的明显上涨。

(2) 隐蔽型的通货膨胀(Repressed),也称之为压抑型的通货膨胀,是指政府通过价格控制、定量配给以及其他的一些措施来抑制物价的上涨。表面上货币工资没有下降,物价总水平也没有上升,但居民实际消费水平却在下降。市场排队抢购、凭证购买、有价无货以及产品质量下降等形式表现出来。在我国实行计划经济体制时期,就存在这种隐蔽型的通货膨胀,当时的物价指数并不反映真实的通货膨胀程度。而改革开放初期国家放开价格,被压抑的通货膨胀得到释放,物价水平随之大幅上升。

(三) 根据形成原因划分的通货膨胀类型

(1) 需求拉上型通货膨胀(Demand-Pull Inflation),指的是由于社会总需求的过度增长超过了按现行价格可得到的社会总供给的增长,使太多的货币追逐太少的商品和劳务而引起的一般物价水平上涨的现象。

(2) 成本推动型通货膨胀(Cost-Push Inflation),由于生产成本上升而引起的物价上涨现象。其中主要是工资推动和利润推动。

(3) 结构型通货膨胀(Structural Inflation),不是由于总需求增加或成本的上升引起的,而是由于国民经济的部门结构不适应变化了的需求结构而引起的。

除了上述分类之外,根据是否有预期作用,还可以分为预期的通货膨胀和非预期的通货膨胀;根据通货膨胀发生的时间可划分为战时的通货膨胀、战后的通货膨胀、和平时期的通货膨胀;根据通货膨胀与经济增长的联系可划分为恢复性通货膨胀、适应性通货膨胀、停滞膨胀等。

第二节　通货膨胀的形成原因

关于通货膨胀的成因,各国经济学家有多种不同的理论解释,但主要是从需求和供应两个方面入手分析的,概括起来,主要有以下几种理论解释。

一、需求拉上说

需求拉动的通货膨胀又称超额需求通货膨胀,这一理论认为通货膨胀是由于总需求超过总供给所引起的一般价格水平的持续显著的上涨。一般来说,总需求的增加会引起物价水平的上升和生产总量的增加,但在达到充分就业的情况下,即图 10-1 中 Y_F 点后实际产量达到极限之后,总需求任何一点的增加,都会引起价格水平的进一步提高,也就使通货膨胀更加明显,其变动过程如图 10-1 所示。图中 AS 表示总供给曲线,AD_0 表示初始的总需求曲线,其交点决定了均衡价格水平 P_0 和均衡产出水平 Y_0。当总需求增加,即总需求曲线不断向右上方移动至 AD_1、AD_2、AD_3 时,均衡价格

水平也不断上升至 P_1、P_2、P_3,这就是所谓需求拉上的通货膨胀。值得注意的是,当经济远离充分就业时的产出水平(Y_F 点)时,总供给曲线 AS 较为平坦,越是接近充分就业,AS 曲线越陡峭。经济达到充分就业,AS 曲线变为垂直线,这时总需求增加的效果几乎全部表现为物价的上涨(由 P_2 到 P_3),这也就是凯恩斯所说的"真正的通货膨胀"。

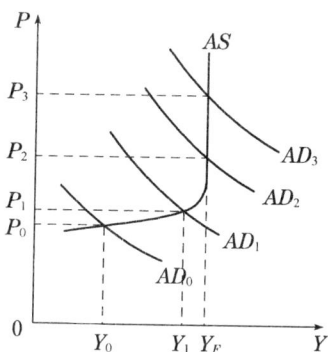

图 10-1　需求拉上型通货膨胀

二、成本推进说

成本推进说也叫利润推动说,主要从总供给或成本方面分析通货膨胀的生成机理。该理论认为,通货膨胀的根源并非由于总需求过度,而是由于总供给方面生产成本上升所引起。造成成本向上移动的原因大致有两个,即工资过度上涨或利润过度增加。因为在通常情况下,厂商的产品定价一般采用成本加成的方法,即商品的价格等于生产成本加上一个既定的利润率。因此,生产成本的上升或利润的增加必然导致物价水平的上升。

(一)工资推进的通货膨胀

工资推动通货膨胀是工资过度上涨所造成的成本增加而推动价格总水平上涨,工资是生产成本的主要部分。工资上涨使得生产成本增长,在既定的价格水平下,厂商愿意并且能够供给的商品数量减少,从而使得总供给曲线向左上方移动。

在完全竞争的劳动市场上,工资率完全由劳动的供求均衡所决定。但是在现实经济中,劳动市场往往是不完全竞争的,强大的工会组织的存在往往可以使得工资过度增加,如果工资增加超过了劳动生产率的提高,则提高工资就会导致成本增加,从而导致一般价格总水平上涨,而且这种通胀一旦开始,还会引起"工资—物价螺旋式上升",工资物价互相推动,形成严重的通货膨胀。

(二) 利润推进的通货膨胀

利润推进的通货膨胀是指厂商为谋求更大的利润导致的一般价格总水平的上涨。与工资推进的通货膨胀一样,具有市场支配力的垄断和寡头厂商也可以通过提高产品的价格而获得更高的利润。与完全竞争市场相比,不完全竞争市场上的厂商可以减少生产数量而提高价格,以便获得更多的利润。为此,厂商都试图成为垄断者,结果导致价格总水平上涨。

成本推进说的理论分析可通过图 10-2 加以说明。图中,充分就业时的产量为 Y_F,在此之前,总供给曲线具有价格弹性。当总需求不变时,成本的上升会导致总供给曲线向左上方移动,即企业会在同等产出水平上提高价格,或在同等价格水平上减少产出。如图 10-2 所示,成本持续上升,总供给曲线便由初始状态 AS_0 不断上移至 AS_1、AS_2,导致产量由 Y_F 下降至 Y_1、Y_2,同时价格水平由 P_0 上升至 P_1、P_2。

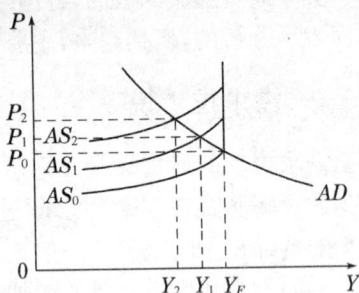

图 10-2 成本推进型通货膨胀

此外,现代企业为了加强竞争,扩张市场,必须增加许多间接成本开支,如技术改进费、广告费、新产品开发费等,这种增加的间接成本转嫁到商品价格上去,也会引起物价上涨;由于汇率变动引起进出口产品和原材料成本上升以及石油危机、资源枯竭、环境保护政策不当等造成原材料、能源生产成本的提高也会引起成本推进型通货膨胀。

三、供求混合推进说

需求拉上说撇开供给来分析通货膨胀的成因,而成本推进说则以总需求给定为前提条件来解释通货膨胀,二者都具有一定的片面性和局限性。因此,有的经济学家认为,"成本推进"或"需求拉上"的概念存在缺陷,它只能说明由于需求曲线或供给曲线的位移而发生的物价水平的一次性上涨,但不适宜对持续的物价上涨进行分析。在显示经济生活中,大量存在的是总供给和总需求共同作用下的供求混合推进型通货膨胀。其发展过程可见图 10-3。

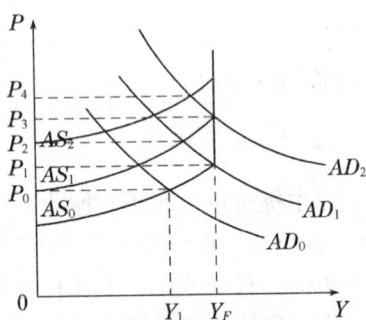

图 10-3 供求混合型通货膨胀

混合型通货膨胀可能由需求拉上开始。假定经济初始的总供求均衡点为图中 AS_0 和 AD_0 的交点。政府为了促进经济增长,便实行促进总需求以提高产出的政策。在扩张性的财政、货币政策作用下,总需求曲线由 AD_0 右移至 AD_1,产出由 Y_1 增加到 Y_F,同时物价水平由 P_0 上升到 P_1。物价的上涨会使生产成本相应提高,从而导致总供给曲线由 AS_0 左移至 AS_1,物价水平进一步上涨至 P_2,而产出却减少,为了实现经济增长和充分就业,政府再次增加支出,总需求曲线又由 AD_1 右移至 AD_2,如此下去,物价水平就会循 $P_0 \rightarrow P_1 \rightarrow P_2 \rightarrow P_3 \rightarrow P_4$ 而呈螺旋上升。

混合型通货膨胀也可能由成本推进开始。假定经济起初处于充分就业水平,总供求的均衡点为 AS_0 和 AD_1 的交点。如果这种状态维持久了,工人对工资水平得不到提高产生不满,于是工会组织向企业提出增加工资的要求,企业因担心工人罢工而不得不答应工人的要求。

由于工资成本推进，总供给曲线由 AS_0 左移至 AS_1，物价水平上升，而产出水平下降，导致失业增加。这种状况影响了政府政策目标的实现，政府便采取扩张的货币政策，这一行动使总需求曲线由 AD_1 左移至 AD_2，产出恢复到充分就业水平，但物价进一步上升。为了抵消通货膨胀的影响，工会再一次要求提高工资，这样成本推动力量又会发生作用，总供给曲线再度左移至 AS_2，持续性的通货膨胀不可避免。

四、"结构型"通货膨胀说

由于需求拉上或成本推进的通货膨胀理论不足以充分说明一些国家的长期通货膨胀问题，于是，一些经济学家转而从经济结构及其变化方面求解通货膨胀的成因。他们认为，即使整个经济生活中的总需求和总供给处于平衡状态，但由于经济结构方面的因素变动，一般物价水平的上涨也会发生，这就是所谓的"结构型通货膨胀"（Structural Inflation）。

这种理论的核心思想是：经济中存在两大部门——先进部门与保守部门（或需求增加部门与需求减少部门，扩展部门与非扩展部门，开放部门与非开放部门），由于需求转移、劳动生产率增长的不平衡或世界通货膨胀率的变化，导致一个部门的工资、物价发生变动时，往往会通过部门之间相互看齐的过程而影响到其他部门，由于工资与物价存在向下的刚性，结果会引起物价总水平的普遍持续上升。

具体地说，这种类型的通货膨胀又可分为三种情况：① 需求转移型，即指在总需求不变的情况下，由于消费者偏好的变化，部门需求转移到其他生产部门，而各种生产要素却不能及时转移，于是，需求增加的部门的工资和产品价格上涨，而需求减少的部门工资和产品价格由于"刚性"特点又未能下降，因此导致物价总水平上涨。这种理论最先由舒尔兹（C. L. Schultze）在 1959 年发表的《最近美国的通货膨胀》一文中提出。② 部门差异型。先进部门与落后部门的劳动生产率的增长率存在差异，当先进部门因劳动生产率提高而增加货币工资时，由于攀比，保守部门的货币工资也以同样的比例提高，从而引起整个经济出现工资推进的通货膨胀。这一理论先由鲍谟（W. Baumol）于 1967 年发表的《不平衡增长的宏观经济学：城市危机的解剖》一文中提出，之后的托宾（J. Tobin，1972）和希克斯（J. R. Hicks，1974）也有类似的见解。这一理论同样适用于一些传统农业部门和现代工业部门并存的发展中国家，在农业落后条件的制约下，政府为促进经济发展，往往不得不通过增加农业开支或提高农产品价格来促进农业的发展，从而引发价格总水平的上涨。③ 外部输入型，也称斯堪的纳维亚小国型通货膨胀。这种理论把一国经济区分为两大部门，即开放部门和非开放部门，在国际贸易中，小国一般是国际市场价格的承担者，世界通货膨胀会通过一系列机制传递到小国的开放经济部门，引起这些部门的物价上涨，然后又引起非开放部门的物价上涨，进而导致全面的通货膨胀。该理论最初由挪威经济学家奥科鲁斯特（O. D. Aukrust）提出，后经瑞典经济学家德格伦（G. T. Edgren）、法克森（K. O. Foxen）以及奥德纳（C. E. Odhner）等人加以发展和完善。

五、通货膨胀预期说

通货膨胀预期说主要通过对通货膨胀预期心理作用的分析来解释通货膨胀的发生。该理论认为，在完全竞争的市场条件下，如果人们普遍预期一年后的价格高于现在的价格，就会在出售和购买商品时将预期价格上涨的因素考虑进去，从而引起现行价格水平提高，直至其达到预期价格以上。这种在市场预期心理作用下发生的通货膨胀被称为"预期的通货膨胀"。

预期心理引致或加快通货膨胀的作用过程可从以下三个方面说明:一是加快货币流通速度。当人们产生对通货膨胀的预期后,会尽快地购买实物资产,而不愿意持有货币,因此货币流通速度加快,相当于增加了货币流通数量,从而引起通货膨胀。二是提高名义利率。当储蓄者有了通货膨胀预期时,为了保证实际利息收入不变,会要求按照其预期通货膨胀的幅度提高名义利率,名义利率的提高更进一步增加了商品生产者的成本,为转嫁成本或维持利润水平,厂商提高商品价格,从而导致通货膨胀。三是提高对货币工资的要求。在通货膨胀预期的作用下,工人或企业经营者会要求提高工资和其他福利所得,从而提高生产成本,导致商品价格上涨。

经济学家对通货膨胀预期的形成方式有两种不同的观点:一种观点认为,人们在形成预期时是"向后看"的,即主要根据以往的经验来形成对未来的预期,这种观点被称为"适应性预期假说";另一种观点则认为,人们在形成预期时是"向前看"的,即主要根据各方面的信息,分析所有相关变量发展变化的可能,从中形成对未来的预期,这种观点被称为"理性预期假说"。实际上,人们在形成通货膨胀预期时是二者兼而有之的。在物价持续上涨时期,一旦人们形成通货膨胀预期,就会在各种经济活动中将预期的通货膨胀考虑进去,政府也会根据预期的通货膨胀率制定财政、货币政策,从而使通货膨胀产生惯性。这种由于通货膨胀预期的作用而持续存在的通货膨胀被称为"惯性通货膨胀"。预期通货膨胀率会随着市场供求关系的变化和政府调控政策的实施而相应调整。其惯性的大小主要取决于预期形成的方式。适应性预期会导致通货膨胀有较大的惯性;而理性预期则会使通货膨胀具有较小的惯性。

第三节　通货膨胀的经济效应

通货膨胀对经济的影响是多方面的,具体表现为以下几个方面。

一、社会效应

在正常情况下,经济当中家庭、企业和政府三部门的储蓄分别有各自的形成规律:家庭部门的储蓄为收入剔除消费支出后的剩余部分;企业部门的储蓄由用于扩张生产的利润和折旧基金构成;政府部门的储蓄来源则比较特殊。如果政府用增加税收的办法来筹资搞生产性投资,那么,这部分储蓄是从其他两部门的储蓄中挤出的,从而全社会的储蓄总量不变。如果政府通过向中央银行借款弥补财政赤字的办法形成储蓄,就会造成直接或间接增加货币发行,强制增加全社会的储蓄总量,由此引发的通货膨胀降低了家庭和企业所持有实际货币余额,而这部分失去的货币价值实际上转移到发行货币的政府部门,形成了所谓的"通货膨胀税"。这也就是说,政府通过增发货币引起通货膨胀获得了超额收入,它以隐蔽的手段增加了政府的投资。只要政府的储蓄倾向高于各货币持有者的储蓄倾向,整个国家的平均储蓄水平就会提高,从而就有更多的投资资金。显然,通货膨胀这种效应是通过对社会流通中的货币量进行再分配而实现的。

二、收入分配效应

在通货膨胀时,人们的名义货币收入与实际货币收入之间会产生差距,只有剔除物价的影响,才能看出人们实际收入的变化。由于各社会成员收入增长多少并不一致,因此,在物价总水平上涨时,有些人的实际收入水平会下降,有些人的实际收入水平反而会提高。这样,通货膨胀实际上在社会成员之间强制进行了一次国民收入再分配。这就是通货膨胀的收入分配效应。对于领取救济金、退休金以及靠福利和其他转移支付维持生活的固定收入阶层,其实际收入常落后于物价的上涨,所以生活水平会降低。货币工资等固定收入的增长相对于物价上涨的滞后时间越长,遭受通货膨胀的损失相应地也就越大。而对于可获取企业剩余的企业主等浮动收入阶层而言,如果产品价格上升得比原材料价格和工资成本上升得快,企业的利润就会增加,那些从利润中分取收入的人都能得到好处。

三、资产结构调整效应

资产结构调整效应也称财富分配效应,它是指通货膨胀会通过储蓄率和部分有形资产价格的变化而影响社会成员原有资产比例的现象。

社会成员拥有的资产可分为实物资产和金融资产两种形式。许多人同时还有负债,如借有汽车抵押贷款、房屋抵押贷款和银行消费贷款等。因此,一个家庭的财产净值是它的资产价值与债务价值之差。

通货膨胀时期,实物资产的货币价值大体随通货膨胀率的变动而相应升降。具体而言,通货膨胀对实物资产的影响程度取决于持有的实物资产在货币形态上的自然升值与物价总水平上涨之间是否一致。如果前者大于后者,则可由此受益;反之,就要因此受损。

金融资产价值在通货膨胀条件下的变化比较复杂。如一般说来,股票价格在通货膨胀条件下会呈上升趋势,但影响股票价格的因素很多,也很难说它是一种可以在通货膨胀环境中保值的资产。就持有金融负债而言,由于通货膨胀会减少实际债务,从而对债务人有利却对债权人不利。

每个社会成员的资产负债结构不尽相同,所受通货膨胀的影响也会有差异。这最终要看其在持有的实物资产、货币资产和负债三方面所得的收益和损失的净差额而定。如果粗略地说,在居民、企业和政府三者当中,居民部门在总体上是货币多余者,处于净债权人地位,在通货膨胀中是受害者;而企业和政府两个部门总体上是货币不足者,处于净债务人地位,在通货膨胀条件下是受益者。

四、产出效应

通货膨胀的产出效应实际上就是通货膨胀对经济增长的影响。尽管人们对恶性通货膨胀必然损害经济增长的认识基本一致,但对于温和通货膨胀的产出效应却存在争议,其观点大体可以分为三类:促进论、促退论和中性论。

(一)促进论

促进论认为,温和通货膨胀具有正的产出效应,可以促进经济的增长。其基本观点是:新古典综合派的大多数学者都倾向于这种观点。他们认为通货膨胀能通过强制储蓄,扩大投资来实现增加就业和促进经济增长。首先,若政府将膨胀性收入用于实际投资,就会增加资本形成,尽管存在"挤出效应",但只要私人投资不降低或者降低幅度小于政府投资,就能提高社会总投资水平,并通过投资的乘数效应促进经济的实际增长。其次,由于人们普遍存在货币幻觉,对通货膨胀的预期调整比较缓慢,在这个过程中,工资上涨率会低于物价上涨率,企业的利润会相应提高。在货币幻觉尚未破灭的情况下,通货膨胀会刺激私人投资的积极性,进而促进经济增长。再次,一般情况下,通货膨胀是一种有利于富裕阶层的收入再分配,高收入富裕阶层的边际储蓄倾向比较高,从而,通货膨胀会通过提高储蓄率而促进经济增长。

(二) 促退论

促退论认为,无论是温和的、奔腾式的或恶性的通货膨胀都是一种病态的货币现象,必然会损害经济增长,所不同的仅仅是破坏程度而已。通货膨胀肯定阻碍经济增长和导致经济低效率。这是因为:① 较长时期的通货膨胀会增加生产性投资的风险和经营成本,使生产性投资下降;② 它会打乱正常的资金分配流向,使资金流向非生产部门,这不利于经济的长期增长;③ 它会造成社会对资金的过度需求,迫使金融体系增加信贷量,降低金融体系的效率;④ 在公众对通货膨胀产生预期后,政府采取的价格管制措施,会使经济的运行更加缺乏竞争力和活力。

(三) 中性论

中性论认为,通货膨胀对经济增长既无正效应也无负效应,它是中性的。在温和的通货膨胀环境中公众会形成通货膨胀的预期,他们会对物价上涨做出合理的行为调整,使有关通货膨胀的各种效应相互抵消,从而对经济增长不产生作用。

第四节 通货膨胀的治理对策

由于通货膨胀严重影响了一国经济的正常发展,因此,各国政府都十分重视通货膨胀的控制和治理,经济学家们也将其作为宏观经济中重大课题加以研讨,形成了一系列治理通货膨胀的对策措施。

一、需求管理政策

通货膨胀往往是由于总需求过度膨胀引起的,如果能够肯定地判断这一成因,那么顺理成章的对策就是抑制总需求,这就是所谓需求管理政策的核心思想。需求管理政策是迄今为止在治理通货膨胀中运用最多,也最为有效的政策措施。其主要内容包括紧缩性财政政策和紧缩性货币政策。

紧缩性财政政策通常包括:① 削减政府支出,包括减少军费开支和政府在市场上的采购;② 限制公共事业投资和公共福利支出;③ 增加赋税,以抑制私人企业投资和个人消费支出。总之,一方面压缩政府支出形成的需求;另一方面抑制私人部门的需求。但是,财政支出有很大的刚性,教育、国防、社会福利的削减都是阻力重重,有时并非能由政府完全控制。增加税收更会遭到公众的强烈反对,并且,目前世界上大多数国家税收方面的制度都是通过立法程序确定的。政府财政部门实际上并不掌握税率结构调整权。

紧缩性货币政策的实质可以归结为控制货币供应量。但这种控制通常并不是指货币存量的绝对减少,而只是减缓货币供应量的增长速度,以遏制总需求的急剧膨胀。货币学派代表人物弗里德曼认为,正因为过多地增加货币量是通货膨胀的唯一原因,所以,降低货币增长率也是医治通货膨胀的唯一方法。即只有将货币增长率最终下降到接近经济增长率的水平,物价才可能大体稳定下来,即中央银行运用货币政策工具抽紧银根。

从世界各国的实践来看,紧缩总需求以制止通货膨胀往往会导致经济增长速度下降,失业率上升。并且,开始紧缩的力度越大,衰退就越严重,但持续时间很短,通货膨胀率也能较快地降下来;反之,采取比较温和的措施,开始时的衰退并不严重,但拖延的时间长。因此,政府就面临着两难的选择:是付出较大代价以求迅速见效,还是为避免过度衰退而使其成为一个较为漫长的过程。

二、收入政策

收入政策是指政府制定一套关于物价和工资的行为准则,强制性或非强制性地要求由价格决定者(劳资双方)共同遵守。其目的在于降低通货膨胀率而又不致造成大规模的失业。

显然,收入政策主要针对成本推进型的通货膨胀。其具体措施主要包括以下三种形式:① 指导性为主的限制。对特定的工资或物价进行“权威性劝说”或施加政府压力,迫使工会或雇主协会让步;对一般性的工资或物价,政府根据劳动生产率的提高等因素,制定一个增长标准,作为工会和雇主协会双方协商的指导线,要求他们自觉遵守。② 以税收为手段的限制。政府以税收作为奖励和惩罚的手段来限制工资和物价的增长。如果工资和物价的增长率保持在政府规定的幅度之内,政府就以减少个人所得税和企业所得税作为奖励;如果超过界限,就增加税收作为惩罚。③ 强制性限制,即政府颁布法令对工资和物价实行管制,甚至实行暂时冻结。

但是,收入政策也存在着缺陷:① 对非强制的指导性政策以及税收政策而言,其效果取决于劳资双方能否与政府通力合作。② 强制性的收入政策会妨碍市场机制对资源的有效配置。因为市场是通过价格信号来引导生产要素流动的,价格限制也就必然使资源的转移和配置发生扭曲。③ 如果在价格管制的同时没有采取相应的紧缩需求的措施,那么,公开的通货膨胀将变为隐蔽型的,一旦重新放开价格,通货膨胀便会以更大的力量爆发出来。

三、供给政策

供给学派认为,虽然通货膨胀的直接原因是货币量过多,但从根本上说,货币过多所导致的需求膨胀是相对总供给过少而言的。因此,治理通货膨胀,摆脱滞胀困境,根本的方法在于增加生产和供给。增加供给不但能够满足过剩的需求,从而克服通货膨胀,而且可以避免单纯依靠紧缩总需求引起衰退的负面效应。要增加生产和供给,一个最关键的措施就是减税。减税可以提高人们的储蓄和投资能力与积极性。同时配以其他政策措施:一是削减政府开支增长幅度,争取平衡预算,消灭财政赤字,并缓解对私人部门的挤出效应;二是限制货币供应量增长率,抑制社会总需求。

总而言之,治理通货膨胀是一个非常复杂的问题,并没有十全十美的治理对策。更多的情况是政府要权衡利弊得失,灵活运用各种治理手段,找到适合本国实际情况的行之有效的方法。

四、结构调整政策

如果通货膨胀的主要原因在于结构性失调,那么可采取的抑制政策就是结构调整政策。结构调整政策的目的在于使各产业部门之间保持一定的比例,从而避免某些产品的供求因结构性失调而导致物价上涨。采取的措施主要是微观财政政策和微观货币政策。

微观财政政策就是在保持税收总量的前提下,调节各种税率和施行范围;在保持财政支出总量的前提下,调节政府支出的项目和各项目的总额。微观货币政策包括利息率结构和信贷结构。中央银行通过对利息率结构和信贷结构的调整,影响存款和贷款的结构和总额;提高资金使用效率,鼓励资金流向生产部门。

第五节　通货紧缩

1997 年 7 月,亚洲金融危机爆发之后的几年,全球性的通货紧缩日趋明显。正如英国《经济学家》所言,世界在经历了 20 世纪 30 年代的经济大萧条之后,再一次进入一个全球性的通货紧缩时期。世界各国都出现了经济增长率和贸易增长率大幅度下降,生产能力大量过剩,需求锐减,国际市场商品价格大幅下跌的现象。据统计,1997 年以来,国际市场的原材料价格和产成品价格下滑幅度均达 30%;消费价格升幅和绝对水平也不同程度地出现了普遍下降趋势。1998 年,发达国家的 GNP 平减指数为 1.6%,消费价格指数为 1.7%,是半个世纪以来的最低点。通货紧缩问题作为一个全球性的经济现象日益引起人们的关注。

一、通货紧缩的含义

通货紧缩是与通货膨胀相对立的概念。国外学者普遍地将其定义为价格水平普遍的、持续地下降。美国经济学家希勒在其《宏观经济学》(1989)教科书中将通货紧缩定义为"商品和服务的平均价格水平的下降"。萨缪尔森和诺德豪斯在 1992 年出版的《经济学》中则认为,"与通货膨胀相反的是通货紧缩,它发生于价格总水平的下降中"。斯蒂格利茨在其《经济学》(1997)中将通货紧缩表示为价格水平的稳定下降。巴塞尔国际清算银行提出的标准是:一国消费品价格连续两年下降可被视为通货紧缩。

中国国内关于通货紧缩的定义目前有三种观点:第一种观点为"单因素"论,认为通货紧缩是物价水平的普遍持续下降,它与国外经济学界关于通货紧缩的主流观点比较接近。第二种观点是"二因素"论,认为通货紧缩是指价格水平和货币供应量均出现持续下跌的趋势,其实质是强调通货紧缩是一种货币现象。第三种观点则是"三因素"论,认为通货紧缩不仅是物价持续下跌、货币供应量持续下降,而且伴随着经济的全面衰退。这种观点强调通货紧缩是经济衰退的货币表现。

在实际经济中,判断某国经济是否出现了通货紧缩,一看通货膨胀率是否由正转变为负;二看这种下降是否超过了一定期限。这个期限有的国家以一年为界,有的国家以半年为界。

按通货紧缩的程度不同,可将其分为轻度通货紧缩、中度通货紧缩和严重通货紧缩。轻度通货紧缩是指通货膨胀率持续下降,由正值变为负值的情况。通货膨胀率负增长超过一年且未出现转机的情况视为中度通货紧缩。中度通货紧缩继续发展,持续时间达到两年左右,或物价降幅达到两位数,这种情况就是严重通货紧缩。严重的通货紧缩往往伴随着经济衰退。20 世纪 30 年代美国经济大萧条就是最典型的例子。

二、通货紧缩的成因

通货紧缩可能由各种各样的原因引起,从世界经济发展的历史总结,通货紧缩更多的是与有效需求不足、政府支出缩减、技术进步和生产成本降低、供给结构不合理、汇率制度僵化、金融体系效率低、不良贷款问题严重等因素有关。

(1)有效需求不足。当预期实际利率进一步降低和经济走势不佳时,消费和投资会出现有效需求不足,导致物价下跌,形成需求拉下型通货紧缩。

紧缩型的货币财政政策可能导致有效需求不足。政府在治理通货膨胀的过程中,由于大量减少货币供应或削减政府开支,会导致总需求不足,从而走向通货膨胀的反面,引起物价下跌,出现政策紧缩型的通货紧缩。也就是说,紧缩的货币财政政策是有惯性作用的,往往要付出高昂的代价。弗里德曼和舒瓦茨(1963)认为,美国1929—1931年出现的严重的通货紧缩完全是货币紧缩的结果。这在于从1919年4月到1920年6月期间,美国联邦储备银行曾多次提高贴现率,将贴现率由4%提高到7%。1929—1933年大萧条期间,通货紧缩的出现也是同样的原因。

(2)生产力水平的提高和生产成本的降低。技术进步提高了生产力水平,放松管制和改进管理降低了生产成本,因而会出现成本压低型的通货紧缩。迈耶(1999)认为,日益激烈的全球竞争和降低成本的科技创新是导致生产率出现增长趋势、供给增加和物价下降的重要的结构性因素。同样,格林斯潘(1999)也指出,由技术推动导致的劳动生产率的不断提高,尤其是信息技术的发展所引发的仍在进行的结构性变化,使价格的抑制过程在一定程度上得到自我加强,而近几年较低的通货膨胀也明显地改变了人们的心理预期。

(3)结构性因素。由于产业结构不合理或投资、消费需求结构的变化,出现结构性的生产过剩,从而造成了过多的无效供给。当积累到一定程度时必然会加剧供求之间的矛盾,使许多商品价格下跌,导致结构型通货紧缩。

(4)本币汇率高估和其他外部因素的冲击。一国实行强势货币的汇率制度时,本币汇率高估,会减少出口,扩大进口,加剧国内企业经营困难,促使消费需求相对不足,导致物价持续下跌,出现外部冲击型的通货紧缩。克鲁格曼(1999)认为,当一个国家"希望"其货币贬值,但又由于联系汇率制的约束不能贬值的时候,通货紧缩就发生了。国际市场的动荡也会引起国际收支逆差或资本外流,形成外部冲击型的通货紧缩压力。

(5)金融体系的效率降低或出现大量不良资产和坏账时,信用的紧缩,也会减少社会总需求,导致通货紧缩。例如,在日本,银行业存在严重不良贷款问题,需要重新增加资本金以防止银行倒闭,因而导致日本银行业不愿发放贷款,提高信贷标准,从而出现"信贷紧缩",抑制了社会总需求,形成通货紧缩,并最终产生经济衰退。

三、通货紧缩的影响

长期以来,通货紧缩的危害往往被人们轻视,并认为它远远小于通货膨胀对经济的威胁。然而,通货紧缩的历史教训和全球性通货紧缩的严峻现实迫使人们意识到,通货紧缩与通货膨胀一样,都是社会总供给与总需求严重不平衡的结果,同样会给国民经济增长带来破坏性影响,造成正常经济活动的恶性螺旋下降。

通货紧缩的主要危害在于:① 由于名义利率等于实际利率加上通货膨胀率,因此在发生通货紧缩情况下名义利率并不会立刻做出调整而导致实际利率上升,抑制消费需求和投资需求,而需求不足又会加剧通货紧缩,形成恶性循环,严重影响国民经济健康发展。② 随着通货紧缩程度的加深,产品价格持续下降,但工资是刚性,因此,企业利润减少,甚至亏损,经济衰退,失业率上升,社会矛盾加剧。③ 通货紧缩有利于债权人而不利于债务人,债务人因经营困难不能按时还贷,导致银行不良资产的比率上升,在严重的通货紧缩情况下,可能引起存款人的恐慌心理,导致银行业的危机。

既然通货膨胀与通货紧缩对经济都会产生不利的影响,那么二者的危害孰轻孰重呢? 排除对经济具有高度破坏性的恶性通货膨胀和恶性通货紧缩这两种极端的情况,一般来说,通货紧缩的危害似乎更大。因为,在温和的通货膨胀时期,普遍、持续的物价上升意味着单位货币的购买力在不断下降,往往降低广大固定收入者和农民的实际生活水平,但只要是没有达到充分就业的临界点,产出还可以增长,失业状况还会有所改善。而在通货紧缩时期,物价水平的降低可以使币值上升,起初对每一个持币的消费者来说都是有利的。但随着生产萎缩、失业增加,这种益处也会被经济衰退所抵消。

自 2008 年以来,在美国次贷金融危机的冲击和全球范围出现一定程度通货紧缩的影响下,我国也出现了连续两年多物价总水平下降的趋势。尽管我国当时的通货紧缩还是轻度的,而且对前期高通胀和价格泡沫具有一定的矫正性,与其伴随的不是经济衰退而是较快的经济增长,但仍使我国工农业发展遇到很大的阻力,不少企业经营陷入困境,金融业蒙受重大损失,劳动就业出现困难,许多个人和家庭实际收入下降,成为影响我国经济持续、快速、健康发展的重要因素。

四、通货紧缩的治理对策

通货紧缩发生的根本原因是宏观经济的供求关系发生了变化,致使供给相对过剩,或需求相对不足。企业生产的产品难以按照合理的价格售出,不得不压低价格。为此,要治理通货紧缩,就要求采取扩张性政策,努力增加货币供应量,刺激有效需求,使一般物价水平得到合理回升。国外的经验说明,治理通货紧缩的措施犹如治理通货膨胀一样是综合性的,并根据各国具体的情况而选择最适宜可行的对策。概括地说,包括财政税收和货币政策在内的国内宏观经济政策、对外经济政策、产业关系调整政策和金融体系合理化政策都是基本的相关政策领域。

(一) 扩大总需求的财政政策、货币政策

通货紧缩的一个重要原因是有效需求不足,因此治理通货紧缩应主要从增加需求着手,主要运用财政政策与货币政策两大需求管理政策。

实施扩张性财政政策,主要是扩大财政开支,兴办公共工程,增加财政赤字,减免税收。扩张性财政政策常常被作为解决通货紧缩的处方。同货币政策相比,财政政策具有以下优点:① 动员迅速。财政政策作为政府手中的工具,其决策程序相对简单,可以通过发行国债等手段迅速筹集资金。② 作用直接。财政资金可以根据宏观经济调节需要指定投向,在短时间内转化为购买支出,直接消化行业过量库存或形成新的生产能力及设施建设。③ 以公益目的为主。以扩张为目的的财政性投资或财政支出转化的投资,并不需要进行长时间的论证或风险考虑,这使得财政政策在扩张社会总支出水平方面的作用难以替代。政府在治理通货紧缩扩张财政支出时,应同时降低税率,以此避免财政政策产生的"挤出效应",真正发挥积极财政政策的作用。在美国历史上的 1929—1933 年大萧条中,当时的罗斯福总统采取的一系列"新政"

措施主要就是这类政策。其中包括:政府发行巨额国债,大力兴办公共工程,刺激国内需求;由美联储购进银行持有政府债券,扩大货币发行;控制过剩农产品生产,增加农民收入;暂停实施反托拉斯法,避免市场萎缩中的恶性竞争;实行最低工资制和社会救济;运用税收手段调节居民收入差距;降低税率,鼓励出口。罗斯福"新政"取得了明显效果,国民收入从 1933 年的 396 亿美元增加到 1937 年的 736 亿美元,物价从 1934 年起止跌回升,失业率大幅度下降。

扩张性的货币政策,主要是通过调整法定存款准备率、再贴现率、公开市场业务等手段,增加商业银行提供贷款的能力,扩大货币供应量。虽然按照货币政策工具的调控机理(参阅本书第十一章)来说,货币政策可以在增加或减少货币供应量方面发挥重要作用,但更多的理论分析(如凯恩斯的"流动性陷阱")和各国实践(如近年来日本和中国的情况)表明,以治理通货紧缩为目标的扩张性货币政策可能是无效的或者乏力的。因此,在治理通货紧缩的对策中,货币政策主要是配合财政政策来运用。

(二)增加需求,改善供给结构

1. 引导预期行为

治理通货紧缩之所以困难,主要是因为预期心理发挥较大的作用。通货紧缩初期,投资者预期价格进一步下降,价格下跌的压力较大。此时,经济活动中投资冲动很微弱,投资需求大幅下降。消费者预期收入下降,并相应减少消费支出,出现持币待购的倾向。其中,投资者和消费者对未来经济消极的预期心理起着重要作用。

治理通货紧缩,要努力促进社会消费需求和投资需求的回升,通过政策引导,调整人们对未来的预期行为。无论是采取宽松的货币政策、贬值、财政转移支付等办法,不引起投资决策行为的变化是难以启动经济的。为此,政府公开宣布有关治理通货紧缩的政策措施,引导消费需求和投资需求,可以起到一定的导向作用。

2. 鼓励消费

通货紧缩从根本上来说,是由消费需求不足所产生。因此,要治理通货紧缩,就必须努力提高消费需求,其中个人收入和消费支出的稳定上升是防止物价持续下跌的重要条件。鼓励消费的政策应该是综合的,要充分利用各种政策组合,从财政政策、货币政策、产业政策等方面,创造增加社会消费的条件,引导社会消费的稳定增长。一方面要取消各种不利于增加消费的政策措施和制度约束;另一方面要在经济力量允许的情况下,使居民收入能够稳定增加,增强居民对未来收入的预期和信心,以增加居民的消费需求。

3. 改善供给结构,增加有效供给

通货紧缩表现为总供给水平大于总需求水平,导致物价总水平下降。除了总需求不足的原因外,在供给方面的原因主要是供给结构不合理。由于产业结构和产品结构与需求结构不对称,因而造成供给相对过剩。因此,应该从加快技术进步、提高产品质量、改善企业经营管理水平、调整产业结构、产品结构等方面采取适当的治理措施。

(三)增加汇率制度的灵活性

通货紧缩可能由僵化的汇率制度所导致,这种汇率制度容易使本币过高估值、产生输入型通货紧缩。如果是这样,就需要对汇率制度进行改革,采取灵活的汇率制度,使汇率自由浮动或者扩大浮动范围,减轻外部冲击对通货紧缩的压力。

本章小结

1. 通货膨胀是在纸币流通条件下的一种经济病态,它表现为因流通中注入货币过多而造成货币贬值以及总的物价水平采取不同形式(公开的或隐蔽的)持续上升的过程。

2. 通货膨胀按不同标准,可分为多种类型,也有多种度量的方法。

3. 通货膨胀既是个理论问题,更重要的是个实践问题。通过对资本主义国家经济发展史的实证研究得出结论,从经济发展的一个过程分析,通货膨胀对经济发展至少是弊多利少。当然,究竟是有益、有害还是中性,也只有在实践中进一步加以证明。

4. 依据不同类型的通货膨胀,其成因可以有不同的解释,但都可归结为货币的总供给大于货币的总需求,所以主要的治理方法还是采取宏观紧缩政策。

5. 通货紧缩是与通货膨胀相对立的一个概念,尽管在定义上有争议,但是一般物价水平的持续下跌这一点已形成共识。与通货膨胀一样,对通货紧缩通常按其持续时间、严重程度和形成原因等也有各自不同的分类。

6. 通货紧缩与通货膨胀都是社会总供给与总需求严重不平衡的结果,通货紧缩发生的一般性原因是紧缩的财政货币政策、生产能力大量过剩产生供过于求、投资和消费的有效需求不足等。

综合案例

中国的通货膨胀与通货紧缩

2007年到2009年在全球经济危机的大环境下,我国经济经历了从过热到过冷的阶段。随着食品价格的连续上涨,2008年上半年我国的通货膨胀率已达11年来的最高峰。以2007年为例,2007年以来CPI同比上涨幅度持续扩大,比如前三季度,CPI同比上涨4.1%,而且是后一个季度比前一个季度高。比如第一季度上涨为2.7%,第二季度上涨为3.6%,第三季度上涨为6.1%。2007年10月份的居民消费价格指数(CPI)总水平比2006年同期上涨6.5%。其中,城市上涨6.1%,农村上涨7.2%,食品价格上涨17.6%,非食品价格上涨1.1%,消费品价格上涨7.8%,服务项目价格上涨2.3%。发改委的统计资料显示,2007年10月份,36个大中城市去骨牛肉、羊肉平均零售价格分别比上月上涨2.0%和3.57%,15种蔬菜平均零售价格为1.74元,比上月上涨11.54%。还有,除了大规模工业制品之外,资源价格的上涨对CPI的压力正在日益凸显。进入2008年以来,中国的CPI仍居高不下,现在不仅是消费品、食品等,而且很多工业品,比如电池、灯泡、剃须刀等都涨价了,因为任何一种商品都有劳动力成本,劳动力成本一涨,所有物品的价格都涨。这就说明,不仅CPI作为一个先行指标,价格上涨开始传导到消费品价格上去了,而且CPI上涨已经成了一种趋势。

但是,进入2008年下半年,CPI值全部处于负值状态,相比1998年的货币危机更为严峻。

(案例来源:辛清:《货币银行学》,南京大学出版社,2010年6月)

案例分析题:2007—2009年间我国经历的通货膨胀和通货紧缩的原因是什么?对我国经

济分别有怎样的影响？我国政府分别采取了怎样的治理对策？

本章复习题

一、单项选择题

1. 一般而言物价水平年平均上涨率不超过3%的是( )。
   A. 爬行通货膨胀
   B. 温和通货膨胀
   C. 恶性通货膨胀
   D. 奔腾式通货膨胀

2. 下列哪种通货膨胀理论被用来解释"滞胀"( )。
   A. 需求拉上说
   B. 成本推动说
   C. 结构说
   D. 混合说

3. 通货膨胀时期从利息和租金取得收入的人将( )。
   A. 增加收益
   B. 损失严重
   C. 不受影响
   D. 短期损失,长期收益更大

4. 认为由物价上涨造成的收入再分配是通货膨胀的( )。
   A. 强制储蓄效应
   B. 收入分配效应
   C. 资产结构调整效应
   D. 财富分配效应

5. 一个人有存款1 000元、负债3 000元和货币值随物价变动的资产1 200元,当通货膨胀率为100%时,其总名义资产的净值为( )。
   A. −800元
   B. −400元
   C. 200元
   D. 400元

二、多项选择题

1. 由供给因素变动形成的通货膨胀可以归结为两个原因( )。
   A. 工资推进
   B. 价格推进
   C. 利润推进
   D. 结构调整
   E. 生产效率

2. 隐蔽型通货膨胀的形成条件包括( )。
   A. 市场价格发挥调节作用
   B. 严格的价格管制
   C. 单一的行政管理体制
   D. 过度的需求压力
   E. 价格双轨制

3. 治理通货膨胀的对策包括( )。
   A. 宏观扩张政策
   B. 宏观紧缩政策
   C. 增加有效供给
   D. 增加收入政策
   E. 放松物价管制
   F. 指数化方案

三、思考题

1. 你如何判断经济当中是否出现了"通货膨胀"？

2. "在我国实行计划经济体制时期,物价水平持续保持稳定,这说明当时并不存在通货膨胀。"你是否同意这种说法？

3. 如何度量通货膨胀？

4. 你认为应该如何评价通货膨胀对国民经济的影响？

5. 试述西方经济学对通货膨胀成因的几种理论解释。

6. 成本推进的通货膨胀是工人要求增加工资而发生的,这是否可以说明"通货膨胀并不是一种货币现象"？

7. 针对不同类型的通货膨胀,通常有哪些治理对策?

8. 你如何理解通货紧缩的含义? 通货紧缩有何危害?

9. 试分析自1998年以来我国经济陷入通货紧缩的原因,了解并归纳我国治理通货紧缩所采取的货币政策。

第十一章　货币政策

教学目标

　　正确理解和掌握货币政策、货币政策目标、货币政策工具的基本概念;领会货币政策目标的内容及其相互间的矛盾与协调;把握一般性货币政策工具、选择性货币政策工具及其他货币政策工具使用的时机与效应;了解货币政策传导机制与中介目标的选择;明确货币政策效应对社会经济生活的影响。

导入案例

　　2011 年 8 月初,金融监管部门年中工作会议日前陆续召开。会议传出的信息表明,未来货币政策整体上难言放松。随着通胀可能见顶,下半年货币政策或适当微调,将采取"定向宽松"方式,适当放松融资条件限制,对三农、中小企业、保障性住房等领域给予融资政策倾斜。根据央行 14 日发布的最新数据显示,9 月份人民币贷款增加 4 700 亿元,同比少增 1 311 亿元,该增量较 8 月份 5 485 亿元的增加额,环比少增 785 亿元,创下 21 个月新低。

　　而直接代表流动性情况的广义货币量(M2)余额 78.74 万亿元,同比增长 13.0%,比上月末低 0.5 个百分点,创下 2002 年 3 月以来的近 10 年新低。

　　市场分析人士指出,这表明中国持续紧缩的货币政策效果进一步显现,但由于经济形势有所变化,也不排除短期内有针对中小企业的定向放松政策。

　　由于全球经济复苏放缓,尤其受欧债危机影响,当前日本经济复苏停滞,因此将对该国经济的评估由"缓慢改善"下调为"改善势头停滞"。日本央行认为,当前全球经济减速状况有所恶化,今后需继续关注欧债危机进展及美国和新兴经济体表现。日本央行同时预计,该国通胀率将维持在 0% 左右。

　　欧央行认为,欧元区经济增长将维持疲弱状态,经济前景的不确定性将影响市场信心。为应对欧债危机与经济低迷,欧央行未来货币政策选项包括进一步下调利率,将隔夜存款利率降至负值以及推出新一轮长期再融资操作(LTRO)。

　　(案例来源:https://baike. baidu. com/item/%E8%B4%A7%E5%B8%81%E6%94%BF%E7%AD%96/2575115)

　　案例分析题:读完以上案例,请思考什么是货币政策? 什么是货币政策工具? 要想达到既定的目标,如何运用货币政策工具?

第一节　货币政策的含义及目标

一、货币政策的含义

现代市场经济的发展,离不开国家的宏观调控,而宏观调控的重点是以货币政策为核心的金融调控。货币政策是中央银行为实现既定的宏观经济目标而采用的各种控制和调节货币供应量及利率等中介指标,进而影响宏观经济的方针和措施的总和。只有货币供应量与经济发展对货币的客观需要量相一致,货币流通才能稳定,经济才能稳步协调发展。而货币供求失衡所导致的通货膨胀、紧缩都会对经济产生不利影响。因此,货币政策的基本任务就是通过调节货币供应量,使之与货币需求量相适应,从而实现社会总供求的平衡。

二、货币政策目标的内容

货币政策作为宏观经济政策的组成部分,它们有着共同的目标,即物价稳定、充分就业、经济增长和国际收支平衡。

(一) 物价稳定

物价稳定并不是物价保持不变,而是不要大幅度的上升或下降,在经历了通货膨胀对经济带来的"阵痛"之后,经济学家以及政府都意识到了通货膨胀在社会经济方面的代价,因而更加注重把保持物价稳定作为货币政策的一项目标。比如德国有了 1921—1923 年的恶性通货膨胀历史以后,德国中央银行毫不犹豫地对保持物价稳定承担了最强的义务。欧洲其他国家的政策制定者们也转而认为中央银行的基本目标应当是保持物价稳定。

正如上一章所阐述的物价大幅度上升会产生收入的分配效应,而在通货膨胀情况下,收入的分配效应有利于富裕阶层因而会在一定程度上拉大贫富差距,不利于社会的稳定。其次,通货膨胀所产生的资产结构调整效应最终也会加剧通货膨胀。最后,恶性的通货膨胀也可能造成一个国家的紧张气氛,让人民对货币失去信任,严重者将会使该国的经济倒退到"物物交换",或者发生外币对本国货币的"替代",甚至引起经济与社会的动荡。

但是,抑制通货膨胀的目标并非物价越低越好。价格总水平的绝对下降,将会带来通货紧缩。通货紧缩将严重地影响企业和公众的投资和消费预期,制约其有效的投资需求和消费需求的增长,使企业销售下降,存货增加,利润下降,企业倒闭和失业率上升,经济增长停滞甚至严重衰退,陷入经济危机。因此,抑制通货膨胀和避免通货紧缩是保持物价稳定的不可分割的两方面。

那么,中央银行究竟应该把一般物价控制在什么水平上才算稳定呢? 这个问题要依据各国的具体情况和本国人民的承受能力而定。但是,把物价上升控制在最小的幅度内,总是有利于一国经济发展的。

(二) 充分就业

充分就业就是指任何愿意工作并有能力工作的人都可以找到一个有报酬的工作,这是政府宏观经济政策的重要目标。充分就业问题之所以重要,有两个原因。首先,高度失业给人们造成了许多苦难：家计艰难、个人自尊心丧失、社会犯罪严重。其次，高度失业造成经济资源的大量闲置：这不仅是劳动力资源的闲置，而且伴随工厂关闭，设备闲置，从而使经济的总产出大幅度降低。因此，充分就业是任何一个国家的政府都想实现的目标。

可是，究竟怎样才算充分就业呢？初看起来，似乎充分就业就是没有一个工人失业。这样的理解忽视了一个事实：经济社会中总是存在着摩擦性失业、季节性失业以及结构性失业，这类失业一般是短期的，而且对经济发展来说是必然的。经济学家称之为"自然失业"。因此，充分就业不等于失业率为零，应当允许一个不为零的自然失业率的存在，这个自然失业率水平上，劳动力的供给（愿意并且能够提供的劳动力）等于劳动力的需求，从而失业率低于自然失业率水平，就可以说该经济社会达到了充分就业。

尽管对充分就业的这种理论描述非常清晰，但实际情况就复杂得多，一个关键的问题是：失业率为多少才算自然失业率？美国经济大萧条时期的 20% 以上的失业率显然不是自然失业率，因为这个失业率明显太高了。20 世纪 60 年代初期被美国经济学家认为合理的 4% 失业率，现在看起来太低了，因为它引起了当时美国加速的通货膨胀。当前，对于自然失业率的估计为 6% 左右，但这个估计也存有争议。总而言之，对于自然失业率水平，应该由各国根据本国的具体情况，以对经济发展有利为目的来加以适当的估计和确定。

（三）经济增长

经济增长是指一国在一定时期内所生产的商品和劳务总量的增加，通常用 GNP 或 GDP 的年增长率或人均年增长率来衡量。经济增长既是提高一国国民的社会物质生活水平的必要保障，也是保持一国经济实力和国际地位乃至国家安全的必要条件。一个国家的经济实力，是决定其在国际经济和政治格局中竞争力的重要因素，因此，加速经济发展对发展中国家尤为重要。一国经济为了有效地竞争并且快速增长，必须有效地利用自己的资源，并为了增加生产潜力而进行投资。

但是，并不是经济增长越快越好，因为经济增长常常会带来一些负面效应，如环境污染、资源浪费等。因此，当今各国不仅重视经济增长的"量"，更加强调经济增长的"质"，追求在资源最优配置下的"集约型经济增长"。还需注意的是，仅仅由于价格上涨也会引起 GNP 或 GDP 的增加，但这并不是经济的真实增长，目前对于经济增长指标的衡量，常常要剔除通货膨胀因素的影响。

（四）国际收支平衡

国际收支是指一定时期（通常为一年）内一国与其他国家之间由于政治、经济、文化往来所引起的全部货币收支，这是一国国民经济的一个重要组成部分，反映了一国对外经济活动的范围、规模和特点，也反映了该国在国际经济中的地位和作用。国际收支平衡是指一国的国际收入与国际支出大致相等。

真正达到国际收支相等是很困难的，短期的不平衡并不一定就是坏事。比如某一年出现逆差，可能意味着该年度多进口了外国的机器、设备、先进技术和其他商品，促进了本国的经济增长。而且所有国家的国际收支都保持顺差也是不可能的。

但是，如果连年出现逆差或者连年出现顺差，这就有问题了。连年逆差会使国家弥补逆差的能力连续消耗，外汇储备急剧下降直至耗尽。外汇市场对本币丧失信心资本大量外流，本币大幅贬值，严重的会导致货币和金融危机。20 世纪 90 年代的墨西哥金融危机和亚洲金融危机的爆发就是这方面的例证。相反,连年顺差,则使一国的外汇储备不断增加,不但造成外汇资源闲置或浪费,而且因购买大量的外汇而增发本国货币,会导致或加剧国内通货膨胀。因此,应当努力避免长期的大量顺差或逆差,保持在国际贸易中的收支大致上平衡。正是由于这个原因,各国都把国际收支平衡作为货币政策的主要目标之一。

货币政策在调节国际收支方面具有重要作用。在资本项目自由兑换的情况下,提高利率将吸引国际资本的流入,可以降低资本项目逆差或增加其盈余。汇率的变动对国际收支平衡也具有重要的影响。本币贬值有利于促进出口,抑制进口,降低贸易逆差或增加其盈余,但却不利于资本项目的平衡。因此,货币政策的目标之一,就是要通过内外经济政策的协调,实现国际收支的平衡。

三、货币政策目标之间的关系

货币政策各个目标之间是既统一又矛盾的关系。从长期看,这些目标之间是统一的,相辅相成的:经济增长是其他目标的物质基础;物价稳定是经济平稳运行从而持续增长的前提;充分就业意味着资源的充分利用,意味着企业更乐于进行资本设备投资以提高生产率,从而促进一国经济增长;国际收支平衡有利于国内物价稳定,有利于国际资源的充分利用从而扩大国内的生产能力,促进经济增长。但从短期看,这些目标之间却常常存在矛盾和冲突,鱼和熊掌不可兼得。

(一) 物价稳定与充分就业之间的矛盾

至少在短期内,失业率与物价稳定之间存在着一种此消彼长的关系。要保持充分就业,就必须扩大生产规模,增加货币供应量,从而会导致物价上涨;相反,如果要抑制物价上涨,就要紧缩银根,压缩生产规模,这又会导致失业增加。物价稳定与充分就业之间表现出的矛盾关系可以表现在菲利普斯曲线上(如图 11 - 1 所示)。图中,纵轴代表名义工资上升率或通货膨胀通率,横轴代表失业率。菲利普斯曲线表明了通货膨胀率和失业率之间的负相关关系,这种关系增加了政策制定和政策实施的难度。

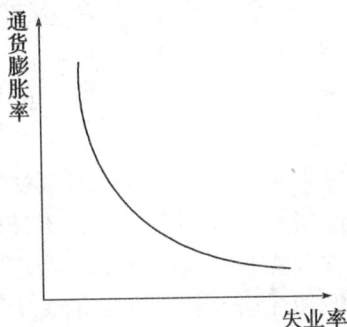

图 11 - 1　菲利普斯曲线

因此,失业率和通货膨胀率之间只能有三种选择:一是通货膨胀率较高的充分就业;二是失业率较高的物价稳定;三是物价上涨率和失业率两极之间的组合。显然,中央银行的货币政策目标,只能是在物价上涨率与失业率之间进行相机抉择。

(二) 物价稳定与经济增长之间的矛盾

各国的实践表明,经济增长常常伴随着物价上涨。在经济衰退时期采取扩张性政策,以刺激总需求、促进经济增长和减少失业,但这常常造成流通中的货币数量相对过多,导致物价上涨。从另一个角度讲,在治理通货膨胀的过程中也通常要牺牲经济增长。因为这种情况下采取的紧缩性货币政策,会抑制投资和消费,往往阻碍经济增长并使就业机会减少。例如,美国在 1980—1984 年间治理通货膨胀的代价是:通货膨胀率每降低 1 个百分点,就会损失 1 000亿～2 200 亿美元的 GNP。可见,物价稳定与经济增长之间有一定的矛盾,选择这两个目标的一个最优结合点,便成为货币政策选择的一个重要问题。

（三）物价稳定与国际收支平衡之间的矛盾

对于开放经济条件下的宏观经济,以物价稳定为目标的货币政策措施常常会影响到国际收支平衡。如果针对国内发生的通货膨胀,中央银行采取紧缩性货币政策,提高利率或降低货币供应量,那么,在资本自由流动的条件下,利率的提高可能导致资本的流入,资本项下出现顺差,同时由于国内物价上升的势头减缓和总需求的减少,出口增加,进口减少,经常项目下也可能会出现顺差,这样就会导致国际收支失衡。相反,片面地追求贸易平衡而人为制造货币贬值以刺激出口,也可能会导致国内通货膨胀的加剧。

（四）充分就业与国际收支平衡之间的矛盾

就业人数增加,收入水平提高,这使得国内对外国商品的进出口增加,国内商品的出口相对减少,从而扩大了国际收支逆差。为了减少逆差,采用紧缩性货币与财政政策,来抑制国内需求,这又导致就业机会减少,使失业增加。因此,短期来看,充分就业与国家收支平衡这两个目标也存在着相互矛盾的地方。

（五）经济增长与国际收支平衡之间的矛盾

国内经济增长会导致国民收入的增加和支付能力的增强,从而增加对进口商品的需求,同时国内本来用于出口的一部分商品也因此而转为国内需求。如果出口贸易的增长不足抵消这部分需求,必然会对贸易收支产生逆差性的影响。当然,经济增长对外资的吸引也是一个需要考虑的因素。虽然外资的流入会导致国际收支中资本项目出现顺差,在一定程度上可以弥补由贸易逆差造成的国际收支失衡,但也并不能确保经济增长与国际收支平衡目标同时实现。

货币政策各目标之间的冲突关系,是当代各国政府及经济学家所面临的一个最大难题。为了实现一个目标而采取的货币政策措施,可能会损害另外一个目标的实现,或者会破坏另外一些已达到很好状态的目标。所以,金融调控面临的任务是,要在这些既相互统一又相互矛盾的目标之间做出选择,进行目标的最优组合。

第二节 货币政策工具

货币政策工具是中央银行为了实现货币政策目标而采取的措施和手段。其中,最重要的是能够对整个国民经济产生普遍影响的"一般性货币政策工具",此外还有选择性货币政策工具、直接信用控制和间接信用控制等工具。

一、一般性货币政策工具

所谓一般性货币政策工具,是指对货币供应量进行调节的工具,主要包括法定存款准备金利率政策、再贴现率政策和公开市场业务,通常被称为货币政策的"三大法宝"。一般性货币政策工具的特点是对总量进行调节和控制的政策工具。

（一）法定存款准备金率政策

1. 法定存款准备金率政策的含义及产生

法定存款准备金率政策是指中央银行通过调整商业银行交存中央银行的法定存款准备金比率,从而影响货币供应量的活动。

这一政策工具的基础是法定存款准备金制度。商业银行保留存款准备金最初是出于保证清偿能力的考虑，是一种自发的行为。中央银行诞生以后，出于防止银行大批倒闭、保护存款人利益的目的，最早在英国出现了将存款准备金集中于中央银行的做法，1913年的美国联邦储备法案则第一次以法律形式规定商业银行必须向中央银行缴存存款准备金，于是出现了"法定存款准备金制度"。而法定存款准备金率作为中央银行的货币政策工具，则始于20世纪30年代经济大危机以后。目前凡是实行中央银行制度的国家，一般都实行存款准备金制度。

2. 法定存款准备金率政策的传导机制

法定存款准备金率的变动通过两条途径影响货币供应量。第一条途径是法定存款准备金率的变动直接引起货币乘数变动从而影响货币供应量，法定存款准备金率提高，实际上减少了一定水平基础货币所能支持的存款额，从而导致货币供应收缩。相反，法定存款准备金率的降低会使货币供应扩大。第二条途径是影响同业市场利率。虽然就整个银行体系来说，同业拆借市场的资金拆出拆入在内部进行，似乎并不影响货币供应量，但法定存款准备金比率提高后，银行闲置资金的数量马上变化，相对拆出资金的数量、拆入资金的需求增加将引起同业拆借市场利率上升并传导到资本市场，进一步引起信贷收缩。

3. 法定存款准备金率政策的特点

使用法定存款准备金率来控制货币供应量的主要优点是：对所有银行的影响是平等的，并且对货币供应有很强的影响。但是，它作为一项强有力的工具，可能利少而弊多。其缺点主要表现在两个方面：第一，由于效果强烈，中央银行难以准确把握调整准备金率的时机和调整幅度。特别不适合对货币供应量进行微调。当然，法定存款准备金率的极其微小的变动（比如，0.001个百分点）也可能使货币供应做小幅度变动，但这样的策略在实施上显得非常麻烦，因此，如同用一个气锤来切割金刚石一样。第二，对于超额准备率很低的商业银行来说，提高法定存款准备金率可能立即引起流动性问题。为了迅速调整准备金以符合提高的法定限额，许多商业银行被迫在不利的市价水平上大量抛售有价证券，从而陷入资金严重周转不灵的困境。

正因为法定存款准备金率政策具有上述特点，所以它只能作为调节货币信用武器库中一件威力巨大而不能经常使用的武器。20世纪80年代以来，随着其他货币政策工具的发展，法定存款准备金率出现了固定化倾向和降低的趋势。美联储于1990年取消了定期存款的法定存款准备金要求，1992年又把支票存款的法定存款准备金率从12％降至10％；加拿大在1992年将所有2年以上期限存款的法定存款准备率金降为0；瑞士、新西兰、澳大利亚的中央银行也已完全取消了法定存款准备金要求。

（二）再贴现政策

1. 再贴现政策的含义

所谓再贴现政策，是指中央银行通过变动再贴现利率，影响再贴现贷款的数量，从而调节市场货币供应量的一种货币政策。再贴现是商业银行融资的途径之一，当商业银行急需资金时，可以将其从工商企业贴进的票据向中央银行进行再贴现。中央银行向商业银行收取的利息率叫作"再贴现率"。由于再贴现是西方国家商业银行从中央银行借款的最传统、最常用的方式，因此，再贴现往往笼统地代指中央银行对商业银行各种方式的贷款。再贴现政策也是中央银行最早拥有的货币政策工具。

2. 再贴现政策的内容及调控机制

中央银行的再贴现政策之所以能够影响货币供应量，主要是通过影响商业银行借入资金成本来实现的。再贴现政策一般包括两方面的内容:一是再贴现率的调整;二是贴现窗口管理。这使商业银行在向中央银行借款时面临着两类成本:再贴现率所代表的利息成本;不符合贴现窗口管理政策而遭受拒绝或损失信誉的成本。

(1)调整再贴现率。

中央银行提高再贴现率,直接导致商业银行融资成本上升,限制了商业银行向中央银行借款的愿望,可引起商业银行的超额准备金水平下降,或转而提高对企业放款的利率,从而收缩信贷规模,提高市场利率水平,最终降低再贴现率,则会出现货币扩张的效果。调整贴现率还有一种所谓"告示性效应",即贴现率的变动,可以作为向银行和公众宣布中央银行政策意向的有效办法,从而通过对公众心理预期的影响,加深货币政策的效果。

(2)贴现窗口管理。

中央银行向商业银行发放贴现贷款的设施,称为贴现窗口。为了调整商业银行的贷款投向或防止贴现贷款被商业银行滥用,中央银行会对贴现贷款采取一些限制性措施。比如在经济结构失衡的国家,中央银行通过规定再贴现票据的种类和决定何种票据具有再贴现资格,来影响商业银行的资金投向。而在经济发展比较协调的发达国家,贴现窗口管理的角度有所不同。美联储认为,中央银行开设贴现窗口并以通常低于市场利率水平的再贴现率发放贷款,这是对商业银行的一种特惠,而不是商业银行的一种权利,因此,商业银行利用这种优惠而大量赚取利润的做法应该受到限制。美联储规定,如果某家商业银行申请贴现贷款过于频繁,中央银行将拒绝对其贷款,并会向该银行发出警告。

3. 再贴现政策的效果评价

(1)再贴现政策的优点。

从前文的分析中可以看出,再贴现政策既可以调节货币供应量,对信贷结构的调整也有一定效果,并能够在一定程度上反映中央银行的政策意图,产生"告示作用"。除此之外,再贴现政策还有一个非常重要的作用,那就是中央银行可以利用它来履行最后贷款人的职能,防止金融恐慌。在银行危机时期,中央银行凭借强大的资金实力向银行体系提供贷款,常常是一种最为有力的救助手段。

(2)再贴现政策的局限性。

第一,中央银行处于被动地位,往往不能取得预期效果。因为尽管中央银行可以通过降低贴现率影响商业银行的借款成本,但它不能强迫商业银行向中央银行申请再贴现。事实上,当市场利率低于再贴现率,且利差足以弥补市场借款所承担的风险和银行放款的管理费用时,商业银行更愿意到金融市场上融资。而且,由于货币市场的发展和高效率,商业银行对中央银行贴现窗口的依赖性大大降低;贴现政策只能影响前来贴现的银行,对其他银行只是间接发生作用;该政策缺乏弹性,中央银行若经常调整再贴现率,会引起市场利率的经常性波动,使企业或商业银行无所适从。

第二,如果中央银行把再贴现利率定在某个特定水平上,市场利率与再贴现率之间的利差会随着市场利率的波动发生变动,从而引起再贴现的规模乃至货币供应量发生大幅波动,这种波动并不反映中央银行政策意图。

第三,告示作用的局限性。再贴现率的调整有时不能准确反映中央银行的政策意图,并可能会引起公众误解。当市场利率高于再贴现率时,贴现贷款量也将增加,中央银行为使贴现总量不至于过多,不得不提高再贴现率,以保证二者的差额不变,尽管此时中央银行并没有要紧缩货币的意图,但再贴现率的提高会使公众误以为中央银行正在转向紧缩政策。

第四,中央银行通过再贴现政策发挥最后贷款人职能,容易引发道德风险。由于商业银行知道在自己陷入困境时中央银行会来救助,商业银行在经营中就倾向于冒更大的风险,这就是道德风险问题。越来越多的中央银行已经认识到,应当在防止金融恐慌与防范道德风险之间进行权衡,不能过于频繁地充当最后贷款人。

在美国,贴现窗口主要是作为公开市场操作的辅助手段加以运用的。联储将贴现贷款量作为公开市场业务的操作指标,通过调节贴现贷款量,联储可以使联邦基金利率达到预期的水平,从而实现紧缩或放松的货币政策目标。此外,联储的操作使银行的储备总量产生扩张或紧缩的效应,这种效应对于不同的银行作用不同,大银行对政策变动的承受力较强,小银行的承受力较弱,联储可以通过贴现贷款为小银行提供安全阀,以抵消公开市场操作的负效用。

(三) 公开市场业务

1. 公开市场业务的含义

公开市场业务是指中央银行在金融市场上买进或卖出有价证券,以改变商业银行等存款货币机构的准备金数量,进而影响货币供给量和利率,实现货币政策目标的一种政策措施。公开市场业务在金融市场发达的国家是最重要的,也是最常用的货币政策工具。公开市场业务对象主要是政府债券,特别是国库券。这类债券的安全性高、流动性强、交易规模巨大,中央银行对这类债券的买卖不会对该市场产生破坏性的冲击。

2. 公开市场业务的调控机理

公开市场业务的调控方式有以下两条:

(1) 调控存款货币银行准备金和货币供应量。中央银行通过在金融市场买进或卖出有价证券,可直接增加或减少商业银行等存款货币机构的超额储备,从而影响存款货币银行的贷款规模和货币供应量。

(2) 影响利率水平和利率结构。中央银行在公开市场买卖有价证券可从两个方面影响利率水平:当中央银行买进有价证券时,一方面,证券需求增加,证券价格上升,引起市场利率下调;另一方面,商业银行准备数量的变化,通过乘数作用导致货币供给增加,进一步引起市场利率水平的下降。当中央银行卖出有价证券时,通过这两个途径的传导,市场利率将上升。此外,中央银行在公开市场买卖不同期限的有价证券,可直接改变市场对不同期限证券的供求状况,从而使利率结构发生变化。

3. 公开市场业务的特点

与其他货币政策工具相比,公开市场业务具有以下优点:

(1) 公开市场业务的主动权完全在中央银行,其操作规模大小完全由中央银行自己控制,这就比再贴现政策优越。

(2) 公开市场业务可以灵活精巧地进行,可以适时适量地按任何规模进行调节。中央银行既可大量买卖有价证券,又可以在很小程度上买进卖出,可以进行经常性、连续性的操作,这就比法定存款准备金率政策灵活得多。

(3) 公开市场业务具有极强的可逆转性,当中央银行在公开市场操作中发现错误时,可立即逆向使用该工具,以纠正其错误。而其他货币政策工具则不能迅速地逆转。

(4) 公开市场业务操作迅速,不会有延误。当中央银行决定要改变银行储备和基础货币时,只要向公开市场交易商发出购买或出售的指令,交易便可立即执行。

当然,公开市场业务作为一种货币政策工具也有其缺陷,主要是对大众预期的影响和商业银行强制性影响比较微弱。在对大众预期的影响方面,虽然对中央银行买进或卖出各种政府债券加以观察,大致可以看出中央银行的政策趋向,从而影响人们的心理预期。但由于公开市场业务是持续发生的,随时可以改变,同时很难判断公开市场业务是改变政策的主动性操作,还是抵消其他影响的防卫性操作,所以其告示效果不大。在对商业银行的影响力方面,中央银行虽然决意买进或卖出政府债券,但商业银行是否愿意交易仍取决于自己的判断,难以产生强制性的影响。

尽管在一般性货币政策工具当中,公开市场业务的优点比较突出,但要使这项工具充分发挥作用,需要具备以下基础条件:一是中央银行处于领导地位,且有雄厚的资金力量;二是要赋予中央银行弹性操作的权力,即在买卖证券的数量、种类等方面有一定的机动权限;三是金融市场较发达,组织也较健全;四是证券的数量和种类要适当,长期、中期及短期各类具备,便于选择买卖;五是信用制度要相当发达。这些条件通常只有少数发达国家才具备,因此,发展中国家的中央银行还很难将其作为主要的货币政策工具。随着我国经济市场化程度的加深,宏观调控方式逐步由直接调控转向间接调控,公开市场业务近年来得到了较大的发展。

二、选择性货币政策工具

选择性货币政策工具是指中央银行针对某些特殊的经济领域或特殊用途的信贷而采用的信用调节工具,主要是为了实现结构性的控制目标。常用的选择性货币政策工具包括以下几类。

(一)证券市场信用控制

证券市场信用控制,是指中央银行对有价证券的交易,规定应支付的保证金比率,目的在于限制用借款购买有价证券的比重。这种工具存在的前提是证券市场上存在信用交易,即保证金交易。保证金比率为购买者在买进证券时必须支付现款的比率。例如,在保证金比率为50%时,证券购买者就必须支付50%的现款,其余50%才能向银行借款。中央银行根据金融市场及经济形势,有权随时改变证券保证金比率,以控制证券市场的信用规模。

这种控制措施的基本内容概括起来有两点:第一,规定以信用方式购买证券时,第一次支付款项的额度;第二,中央银行可根据金融市场的状况随时调整保证金比率。

(二)消费者信用控制

消费者信用控制,是指中央银行专门针对消费者的不动产以外的耐用消费品的销售融资予以控制的政策,目的在于影响消费者对耐用消费品有支付能力的需求。这项政策工具主要是通过最低付现比率和最高偿还期两个指标来实现的。在需求过旺及通货膨胀时,中央银行可以要求提高首次付现的最低比率,或缩短分期付款的最高偿还期,从而抑制人们对以耐用消费品为目的的消费信贷的需求。反之,在需求不足及经济衰退时,中央银行可以进行相反的操作,以刺激消费量的增加。

(三)不动产信用控制

不动产信用控制,是指中央银行对金融机构向客户提供不动产抵押贷款的管理措施。其目的主要在于限制房地产投机、抑制房地产泡沫。对不动产信用控制,实际上就是中央银行对不动产的贷款额度和分期付款的期限等规定的限制性措施。

一般来说,不动产信用控制主要包括的内容有:① 对商业银行的不动产贷款规定最高限额,即对一笔不动产贷款的最高额度给予限制;② 规定商业银行的不动产贷款到期的最长期限,即允许商业银行一笔不动产贷款的最长期限;③ 规定首付款的最低金额;④ 规定分期还款的最低金额。

(四) 优惠利率

优惠利率作为一项货币政策工具,是指中央银行对国家要求重点发展的部门、行业和产品,制定较低的贴现率或放款利率,以鼓励其发展的措施。优惠利率政策主要配合国民经济产业政策使用,如对急需发展的基础产业、能源产业、新技术与新材料的生产企业、出口创汇企业等,制定较低的优惠利率,提供资金方面的支持。

实行优惠利率有两种方式:第一,中央银行对这些需要扶持发展的行业、企业和产品规定较低的贷款利率,由商业银行执行;第二,中央银行对这些行业和企业的票据规定较低的再贴现率,引导商业银行的资金投向。优惠利率多被经济较落后国家所采用。

(五) 预缴进口保证金制度

这项制度是指为保证国际收支平衡,抑制进口过度增长,中央银行要求进口商按照进口商品总值的一定比例,预缴进口商品保证金,存入中央银行。中央银行也可以改变预缴保证金比例。预缴进口保证金多为国际收支经常出现逆差的国家采用。

三、直接信用控制

直接信用控制是指中央银行以行政命令方式或其他方式,直接对商业银行的信用互动进行控制。常用的手段包括利率最高限额、信用分配、流动性比率、直接干预及开办特种存款等。

(一) 利率管制

利率管制政策是指对金融市场上某些金融产品的利率进行管制的政策,是比较常见的直接信用控制工具,通常规定商业银行存贷款利率或利率的最高限额。例如,在 1980 年以前,美国银行法中的 Q 条例和 M 条例,规定活期存款不准付息,定期及储蓄存款的利率不能超过最高限额,其目的在于防止银行用抬高利率的办法竞相吸引存款,以及为了取得高回报在资产运用方面承担过高的风险。这一规定从原则上讲有利于银行业的稳健经营和中央银行对货币供应量的控制,但利率管制扭曲资金的真实供求状况,阻碍利率自动调节资金供求作用的正常发挥,不利于资源的合理配置。

(二) 信用配额政策

信用配额政策是指中央银行根据金融市场状况及客观经济需要,对各个商业银行的信用规模加以分配,分别限制其最高数额。信用配额管理是一种计划控制手段,在资金供给相对紧张的大多数发展中国家被广泛采用。它也是我国计划经济时期和从计划经济向市场经济转轨初期主要的信用控制手段。但是,随着社会经济从计划经济向市场经济的逐步转变,金融市场的逐步发展,金融工具的逐步增加,信用规模控制的作用已大大降低。1998 年 1 月 1 日,中国人民银行取消对国有商业银行的贷款规模限额控制,只对国有商业银行按年(季)下达贷款增量的指导性计划,实行"计划指导、自求平衡、比例管理、间接调控"的信贷资金管理体制。中央银行对货币供给总量的控制转变为通过对基础货币的调控来实现。

（三）流动性比率管制

流动性比率管制是指对商业银行流动资产占存款的比率进行管制。商业银行为了保持中央银行规定的流动性比率，就必须缩减长期放款，扩大短期放款，并增加应付提现的资产。这样中央银行也就达到了限制商业银行信用扩张的目的。一般说来，流动性比率与收益率呈反比，高的流动性比率将减少银行的盈利能力，不利于银行经营。

（四）直接干预

这是指中央银行利用其"银行的银行"的身份，直接对商业银行的信贷业务、放款范围等加以干预。例如，直接限制放款额度；直接干涉商业银行对活期存款的吸收；对业务经营不当的商业银行拒绝贴现或采取高于一般利率的惩罚性利率；明确规定各家银行的放款或投资的范围等。

四、间接信用控制

间接信用控制是通过中央银行的影响力加以实施的，因此往往不具有强制性，为了保证其政策效果，中央银行必须要在金融体系中拥有较高的地位和威望，该国的道德水准和遵守法纪的意识较强以及拥有控制信用的足够法律权力和手段。

中央银行还可以采用道义劝告、窗口指导等方式对信用活动实施间接信用控制。

所谓道义劝告，是指中央银行利用其特殊的声望和地位，对商业银行和其他金融机构经常发出通告、指示或与各金融机构的负责人举行面谈，交流信息，解释政策意图，使商业银行和其他金融机构自动采取相应措施来遵守和贯彻中央银行政策。这类措施不仅在西方国家采用，在我国也较多地采用，如各种工作会议、"吹风会议"等。从1998年3月开始，中央银行还每月与各商业银行一起召开经济金融形势分析会。这对于各金融机构正确地理解中央银行的货币政策意图，正确地贯彻和实施货币政策都具有积极的意义。

窗口指导是指根据产业行情、物价走势和金融市场动向，规定商业银行的贷款重点投向和贷款的增减额等。如果商业银行不按规定的增减额对产业部门贷款，中央银行可削减向该行的贷款额度，甚至采取停止提供信用等制裁措施。我国在取消贷款规模控制以后，更加注重窗口指导的作用，在1998年颁发了产业投资指导政策，以指导商业银行的贷款方向；此外，还定期对国有商业银行下达贷款增量指导性计划。

第三节　货币政策的传导机制和中介指标

中央银行运用一定的货币政策工具，是如何引起经济中的某些变化，最终实现既定的货币政策目标的呢？这就涉及货币政策的传导机制问题，而对这一机制的不同认识，又为货币政策中介指标的选择提供了依据。

一、西方货币政策传导机制理论

货币政策的传导机制是指货币当局确定货币政策之后，从选用一定的货币政策工具进行操作开始，到实现最终目标之间，所经过的各种中间环节相互之间的有机联系及因果关系的总和。货币政策传导是一个复杂的过程。对于这个过程的认识以及其中各个环节之间关系的研究存在很多争论,但有一点是基本的,即经济中的微观主体都是在利益机制的作用下对货币政策工具做出反应。在此我们主要介绍这方面最具代表性的理论,即凯恩斯学派和货币学派的传导机制理论。

(一) 凯恩斯学派的货币政策传导机制理论

现代经济学家对货币政策传导机制的研究是从凯恩斯开始的。凯恩斯在《就业、利息和货币通论》中较早地对货币政策传导机制进行了专门的分析。他认为,货币供应 M 相对于货币需求突然增加后,首先发生的影响是使利率 i 下降,利率下降后,通过资本边际效益的影响又促成投资 I 增加。在消费倾向既定的情况下,投资增加会通过乘数作用,促成国民所得 y 增加,即 $M\uparrow \to i\downarrow \to I\uparrow \to y\uparrow$。

当然,这种效果的取得要以失业资源的存在为前提,经济一旦达到充分就业,投资乘数就不起作用,这时货币供应的增加只能引起价格的上升。

凯恩斯学派的其他经济学家,也分别从不同的角度研究了货币政策的传导机制。这些研究的共同点在于,都是着眼于货币供应影响经济活动的途径,通过建立一个结构模型来考察货币对经济活动的影响。在这个模型中,凯恩斯学派利用一系列描述企业和消费者行为的方程式来描述经济运行。概括而言,其思路可以归结为图 11-2 所示的过程。

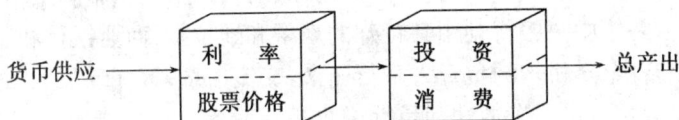

图 11-2 凯恩斯学派的货币政策传导机制

对于这些传导机制的分析,凯恩斯学派还不断增添一些内容,主要集中在货币供给到利率之间和利率到投资之间的更具体的传导机制以及一些约束条件。现实经济生活是复杂的,新的问题不断出现,有必要使分析具体化。但不论有何进展,从总体上讲凯恩斯学派传导机制理论的突出特点是特别重视"利率"这一环节的作用。

货币政策的效果如何,取决于以下 4 个因素:① 货币政策对货币供应量的影响,这又取决于基础货币和货币乘数;② 货币供应量的变化对利率的影响;③ 利率变化对投资水平的影响;④ 投资水平对收入的影响。这一传导过程是个有机整体,任何环节出现阻塞,则货币政策效果必将减弱或者无效。

尽管结构模型的分析,让我们得以了解经济是如何运行的,并可以帮助我们更加准确地预测货币供应对总产出的影响,但只有在传导机制的全部过程都能被充分了解的情况下,采用结构分析才是最好的做法。如果结构模型中漏掉了一两个有关的货币政策传导机制,那么这种分析将可能大大低估货币供应对总支出(总产出)的影响。比如,如果货币供应传导机制与消费支出有关,而不是与投资支出有关,那么注重投资支出的凯恩斯结构模型($M\to i\to I\to y$)可能会低估货币对经济活动的重要性。货币学派认为,凯恩斯学派把货币作用的途径规定得太窄,无法充分认识货币政策的重要性。针对结构模型分析的不足,货币学派提出了与凯恩斯学派截然不同的货币政策传导机制理论。

（二）货币学派的货币政策传导机制理论

以弗里德曼为代表的货币学派对凯恩斯的货币政策传导机制理论提出了批评,认为货币供应量的变化不是通过利率间接对国民收入发生作用的,而是直接对其产生影响的。货币学派没有去描述货币供应影响总产出的具体途径,而是观察总产出变动是否与货币供应变动高度相关,由此来诊断货币对经济活动的影响。这就是货币学派采用的简化的分析方法。他们认为,既然实证研究表明,总产出的变动与货币供应的变动高度相关,就没有必要过多地关心货币供应到总产出中间的传导机制。而且,由于货币供应变动影响总产出变动的具体途径是多种多样和不断变化的,人们实际上很难知道货币政策的全部传导机制。这种情况下,使用结构模型进行分析,因此,货币学派的货币政策传导机制理论可用图 11 - 3 表示。

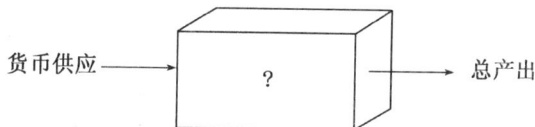

图 11 - 3　货币学派的"魔术箱"理论

与凯恩斯学派不同,货币学派认为,利率在货币传导机制中不起重要作用,而更强调货币供应量在整个传导机制上的直接效果。这种分析遭到一些凯恩斯主义者的批评,被称为"魔术箱"理论——进去的是货币量的增加,出来的是总产出的增加,中间的过程却被掩盖起来。的确,简化形式的分析存在着不足之处,那就是:当总产出的变动并不是由货币供应变动引起的时候,简化形式分析会使人产生误解。两个变量之间的相关关系并不是因果关系,两个变量密切相关不能说明其中一个变量是因,另一个变量是果。而且另一方面,两个一起变动的变量的背后可能存在另外一种作为推动力的未知因素。如果存在一种能够引起货币供应量和总产出同时变动的未知因素,那么控制货币供应变动将无助于改进对总产出的控制。

二、货币政策的中介指标

货币政策传导机制理论表明,从货币政策工具的运用到货币政策目标的实现之间是一段相当长的作用过程。在过程中有必要及时了解政策工具是否得力,估计政策目标能不能实现,这就需要借助于中介目标的设置。事实上,货币当局本身并不能直接控制和实现诸如稳定、增长这些货币政策的目标,它只能借助于货币政策工具并通过对中介指标的调节和影响最终实现政策目标。

（一）货币政策中介指标的选择标准

通常认为,作为一个性能良好的货币政策中介指标,必须符合如下三个基本标准:

第一,相关性。即指只要能达到中介指标,中央银行在实现或接近实现货币政策目标方面不会遇到障碍和困难。也就是说,要求中介指标与货币政策的最终目标之间要有密切的、稳定的统计数量上的联系。

第二,可控性。即是否易于为货币当局所控制。通常要求中介指标与所能适用的货币政策工具之间要有密切的、稳定的和统计数量上的联系。

第三,可测性。其含义包括两个方面:一是中央银行能够迅速获取有关中介指标的准确数据;二是有较明确的定义并便于观察、分析和监测。

(二) 常用的货币政策中介指标

根据以上几个条件所确定的中介指标一般有利率、货币供应量、准备金和基础货币等。根据这些指标对货币政策工具反应的先后和作用于最终目标的过程，又可分为两类：一类是近期指标，即中央银行对它的控制力较强，但离货币政策的最终目标较远；另一类是远期指标，即中央银行对它的控制力较弱，但离政策目标较近。

1. 准备金

准备金作为基础货币的一部分，它的多少直接影响市场银根的松紧，也是中央银行各种货币政策工具能够直接影响的指标。

(1) 法定存款准备金率作为中央银行货币政策的工具，它的变化直接导致准备金数量的变化，进而影响到货币数量。

(2) 再贴现率的变化可以影响再贴现贷款数量的增减，进而影响到商业银行借入准备金的数量，再影响到货币数量。

(3) 中央银行通过公开市场业务买卖债券，可以影响商业银行的非借入准备金数量，然后影响货币数量。

但是，准备金有各种不同的概念，如准备金总额、法定准备金、超额准备金、借入准备金和非借入准备金等。因此选择哪个准备金指标作为中介指标就成为学界以及中央银行政策制定者争论的焦点。例如，选择准备金总额作为中介指标，中央银行能提高的仅仅是法定存款准备金率，商业银行可以通过减少超额准备金的办法，维持准备金总额不变。从各国中央银行的实践来看，作为中介指标最常用的是准备金总额。

2. 基础货币

基础货币是流通中的现金和商业银行的存款准备金的总和，它构成了货币供应量倍数伸缩的基础。不像超额准备金，它可满足可测性和可控性的要求，数字一目了然，数量也易于调控。不少国家把它视为较理想的近期指标。

3. 利率

作为中介指标，利率的优点是：① 可控性强。中央银行可直接控制再贴现率，而通过公开市场业务或再贴现政策，也能调节市场利率的走向。② 可测性强。中央银行在任何时候都能观察到市场利率的水平及结构。③ 货币当局能够通过利率影响投资和消费支出，从而调节总供求。

但是，利率作为中介目标也有不理想之处。作为内生经济变量，利率的变动是顺循环的：经济繁荣时，利率因信贷需求增加而上升；经济停滞时，利率随信贷需求减少而下降。然而作为政策变量，利率与总需求也沿同一方向变动：经济过热，应提高利率；经济疲软，应降低利率。这就是说，利率作为内生变量和作为政策变量往往很难区分。比如，确定一个利率提高的目标，为的是抑制需求；但经济过程中把利率推向了这个高度，作为一个内生变量，它却是难以直接抑制需求的。在这种情况下，中央银行很难判明自己的政策操作是否已经达到了预期目的。

4. 货币供应量

以货币供应量作为中介指标的优点：① 能直接影响经济活动；② 中央银行对货币供应量的控制力较强；③ 与货币政策的意图联系紧密；④ 不易混淆政策效果和非政策效果。

但是，货币供应量作为中介目标也有缺点：① 货币层次选择问题，即确定哪种口径的货币供给作为中介指标：是现金，还是 $M1$ 抑或是 $M2$。就可测性、可控性来说，三个指标均可满足。

它们随时都分别反映在中央银行和商业银行及其他金融机构的资产负债表上,可以进行测算和分析。现金直接由中央银行发行并注入流通,通过控制基础货币,中央银行也能有效地控制 $M1$ 和 $M2$。问题在于相关性,到底是哪一个指标更能代表一定时期的社会总需求和购买力,并从而通过对它的调控就可直接影响总供求。现金,在现代经济生活中已经起不了这种作用了。问题是 $M1$ 和 $M2$ 的优劣比较,对此有颇不相同的见解。至于抗干扰性来说,货币供应量的变动作为内生变量是顺循环的,而作为政策变量则应是逆循环的。因此,政策性影响与非政策性影响,一般说来不会相互混淆。② 货币政策调节货币供应量存在时滞。

以上常见的利率和货币供应量两种指标一般视为远期指标。这类中介指标离货币政策最终目标较近。但中央银行对这些指标的控制力弱于像准备金和基础货币这样的短期指标。

货币政策通过中介指标的操作,可简单表示为如图 11 - 4 所示的过程。

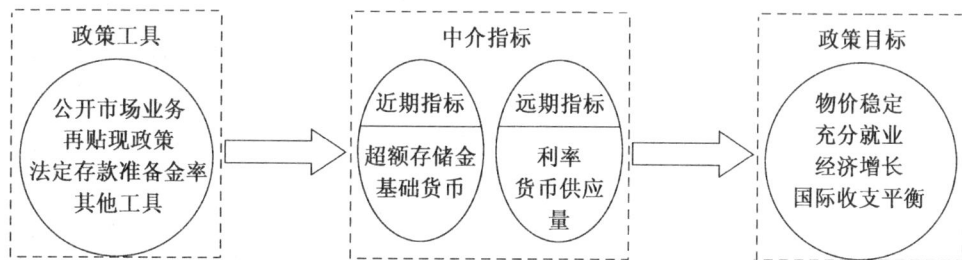

图 11 - 4　货币政策的传导结构

第四节　货币政策效果

货币政策效果是指货币政策的实施对社会经济生活产生的影响,是货币政策经过传导过程之后的必然结果。制定和实施货币政策的目的是为了实现调节经济的政策目标,而目标能否实现以及能够在多大程度上实现,即货币政策效果如何,既是货币政策制定者十分关心的问题,也是经济理论界长期争论的问题。货币政策在实施过程中,要受到多种因素的影响,所以货币政策的效果是一种综合结果。与货币政策目标不同,货币政策目标是一国货币当局主观设定的变量,而货币政策效果是货币政策执行后得到的现实客观的结果,这个结果与当初设定的目标往往不一致,甚至完全背离。

一、影响货币政策效果的主要因素

影响货币政策效应的因素有多种。除了主观因素,如货币政策目标的确定,货币政策工具的选择,施行货币政策的时机,货币政策执行过程中的偏差等,还存在许多客观因素,如政策时滞、货币流通速度、微观主体预期、体制性因素等。

(一) 货币政策时滞

货币政策时滞是指从制定货币政策到获得主要的或全部的效果,必须经过一段时间,这段时间即称为时滞。判断货币政策作用的时滞对于研究货币政策的有效性问题有着十分重要的意义。假设货币政策的时间长度有限,并且非常均匀,可以进行较为准确的预测,那么货币政策自然能够发挥应有的作用。但假设货币政策有长期且不稳定的时间差,那么由于时间差难以预测,货币政策或者将在错误的时间内发生作用,或者将使经济形势更加恶化。那么相机抉择的货币政策自然不能信赖。因此,货币政策的时间差及其可测性与货币政策的有效性有着密切关系。

因为货币政策作用过程比较复杂,所以货币政策时滞可区分为两大类:内部时滞和外部时滞。

内部时滞(Inside Lag)是指从制定政策到采取行动所耗费的时间。这一过程又可分为两部分。第一,认识时滞(Recognition Lag),即从经济现象发生变化到中央银行认识到经济现象发生变化需要中央银行采取行动所耗费的时间。第二,行政时滞(Administrative Lag),即中央银行明确经济形势变化的性质及其将产生的影响后,将立即对此种经济形势研究可行的对策,但研究与行动都需要耗费时间,在决定实施何种政策工具之前的时间过程叫作行政时滞。

整个内在时滞所需时间长度取决于中央银行收集资料、研究形势及采取行动的效率。但是也取决于当时的政治和经济的目标。特别是当所希望实现的目标较多,必须对其优先顺序有所选择时,更需要花费较多时间去取舍某种政策。

外部时滞(Outside Lag)指从中央银行采取行动开始直到对政策目标产生影响为止的这段过程。由于这段过程是发生在中央银行之外的,因此被称为外部的时滞。这段过程又可分成两个部分:第一,利率和信用条件改变后,个人与厂商面对新形势,改变自己的投资决策或支出决策,在采取行动之前,这段时间称为决策时滞(Decision Lag)。第二,个人和厂商决定其支出意向后,对整个社会的生产和就业将产生影响,这段影响过程所需要的时间称为生产时滞(Production Lag)。

外部时滞因为经济结构及行为因素都不是稳定而可预测的,所以时间长度变异很大,我们已经知道,各经济部门对货币政策的反应不一,所受影响有很大差异,所以外部时滞是整个货币政策的时滞中最为复杂的问题。

时滞是影响货币政策效果的重要因素。如果货币政策可能产生的大部分影响较快地有所表现,那么货币当局就可以根据期初的预测值,考察政策生效的状况,并对政策的取向和力度做必要的调整,从而使政策能够更好地实现预期的目标。假定政策的大部分效果要在较长的时间,比如两年后产生,而在这两年内,经济形势会发生很多变化,那么很难证明货币政策的预期效果是否实现。因此,弗里德曼主张放弃相机抉择的货币政策,代之以"简单规则",主张消极地维持一定的货币供应量增长率,以避免由于人为的错误加剧经济波动。但另一些经济学家则认为货币政策时滞尽管变异性很大,但是可以把货币政策与财政政策混合使用,这样可以弥补时滞不稳定的问题。

(二) 货币流通速度

对货币政策效果的另一主要限制因素是货币流通速度。对于货币流通速度一个相当小的变动,如果政策制定者未能预料到或在估算这个变动幅度时出现小的差错,都可能使货币政策效果受到严重影响,甚至有可能使本来正确的政策走向反面。假设在预测的年度 GNP 将增长 20%,再假设根据以前一些年份有关数据的实证分析,只要包括货币流通速度在内的其他条件不变,货币供给等比增加即可满足 GNP 增长对货币的追加需求。如果货币流通速度在预测的期间加快了 10%,不考虑其他条件的变化,货币供给则只需增加 9.1%即可。要是货币当局没有预见到货币流通速度的变化,而是按流通速度没有多大变化的考虑决定增加货币供给 20％,那么新增的货币供给量必将成为助长经济过热的因素。

但是,在实际生活中,对货币流通速度变动的估算,很难做到不发生误差。因为影响它发生变动的因素太多,一旦货币流通速度的变化幅度超出了中央银行预期测算范围,全社会的实际货币供给总量就可能会大于或小于中央银行所希望达到的合理范围,这可能导致货币供给过多或过少,从而引起通货膨胀或通货紧缩,这当然也就限制了货币政策的有效性。

(三) 微观主体预期

对货币政策有效性或效应高低构成挑战的另外一个因素是微观主体的预期。当一项货币政策提出时,各种微观经济主休,立即会根据可能获得的各种情况信息预测政策的后果,从而很快地形成对策,而且极少有时滞。货币当局推出的政策面对微观主体广泛实施的抵消其作用的对策,政策可能归于无效。例如,政府拟采取长期的扩张政策,人们通过各种信息预期社会总需求会增加,物价会上涨,在这种情况下,工人会通过工会与雇主谈判提高工资,企业因预期工资成本的增大而不愿扩展经营,最后的结果只有物价的上涨而没有产出的增长。鉴于微观主体的预期,似乎只有在货币政策的取向和力度没有完全为公众知晓的情况下才能生效或达到预期效果。但是这样的可能性不大,货币当局不可能长期不让社会知道它所要采取的政策。即使采取非常规的货币政策,不久之后也会落在人们的预期之内。假如货币当局长期采取非常规的货币政策,则将导致微观经济主体做出错误判断,并会使经济陷入混乱之中。但实际的情况是,公众的预期即使是非常准确的,要实施对策也要有个过程。这就是说,货币政策仍可奏效,但公众的预期行为会使其效应打很大的折扣。

(四) 其他因素

除上述合理预期对货币政策的有效性产生影响之外,政治体制因素、金融创新等因素也会对货币政策效果产生影响。

1. 政治体制因素

一般来讲,高经济增长和低失业会给执政党带来不少选票,所以,执政党在大选之前都力图刺激经济,而新政府一般在大选后便及时采取收缩政策,使国民经济平稳下来,这叫作"政治性经济周期"。但由于大多数西方国家中央银行理事会成员任期与政府首脑不一致,因此,在大选之前往往出现货币政策与财政政策大相径庭的局面。总统力图刺激国民经济,降低失业率,中央银行力图稳定国民经济,抑制通货膨胀率。所以,政治性经济周期的存在会在一定程度上影响货币政策的效果。

此外,由于任何一项货币政策的贯彻,都可能给不同阶层、集团、部门或地方的利益带来一定的影响。这些主体如果在自己利益受损时做出较强烈的反映,就会形成一定的政治压力。这些压力足够有力时,就会迫使货币政策进行调整。政治因素影响货币政策效果的严重性如何,目前尚无定论,但它肯定会导致社会利益的一定损失。然而大多数经济学家认为这些因素不至于从根本上妨碍货币政策对国民经济产生的净效果。

2. 金融创新

金融创新的蓬勃发展对世界范围的金融业都产生了全面而深刻的影响,使货币政策的工具、中介指标、传导机制都发生了明显的变化,因此也极大地影响着货币政策效应,这主要表现在以下几个方面。

(1) 金融创新使各层次货币定义与计量遇到困难。在金融创新过程中,各类金融机构纷纷开发新的金融产品,如自动转移账户、可转让支付命令账户、货币市场互助基金账户、现金管理账户、信用卡等。这些新的金融产品既可获得利息,又可随时用于交易的结算,使得货币与各种金融资产之间的替代性增强,各层次货币定义的界限变得模糊。在这种情况下,要计算狭义货币和广义货币十分不易,从而造成中央银行制定的各层次货币控制目标与实际货币增长经常不符。这些变化降低了货币供应量作为中介指标的可测性、可控性和相关性。

(2)金融市场的创新与发展,削弱了中央银行对本国货币的控制能力。欧洲货币市场的发展,使各国中央银行执行货币政策的难度增加。当存在不利于金融机构的管制措施时,金融机构就会利用欧洲货币市场规避本国政策的管制,使货币政策失效。

(3)金融创新使得各类金融机构之间的界限日益模糊,削弱了中央银行的货币控制能力。由于各种新型的金融机构不断涌现,金融业务相互交叉,经营活期存款的机构增多,一些非存款货币银行的金融机构也具有了一定的货币创造能力,从而使得商业银行的地位下降。因此,传统上以商业银行为中心设计的货币控制方法显得力不从心。

(4)金融创新使中央银行控制货币供给的政策工具效力发生变化。

首先,存款准备金比率的调整效力弱化。由于金融创新使融资证券化趋势增强,大量资金从银行流向金融市场,绕开了法定存款准备率的约束。比如金融机构通过回购协议、货币市场基金账户等方式筹集的资金不算作存款,因而不用缴纳存款准备金。这样就增大了金融机构的资金使用范围,削弱了中央银行通过调整准备率控制派生存款的能力。

其次,贴现机制作用下降。金融创新使得金融机构的借款方式增多、融资渠道多样化,国内和国际市场融资都更加便利,其结果是降低了金融机构对中央银行再贴现窗口的依赖程度。

最后,公开市场业务的功能强化。金融创新导致的资产证券化趋势,金融市场的高度自由化、一体化,为中央银行进行公开市场操作提供多样化的交易工具。与此同时,金融创新对证券市场,包括政府债券市场的发展规模产生了促进作用,使金融机构资产构成中有价证券的比重增加,特别是政府债券成为金融机构重要的二级准备,大大增强了中央银行运用公开市场业务的政策效果。

(5)金融创新对货币政策传导机制也产生了明显的影响。与传统的商业银行为主导的传导机制相比,非银行金融机构在传导过程中的角色日益突出而金融创新也同时改变了金融机构和社会公众的投资支出行为,加重了传导时滞的不确定性,同时由于通货以外的金融资产报酬率的增大,使公众持币的机会成本上升,进而影响通货比率乃至货币乘数,使货币供应情况变得更加难以控制。

二、货币政策效果的检验和衡量

衡量货币政策效果,一是看效果发挥的快慢,前面关于时滞的分析已经涉及;二是看发挥效力的大小,这或许是更主要的方面。对货币政策效应大小的判断,一般着眼于实施的货币政策所取得的效果与预期所要达到的目标之间的差距。宏观调节的最终目的是通过政策变量的操作,使目标变量尽可能接近预期的理想水平。从中央银行货币调节的实施顺序看,是用工具变量影响中介指标,再通过中介目标影响最终目标。从我国目前看,货币政策的最终目标是稳定物价并促进经济增长。

以评估扩张政策为例,如果社会总需求小于社会总供给,货币政策以纠正供求失衡为目标,那么这项扩张政策效应的大小,就可以从以下方面加以考察:

（1）如果通过货币政策的实施，增加了货币供给，并抑制了经济增长速度的下滑，或者促进了经济回升，同时又没有引起物价的上涨，那么可以说这项扩张性货币政策的有效性最大。

（2）如果通过货币供应量的增加在抑制经济增长速度下滑或促进经济回升的同时，也导致了物价水平的上升，那么扩张性货币政策有效性的大小，则要视产出变动率与价格水平变动率的相对大小而定。若产出数量的增加大于价格水平的上升，扩张性货币政策的有效性较大；反之，则较小。

（3）如果扩张性货币政策无力遏制经济衰退或促使经济回升，并使物价水平不断上涨，则可以说扩张性货币政策无效。

其他类型的货币政策效应，也可从此思路出发加以衡量。

本章小结

1. 货币政策是中央银行为实现既定的经济目标而采用的各种控制和调节货币供应量或信贷规模的方针和措施的总称。货币政策是国家宏观经济政策的最重要组成部分。货币政策研究的问题包括：货币政策目标、中介指标和政策工具（也称为货币政策的三要素），以及货币政策的传导机制及政策效应问题。

2. 货币政策目标是中央银行通过货币政策的操作而最终要达到的经济目标，它包括物价稳定、经济增长、充分就业、国际收支平衡以及金融稳定等。各目标之间既统一又矛盾，不可能同时兼顾，重点也并非固定不变。

3. 货币政策工具可以分为一般性工具、选择性工具、直接管制工具和间接管制工具。一般性工具主要是中央银行传统的三大工具，即法定存款准备金率政策、再贴现政策和公开市场业务，它们都有其重要的作用，但也存在局限性，必须不断完善。

4. 货币政策中介指标的选择与传导机制理论密切相关。凯恩斯学派倾向于选择利率作为中介指标，货币学派则倾向于货币供应量指标。

5. 货币政策的有效性问题存在争议，我们应该看到，经济当中确实存在着诸多影响货币政策效果的因素，如货币政策时滞、货币流通速度、微观主体预期、政治经济体制的特点、金融创新等。

综合案例

近期，中国人民银行最新发布的《2016 年第四季度中国货币政策执行报告》成为市场关注的焦点，报告中一些细微的变化及对相关问题的解答更是成为市场讨论的热点。对此，专家指出，央行 2016 年第四季度报告为后期货币政策指明了方向，包括明确稳健中性的货币政策、突出强调防控金融风险、提出"货币政策＋宏观审慎政策"双支柱政策框架。而除了货币政策，报告中关于中国经济预期的积极变化也特别值得关注，这既为实施稳健中性货币政策提供了基础，也为中国经济企稳向好提振了信心。中国货币政策如何走？央行本次发布的报告给出了明确答案。关于下一阶段货币政策思路，报告指出，坚持稳中求进工作总基调和宏观政策要稳、微观政策要活的总体思路，实施好稳健中性的货币政策。

（案例来源：http://www.offcn.com/shizheng/2017/0221/20453.html）

案例分析题：什么是稳健中性货币政策？采取这一货币政策的依据是什么？具体包括哪些工具？

本章复习题

一、单项选择题

1. 货币学派认为（　　）在货币政策传导机制中起主要作用。

    A. 货币供应量   B. 基础货币   C. 利率   D. 超额准备

2. 凯恩斯学派认为（　　）在货币政策传导机制中起主要作用。

    A. 货币供应量   B. 基础货币   C. 利率   D. 超额准备

3. 法定准备率政策可以通过影响商业银行的（　　）而发挥作用。

    A. 资金成本   B. 超额准备   C. 贷款利率   D. 存款利率

二、多项选择题

1. 公开市场业务的特点有（　　）。

    A. 中央银行具有主动性   B. 可以对货币供应量进行微调

    C. 中央银行处于被动地位   D. 有利于进行经常性、连续性操作

    E. 政策效果比较猛烈   F. 需要有一个发达的金融市场

2. 法定准备金政策的特点有（　　）。

    A. 中央银行具有主动性   B. 可以对货币供应量进行微调

    C. 中央银行处于被动地位   D. 有利于进行经常性、连续性操作

    E. 政策效果比较猛烈   F. 需要有一个发达的金融市场

3. 中央银行对某些特殊领域的信用进行调节时通常采用下列措施（　　）。

    A. 消费者信用控制   B. 信用配额

    C. 不动产信用控制   D. 优惠利率

    E. 证券市场信用控制   F. 窗口指导

4. 中央银行掌握的能够对整个经济发挥作用的货币政策工具有（　　）。

    A. 公开市场业务   B. 法定准备金政策

    C. 信用配额   D. 直接干预

    E. 优惠利率   F. 再贴现政策

三、思考题

1. 试述货币政策目标的内涵以及各目标之间的关系。

2. 你如何理解《中国人民银行法》中关于我国货币政策目标的表述？

3. 为什么要设立货币政策中介指标？什么样的指标适宜充当货币政策中介指标？

4. 中央银行可能运用的货币政策工具包括哪些？在扩张性或紧缩性的货币政策中，它们分别应该如何运用？

5. 什么是法定存款准备金政策？其效果和局限性如何？

6. 什么是再贴现政策？它有哪些优缺点？

7. 与其他政策工具相比，公开市场业务的优点是什么？

8. 目前我国公开市场业务操作的交易方式主要有哪些？

9. 什么是货币政策传导机制？凯恩斯学派和货币学派的传导机制理论有哪些分歧？

10. 什么是货币政策时滞？它由哪些部分组成？

11. 你认为金融创新活动对货币政策效应有哪些影响？

第十二章　金融创新

　　通过本章的学习,学生可以了解金融创新的背景和导因,理解金融创新的含义和金融创新理论,重点掌握金融创新的内容和理解金融创新的经济效应。在此基础上,掌握我国金融创新的内容以及今后继续创新与改革的必要性和方向性。

导入案例

招商"一卡通":金融产品的创新

　　招商银行是我国第一家完全由企业法人持股的股份制商业银行。十几年来,招商银行不断开拓,锐意创新,在革新金融产品与服务方面创造了数十个第一,较好地适应了市场和客户不断变化的需求,被广大客户和社会公众称誉为国内创新能力强、服务好、技术领先的银行。招商银行在业务上真正取得突破始于"一卡通"的推出,"一卡通"是招商银行个人业务的核心产品,被誉为我国银行业在个人理财方面的一个创举;至今累计发卡量已超过 3 000 万张,卡均存款余额超过 4 500 元,居全国银行卡首位。在中央电视台和《人民日报》联合开展的"全国 34 个主要城市居民消费者喜爱的品牌"调查中,"一卡通"被广大消费者评为"最受欢迎的国内银行卡"之一。招商银行成立之初是一家以对公业务为主的商业银行,个人储蓄只占银行业务的很少一部分。

　　招商银行对国内沿袭使用了上百年的存单、存折方式展开深入的市场调查和论证,得知消费者需要一种更加小巧、灵活、安全、方便的储蓄形式。于是,以统一的银行业务电子化处理系统为基础,招行向社会大众推出了基于客户号管理的,以真实姓名开户,集本外币、定活期、多储种、多币种和多功能于一身的个人综合理财工具——"一卡通",以先进的电脑处理替代了几十年来传统的储蓄方式。招商银行是国内银行业第一家采取先进的客户管理方式的银行,对储户的账号实行全面覆盖和系统管理,将客户在银行的所有资金包括本外币、定活期,甚至信用卡全部归类为同一个号,而原来意义上的账号则由这同一个客户号派生出来,类似于建立起完全的个人理财基本账户。充分体现了一切从客户利益出发、客户成为市场主体的观念,不仅使储蓄业务从单一型、分散型向综合型、系统化处理转变,而且实现了单纯储蓄业务向个人理财综合服务的质的飞跃。

　　(案例来源:焦晋鹏主编,史宁、郑安安副主编:《金融学》,中国铁道出版社,2015 年版,第 203 页)

案例分析题：谈谈金融创新的重要性。

20世纪70年代中期以来，由于对金融市场放松管制，促使金融创新迅速发展，整体金融产业结构发生变化，并使得金融环境在发达国家得到了极大的改善。

全球一体化的金融中心创造出24小时连续运转的金融市场，新的金融工具从这个市场不断产生出来。作为国际经济发展过程中起着血液循环作用的金融市场，其蓬勃发展的基础是金融创新。从这个意义上讲，金融创新是最容易被人们理解和接受的。事实上，在金融健康发展的发达国家，金融中介，甚至整体的金融体系是通过金融市场完成储蓄向投资的转化过程的。在现实经济生活中，消费者是通过金融中介实现各种经济活动，转移财富和进行积累，实现经济均衡过程中的货币信用化的。然而在这些经济活动中，不同的金融中介具有不同的功能，有些是在最终财富拥有者和最终借款人之间充当清算中介，有些是在经济发展过程中担负着将盈余资金向资金匮乏地区转移的市场调剂的作用，有些则专门提供直接金融媒介服务，而有些则是货币政策目标传导的中介，凡此种种都离不开金融创新。

第一节　金融创新的内涵

一、金融创新的含义

金融创新（Financial Innovation）的定义，目前国内外解释有许多种，大多来自于熊彼特（Schumpeter）对创新的研究。熊彼特是西方第一个从理论上研究创新的经济学家，他研究的对象是经济发展中微观的生产关系与生产力的创新，包括五种情形：① 新产品出现；② 新生产方法或技术的采用；③ 新市场的开拓；④ 新原材料供应来源的发现；⑤ 新企业管理方法或组织形式的推行。熊彼特在《经济发展理论》（*Theory of Economic Development*，1912）一书中对创新所下的定义给金融创新定义打下了基础。

陈岱孙、厉以宁主编的《国际金融学说史》则在熊彼特经济创新的定义基础上，将金融创新定义为：在金融领域内建立"新的生产函数"，是各种金融要素的新的结合，是为了追求利润机会而形成的市场改革。它泛指金融体系和金融市场上出现的一系列新事物，包括新的金融工具、新的融资方式、新的金融市场、新的支付清算手段以及新的金融组织形式与管理方法等内容。他们认为，整个金融业的发展史就是一部不断创新的历史，金融业的每一次重大发展，都离不开金融创新。信用货币的出现、商业银行的诞生、支票制度的推广等都是历史上最重要的金融创新。

从以上金融创新的定义看，至少可以得出一个基本认识，对金融创新的定义不能局限于一种或数种金融工具的发明或使用。熊彼特对经济创新的研究给我们一个启示，从生产关系与生产力发展的角度来定义金融创新是较为恰当的。在此，我们认为，金融创新是各种金融要素的新的组合，是为了追求最大利润而发生的金融改革。具体而言，是金融机构为生存、发展和迎合客户的需要，而在机构设置、业务品种、金融工具及制度安排等方面所进行的创造性改革和开发活动。对这一概念应从以下四个方面理解：第一，金融创新的主体包括金融机构和金融管理当局；第二，金融创新的根本目的在于提高金融业的整体效率；第三，金融创新的本质是金融要素的重新组合，即流动性、收益性、风险性的重新组合；第四，金融创新的表现形式是金融业务、金融机构、金融市场、金融工具的创新。目前,金融创新已成为国际金融领域的显著特征。

金融创新不仅是一个经济范畴还是一个历史的范畴。自从现代银行业出现以来,无论是银行传统的三大业务、银行的支付和清算体系、银行的资产负债管理,还是金融机构、金融市场,乃至整个金融体系、国际货币制度都经历了一轮又一轮的金融创新。整个金融业的发展史就是一部不断创新的历史,金融创新一直伴随着金融业的发展。这种金融创新是生产力发展后,反过来对生产关系组成部分的金融结构进行调整而产生的,因此,它具有以下鲜明的特点:① 它是在传统业务的基础上,适应现代经济发展需要对金融业务的一种革命。从这点意义上讲它当然包括了狭义的金融创新行为。② 它是适应现代经济理论发展对金融领域的新要求而产生的。这里主要包括两个阶段:第一阶段是 20 世纪 30 年代的西方国家经济大危机以后,凯恩斯国家干预经济的理论成为主流派,宏观需求管理的实践对金融业务革新产生了深远影响;第二阶段是第二次世界大战结束后,西方经济在布雷顿森林体系框架下稳定运作和 20 世纪 70 年代高通货膨胀率的时代后,凯恩斯经济思想作为主流派受到一定程度的挑战,出现了多元化的经济思想,包括货币主义、预期学派等经济思想,这种多元化经济思想对 L 型新金融领域各项业务发展产生了重大影响。③ 它是适应金融国际化、市场化、自由化的要求而产生的。在整个金融创新过程中,国际经济环境的变化始终影响金融创新的进程。其主要表现是浮动汇率制度下的汇率和利率的反复无常变动,以及世界性的债务危机促进了国际银行体系的变化和发展,使其采取更加灵活的利率制定方式,提高了资本流动的自由度,扩大了国际金融市场的容纳量,增强了不同类型金融资产的流动性。世界经济一体化发展促进了金融国际化、市场化和自由化。这种发展趋势的内在要求说明了金融创新本身就是经济高度市场化内生变量的组成部分,而不是游离出经济市场化之外的外生变量。更进一步的理论阐述是未来的市场发展本身就是一种内部的创新,而这种创新是在具有竞争性和自动放松金融管制的新的金融体系中成长起来的。从这个意义上讲,金融创新是一个不断创新的金融体系的成长过程。

二、金融创新与金融深化的关系

无论是狭义的金融创新,还是广义的金融创新都与金融深化有着密切的联系。

首先,金融创新是金融深化的结果。金融深化是国民经济商品货币化程度不断提高,金融体系发生深刻变化,金融机构多样化,金融工具不断翻新,金融市场发展的过程。这些都最终表现在金融相关比率(FIR)的比重不断提高,即全部金融资产价值与同期国民生产总值(GNP)的比重不断提高,促使金融相关比率提高的因素主要有经济货币比率、资本形成率、企业外部融资率、金融机构金融工具创新比率等。经济货币比率是市场经济发育成熟的基本标志,是国民经济由财政体制运作为主转为金融体制运作为主的必然结果。资本形成率是金融资产积累,由货币转化为资本的过程。企业外部融资率和金融机构金融工具创新比率都是与金融市场密不可分的。总之,这些因素促使了金融深化,从而也产生了金融创新不断发展的结果。

其次,金融创新促进了金融深化。从金融创新狭义和广义的角度来看,它是一种融资技术的创新,是一种金融制度的创新,是市场发育更加成熟的标志。这三个方面都最终对社会储蓄转化为投资起着极大的作用。金融创新在储蓄转化为投资中起着什么作用呢? 从理论上讲,金融创新是以金融资产运作更有效率为前提条件的,换言之,它是金融资产为获得更高利润的金融自由化过程。因此,无论从技术角度,还是从市场角度来看,金融创新最终对储蓄转化为投资起着关键性作用。而储蓄转化为投资的效率高低却是金融相关比率(FIR)的正相关函数。因此,结论必然是金融创新的过程本身就是促进金融深化的过程。

在人类发展历史上,商品货币关系的发展带动了市场经济的不断发展,伴随着市场经济的不断发育,货币信用化程度不断提高,与此同时金融创新发生了。因此,市场经济发展的每一步,实际上都离不开金融创新,金融创新的轨迹就是货币信用经济的发展史。

三、金融创新理论

当代西方金融创新理论的各种学术流派,在20世纪70年代以前是零散和不系统的。从理论上明确而系统地探索金融创新的动因,则是70年代以后的事。国外金融创新理论的内容主要集中在探讨金融创新的动因方面。金融创新理论流派繁多,这里仅介绍几种主要理论。

(一) 技术推进理论

该理论认为,新技术革命的出现,特别是计算机、通信技术的发展及其在金融业的广泛应用为金融创新提供了物质上和技术上的保证。新技术在金融领域的引进和运用进而促进金融创新的例子很多,如自动提款机和终端机极大地便利了顾客,拓展了金融业服务的时间和空间。又如,信息处理和通信技术大大加快了资金调拨速度,缩短了金融交易的时间和空间距离,降低了交易成本,促进了全球金融市场一体化的实现,并且使24小时连续性的全球性金融交易成为现实。

从技术创新角度探讨金融创新问题的代表人物主要是韩农和麦道威,他们通过实证研究发现20世纪70年代美国银行业新技术的采用和扩散,与市场结构的变化密切相关,因而认为,新技术的采用是导致金融创新的主要因素。但他们的研究对象仅限于自动提款机,实际上对计算机、电子通信等方面的技术创新的相关性研究未能取得充分证据,因而他们对金融创新的研究是局部的和不系统的。技术推进理论也无法解释许多除技术之外的其他因素促成的金融创新。

(二) 财富增长理论

该理论认为,经济的高速发展所带来的财富的迅速增长是金融创新的主要原因。这是由于财富的增长加大了人们对金融资产和金融交易的需求,促发了金融创新以满足这种日益增长的金融需求。格林包姆和海沃德是这种理论的代表人物。他们在研究美国金融业的发展史时发现,科技的进步引起财富的增长,人们要求规避风险的愿望随之增加,促使创新不断出现,金融资产日益增加。因而财富的增长是金融创新和金融资产的需求增长的主要动因。

财富增长理论主要从金融需求角度探讨金融创新的成因,有其片面性。① 单纯从金融资产的需求角度来分析金融创新的成因需要有一定的前提条件,即金融管制的放松。否则,如果金融当局出于"稳定"的目的而对金融业进行管理,特别是在出现问题时实施严格管制时,无疑会抑制因需求产生的创新动机。② 对金融创新的成因必须从需求和供给两方面综合考虑,仅有需求而缺乏供给动力的金融创新是难以推广和持久的。③ 该理论强调财富效应对金融创新的影响,忽略了替代效应,即利率变动对金融创新的影响。因此,该理论无法解释20世纪70年代以后出于为转嫁利率、汇率和通胀风险而出现的各种金融创新。

(三) 约束诱导理论

该理论主要从供给方面探讨金融创新。该理论认为,金融业回避或摆脱其内部和外部制约是金融创新的根本原因。该理论认为,金融机构之所以发明种种新的金融工具、交易方式、服务种类和管理方法,其目的在于摆脱或逃避其面临的种种内部和外部制约。内部制约指的是金融机构内部传统的增长率、流动资产比率、资本率等管理指标。外部约束指的是金融当局的种种管制和制约,以及金融市场的一些约束。当经济形势的变化使这些内、外制约阻碍金融机构实现其利润最大化的终极目标时,势必迫使他们探索采用新的金融工具、服务品种和管理方法来回避内外制约,增强其实力和竞争力。

约束诱导理论的代表人物是西尔柏。西尔柏从寻求利润最大化的金融机构入手分析,认为创新是微观金融组织为寻求最大的利润、减轻内外部对其产生的金融约束而采取的自卫行动。他认为,金融机构之所以不断创新金融工具,其动力无非是减轻或摆脱诸多内外部制约。特别是外在环境的变化使金融机构无法实现利润最大化目标时,也就是说内外制约导致成本大幅上升时,将迫使金融机构通过产品、服务和管理方法的创新来获得新的均衡。应该说,西尔柏从供给方面,从微观金融企业的角度探讨金融创新,从金融机构的金融业务和工具创新中来分析金融创新的成因有一定的创见性;此外,约束诱导理论是探讨金融创新成因的一般性理论,因而系统性更强。

当然约束诱导理论也有其局限性。① 该理论关于金融创新成因的探讨太过于一般化,它同样适用于普通企业的创新,不能充分体现金融创新的特征和个性。② 过分强调“逆境创新”,即强调金融企业主要是在为了寻求利润最大化而摆脱限制和约束的过程中产生创新,因而使金融创新的内涵过窄。例如,20 世纪 70 年代的转嫁风险的创新就无法归纳进去。③ 过分强调金融企业在金融创新中的作用,对与金融企业相关联的市场创新及宏观经济环境下引发的金融创新避而不谈。事实上,金融创新并非金融业的孤立行为,它是金融领域内诸多要素的全新组合和创造。因此,该理论不能全面地解释多种多样的金融创新。西尔柏本人也承认他的模型只能解释 1970—1982 年美国金融创新的 60%。

(四) 制度改革理论

该理论认为,金融创新是一种与经济制度相互影响、互为因果的制度改革。金融体系的任何因制度改革而引起的变动都可以被视为金融创新。金融创新的成因可能是降低成本以增加收入,也可能是稳定金融体系及防止收入不均的恶化。

制度学派的一些学者如诺斯、戴维斯、塞拉、韦思特等持有这一观点。他们主张从经济发展史的角度来研究金融创新,认为金融创新并不是 20 世纪电子时代的产物,而是与社会制度紧密相关的。在计划经济体制下,虽然也存在科技发展、内外制约、财富增长、通货膨胀等可以触发金融创新的因素,但高度的集中统一和严格的计划管理使金融创新不是无法开展就是受到极大的限制。因此,在计划经济制度下,金融工具的种类较少,金融服务和管理比较落后,金融活动的规模和范围很小,很难形成真正自由的金融市场和国际金融中心。另一方面,在自由放任的市场经济制度下,那些为回避官方限制与管理的金融创新也无产生的必要,因而不可能产生全方位的金融创新,即使有某种程度的金融创新出现,其范围也大大缩小了。因此,该理论认为,全方位的金融创新只能在受管制的市场经济中出现,如在英、美等国的混合经济制度下就可能有必要进行金融创新。当政府的干预和管理阻碍了金融活动时,就会出现各种相应的回避或摆脱管制的金融创新;当这些金融创新对货币当局的货币政策目标构成威胁时,货币当局又会采取新的干预和管制措施即制度创新,于是又引发了新的有针对性的金融创新。这种市场和政府之间的博弈最终形成了"管制—创新—再管制—再创新"的螺旋式发展过程。

从上述制度学派的观点看,政府行为也是金融创新的成因,实际上将金融创新的内涵扩大到包括金融业务创新与制度创新两个方面,较之其他理论探讨的金融创新的范围更广。但对该理论,也存在着较大的争议。有学者认为,将制度创新与金融创新紧密相连,并视为金融创新的一个组成部分,特别是将带有金融管制色彩的规章制度也视为金融创新,是令人难以接受的。因为金融管制本身就是金融创新的阻力和障碍,作为金融管制象征的规章制度无疑应是金融改革的对象。

(五) 规避管制理论

该理论认为,金融创新主要是由于金融机构为了获取利润而规避政府的管制所引发的。各种形式的政府管制与控制,性质上等于隐含的税收,阻碍了金融机构从事已有的盈利性活动和利用管制以外的利润机会。因此,金融机构会通过创新来规避政府管制。当金融创新可能危及金融稳定和货币政策时金融当局又会加强管制,新管制又会导致新的创新。两者不断交替,形成一个相互推动的过程。

规避创新理论的主要代表人物是凯恩。凯恩认为,作为金融控制的各种形式的经济立法和规章制度,是保持宏观经济均衡和稳定的基本措施。而经济个体规避这些措施的各种活动实际上反映了代表公众利益的国家和以寻求利益最大化为基本原则的经济个体之间的矛盾关系。经济个体为了追求自身利益的最大化,通过有意识地寻求绕开政府管制的方法来对政府的限制做出反应。凯恩在这一分析的基础上设计了一个制定规章制度的框架。在该框架中,制定经济规章制度的程序和被管制人规避的过程是相互作用的,这种相互作用会逐渐形成比较成熟和实用的规章制度。

从某种程度上看,规避创新理论是约束诱导理论和制度改革理论的折中,但又有很大的区别。首先,约束诱导理论从内外制约两方面探讨金融管制对金融创新的影响,但未提及金融企业创新对金融管制的反作用力。而规避创新理论全面分析了外部约束与企业规避之间的作用力与反作用力。其次,规避创新理论与制度改革理论之间的主要区别在于对金融管制的定位不同。前者将金融管制看成是金融创新的外部压力,是金融创新的动因;后者则将金融管制视为金融规避创新的一个组成部分,在分析规避创新的同时,也强调技术创新的主要性。

(六) 货币促成理论

该理论认为,货币方面的因素促成了金融创新的出现。20 世纪 70 年代汇率、利率以及通货膨胀的反复无常波动,是金融创新的主要成因。例如,可转让支付命令账户(NOW)、外汇期货、外汇期权、浮动利息票据、浮动利息债券、与物价指数挂钩的公债等对汇率、利率和通货膨胀率具有高度敏感性的金融工具的出现,都是为了避免汇率、利率和通货膨胀率等货币因素造成的冲击,使人们在不稳定因素的干扰下获得相对稳定的收益。

货币促成理论的主要代表人物是货币学派的米尔顿·弗里德曼,他认为:20 世纪 60 年代美国通货膨胀的加剧,导致了 1971 年布雷顿森林体系的崩溃,美元与黄金的联系被断裂,世界上所有货币都直接或间接地建立在不兑现纸币的基础上。布雷顿森林体系的解体使政府极有可能实施通胀政策,它反过来又加剧了通货膨胀及其在世界范围的传播。通货膨胀和利率的频繁波动引起经济的不稳定,促使金融创新不断出现并形成要求放松金融市场管理的压力。货币促成理论可以解释布雷顿森林体系解体后出现的多种转嫁汇率、利率和通胀风险的创新工具和业务,但无法解释其他形式的金融创新。

(七) 交易成本理论

该理论认为降低交易成本是金融创新的主要动因,表现在:① 降低交易成本是金融创新的首要动机,交易成本的高低决定了金融业务和金融工具的创新是否具有实际价值;② 金融创新实质上是对科技进步导致交易成本降低的反应。对于交易成本的界定,一种观点认为,交易成本是买卖金融资产的直接费用,包括各方面转移金融资产所有权的成本、经纪人佣金以及借入和支出的非利率成本;另一种观点认为,投资风险、资产的预期净收益、投资者的收入和财产、货币替代的供给等因素都应加以考虑。

交易成本理论的代表人物是希克斯和尼汉斯。希克斯把交易成本、货币需求与金融创新联系在一起加以考虑;交易成本是作用于货币需求的重要因素;不同的需求产生对不同类型金融工具的要求,交易成本的大小使经济主体对需求预期发生变化。交易成本降低的趋势使货币向更高级的形式演变和发展,产生新的交换媒介和金融工具,不断地降低交易成本就会刺激金融创新,改善金融服务。

交易成本理论从微观经济结构变化的角度来研究金融创新,并把金融创新的动因归结为交易成本的降低,从另一个角度说明了金融创新的根本原因在于微观金融机构的逐利动机。这种理论有其一定的合理性。但其局限性也是显而易见的:该理论把金融创新的源泉完全归因于金融微观经济结构的变化引起的交易成本下降。实际上,科技进步并非是交易成本下降的唯一决定因素,竞争也会降低交易成本,促使金融创新工具产生。

以上西方金融创新理论的主要流派对金融创新动因的解释各不相同,但不同流派的金融创新理论内容又有相似之处,这表现在这些理论都指出了金融创新进程中科技进步不可磨灭的特殊贡献及金融管制与金融创新的相互促进作用。但是,西方金融创新理论对金融创新的研究主要侧重于金融创新的生成机制,对金融创新的效应及后果很少涉及,因而其研究不够系统。在计划经济体制下的苏联和中国,金融体系的金融创新几乎处于空白,就是最好的例证。

需要指出的是,制度改革理论对中国金融创新有很大的借鉴意义。该理论认为,金融创新的最佳环境是有管制的市场经济,因此可以说社会主义市场经济有利于金融创新。当前中国的金融创新所面临的两个问题是:① 使金融机构成为真正的自主经营、自负盈亏的经济实体,其具有的盈利动机将成为促进中国金融创新的内在动力;② 将金融创新与破坏金融程序区分开来,鼓励提高金融运作效率的有序创新,这是中国金融创新的外部条件。

第二节 金融创新的背景与导因

第二次世界大战后,世界经济形势和格局发生了巨大的变化,经济的高速增长,生产力的发展引起了生产关系的变化。自现代金融体系形成之后,金融创新一直就与经济发展相伴随,并作为生产关系的变革与生产力的发展紧密地联系在一起。因此,每一个历史时期的金融创新都有着特定的经济发展背景。这些经济背景作为金融创新的基本条件而存在,实际上间接地决定了金融创新的形式和内容。

一、金融创新的背景

金融创新是个历史范畴。从当代经济发展史看,构成当代金融创新的背景主要有三个方面:第二次世界大战后国际资本流动及欧洲货币市场的建立和发展;20 世纪 70 年代世界"石油危机"以及由此产生的"石油美元"的回流;20 世纪 80 年代国际债务危机的爆发和影响。

（一）欧洲货币市场和资本市场的建立和发展

第二次世界大战后,科学技术的发展促进了生产力的发展,使生产的社会化提高到国际化阶段。生产国际化和市场国际化的形成必然要求资本国际化,日益增大的国外投资和国际资本流动规模呼唤着一个发达、高效的国际融资体系的出现。正是在这种背景下,欧洲货币市场和欧洲资本市场相继诞生,从而标志着国际金融市场发展到了一个崭新的阶段。作为一个新型的国际金融市场,欧洲货币市场和资本市场呈现出对市场刺激高度灵敏、对世界经济发展完全适应、对各种金融业务便利灵活等明显特征,从而与传统的国际金融市场有着本质区别。可以说,欧洲货币市场与欧洲资本市场的建立,开创了当代金融创新之先河,之后一系列的金融创新,如金融工具、金融市场、金融机构以及金融管理等的创新莫不与此相关。

（二）全球性"石油危机"及"石油美元"的回流

20 世纪 70 年代石油大幅度提价后,石油的供给与需求严重失衡,使得全世界范围内出现了严重的"石油危机",在"石油危机"中,石油输出国对外收支呈巨额顺差,从而成为一种流动性极强的世界性资金力量,即"石油美元"。"石油美元"的形成及其回流冲击着国际货币体系和国际金融市场,从而引起 20 世纪 70 年代世界经济格局与经济结构发生了巨大变化。一是各国内部行业结构发生变化,一大批新型的产业开始崛起;二是各工业国经济实力之间的差距逐渐缩小,一些新兴工业化国家开始崛起。石油输出国的"石油美元"及其回流引起世界经济结构发生变化并进而引起国际收支出现失衡,其结果是:一方面,面对巨额的"石油美元"资金,石油输出国需要寻找合适的融资方式和新型金融工具,以使其不至于受到利率和汇率剧烈波动的影响,因此,这些国家对欧洲货币市场的依赖程度加深;另一方面,世界经济结构变化过程中出现的国际收支顺差国为了更好地疏导其剩余资金,满足逆差国的资金需求,也只有利用欧洲货币市场和资本市场的融资机制加速其资本流动。这些推动了欧洲货币市场和资本市场业务不断发展。同时,欧洲货币市场和资本市场也不得不根据国际资本运动的规律及时采取一系列的措施,调整业务结构和业务操作流程,这样因"石油危机"引起的欧洲货币市场和资本市场的发展本身就孕育了新一轮的金融创新。

（三）国际债务危机及其影响

20 世纪 80 年代,墨西哥、巴西、阿根廷等国相继宣布无力偿还外债,从而爆发了世界闻名的"国际债务危机"。1982 年 8 月,墨西哥陷入债务危机后,同年 9 月至 12 月国际清算银行通过债权国官方渠道向墨西哥提供了过渡性融资。1983 年,巴西无力偿还外债时,与债权银行签署了一项有关融资的一揽子协议,包括一次性债务重新安排和 45 亿美元的新货币。1985 年 5 月,智利为了减轻偿债过大的压力开始实施综合性债务股权转换计划。其他一些重债务国在国际金融机构及债权银行的协助下也都采取了与上述各国类似的措施。国际债务危机无论是对发达国家还是发展中国家都产生了巨大影响,同时也加剧了国际金融的不稳定性。这一重大变化客观上要求金融业务与其相适应,从而导致了大批的融资工具和融资方式的诞生。

国际债务危机爆发至今已有近 30 余年,但对国际金融业却产生了深远影响。首先,国际商业银行不再以 20 世纪 70 年代那样的规模和融资方式进行贷款。其次,债权人和债务人采取自然风险分担的配套方法来改革旧的融资方式。再次,在处理和缓解债务危机过程中,创造出了许多解决债务问题的方法,如债务股权转移、购回旧债发行有抵押条件的新债、债务转换成债券等。虽然国际债务危机造成了国际金融业的动荡不安,但从某种意义上讲,却促成了金融工具和融资方式的创新。

二、金融创新的直接导因

第二次世界大战后,国际资本加速流动,欧洲货币市场、资本市场得以建立与发展,20 世纪 70 年代出现"石油危机"及"石油美元"的回流,80 年代初爆发国际债务危机,如果说,这些世界经济发展过程中出现的事件是金融创新的基本背景或间接原因的话,那么,科学技术革命和世界范围金融管制的放松则是金融创新的直接导因。

(一) 影响深远的科学技术革命

20 世纪 70 年代发生了新的科学技术革命,国外称之为"第四次产业革命"。它以电子计算机、遗传工程、光导纤维、激光、海洋开发的广泛应用为根本特征,是人类历史上规模最大、影响最深远的一次科学技术革命。这次科技革命使得社会生产力大大提高,世界经济格局也发生了深刻变化。新科技革命的核心是微电子技术的发展和广泛运用,它彻底改变了金融观念,直接导致了金融创新和金融革命。

自 20 世纪 60 年代以来,微电子技术应用成熟,开发了电子计算机和高科技通信技术,成倍地提高了金融信息的传播速度和处理能力,从而降低了金融交易成本,扩大了金融通信范围,使得传统的金融业务从手工操作转变为机械化、半自动化,甚至全自动化操作。据统计,1957 年贮存容量为 100 万字节计算机的月租费为 105 600 美元,到 1979 年则只有 430 美元,而每计算 10 万次的费用则由 1958 年的 0.26 美元降至 1971 年的 0.01 美元。低廉的成本使电子计算机的应用比重急剧增大,在美国,除了政府部门外,金融业务部门是电子计算机应用最多、最广泛的一个行业。据统计,1978 年美国银行业务部门使用的电子计算机台数达到当时全国电子计算机总台数的 12%,居各行业之首。

(二) 世界范围的金融管制放松

20 世纪 70 年代以来,世界经济形势发生了剧变,电子计算机技术的不断进步,国际金融市场的长足发展,终于导致了世界范围的金融管制放松浪潮。放松金融管制本身就是一场革命,无论是对利率的管理、银行自身的资产负债管理、非银行金融机构的发展,还是对金融业务交叉方面的变革都具有决定性的作用。

1. 金融管制放松的原因

放松金融管制的根本原因是世界经济剧烈变动使金融机构为适应这种变化而采取的规避管制行为,另外,电子计算机应用技术不断进步和国际金融市场的发展,都迫使各国货币管理当局不得不放松金融管制。

首先,世界经济形势的重大变化。20 世纪 70 年代中期,西方各主要工业国几乎同时出现经济形势的重大变化:一是 20 世纪 70 年代世界性经济危机之后的高通货膨胀及高名义利率;二是"石油危机"带来油价大幅上涨。在居高不下的通货膨胀形势下,银行原有的受管制的存款利率条件以及无息支票存款便利不仅不能吸引更多的存款,反而出现了大量存款从银行流出的迹象。相反,不受管制或受管制较松的其他金融机构则可以利用自身特点争取更多的存款。这种因金融管制造成的存款不正常流动必然形成金融机构与非金融机构之间的职能出现失衡。同时,高通货膨胀带来的名义利率的上升决定了市场利率对利率水平起着真正的主导作用,而受金融管制较严的金融机构的利率管理则与此相悖,因此这无形中诱使大量资金从金融中介流出,通过货币市场进行投资,从而出现了金融机构的"非中介化"现象。上述两方面的因素迫使各国货币当局不得不考虑放松金融管制的问题。

其次,电子计算机应用技术的不断进步。计算机和电子计算机化信息处理使金融交易加快,成本降低,特别是电子资金转移系统的推广,卫星传递信息、调度资金使几乎所有的金融交易更加迅速更加低廉。这样金融机构能节省出大部分管理费用以用于提高对存户的利息支付,展开争取存款资金的竞争。同时,由于计算机和电子计算机应用技术使借款者和贷款者从市场获得同一信息的速度加快,超过了传统金融中介处理金融业务的速度,金融中介的重要性由于电子计算机和电子计算机化信息等技术而相对削弱。因此,金融中介机构不得不跳出旧框框,避开烦琐的规章制度,进行金融业务创新。另外,新的金融工具依靠电子计算机和数据自动化处理系统,使国际交易更加便捷,国际金融市场得以发展和扩大,资本国际化的趋势不断加强。电脑技术的广泛应用为改革传统业务、突破旧框框、废除不合理的规章制度提供了坚实的物质基础。

再次,国际金融市场的发展。国际金融市场发展的总体趋势是国内金融市场和国际金融市场一体化。① 各国国内金融业,特别是银行业,积极向国外寻求发展,在国外增设分支机构等,积极参与国际金融市场上的业务竞争。② 各国相继开放国内金融市场,特别是原先对外资经营银行业限制很严的国家,也开始允许外国银行来本国设立分支机构。③ "石油危机"形成的"石油美元"和世界经济结构的调整促进了国际金融市场的发展,"石油危机"引起了国际间严重的国际收支失衡,国际收支逆差国只得进入国际金融市场寻找资金以弥补对外收支逆差。同时,石油输出国大量的国际收支顺差资金滚滚流入国际金融市场。此外,20世纪70年代世界经济结构变化也引起了相当一段时间内的国际收支失衡,这种不平衡增加了对国际金融市场的依赖,特别是对欧洲货币市场的依赖,同时也促进了国际金融市场的发展。以上几方面的原因从根本上说是生产国际化和资本国际化趋势加强的体现,也是国际资本流动性增强、国际融资机制不断完善的表现。在这种环境中,旧的金融管理规章制度已经成为经济发展的障碍,需要加以解除,从而导致全球性的放松管制,并进而引发了全面的金融创新。

2. 金融管制放松的主要内容

放松金融管制包括以下几个方面的内容,即取消对存款利率的最高限额,逐步实现利率自由化;允许各金融机构业务交叉,鼓励银行"综合化";放松对本国居民和外国居民在投资方面的诸多限制;开放各类金融市场,放宽对资本流动的限制;放松外汇管制等。

(1) 取消对利率的管制。美国、日本、前联邦德国放松金融管制的第一步就是取消对存款利率的限制。美国《1980年银行法》(即存款机构放松管制和货币控制法)废止了Q条例,规定从1980年3月起分6年逐步取消对定期存款和储蓄存款利率的最高限制,为此还专门成立一个存款机构放松管制委员会,负责制定存款利率最高限,使其逐步放松直至最后取消。

(2) 允许金融机构业务交叉。各国银行制度不尽相同,但为了维持金融体系的稳定,大都实行分业银行制,即在商业银行和投资银行之间、银行和证券公司之间、银行和非银行金融机构之间实行严格的业务分工,限制竞争。但20世纪70年代以来,生产国际化和资本国际化严重地冲击了原有的专业化分工,单一的银行业务限制了金融机构的竞争能力,不能满足它们追求利润最大化的愿望。另一方面,国内市场开放,外国金融机构进入本国市场,对国内金融机构也构成了挑战,因此经营单一业务的国内各金融机构希望能摆脱束缚,全面发展业务。此外电子计算机设备大规模装置使用,对银行的规模经济也提出了新的课题,迫使银行通过发展多种业务来获取更大的利润以补偿成本费用。在这种形势下,放松对金融业务范围的限制,允许金融机构业务交叉和跨地区发展业务的各种法案应运而生。

(3) 放松对各类金融市场的管制。20世纪70年代国际金融市场基本处于隔离状况,美、日、法、前联邦德国等国家彼此对国内和境外市场做出不同的限制,阻碍了资本的自由流动。80年代初资本国际化和世界贸易急剧的增长使各国纷纷放松对金融市场的管制,颁布有关债券发行条例,对法人进入国内、国际金融市场的条件、税收政策以及资本流动做出新的规定,并以此开放国内金融市场,促进金融市场之间的联系。

(4) 放松外汇管制。国际贸易的增长、资本国际化趋势的加强以及金融市场的发展使各国相继不同程度地放松了对本国外汇的管制。

第三节　金融创新的内容

当代金融创新,种类繁多,范围极广,速度极快。各种金融创新都有着其自身的目的和需要。

一、传统业务创新

银行三大业务指的是负债业务、资产业务和中间业务。现代银行是从古代的钱币兑换业,近代的高利贷银行传统的存、贷、汇业务中吸收精华,并随现代经济的发展而逐渐形成三大业务基本格局的。然而,银行三大业务的每一步发展从本质上说都是金融创新的一个过程,只是随着时间的推移,这些业务创新的意义又被近期创新所掩盖。这里,我们所指的银行三大业务创新主要包括第二次世界大战后,特别是20世纪70年代以来所涌现的银行业务创新行为,主要反映在商业银行资产负债表以内的创新业务和脱离资产负债表的创新业务上。商业银行资产负债表以内的创新业务主要包括为避开金融法规与管制方面的创新业务、为开拓资金来源而推出的资产负债表以内的创新业务及为躲避风险而形成资产负债表以内的创新业务。

商业银行脱离资产负债表的创新业务在最近20年内发展非常快,这类创新业务可以扩大资金来源与运用,而不影响向资产负债表总额及其经营活动,归纳起来主要有以下四个方面:一是贷款出售,是指银行将自己的贷出款项或债权转卖给其他投资者,从而重新获得资金来源;二是担保,是指银行应订立合同双方的要求,出具书面担保文书,以自己的资产作保证,保证债务人应承担的支付或偿付责任;三是支持信用证,是指银行代表自己的客户以信用证形式发行的不可撤销义务;四是承诺,是指银行向自己的客户所做的一种保证,便于客户根据预先所立条款从银行取得贷款。

二、支付和清算方式创新

银行的支付和清算业务是银行和中间业务的有机组成部分。银行通过利用自己资产和负债的便利条件为客户提供支付和清算服务,加速自身的资金周转,降低经营成本,促进资产和负债业务的发展。

传统的银行支付和清算系统采取非现金结算方式,即支票、转账结算、信用卡等工具,运用现金、票据、联行往来、邮政汇兑来实现支付和清算。支付和清算方面的创新大致分为两个阶段:第一阶段是对传统支付和清算系统的改良;第二阶段是建立以电子计算机网络运行为基础的支付和清算系统。银行支付和清算系统的创新是电子计算机在金融领域运用所带来的最早的金融创新行为,也是从根本上提高银行经营效率、减低成本、提高利润水平最为关键的步骤,后来出现的各种各样的金融创新都是建立在此基础上的。

单元案例

金融创新的前哨阵地——互联网金融

互联网金融是指依托于支付、云计算、社交网络以及搜索引擎等互联网工具,实现资金融通、支付和信息中介等业务的一种新兴金融。它最初产生和服务于互联网上的商品交易活动,此后延伸到代理基金证券销售和 P2P 网贷等方面。当前互联网金融的业态主要包括第三方支付、P2P、众筹,以及传统金融中介或非金融机构借助网络平台销售金融产品。

第三方支付(Third-Party Payment)的兴起源于网络购物信用中介缺失的需求。2004 年阿里旗下的支付宝正式上线运营,2005 年腾讯旗下的财付通上线运营,到 2009 年中国互联网支付市场规模达到 5 766 亿元人民币,大大小小的企业也达到 300 多家。截至 2014 年,中国人民银行已先后五次向 200 多家网商发放了第三方支付机构的牌照。第三方支付的发展不仅极大地推动了电子商务的大发展,而且在一定程度上创新了货币周转支付体系。

网上销售理财产品起源于网上电子银行而兴盛于余额宝的推出。2013 年 6 月 13 日,支付宝与天弘基金合作推出余额宝。该产品一上线就受到个人投资者的热捧。到 2014 年年底,余额宝的用户量已达到 1.85 亿户,总规模达 5 789.36 亿元。除余额宝外,其他电商的产品如腾讯旗下的理财通等也都发展迅速。网上理财产品的发展对传统金融中介的柜面式产品营销模式提出了巨大的挑战。为应对新的形势,从 2013 年开始,工行、交行等各大银行都陆续推出了 T+0 网上理财产品,力图挤压"宝宝"们的发展空间并提升自己的网络化程度。

2007 年,P2P(Peer-to-Peer Lending)金融交易在中国开始出现。到 2013 年年底,营运 P2P 网贷平台的机构已达 800 多家,贷款余额大约为 268 亿元;而到了 2014 年年底,网贷行业总体贷款余额已达 1 036 亿元,是 2013 年的 3.87 倍。比较著名的网贷机构如陆金所、红岭创投、人人贷和招财宝等的贷款规模都在不断扩大。

众筹(Crowd Funding)意为大众筹资或群众筹资,是指特定的发起人利用互联网的各类平台,尤其是社交网络(SNS)等传播的特性,让创业企业、艺术家或个人对公众展示他们的创意及项目,并用团购预购等形式,向网友募集项目资金的模式。当前众筹的发展非常迅猛,从非盈利性的艺术创意支持到规定了收益率的项目管理,都已经形成了比较固定的特色化的众筹网站,融资额也不断地上升。

互联网金融相比传统的柜面式金融而言,具有无可比拟的优势,如成本低廉、创新能力强、不受地域限制、定制性强和方便快捷等;另一方面,互联网金融的网络技术风险、信用评估环节缺失、利率水平偏高和市场准入门槛低等问题也饱受诟病。互联网金融已经对传统金融模式形成了巨大的挑战,也对金融监管提出了新的要求。虽然互联网金融丝毫没有背离金融业的内核,但它必然会因为其完全的开放性和无限的创新性而引领金融业的新潮流。

(案例来源:朱新蓉主编:《货币金融学(第4版)》,中国金融出版社,2015年版,第465~466页)

案例分析题:互联网金融的未来发展趋势是什么?

三、金融机构创新

金融机构创新与金融其他领域的创新有所不同,因为金融机构创新本身是作为各种金融业务创新相适应的形式而出现的,也是本国金融制度创新的有机组成部分。各国的金融制度不尽相同,因而对金融机构的设置、分工等各方面的要求也不一致,金融机构创新的形式也就不一致。世界各国的金融机构创新纵有各种各样原因,大都离不开以下两个基本原因:一是金融自由化促使金融机构从"专业化"向"综合化"方向发展,为各种新金融机构的诞生创造了条件。二是西方各国在第二次世界大战后初期根据经济发展的需要对金融体制进行了改组和整编,也使得其金融体制中金融机构由"专业化"向"综合化"转化。第二次世界大战后经济活动的实际内容发生变化使得各金融机构突破原有的业务分工,在较大范围内开始综合经营,实行多种金融业务交叉,因而出现了大批新的金融机构。

四、金融工具创新

20世纪70年代,世界性的通货膨胀导致利率和汇率更加剧烈地波动,整个金融市场以不确定性为主要特征,金融风险增加。在人们要求避免和分散风险以适应变幻莫测的经济形势的呼声中,金融期货市场、期权市场、互换市场等应运而生,与此同时,传统的外汇市场上,外汇交易的创新也层出不穷,从而揭开了金融市场崭新的一页。

在金融市场创新的同时,传统金融工具和融资方式开始创新,创新发展趋势朝着证券化方向演进,成为20世纪80—90年代金融创新的主要内容。

通常,人们把金融工具创新同逃避金融管制联系在一起。在激烈而充满风险的金融竞争环境里,金融当局总要在一定时期后修订原有的法令、条例,对金融机构实行新的监管办法,而金融机构为了实现股本的盈利目的,也会不断地创造一些令金融当局的管制鞭长莫及的金融工具。这就出现了金融管制与金融工具创新的交替过程,如图12-1所示。

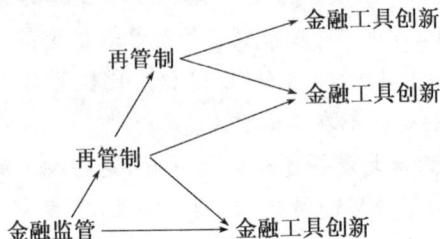

图12-1 金融管制与金融工具创新的交替发展过程

五、金融学科创新

全球范围内的金融创新对金融业产生了广泛而深刻的影响,同时也对金融学科的创新起到了积极的推动作用。20世纪80年代末和90年代初,在金融创新基础上发展起来的金融工程就是金融学科创新的典范。所谓金融工程,是指创造性地运用各种金融工具和策略来解决人们所面临的各种金融问题和财务问题。金融工程作为现代金融学的最新发展,所需要解决的问题是新型金融产品和新型金融技术的设计、开发和实施,它把金融技术和其他科学技术有机地结合在一起,创造性地解决问题。因此,金融工程的精髓在于运用多学科知识在工程技术下创新。从金融工程的发展历史来看,金融工程来源于金融创新,是金融创新的高级阶段;同时,金融工程将金融理论应用工程化以后,反过来又推动了金融的加速发展。

六、金融市场的创新

金融市场的创新主要表现在欧洲货币市场的金融工具创新、衍生金融市场的创新,以及金融市场交易系统和交易机构的创新等方面。第二次世界大战后形成的欧洲货币市场,本身就是金融创新的重大成果,它实现了金融市场的真正国际化;同时,欧洲货币市场上的金融工具创新也是内容丰富的,包括多种货币贷款、平行贷款、背对背贷款、浮动利率债券、票据发行便利、远期利率协议等。

在20世纪70年代世界范围的金融风险普遍增大的背景下,为满足客户避险、牟利的需求,以美国为首的经济发达国家相继推出期货、期权等新型的金融交易方式,创造了标准合约式的金融工具,形成了以交易期货合约、期权合约为主要内容的衍生金融市场的衍生金融工具和衍生金融市场的出现,是现代金融市场发展的重要创新成果。在衍生市场上,除了合约形式的金融工具外,还存在其他类型的工具,如商品派生债券、指数货币期权凭证等。1971年,美国率先建立了证券交易自动报价系统,其后又使证券交易自动报价与市场交易系统联网,实现了证券市场的网络化;此外,一些国家相继建立了金融期货交易所,以满足对现代金融商品交易的需要。

七、金融制度的创新

金融制度的创新主要表现在以下几个方面:① 非银行金融机构种类和规模迅速增加。包括保险公司、养老基金、住宅金融机构、金融公司、信用合作社、投资基金等在内的金融机构大量出现。它们提供各类专门金融服务,形成了与各类银行互补的新型金融体系。② 跨国银行的发展。"二战"后跨国公司的出现,带动了跨国银行的发展。各国的大银行追随跨国公司开拓国际业务的脚步。并瞄准具有新兴市场的国家,四处建立分支机构及业务网点,并与其他银行及金融机构建立业务联盟,形成了规模巨大、实力雄厚、无所不在的跨国银行。③ 金融机构之间出现同质化趋势。由于各类金融机构在业务形式和组织机构上的不断创新,使得银行与保险、信托、证券等非银行金融机构之间的职能分工界限逐渐模糊,各类金融机构正在由传统的分业经营向混业经营的综合化方向发展。

单元案例

银行混业经营"破冰"

银行与保险公司相互参股的监管难题获得解决。中国银监会及保监会在北京正式签署了《中国银监会与中国保监会关于加强银保深层次合作和跨业监管合作谅解备忘录》(以下简称《备忘录》)。在备忘录中,双方对准入条件、审批程序、机构数量、监管主体、风险处置与市场退出程序及信息交换六个方面达成一致意见。新年伊始,国务院批准了银监会和保监会联合上报的关于商业银行投资保险公司股权问题的请示文件(以下简称"160号"文)。"160号"文原则同意银行投资入股保险公司,试点范围为三至四家银行。《备忘录》的出台意味着银行盼望已久的参股保险公司获得实质突破。

《备忘录》只是明确了两家监管机构的分工和责任,确立了审慎监管的基本原则,对加强现场检查和非现场监管配合,确定风险处置与市场退出的程序,明确信息交换的内容、方式和渠道等方面进行了监管约定。资料显示,近年来,随着保险公司与商业银行的合作不断加强。截至2013年3季度,全国共有银行类保险兼业代理机构近8万家,占全部保险兼业代理机构的比例超过50%;在全国总保费收入的5 327亿元中,银行类保险兼业代理机构代理保费收入1 006.4亿元,占全部兼业代理机构保费收入的61.4%,占全国总保费收入的18.89%。

(案例来源:http://finance.qq.com/a/20100826/001261.htm)

案例分析题:怎样理解银行混业经营"破冰"?

第四节 金融创新的效应与我国的金融创新

一、金融创新的效应

随着金融创新的不断发展,金融创新对金融业务乃至金融体系的各个领域都产生了巨大的影响。

(一) 对金融效率的促进与提高

金融业务日趋多样化、集中化,以及利率厘定自由化、银行业务综合化、金融工具系统化及全球市场一体化使得金融机构之间的竞争加剧,金融机构自身的变革、金融监管手段的变化,均有效地降低了金融交易的交易费用,提高了金融效率。

(二) 满足了客户对金融服务的需求

金融创新将使金融工具更加多样化与灵活化,不断满足人们日益提高的对金融资产的不同需要,顾客可以在多种投资方式和金融资产形式中进行比较选择;融通资金的渠道增多,顾客可以利用众多的金融机构、金融市场及融资方式筹措资金;为顾客提供了更多的金融服务便利,这无疑将大大促进金融业与金融市场的蓬勃发展。

(三) 金融创新进一步促进了真实经济的发展

金融创新加强了金融部门与传统真实经济部门之间的纽带关系。新的支付方式和支付手段的出现,使真实经济领域内的交换关系更易于实现;灵活的信贷方式(信用卡透支、备用信贷便利)使消费和生产模式更富于效率;风险投资、融资租赁等方式更是直接对实质部门的竞争力和可持续发展能力的提高起到了促进作用;养老基金、退休基金以及各类保险计划的出现改善了社会保障制度,使经济发展免除了后顾之忧;等等。

(四) 对一国货币政策实施效果的影响

金融创新有助于提高金融市场的效率,同时也会加剧金融市场的脆弱性,并使货币政策面临挑战。金融创新使货币需求的稳定性被破坏。用以往的货币数量变化关系来对货币供求进行预测的经济计量方程式会产生较大偏倚,这使货币政策中介目标的内容发生变化,货币供应量、利率之间的关系不复存在,货币政策的有效性受到挑战。

金融创新改变了有关货币政策目标的内容,金融衍生工具出现之后;原有的货币供应量内涵发生变化,需要修正货币总量的定义以反映金融衍生交易所产生的影响;金融创新改变了货币政策操作目标与中介目标之间的相关关系。信息收集、储存和传递的技术进步推进了金融创新的过程,现金管理日益被重视,这使得中央银行控制货币和信贷增长的效率有所降低。金融创新使中央银行在保证支付时会遇到新的问题,因为金融创新会对货币需求产生影响,在金融衍生交易过程中,不仅交易及其清算过程需要资金,而且交易结果也会对资金需求产生影响。

随着金融创新的发展,银行信贷下降的同时,非银行金融机构的信用扩张会有所加强,从而增加整个金融系统的货币信贷总量和结构的不稳定性。金融创新影响了一国货币政策的实施效果。原来中央银行只要加强对商业银行资产负债比例管理及其他措施就可有效贯彻执行货币政策,现在由于金融创新业务(尤其是表外业务)的迅速发展,以及其他较少管制的非银行金融机构业务的发展,中央银行原有的调控措施失灵。此外,由于金融创新工具的高度灵活性,一国货币政策的执行较多地受到国际经济的影响。

(五) 对全球金融风险的影响

关于金融创新与金融风险的关系,到目前为止还是一个值得争论的问题:一方面,金融创新过程中出现的大量衍生产品为防范和分散金融风险提供了有效的技术手段;但从另一方面看,金融创新并不能消除导致金融风险的最根本原因——实质经济运行状况的不可预测性。因此,金融创新不但不能减少全社会风险总量,而且因为在原来的金融体系中加入了新的变数,还会增加一部分风险;另外,以金融衍生工具为代表的金融创新产品本身所具有的高杠杆、高风险特性,给具体企业的运作也带来了巨大风险。

二、我国的金融创新与金融改革

我国的金融体制改革不断深入,金融创新取得不断的发展,无论是金融机构的组织结构与形式,还是金融工具、金融交易技术等方面都发生了巨大的变化。

(一) 我国金融体制的改革与创新

1. 建立中央银行体制

在计划经济体制时期,我国只有一家银行——中国人民银行,那时的它具有双重职能,既是管理金融业的中央银行,又是办理各种金融业务的经济组织,这种"大一统"的金融体制不适应经济改革、发展的需要,必须进行改革。1983 年 9 月,国务院决定:"中国人民银行专门行使中央银行职能,其原办的其他业务交新成立的中国工商银行办理。"随着经济的发展,金融在国民经济中的地位和作用越来越明显。为了让人民银行更好地履行和发挥中央银行的职能,减少来自各级行政的干扰,1998 年 11 月国务院决定撤销以前按行政区划设置的人民银行体系,改按经济区划设置人民银行的分行,在全国设立了九个分行和两个直属营业部。

2. 建立了独立经营、实行企业化管理的专业银行

1979 年 2 月,为适应农村经济体制改革,振兴农村金融和经济,我国再次恢复了中国农业银行。中国人民银行的农村金融业务全部移交中国农业银行经营。为适应对外开放和对外经济往来的要求,1979 年 3 月,专营外汇业务的中国银行从中国人民银行中分设出来,完全独立经营。1979 年,中国建设银行也从财政部分设出来。1984 年 1 月,成立中国工商银行,承办中国人民银行原来所办理的全部工商信贷业务和城镇储蓄业务。1994 年,将政策性业务从专业银行划出,对国有专业银行进行商业化改造。在产权明晰的基础上把国有专业银行改革成为自主经营、自负盈亏、自我约束、自我发展的国有商业银行。

3. 组建其他商业银行

1986 年交通银行重新组建,随后又陆续成立了 10 余家股份制商业银行,如中信实业银行、光大银行、华夏银行、招商银行、中国民生银行、深圳发展银行、广东发展银行、福建兴业银行、上海浦东发展银行等。

4. 组建了一批政策性银行

1994 年以后,为了解决专业银行向商业银行转变的困难,也为了更好地支持经济发展、促进社会进步,经国务院批准,先后组建了国家开发银行、中国进出口银行和中国农业发展银行三家政策性银行。

单元案例

信用卡金融服务

信用卡这种金融服务早在第二次世界大战前就已经存在了。当时美国的许多商店都向消费者提供信用卡,商品赊购已经成为这些商店的一种制度,顾客在这些商店购物已无须使用现金和支票。第二次世界大战后,信用卡服务便在美国逐渐普及起来,大莱俱乐部在它属下的饭店开办信用卡业务,成为最早的全国性的信用卡。美国捷运公司和全权委托公司也开始推行类似业务。然而,当时信用卡的经营成本甚高,发行对象仅限于经过选择的、能负担得起昂贵价格的客户。发卡企业的收入来源有两个:一是通过向持卡者提供贷款而获得收入;二是向允许使用信用卡购物的商店收取一定费用,这笔费用一般按信用卡购物付款额的一个百分比(也即买价的一个百分比,比如 5%)来收取。而成本则包括处理信用卡交易的费用、客户贷款违约以及信用卡被盗带来的开支。

银行家看到大莱俱乐部、美国捷运公司和全权委托公司的成功,也跻身于此有利可图的信用卡业务领域。在 20 世纪 50 年代,一些商业银行试图把信用卡业务拓展至更广阔的市场中去,但是由于经营这些计划的交易成本太高,致使其开办信用卡业务的早期尝试都遭到了失败。在 20 世纪 60 年代后期,计算机技术得到了迅速发展,这使得信用卡服务的交易成本大大降低,银行业再次尝试参与这一行业。这一次,两种银行卡计划获得了成功,分别是美洲银行

信用卡(最初由美洲银行创办,现在则由 VISA 经营)和万事达卡(MASTERCARD,由同业银行卡协会办理)。银行卡业务随后得到了较快的发展。丰厚的利润使许多非金融机构也参与进来,如通用汽车公司、国际电话电报公司等。消费者因此而得到了实惠,他们在购物付款时使用信用卡比使用支票更能被广泛接受,而且信用卡让他们更容易得到贷款。

案例分析题:信用卡业务给人们带来了哪些便利?

(二)金融管理机构的创新

金融管理机构的创新具体表现在以下两个方面。

1. 我国中央银行管理机构的创新

我国中央银行是中国人民银行,其性质是政府机关,在国务院的直接领导下,制定和实施货币政策,对金融业实施宏观调控。中国人民银行具有金融政策的决策权、宏观调控权,为了建立新型金融监管体制,重新修订了《中国人民银行法》。人民银行由总行及分支机构组成,分支行是总行的派出机构,其主要职能是贯彻实施中央银行的货币政策,并按照总行的授权负责本辖区的金融行政管理和对金融业的监管。

中国人民银行作为国务院的职能部门,它有权根据法律、国务院的行政法规、决定、命令在本部门的权限范围内制定和发布命令和规章;中国人民银行在国务院领导下,制定和实施货币政策;中国人民银行就年度货币供应量、利率、汇率和国务院规定的其他重要事项做出的决定,报国务院批准后执行;就其他有关货币政策事项做出的决定,即予执行,并报国务院备案。

2. 金融监管机构的创新

金融业主要包括银行业、证券业、保险业,其中银行业占据着最主要的地位。为适应分业经营、分业管理体制的需要,1992 年和 1998 年,国务院相继成立了中国证监会和中国保监会,分别对证券业和保险业实施监督管理。为适应货币职能与银行监管职能的发展趋势,完善我国金融监管体系,建立更有效的监管机制,以进一步加强金融监管,确保金融机构安全、稳健、高效运行,提高防范和化解金融风险的能力,国务院设立了中国银行业监督管理委员会,即银监会,由它统一监管银行、金融资产管理公司、信托投资公司及其他存款类金融机构。中国人民银行不再履行对上述这些金融机构的监管职责,其职能主要是制定和执行货币政策,不断完善有关金融机构的运行规则,更好地发挥其作为中央银行宏观调控和防范与化解金融风险的作用。

(三)金融市场的创新

1. 票据贴现市场

从 1980 年起,上海开始进行商业票据贴现业务的试点,1982 年中国人民银行肯定了成绩并推广经验,1986 年正式开办了对专业银行贴现票据的再贴现业务,推动了票据承兑贴现和再贴现业务市场的发展。

2. 同业拆借市场

1996 年 1 月,全国统一的银行间同业拆借市场成功地实现了一级交易网络联网试运行,生成了全国统一的同业拆借加权平均利率,并对外公布,中国的同业拆借市场得以规范运行和发展。

3. 证券市场

随着经济的发展,1981 年,财政部恢复国债发行,随后,有价证券的发行种类逐渐增多,国债、企业债、股票、金融债等相继登台亮相,为国家的经济建设、企业的发展,增加了更多的直接融资的渠道,也为老百姓提供了更多的、可供选择的投资机会。

4. 外汇市场

1980年10月,中国银行部分分行开始面向国有企业和集体企业开办外汇调剂业务,是我国外汇调剂市场的萌芽形态。随着外贸体制改革的深化,我国建立了银行与企业间的外汇零售市场、银行与银行间的外汇批发市场、中国银行与外汇指定银行间公开市场操作相结合的外汇统一市场。

5. 黄金市场

随着经济的发展,我国于1982年开放了黄金饰品零售市场,1993年改革黄金收售价格的定价机制,此后开办了黄金寄售业务,并改革黄金制品零售管理审批制。2002年10月30日,上海黄金交易所正式开业,标志着我国黄金市场的发展。

(四) 金融工具和金融业务的创新

我国金融体制改革以后,金融工具出现了前所未有的多样化,如国库券、商业票据、短期融资债券、回购协议、大额可转让存单等货币市场工具的创新;长期政府债券、企业债券、金融债券、可转换债券、股票、基金债券、股权证等资本市场工具的创新等。我国金融机构的业务与工具的创新也不断涌现,从金融机构的负债业务创新看,出现了不同期限的定期存款、保值储蓄存款、住宅储蓄存款、委托存款、信托存款、礼仪存款、通知储蓄存款等新品种;从资产业务看,出现了抵押贷款、质押贷款、消费贷款、助学贷款、住房按揭贷款、汽车消费贷款、银团贷款等新品种,贷款对象也由过去的国有企业、集体企业(主要是国有企业)扩大到包括私营、外资、合资甚至个人;从中间业务看,最具代表性的是信用卡业务,它从无到有,从单一的消费功能到目前的本、外币的存取汇兑、贷款、清算、投资、消费"一条龙"服务,这是我国商业银行从未有过的新型的金融服务。

(五) 金融交易技术的创新

传统的金融交易以手工操作为特征:改革创新使计算机及现代通信技术在金融业中得到了广泛应用,使结算手段、支付手段开始了一场彻底的变革。

(1) 银行联行业务的创新。银行联行业务的创新,即银行联行业务计算机处理系统的开发和卫星通信的联网,实现了一次数据输入、"一条龙"处理联行报单及有关数据做到了安全、快捷、有效,大大提高了银行的工作效率,也提高了全社会资金的使用效率。

(2) 速汇、即付银行业务的开办。这是在银行办理汇款业务的三种传统方式——电汇、信汇、票汇的基础上推出的一种新型的小额汇款方式,大大方便了普通百姓的资金划拨。

(3) 电话银行业务的开办。电话银行是一种电脑网络系统,通过电话银行客户可以直接办理有关业务及相关查询,有的还可以办理传真业务。目前,在我国的大中城市,许多银行都开办了此项业务,在极大地方便了客户的同时,也使银行业务得到了迅速发展。

(4) 自助银行服务。自助银行服务是借助于银行电脑网络系统,由客户自己通过计算机的提示,自己操作完成所需要的业务服务的一种新型银行技术。例如,招商银行"一卡通"的自助缴费、自动转账、网上支付、自助贷款等,为商业银行高效发展、完善服务刨出了一条新路。

本章小结

金融创新是指金融领域内各种金融要素实行新的组合。具体而言,金融创新是指金融机构为生存、发展和迎合客户的需要而创造的新的金融产品、新的金融交易方式,以及新的金融市场和新的金融机构的出现。当代的金融创新大致包括银行业务的创新、金融市场的创新和金融制度的创新等。

随着金融创新的不断发展,金融创新对金融业务乃至金融体系的各个领域都产生了巨大的影响。金融创新有助于提高金融市场的效率,同时也会加剧金融市场的脆弱性,并使货币政策面临挑战。

为了避免或分散风险,引发了大量的金融创新;对金融管制的逃避,推动了金融创新的发展;为了缓解金融竞争压力,需要金融创新;科学技术的迅速发展,拓展了金融创新。我国的金融体制改革也在不断深入,金融创新取得不断的发展,无论是金融机构的组织结构与形式,还是金融工具、金融交易技术等方面都发生了巨大的变化。

综合案例

金融创新产品分析

流动收益期权票据(Liquid Yield Option Note,简称 LYON)是由美林公司于 1985 年成功创造的金融产品,其实质是一种极为复杂的债券,这种债券具有零息债券、可转换债券、可赎回债券、可回售债券的共同属性,因而 LYON 的创新事实上只是上述四类债券的合成。下面以威斯特公司发行的 LYON 为例具体分析其基本特征。

第一,零息债券性。按照发行协议,一张威斯特公司 LYON 面值 1 000 美元,到期日 2001 年 1 月 21 日,不付息,发行价为 250 美元。如果该债券未被发行公司赎回,也未能换成股票或回售给发行公司,则持有人到期将获得 1 000 美元,其实际到期收益率为 9%。

第二,可转换性。LYON 出售的同时也售给了投资者一张转换期权,该期权保证投资者在到期日前的任何时候能将每张债券按 4.36 的比率转换成威斯特公司的股票。发行时该公司股价为 52 美元,而转换价格为 57.34 美元(等于 250 除以 4.36),显然这一转换价格较之发行市价有 10% 的转换溢价。由于 LYON 是一张无息债券,这意味着 LYON 的转换价格是随着债券的生命周期而不断上升,从而转换溢价也不断上升。

第三,可赎回性(Callable)。LYON 出售同时也给予了发行人回赎期权。这一期权使发行人有权以事先规定的随时间推移而上涨的价格赎回该债券。尽管发行人在发行后可随时收回该债券,但投资者受到某种保护,因为发行人在 1987 年 6 月 30 日之前不能赎回该债券,除非该公司普通股价格上升到 86.01 美元以上。对于发行人的回赎,投资者有两种选择,要么按赎回价被赎回,要么按 4.36 的比率转换成普通股。

第四,可回售性(Puttalbe)。LYON 的出售也给了投资者回售期权,这一期权保证投资者从 1988 年 6 月 30 日起以事先规定的价格回售给发行人。该回售价随时间推移而递增,如果以发行价 250 美元为计价基础,回售期权保证投资者第一个可回售年超 6% 的最低收益率,并且这一最低收益率在接下来的 3 年中每年递增 6% 直至 9% 为止。

案例分析题：结合这个具体产品，分析金融工程技术对金融创新的意义和作用。

本章复习题

一、单项选择题

1. 20 世纪 60 年代以来，商业银行在资产、负债以及中间业务等方面都有所创新，下列（   ）不属于负债创新。

    A. NOW 账户   B. ATS 账户   C. CDs 账户   D. 票据便利发行

2. （   ）是金融衍生产品中相对简单的一种，交易双方约定在未来特定日期按既定的价格购买或出售某项资产。

    A. 金融期货合约   B. 金融期权合约   C. 金融远期合约   D. 金融互换协议

3. 对冲基金是近年来国际上流行的一种（   ）。

    A. 公募基金   B. 私募基金   C. 不一定   D. 都不是

4. 下列选项中属于规避金融监管的创新工具的是（   ）。

    A. 票据发行便利   B. 可变利率抵押贷款

    C. 货币互换   D. 大额可转让定期存单

5. 下列选项中属于规避存款利率限制和法定存款准备金要求的创新工具的是（   ）。

    A. 票据发行便利   B. 货币市场互换基金

    C. 自动提款机   D. 大额可转让定期存单

6. 下列选项中属于技术型创新工具的是（   ）。

    A. 货币互换   B. 货币市场互换基金

    C. 自动提款机   D. 大额可转让定期存单

7. 下列选项中属于金融创新工具的是（   ）。

    A. 从资产管理到负债管理   B. 从负债管理到资产负债管理

    C. 从营业网点到网上银行   D. 大额可转让定期存单的推出

二、判断题

1. 货币市场互助基金并不能降低银行的经营成本。   （   ）

2. 抵押贷款证券化是当前证券化业务中最大量、最普通的形式。   （   ）

3. 金融创新往往具有信用创造效应。   （   ）

4. 金融创新工具往往具有杠杆作用。   （   ）

5. 目前，金融机构由综合化向专业化转变。   （   ）

6. 交易成本就是机会成本。   （   ）

7. 金融期货产品一定通过期货交易所来交易。   （   ）

8. 金融创新能提高金融市场运作效率。   （   ）

三、思考题

1. 欧洲货币市场和资本市场与传统的国际金融市场有哪些本质的区别？

2. "石油美元"如何形成？

3. 20 世纪 80 年代的国际债务危机造成哪些影响？

4. 试述金融创新的概念。

5. 银行业务的创新有哪些方面？

6. 金融市场的创新有哪些方面？

7. 金融制度的创新有哪些方面？

8. 试述金融创新的效应。

9. 试述金融创新的直接导因。

10. 我国的金融创新有哪些方面？

微信扫一扫
查看更多资源

第十三章　金融风险与金融监管

通过本章的学习,学生可以了解金融风险的概念和特征,掌握金融风险的分类,了解金融监管的概念、目标及金融监管理论,理解和掌握金融监管的体制,重点掌握金融监管的内容。

导入案例

拉美国家实施金融自由化的经验与教训

90年代,拉美出现了广泛的金融自由化,现在,1994年墨西哥金融危机、1999年巴西金融危机以及2001年阿根廷金融危机已经成为经济学教科书上的经典案例。其中,墨西哥危机尤为典型。墨西哥银行在私有化后,银行信贷大量增加,不良贷款和坏账也不断增长。1991年12月至1994年9月,高风险资产与银行净资产之比从51%上升到70%。

拉美国家实施金融自由化的目标主要是消除“金融压抑”。拉美实施过2次较大规模的金融自由化。第一次始于20世纪70年代中期,80年代初的债务危机爆发后逐渐趋于停顿。第二次始于80年代末,90年代上半期达到高潮。

拉美的第一次金融自由化主要是在智利、阿根廷和乌拉圭等国家进行的。在“二战”后至70年代中期,这些国家的人均收入年均增长率仅为1.5%,其他拉美国家则为3.4%。因此,70年代中期,它们在拉美地区GNP中所占的比重从三分之一下降到不足四分之一。尽管阿根廷的人均收入依然居拉美之首,但智利则从第3名下降到第7名,乌拉圭从第2名跌至第5名。

新保守主义者认为,拉美这些国家在经济发展方面的落伍应归咎于政府的过度干预。而在金融领域,政府过度干预造成的后果就是“金融压抑”。主要表现为以下几个方面:第一,过低的利率(有时甚至是负利率)是造成储蓄率低的主要原因之一,因为这样的利率难以使消费者放弃消费,将节余存入银行。第二,过低的利率不利于金融中介的发展。由于有些企业得到了低利率的信贷,有些企业得不到,因此市场是分割的,从而使资源难以得到有效的配置。第三,金融资产的数量和种类十分有限。在这些国家或地区,M2相当于GNP的比重仅为20%,而中国台湾地区为60%,韩国和墨西哥在30%左右。新保守主义者认为,解决上述问题的有效途径就是实施金融自由化,主要包括建立国内资本市场,放开利率,大幅度减少或甚至取消对信贷的限制,降低进入金融部门的壁垒,降低银行准备金要求,对一些国有银行实施私有化,允许在国内开设外汇存款账户以及逐步放松对外资流入和流出的限制,等等。上述措施的积极成效和消极影响都非常引人注目。一方面,金融中介在国民经济中的地位大幅度上升,储蓄和信贷迅速增加,资本流入量(包括外债)大幅度增长;另一方面,利率快速上升,资产价格欠稳定,金融压抑也没有彻底消除。

拉美的第二次金融自由化是始于80年代后期的经济改革的重要组成部分,涉及的国家较多。拉美国家普遍采取以下一些措施:① 放松对利率的管制;② 取消或减少政府对银行放贷(尤其是定向放贷)的管制;③ 降低银行的存款准备金要求;④ 对国有银行实行私有化。与第一次相比,第二次金融自由化的特点是大力开展国有银行私有化。在被称作"私有化高潮"的1990—1995年期间,拉美国家从金融服务业私有化中获得的收入高达146.8亿美元,占私有化总收入的23%。换言之,将近四分之一的私有化收入是从金融服务业中获得的。而在金融服务业私有化中,银行私有化是主要组成部分。

(案例来源:http://www.docin.com/p-882599302.html)

案例分析题:

20世纪90年代拉美国家金融自由化改革的内容有哪些?其金融监管方面的失误主要体现在哪些方面?金融自由化的过程中加强监管必要性如何?

第一节　金融风险

进入20世纪90年代以来,银行倒闭事件和金融危机频频发生。1995年,有233年经营历史的英国巴林银行因内部控制机制不健全爆发金融危机;1997年,亚洲金融危机爆发给东亚地区的大多数国家带来了沉重打击;2008年,以美国次贷危机为导火索的全球经济危机给世界各国的经济体系造成严重影响;随后,欧债危机的阴霾笼罩了整个欧元区。这一系列的金融危机使金融监管、金融风险防范的问题受到各国政府及金融管理当局前所未有的关注。

一、金融风险

(一) 金融风险的含义

在市场经济条件下,风险无处不在。风险在经济学中是指一种不确定性,可以表示为经济主体决策结果带来收益或损失的可能性。现代风险管理理论认为,风险可以识别、可以量化,并且可以控制。金融风险属于风险范畴,是指经济主体在金融活动过程中,由于各种不确定因素的影响,从而使金融活动参与者蒙受损失或获得收益的机会或可能。广义的金融风险包括获得收益和遭受损失的可能性,所以又称为投机风险,而狭义的金融风险仅是指遭受损失的可能性,所以又称为纯粹风险。

(二) 金融风险的特征

金融风险发生在货币信用领域,具有以下几个方面的特征。

1. 金融风险具有客观性

金融风险是客观存在的,又是无处不在的。不论是从整个国家,还是从金融行业、部门,乃至某个企业、个人都存在金融风险的可能。金融风险是金融体系自然和内生的,是不可避免的,只要是市场经济,只要有金融交易存在,金融风险就必然存在。

2. 金融风险具有不确定性

金融风险只是一种可能性,确定无疑的收益或损失不是金融风险。由于影响金融风险的因素复杂而多变,加之市场信息的非对称性和经济主体对事物认识存在局限,使金融活动必然存在不确定的因素。

3. 金融风险具有隐蔽性

由于金融机构具有一定的创造信用的能力,因而可以在较长的时间里通过不断创造新的信用来维持、掩盖或补救已经出现的损失和问题。而当风险积聚到一定程度,超过金融体系所能承受的范围,才以金融危机的形式爆发出来。

4. 金融风险具有扩散性

金融以信用为基础,金融机构作为融资中介,实质上是由一个多边信用共同建立起来的信用网络,相互交织、相互联动,任何一个环节出现的风险损失都有可能通过网络对其他环节产生影响;任何一个链条断裂,都有可能酿成较大的金融风险,甚至引发金融危机。

5. 金融风险具有可控性

对于金融风险,经济主体可以依一定方法对风险进行识别、计量、监测、防范和事后的化解。可以根据金融风险的性质、产生条件等来识别各种可能导致风险损失的因素,通过概率统计以及其他技术手段建立各种金融风险的技术参数来有效控制金融风险。

二、金融风险的种类

金融风险可以从多个角度、多个层次予以分类。

(一) 按照金融风险的性质划分

1. 系统性金融风险

系统性金融风险,又称不可分散化风险,是指能产生使整个金融系统,甚至整个地区或国家的经济主体都有遭受损失的可能性的风险,如市场风险、法律风险、政治风险、不可抗力的自然风险等。系统性金融风险是一种破坏性极大的金融风险,它隐含着金融危机的可能性,直接威胁着一国经济安全。系统性金融风险主要是由一些不可控的因素所导致,如政治、经济、自然灾害和突发事件等,其不利影响可能在整个金融体系引发多米诺骨牌效应,造成经济金融的大幅度波动,产生宏观层面上的金融风险。世界上频频发生的金融危机都反复证明,系统性金融风险是国家经济安全最为危险的敌人之一。国际货币基金组织(IMF)对 31 个发展中国家金融危机的考察表明,当金融危机所造成的累计产出损失达到 12% 时,至少需要 3 年左右的时间才能使产出恢复到危机前的水平。

2. 非系统性金融风险

非系统性金融风险,又称可分散化风险,是指个别金融企业可能遭受的风险,如经营风险、财务风险、信用风险、道德风险等,是非系统性风险的主要种类。非系统性风险的产生一般都是由于经济行为主体经营管理不善、客户违约等造成的,只是一种个别的风险,不会对市场整体发生作用。当非系统性风险还没有显现之时,对于风险的防范,重点是采取分散投资的方式。此外,需要特别注意分散投资的程度和分散投资的品种选择。

（二）按照金融风险的形态划分

1. 信用风险

信用风险,是指债务人或交易对手未能履行合同所规定的义务或信用质量发生变化,影响金融工具价值,从而给债权人或金融工具持有人带来损失的风险。比如,银行提供贷款后,该企业到期不能归还贷款,将给银行带来经济损失。在贷款发放后至贷款收回之前,银行都面临着遭受损失的威胁。信用贷款和无担保债券等信用产品的信用风险最大。

信用风险可以表现为以下几种形式:违约风险、交易对手风险、信用迁移风险、信用事件风险以及可归因于信用风险的结算风险等。

信用风险具有明显的非系统性风险的特征,其概率分布为非正态分布,信息不对称和道德风险在信用风险中起着重要作用。

2. 市场风险

市场风险,是指在因市场价格(包括利率、汇率、证券价格和商品价格)的不利变动而导致金融市场参与主体遭受损失的风险。根据巴塞尔委员会在 1996 年发布的《资本协议市场风险补充规定》的定义,银行业的市场风险是指市场价格波动引起的资产负债表内和表外头寸出现亏损的风险。

市场风险可以分为利率风险、汇率风险、证券价格风险、商品价格风险等。

（1）利率风险是指由于利率的不确定变动给相关金融主体带来经济损失的可能性。当今世界上许多国家都已经放松甚至取消了利率管制,实行利率市场化。利率水平受到本国资金供求、经济形势、货币政策、市场主体心理预期以及其他国家或地区利率水平和国际金融市场资金供求等多种因素的影响,变动十分频繁。利率波动会导致现金流量不确定,从而使投资收益和融资成本不确定。利率敏感性资产或负债直接受到利率波动的影响。对于某一个时期内被重新定价的资产来说,面临着利率下降、利息收入减少的风险;对于被重新定价的负债来说,面临着利率上升、利息支出上升的风险。经济主体在某一期间的利率敏感性资产和利率性负债的差额,即利率敏感性缺口,是该主体的利率风险敞口。对于固定利率资产或负债而言,尽管其现金流量是确定的,利率的升降也可能会带来间接的机会成本损失。固定利率资产的持有者面临市场利率上升的风险,固定利率负债的承担者则面临市场利率下降的风险。

（2）汇率风险是由于汇率的不确定变动给相关金融主体带来经济损失的可能性。汇率的变动可能导致外币收支的流量变化、外币资产负债账面价值的变化、经济环境和金融企业经营活动的不利变化,而导致经济主体产生间接损失。1973 年以来,各国普遍实行浮动汇率制,一国货币汇率受到国际收支状况、通货膨胀、利率水平、经济增长的国民差异、心理预期、政府对外汇市场的干预等多种因素影响。众多因素共同作用于外汇市场以及彼此之间的关系错综复杂致使汇率走势变化莫测。汇率风险又可分为三种情况:第一,交易风险,是指由于汇率变动对经济主体交易活动的现金流量产生影响,从而可能使经济主体受到损失;第二,会计风险,又称折算风险,是指企业或金融机构在将各种外币资产负债及经营损益转换成记账货币的会计处理中因汇率波动而出现账面损失的可能性;第三,经济风险,是指难以预见的汇率波动对经济主体的预期收益产生影响,它针对的是意料之外的汇率变动,意料之中的汇率变动对收益的影响已经在计算预期收益时加以考虑。

（3）证券价格风险是指由于证券价格变化的不确定性而引起损失的可能性。证券价格的变化直接影响投资者买卖证券的损益情况。证券价格变动的影响因素是十分复杂的,如企业经营状况、经济周期、投资者心理状态等。由于证券价格的波动很难准确预料,因而也就很容易给市场交易者带来损失。

(4)商品价格风险是指因市场上交易的实物产品(如石油、贵金属等)价格波动引起的有关契约价值损失的风险。商品期货作为衍生金融工具的一种,虽然通过发现价格可以规避价格风险,由于期货价格与现货价格极易产生强烈的共振,在保证金制度下,杠杆效应极强,一旦遇到上述因素共同发生作用,会促使商品价格波动更为频繁和剧烈。

3. 流动性风险

流动性风险,是指金融主体由于流动性的不确定变动而遭受经济损失的可能性。

流动性风险可以从金融资产和金融机构两个层面上加以理解。流动性的一种含义是指金融产品的一种属性,它反映的是金融产品以合理的价格在市场上流通、交易以及变现的能力。金融产品的流动性由其二级市场的发育程度和产品的品质决定。金融产品的流动性如果下降,将可能使其持有者的利益受到损害。当其持有者因某些原因需要出售金融产品换取现金或投资于金融产品时,不得不付出高昂的成本。流动性的另一种含义是指以银行为代表的金融机构清偿债务的能力或满足客户融资需要的能力。金融机构的流动性由其资产负债结构及规模、自身信誉、外部环境等因素决定。经济实体在经营过程中常常面对资金流的不确定性变动。资金流的时大时小、时快时慢会带来风险。资金流量超过所需,造成滞留,因货币时间价值的关系,会使效益下降,预期收益降低;资金流量变小,会使正常的经营发生困难,严重时,资金链发生中断,会把金融企业推向绝境。由此可见,由于流动性不确定性变动表现出来的金融风险也是很重要的。

4. 操作风险

最广义的操作风险概念将市场风险和信用风险以外的所有风险都视为操作风险。狭义的操作风险概念只将与操作部门有关的风险才定义为操作风险,即由于金融企业内部控制不健全或者失效、运营过程中的操作失误或疏忽而造成意外损失的风险。

《巴塞尔协议》将操作风险定义为操作流程不完善、人为过失、系统故障或失误以及外部事件造成损失的风险,包括内部欺诈、外部欺诈、就业政策和工作场所安全性、客户、产品及业务操作、实体资产破坏、业务中断或系统失败、执行、交割及流程管理等损失事件导致的操作风险。

单元案例

巴林银行倒闭案

1995年2月26日,具有230多年历史的英国巴林银行,因进行巨额金融期货投机交易,造成9.16亿英镑的巨额亏损,在经过国家中央银行英格兰银行先前一个周末的拯救失败之后,被迫宣布破产。后经英格兰银行的斡旋,3月5日,荷兰国际集团以1美元的象征价格,宣布完全收购巴林银行。

巴林银行创立于1762年,至今已有两百多年的历史,是英国政府证券的首席发行商,在证券、基金、投资、商业银行业务等方面取得了长足发展,成为伦敦金融中心位居前列的集团化证券商,连英国女皇的资产都委托其管理,素有"女皇的银行"美称。

　　28 岁的尼克·里森1992 年被巴林银行总部任命为新加坡巴林期货有限公司的总经理兼首席交易员,负责该行在新加坡的期货交易并实际从事期货交易。

　　1992 年,巴林银行有一个账号为"99905"的"错误账号",专门处理交易过程中因疏忽而造成的差错,如将买入误为卖出等。1992 年夏天,伦敦总部要求里森另行开设一个"错误账户",以记录小额差错,并自行处理,以省却伦敦的麻烦,此"错误账户"以代码"88888"为名设立。

　　之后,伦敦总部重新决定新加坡巴林期货公司的所有差错记录仍经由"99905"账户向伦敦报免,"88888"差错账户因此搁置不用,但却成为一个真正的错误账户留存在电脑之中。这个被人疏忽的账户后来就成为里森造假的工具。

　　1992 年 7 月 17 日,里森手下一名刚加盟巴林的王姓交易员手头出了一笔差错:将客户的20 份日经指数期货合约买入委托误为卖出。要矫正这笔差错就须买回40 份合约。在种种考虑之下,里森决定利用错误账户"88888"承接了 40 份卖出合约,以使账面平衡。数天以后这笔空头头寸的损失达到 6 万英镑。此后,里森便一发而不可收,频频利用"88888"账户吸收下属的交易差错。1993 年,由于这些敞口兴寸的数额越积越多,随着行情出现不利的波动,亏损数额也日趋增长至 600 万英镑,以致无法用个人收入予以填平。到 1994 年时,亏损额增加到5 000 万英镑。

　　从 1993 年到 1994 年,巴林银行在新加坡国际期货交易所及日本市场投入的资金已超过1.1 亿英镑,超出了英格兰银行规定英国银行的海外总资金不应超过 25% 的限制。1995 年 1月 30 日,里森以每天 1 000 万英镑的速度从伦敦获得资金,已买进了 3 万口日经指数期货,并卖空日本政府债券。2 月 10 日,里森以新加坡期货交易所交易史上创纪录的数量握有 55 000口日经期货及 2 万口日本政府债券合约。2 月 24 日,当日经指数再次加速暴跌后,里森所在的巴林期货公司的头寸损失已接近其整个巴林银行集团资本和储备之和。

　　融资已无渠道,亏损已无法挽回,里森畏罪潜逃。

　　巴林银行面临覆灭之灾,银行董事长不得不求助于英格兰银行,希望挽救局面。然而这时的损失已达 14 亿美元,并且随着日经 225 指数的继续下挫,损失还将进一步扩大。因此,在各方金融机构无人敢伸手救助时,巴林银行从此倒闭。

　　(案例来源:张芳主编,台玮炜、石磊、侯志铭副主编:《货币银行学》,北京:对外经济贸易大学出版社,2015 年版,第 257 页)

案例分析题:巴林银行倒闭背后的原因是什么?

5. 国家风险

国家风险,是指经济主体在与非本国居民进行国际经贸与金融往来中,由于他国经济、政治和社会等方面的变化而遭受损失的可能性。国家风险有两个特点:一是国家风险发生在国际经济金融活动中,在同一个国家范围内的经济金融活动不存在国家风险;二是在国际经济金融活动中,不论是政府、银行、企业还是个人,都可能遭受国家风险所带来的损失。

国家风险的具体成因可分为政治因素和经济因素。经济因素包括国际收支状况、经济发展态势、经济政策变化等。政治因素包括政治体制、政权更迭、民族、宗教、劳工政策、社会安定性、对外政策、国际关系等。

6. 法律风险

法律风险,是指经济主体在金融活动中由于法律方面的问题而遭受风险的可能性。它可以因经济主体没有适当履行其客户的法律和条规职责,或行为上触犯了相关法律规定,或者是其交易合同不符合法律或金融监管部门的规定,甚至是各类犯罪和不道德行为给金融资产造成极大的威胁等。

对金融风险的分类还可以按照金融风险的主体划分为金融机构风险、个人金融风险、企业金融风险、国家金融风险;按照金融风险的产生根源划分为客观金融风险、主观金融风险,按照金融风险的层次划分为微观金融风险、宏观金融风险等。

第二节 金融监管

一、金融监管的含义

金融监管有广义与狭义的区别。狭义的金融监管是指金融监管当局依据国家法律法规的授权对整个金融业实施的监督管理。广义的金融监管是指在上述监管之外,还包括了金融机构的内部控制与稽核,同业自律性组织的监管及社会中介组织的监管。

二、金融监管理论

影响较大的金融监管理论大致有以下几种。

(一) 社会利益论

20世纪30年代美国发生经济危机,人们对存款机构和货币失去了信心,要求政府通过金融监管恢复金融稳定,提高对金融的信心和效率。因此,社会利益论或公共利益论应运而生。该理论认为,自由竞争和市场机制不能实现资源最优配置,甚至形成资源的浪费和损失。因此,市场经济是有缺陷的,这就要求代表全社会利益的政府在一定程度上介入经济生活,通过管制来消除或纠正市场的缺陷。社会并不存在纯粹的市场,社会利益或公共利益要求政府对经济活动进行必要干预,主要内容有以下特点。

1. 自然垄断

该理论认为,竞争是发挥机制的前提,但竞争又会形成垄断,出现垄断价格,损害公共利益。因此,政府的职责之一就是反对垄断,消除价格歧视,保护公众利益,使其价格维持在社会平均成本的水平。

2. 外部效应

外部效应是指非经济主体原因而对生产、消费带来的效应。外部效应有正效应和负效应。例如,上游环境治理使下游得益,上游环境恶化而使下游受损等。这就要求国家监管、平衡损益关系或趋利避险。

3. 信息不完全

信息不完全即信息不对称。在自由竞争和市场机制条件下,信息不对称是普遍存在的。有些人掌握信息较多、较早、较全面,而有的则较小、较慢、较片面。对此,必须加强政府监督及各种管理。

(二) 社会选择论

由于市场经济的缺陷,社会公众(如企业等)要求在一些方面需要政府管制,以保护自身的利益,管理的内容和方式根据公共需求来定,但管理者对管理什么、如何管理有自己的认识和利益选择。社会选择论实际包含着社会公众要求和政府政策的矛盾斗争和统一。

(三)金融监管新论

该理论认为管制决定于需求与供给两方面。以需求方来说,管制可以使生产者和消费者双方得益。以供给方来说,政府可以获得更多的政绩。这种理论认为管制者偏向于生产者利益,而对消费者利益只有小的影响。对加强管理和放松管理处于一种矛盾的心理状态。除了上述理论外,还有特殊利益论和追逐论。特殊利益论认为,政府监督是为一个或几个利益集体服务的,有的认为管制者根本不关消费者利益。

上述理论都是指资本主义政府的监管,理论上符合资本主义的状况,但有一定片面性。社会主义社会对市场经济的缺陷认识较深刻,纠正措施比较强而有力,代表大多数公众利益这是毫无疑问的,通过管理可起到消除重复建设、重复投资、降低成本等多方面的作用。

三、金融监管的必要性

根据经济理论,无论具体论述有何差别,但都承认市场经济有一定缺陷,需要一定的监督管理。金融监管的必要性具体表现在如下几个方面。

(一)为了强化公共利益必须进行金融监管

现代经济表现为货币信用经济,即金融经济。金融活动遍及整个社会经济各行各业、各个部门、各企业和各种经营活动,个人收支、个人生活与投资等。如果金融运行出了问题,就会危及整个经济、整个社会和公众利益。

(二)防止金融脆弱性,减少金融风险

经济学普遍认为,金融对经济有强大的杠杆作用和强大的推动作用。但同时也存在金融风险或脆弱性,促进经济不良运行,加重经济危机的可能性。金融的脆弱性来源于其高负债经营,容易形成运行失败和破产,造成金融危机。同时,也来源于金融机构和金融市场融资中风险积累。金融脆弱性的严重发展首先造成金融危机,进一步发挥就可能引起整个经济危机。金融监管就要克服金融脆弱性,防范和化解金融风险,使金融机构和金融市场活动稳定进行。

四、金融监管的目标和原则

(一)金融监管的目标

金融监管目标是实现有效监管的目标与依据。监管的政策、任务、措施和手段都包含在实现监管目标的过程之中,是实现监管目标的保证。监管目标有一般目标(或总目标)和具体目标之分。世界各国都认为一般目标是建立和维护金融稳定、建立和健全高效的金融体系、保证金融机构和金融市场的健康发展、推动金融和经济的发展。具体监管目标由于各国金融管理体制及其发展过程各异,各国有所差异,但在基本点大体是相同的,如公认的三大目标体系:① 维护金融业安全与稳定;② 保护公众利益;③ 维护金融业的运作秩序和公平竞争。

我同现阶段金融监管目标分为一般目标和具体目标。① 一般目标:防范和化解金融风险;维护金融体系的稳定与安全;维护公平竞争和金融效率的提高;保证金融业的稳健运行和货币政策的有效实施。② 具体目标:保持金融稳定,减少金融风险;在保持金融稳定,防止风险的前提下,开展金融业之间的竞争;保护公众利益,特别是广大存款者的利益和广大金融投

资者的利益。

(二) 金融监管的原则

为实现监管目标,必须建立监管原则。由于各国金融发展的历史不同、环境不同、条件不同,监管原则有若干差异,但基本原则大致相同。金融监管的原则包括:监管主体独立性原则;依法监管原则;"内控"与"外控"相结合的原则;稳健经营和风险预防原则;本国监管与国际监管相结合的原则。

五、金融监管体制的类型

金融监管是指有金融监管的制度安排,涉及监管机制和组织结构。由于各国政治体制、行政体制、历史和文化条件的不同,各国金融监管体制各有千秋,但由于监管内容大同小异。金融监管的类型基本上有两种,即统一或集中监管和分业监管或多头监管。

(一) 统一或集中监管

统一或集中监管是指在一个国家只设立一家金融监管机关对金融实施监管,其他机关没有这个权力和职能。实行集中监管和统一监管体制的,目前有英国、意大利、瑞典、瑞士等。一般集中监管机关由中央银行承担,但也有些国家设有单独监管机构。例如,英国金融监管一直由中央银行即英格兰银行承担,1997 年英国成立金融服务局,实施对银行业、证券业和投资基金等机构的管理。英格兰银行监管职责从此结束。日本传统金融监管由大藏省负责。日本银行负责执行货币政策,对从中央银行再贷款的银行进行监管。而日本银行(中央银行)又属于大藏省领导。

(二) 分业监管体制或多头监管

实行分业监管或多头监管体制,对不同金融机构或金融业务分别成立专门监管机构进行监管。这些监管机关直属政府领导,直接对政府负责。分业的监管机构除中央银行外,还有专门的证券监管机构、保险监管机构、银行监管机构。我国属于分业监管体制。

六、金融监管的手段和形式

为了保证金融监管顺利实现,促进金融、经济资源优化配置,维护良性经济秩序和经济发展,在确立监管原则和监管内容之后,还必须采取有效手段和形式。金融监管的手段和形式概括起来有以下几个方面:法律手段、行政手段、经济手段、稽核征信手段、外部管理和内部管理相结合、全面管理和重点管理相结合。

第三节 金融风险与金融监管体制发展

一、金融风险与金融监管的关系

(一) 金融风险的监管效应

金融风险是由于金融市场上的不确定性和信息不对称等因素产生的。它的特性决定了金融风险是客观存在的,是不能被完全消灭或消除的,但金融风险又是可以防范或化解的。金融风险的监管效应就是金融监管对防范或化解金融风险的作用。

（1）信息不对称。信息不对称是金融市场的一个重要现象，它的存在导致了逆向选择和道德风险问题。金融监管可以减少信息不对称问题。

（2）逆向选择。逆向选择是交易之前发生的信息不对称问题，即最有可能导致与期望相违的结果的人们往往最希望从事某项交易，从而增大了金融风险。解决金融市场逆向选择问题的办法，是向参与金融交易者提供足够的信息，但是由于"搭便车"现象的存在，私人提供的信息只能解决部分问题。为了增加金融交易者的信息，从而弱化阻碍金融市场有效运作的逆向选择效应，政府的金融监管是必要的。需要特别指出的是，尽管金融监管弱化了逆向选择效应，但并不会消灭它。

（3）道德风险。道德风险是在交易发生之后产生的，它可分成股权合约中的道德风险和债务合约中的道德风险两部分。股权合约少的道德风险是由于委托代理人问题的存在，使得公司股东和公司管理者相分离所导致的风险。债务合约中的道德风险是指贷款者发放贷款之后，将面对借款者从事那些从放款者角度来看并不期望进行的活动，因为这些活动可能使贷款难以归还，从而有增加金融风险的可能性。

（二）金融监管的风险效应

金融监管的风险效应是指金融监督不力可能会产生两种后果：一是导致金融风险的产生；二是导致金融风险的累加。

（1）金融监管不力可能会导致金融风险的产生。金融监管可以减少信息不对称的问题，从而减少金融风险的发生；但如果监管不力，可能会给交易方提供不正确的信息，从而进一步加大信息的不对称。

（2）金融监管不力可能会导致金融风险的累加。金融监管不力不但会产生金融风险，而且随着时间的推移，不确定因素将会不断增加，错误信息、逆向选择和道德风险会不断累积，这样的连锁反应会导致金融风险的增加。

二、我国金融监管体制发展

我国金融监管机构历史上发生过多次变化。在中华人民共和国成立之初，中央银行作为金融当局，直接对各金融机构实行集中统一的领导与管理。

在对私人金融业改造以后，国营金融业成为唯一的金融机构，实行高度集中经营，人民银行既是金融经营者，又是监督者；主要是上级对下级进行管理监督，以及对社会金融活动进行监督，如反对高利贷者、进行外汇管理等，这种状况一直维持到改革开放前。

中国共产党十一届三中全会以后，我国开始进入改革开放时期，从中国人民银行中很快独立出中国银行、中国农业银行、中国建设银行，1983年，中国工商银行从中国人民银行中独立出来，形成实力强大的四大专业银行。继四大专业银行以后又成立了中国交通银行、中信实业银行以及几家政策性银行和若干地方银行、股份制银行以及保险公司等非银行金融机构。这些银行和非银行金融机构也都由中国人民银行监管。1992年之后，我国金融机构不断增多，证券市场迅速扩张，信托机构在起伏中发展，银行业、保险业间竞争加剧，尤其是出现了局部宏观金融失控和金融秩序混乱的状况，金融监管的重要性逐渐凸显出来，金融监管体制逐渐进入了一个由混业监管向分业监管过渡的新阶段。

分业监管相对各家机构来说任务比较单纯，监管比较深入、细致，有利于被监管机构改善经营管理,更好地发挥金融资本的效能。一句话,对加强微观金融监管有利。俗话说有利必有弊,分业监管各自独赢、各行其是,极易形成权力分散、资金分割,为金融宏观调控增加困难。

三、我国各家金融监管机构的职能

中国人民银行的监管职能:① 严格管理现金发行,对破坏现金发行和流通的金融机构和社会成员进行监督与管理;② 掌握基础货币,对接受中国人民银行基础货币的金融机构进行监管,控制基础货币的派生能力,必要时调整金融机构存款准备金;③ 对信用流通工具和网络货币进行监督与管理。

中国银行业监督管理委员会(简称中国银监会)执行原中国人民银行对存款货币银行即商业银行、信托投资机构的监管。其监管任务主要有以下几个方面:① 市场准入监管;② 规定各商业银行的经营业务范围;③ 监督银行遵守业务原则、法规规范和道德规范;④ 通过稽核检查制度对银行进行监管。

中国证券监督管理委员会(简称中国证监会)是我国证券市场的管理机关。根据《中华人民共和国证券法》规定,负责对证券市场实行监督与管理。其具体职责如下:① 制定证券市场监督管理规章、规则,并依法行使审批或核准权;② 依法对证券的发行、交易、登记、托管、结算进行监督与管理;③ 依法对证券发行人、上市公司、证券交易所、证券公司、证券登记结算机构、证券投资基金管理机构、证券投资咨询机构、资信评估机构以及从事证券业务的律师事务所、会计师事务所、资产评估机构的证券业务活动进行监督管理;④ 依法制定从事证券业务人员的资格标准并监督实施;⑤ 依法监督检查证券发行和交易信息的公开情况;⑥ 依法对证券协会的活动进行指导和监督;⑦ 依法对违反证券市场监督管理法律、行政法律的行为进行查处;⑧ 法律和法规规定的其他职责。

中国保险监督管理委员会(简称中国保监会)是我国保险市场的监管机构。根据《中华人民共和国保险法》,保监会的监管职责如下:① 保险准入监管;② 依法对保险业务的监督;③ 对保险公司所应遵守的基本原则及行为准则的监管;④ 建立健全保险公司偿付能力监管指标体系等;⑤ 依法检查保险公司、保险代理人及保险经纪人的业务状况、财务状况及资金运用状况,有权要求他们在规定的时间期限内提供有关书面报告和资料;⑥ 审批关系公众利益的保险险种,依法实行强制保险的险种和新开发的人寿保险等的保险条款和保险费率,制定审批范围和具体办法。

四、金融监管的国际合作:巴塞尔资本协议

巴塞尔银行监管委员会(Basel Committee on Banking Supervision,简称 BCBS),简称巴塞尔委员会,是由美国、英国、法国、德国、意大利、日本、荷兰、加拿大、比利时、瑞典 10 大工业国的中央银行于 1974 年年底共同成立的,作为国际清算银行的一个正式机构,以各国中央银行官员和银行监管当局为代表,总部在瑞士的巴塞尔。巴塞尔委员会的主要宗旨在于交换各国监管安排方面的信息、改善国际银行业务监管技术的有效性、建立资本充足率的最低标准及研究在其他领域确立标准的有效性。

(一) 巴塞尔资本协议的发展回顾

旧巴塞尔资本协议是 1988 年颁布的,在 1998 年开始制定新协议以前,该资本协议有过多次修订与补充,其中最重要的补充是 1996 年的"关于将市场风险纳入资本协议框架的补充

规定"。

　　巴塞尔委员会 1988 年出台资本协议的背景有两个基本因素：一是国际竞争导致银行资本充足率不断下降；二是国际性银行在拉丁美洲的债务危机中遭受惨重损失。相应地，1988 年资本协议确立了两个基本目标：一是促进国际银行体系的稳健与安全；二是维护平等竞争的国际环境。巴塞尔资本协议实现这两个目标的机制安排是，将银行应该具备的资本（监管资本）与银行在业务扩张中承担的风险（1988 年考虑的主要是信用风险）联系起来，在对银行资产进行风险加权的基础上，要求各国银行的资本达到风险加权资产 8% 的统一国际标准。

　　针对 1988 年制定的资本协议中只考虑银行资产的信用风险，市场风险没有被纳入资本充足监管框架的缺陷，尤其是 20 世纪 90 年代以巴林银行为代表因市场风险而倒闭的案例不断出现，巴塞尔委员会最终认识到，忽略市场风险以及不对其提出资本要求是不恰当的。在这种背景下，巴塞尔委员会在 1996 年颁布了著名的"将市场风险纳入资本协议的补充规定"，其目标在于要求银行持有明确的资本以抵御银行头寸面临的价格风险，尤其是那些产生于市场交易活动的头寸。

　　从 1988 年到 2006 年的 20 多年来，尤其在其实施的初期，1988 年资本协议（包括 1996 年补充规定）作为国际金融领域最重要的监管文件，对全球金融体系的健康与稳定起到了很大的促进作用。然而，这 20 多年也是全球金融体系经历了巨大变化的时期，全球化、金融创新和技术进步的发展重新塑造了整个金融体系。作为金融的核心成分风险，也已经发生了重大变化。相对简单的 1988 年资本协议难以适应这些变化，这使得监管资本计量失去了对银行风险的敏感性，不能准确反映各银行客观承担的风险水平，因而已经无法保障其目标的实现。

（二）巴塞尔新资本协议

1. 巴塞尔新资本协议的基本框架

　　巴塞尔新资本协议首次发布于 2004 年，其最主要特征是三个支柱构建的体系框架：一是最低资本规定；二是监管当局的监督检查；三是市场约束。覆盖的风险范围包括信用风险、市场风险和操作风险。

　　（1）第一支柱：最低资本规定。巴塞尔委员会关于最低资本规定的方案是在 1988 年协议基本内容的基础上继续使用统一的资本含义和资本对风险加权资产的最低比率。但新协议对银行风险的评估更精细、更全面，除信用风险外，还将市场风险及操作风险纳入其中。这样，总资本比率的分母就由三部分组成：所有风险加权资产、12.5 倍的市场风险和 12.5 倍的操作风险。因此，如何更加合理地计量银行风险是新协议主要解决的问题。

　　（2）第二支柱：监管当局的监督检查。新协议强调，监管当局的监督检查是最低资本规定和市场纪律的重要补充。监管当局要进行有效的监督检查，以确保各家银行建立起有效的内部程序，进一步评估银行在认真分析风险基础上设定的资本充足率。为此，新协议明确了监管当局监督检查的四项重要原则：① 银行应具备与其风险状况相适应的评估总量资本的一整套程序，以及维持资本水平的战略。② 监管当局应检查和评价银行内部资本充足率的评估及其战略，以及银行监测和确保满足监管资本比率的能力。若对最终结果不满足，监管当局应采取适当的监管措施。③ 监管当局应希望银行的资本高于最低监管资本率，并应有能力要求银行持有高于最低标准的资本。④ 监管当局应争取及早干预，从而避免银行的资本低于抵御风险所需的最低水平，如果资本得不到保护或恢复，则需迅速采取补救措施。除了上面的四项原则以外，新协议还规定了监管当局的透明度和责任，要求监管当局必须以高度透明和负责方式履行公务。

（3）第三支柱：市场约束。新协议强调，市场约束具有强化资本监管、帮助监管当局提高金融体系安全、稳健的潜在作用。根据 2000 年公布的六项建议，新协议在四个领域制定了更为具体的定量及定性的信息披露内容：适用范围、资本构成、风险暴露的评估和管理程序以及资本充足率。新协议强调了有关风险和资本关系的综合信息披露，监管机构要对银行的披露体系进行评估，为此委员会致力于推出具有统一标准的披露框架。根据重要性原则，信息披露可分为核心信息披露和补充信息披露两种情况。关于信息披露的频率，新协议指出一年披露一次是不够的，因为在这种情况下市场参与者只能对滞后几个月且不能反映银行真实风险状况的信息做出反应。因此最好是每半年一次。对于过时失去意义的披露信息，如风险暴露，最好每季度一次。

2. 巴塞尔新资本协议的特点

与 1988 年协议相比，新协议具有以下几个方面的主要特点：第一，新协议覆盖了商业银行所面临的主要风险，反映了国际金融领域全面风险管理发展的需要。第二，新协议对银行的风险管理和资本金监管要求体现了定量方法和定性方法的结合。尽管在过去漫长的修订和咨询过程中新协议以其第一支柱中复杂而先进的风险量化方法吸引了人们大部分注意力，但是，新协议一开始就确立了定量和定性方法相结合来促进银行加强风险管理基本框架。这主要表现在两个方面：一是新协议沿用 1996 年补充规定中对市场风险的资本计量，同时提出了定性和定量要求的做法，在第一支柱中对信用风险和操作风险较高级的计量方法的采用提出了严格的技术标准和制度标准；二是第二支柱和第三支柱都反映了定性方法的使用，对资本充足的监管检查关注的是银行内部风险计量和管理过程，而市场约束关注的是风险和资本信息的披露。第三，新协议为银行量化监管资本提供了灵活性和多样选择。新协议在第一支柱中无论是对修订的信用风险还是新增的操作风险都为银行提供了计量方法的多项选择。这使得不同规模和复杂程度的银行可以根据自身的情况进行选择，以提高风险计量的准确性和监管资本对风险的敏感度。第四，新协议旨在提高监管资本要求对银行风险的敏感度和提供加强风险管理的良好激励。巴塞尔委员会相信通过扩大监管资本要求的风险范围和向银行提供适应多种情况的风险计量选择，使得新协议下资本要求对风险的敏感性将比老协议有很大提高。第五，新协议反映了国际金融市场的创新、风险量化和管理技术方面的最新发展。

（三）巴塞尔新资本协议对我国的影响和启示

1. 巴塞尔新资本协议对我国的影响

新协议给我们带来的积极影响主要表现在以下两个方面：一是新协议为我们的银行改革带来了压力和动力；二是新协议为我们的银行改革提供了重要而有益的参考和借鉴，尤其是在资本金的作用和银行风险管理等方面。然而，新协议也为我国的金融发展和开放带来了新的风险和挑战。这主要表现在以下几个方面。

第一，巴塞尔新资本协议作为国际金融领域最重要的游戏规则，我国在是否接受新协议方面面临国家声誉风险。巴塞尔新资本协议显然代表了市场经济发展的方向，代表了成熟市场经济国家对金融市场规则的最新诠释。是否接受新协议，是否按照新协议指出的方向（风险管理和风险监管）去发展本国金融体系无疑将成为由西方发达国家主导的国际社会评判一国市场经济发展方向和程度的重要依据。我国目前正在争取西方国家对我国市场经济国家地位的认同，面对国际金融市场最重要的游戏规则的变化，是接受还是拒绝，这无疑将会影响到西方国家对我国市场经济发展的看法。

第二，我国面临西方发达国家主导形成的巴塞尔新资本协议中客观存在的金融服务贸易技术壁垒的风险。巴塞尔新资本协议的确反映了现代金融和市场经济的基本规律，也反映了全球化和国际金融活动的游戏规则。然而，我们也必须看到问题的另外一面，即客观上它也是发达国家在国际金融活动和竞争中给发展中国家设置的技术壁垒，有利于西方大国和大银行。这也是全球化进程中大国优势的又一个表现。由于发展中国家的银行业无论是资本金还是风险管理水平都大大落后于发达国家，并且很难在短时间内通过政策或法规的调整赶上来，风险敏感的监管资本要求无疑将增大发展中国家的融资难度，从而限制发展中国家银行的业务拓展能力。因此，实际上新协议为发展中国家的银行在国际金融大舞台上设置了更高的技术壁垒，因而技术上的合理性和公平目标并不能带来现实的合理与公平。

第三，我国面临巴塞尔新资本协议在西方国家实施后对我国经济和金融在开放条件下运行产生不利影响的风险。虽然早在巴塞尔新资本协议颁布之前的 2003 年 7 月 31 日，银监会主席刘明康就致信巴塞尔银行监管委员会主席卡如纳先生，我国暂不实施新协议，但新协议毕竟是国际金融市场上重要的游戏规则，只要我们继续参与经济全球化进程和国际竞争，就不可避免地要受到它的影响，甚至制约。

第四，我国在借鉴新协议过程中面临学习风险。如前所述，新协议反映了西方先进银行和监管者在风险管理和金融监管方面的现代理念和"最佳做法"，为我们的银行改革提供了有益而重要的参考和借鉴。然而，在学习和借鉴新协议的过程中，我们必须首先认识到，新协议是在与我国市场经济发展阶段完全不同的发达国家之间谈判达成的，它所反映的问题和"最佳做法"都是以发达市场经济为背景的，因此，它所关注的问题对我国而言不一定是最急迫的问题。而我国银行在资本监管方面面临的重要问题在新协议中却难以找到答案。

2. 巴塞尔新资本协议对我国的重要启示

建立在西方金融最佳实践基础上的巴塞尔新资本协议全面地反映了现代金融发展的基本规律，可谓集现代商业银行风险管理和监管之大成。因而给予我们的启示也是多方面的、丰富的。在技术方面，内部评级和信用风险量化模型、操作风险数据库及其量化模型、风险缓释技术的应用和 VAR 风险量化技术等早已成为我国介绍巴塞尔新资本协议的热点。针对我国当前金融发展的实际情况，新协议所蕴含的现代风险管理和监管的理念和制度方面的启示将对我国金融改革，尤其是对银行业改革更加具有现实指导意义。

（四）巴塞尔新资本协议下我国银行业面临的挑战

1. 银行资本金不足

在我国经济转型时期，银行资本金不足已成为我国银行业改革中的一个令人瞩目的话题。如果根据巴塞尔新资本协议的资本金要敏感地反映银行资产风险水平的精神，并应用其第一支柱中的风险量化方法，我国银行资本金不足的问题将更加突出。但是，我国转型经济的特点决定了银行的不良资产不仅仅是银行业本身的问题，它涉及我国的整个经济体系。国有企业的性质、政府主导的借贷以及其他外部因素都促成了不良资产的积累。按照市场经济运作的规则，有两种办法可用来解决此类问题：一是减少风险资产与业务；二是通过银行内部利润转移或外部资金注入增加银行资本金。

2. 缺乏适当的内部控制体系

在新协议的第一支柱中，操作风险第一次被引入资本要求框架，同时，在第二支柱和第三支柱中,也制定了与银行内控制度相关的内容。这表明对银行内控制度的重视程度在世界范围内提到了更高的水平。与此同时,由于种种复杂的原因,我国的银行要达到现代银行的内控标准,还有很长的路要走。

3. 缺乏风险管理技术

从国际金融的角度分析,风险管理已经从过去只注重定性分析和内部解决的传统模型,向定性与定量分析相结合、精确衡量风险、运用金融衍生工具向市场转移风险为特征的现代风险管理技术发展。巴塞尔委员会在新协议中融入了风险管理技术的最新成果,并通过制定资本金要求鼓励银行运用先进的风险管理技术。与国际最佳实践相比,我国无疑在风险管理领域有着极大的差距。

4. 监管部门与业界都缺乏优秀的专业人才

鉴于巴塞尔新协议所反映出的现代风险管理和监管技术及其体系的复杂性,合格专业人才的缺乏无论是在监管部门还是在实务界都成为一个日益令人关注的问题。无论对于银行内部风险经理还是外部风险监管官员,都必须很好地掌握现代金融和风险管理的理论以及相应的数理统计方法以从事风险评估和资本配置。

5. 数据与信息系统问题

巴塞尔新协议的有效实施需要以银行业充足的数据以及先进的信息系统为基础。西方国家的银行在这方面已经有了多年的积累,处于领先地位,这使得他们在技术方面比较容易满足新协议的要求,而我国的银行则缺乏足够的有效数据并在信息技术方面处于落后地位。要达到资本要求的国际标准,我国的银行需要在技术方面加大投入。

单元案例

随着经济的不断发展,中国的金融结构也变得日益复杂,一些新的金融工具如银证合作、银行与基金合作、投资连接保险产品、互联网金融等在中国不断涌现,混业经营大势所趋,中国金融市场国际化的不断发展,这对现行分业金融监管的有效性提出了严峻的挑战,这集中体现在以下几个方面:首先,在分业监管的实施中,缺乏一套合理有效的协调机制;其次,分业监管易产生监管真空和监管套利;再次,分业监管易导致重复监管,增加监管成本。

同时,现行的金融监管模式很难适应金融混业经营和金融控股公司发展金融监管的需要,难以对金融创新进行有效监管。

此外,中国加入世贸组织以后,外资金融机构大举进入,其中很多金融机构是混业经营,综合优势明显。更有重要的一点是,2015年发生的"股灾"及后来的"救市"说明目前金融监管的脆弱性和各监管部门协调性很差。

可以看到,中国金融面临的风险不可小视,这包括金融国际化风险:汇率、利率、国际资本流动风险;银行不良资产风险、地方债务风险、高杠杆风险、其他债务风险(企业债券、民间金融)等信用风险。

此外,还有金融创新风险:互联网金融、衍生品交易、资产管理、财富管理风险,以及有可能引发系统性风险。

频繁显露的国际国内金融风险特别是近期资本市场的剧烈波动说明,现行监管框架存在着不适应我国金融业发展的体制性矛盾,也再次提醒我们必须通过改革保障金融安全,有效防范系统性风险。要坚持市场化改革方向,加快建立符合现代金融特点、统筹协调监管、有力有效的现代金融监管框架,坚守住不发生系统性风险的底线。我国金融监管体系改革已经提到议事日程。

(案例来源:http://www.chinatimes.cc/article/55737.html)

案例分析题:中国现行的金融体系和监管体系怎样构成? 这样的监管体系有什么弊端? 中国的金融监管体系有怎样的路径选择? 你认为哪种更适合中国国情?

本章小结

1. 金融风险:指经济主体在金融活动过程中,由于各种不确定因素的影响,从而使金融活动参与者蒙受损失或获得收益的机会或可能。广义的金融风险又称为投机风险,而狭义金融风险称为纯粹风险。金融风险发生在货币信用领域,具有客观性、不确定性、隐蔽性、扩散性、可控性的特点。

2. 金融风险的分类:按照金融风险的性质划分为系统性风险和非系统性风险,按照金融风险的形态划分为信用风险、市场风险、流动性风险、国家风险、法律风险、操作风险等;对金融风险的分类还可以按照金融风险的主体划分为金融机构风险、个人金融风险、企业金融风险、国家金融风险,按照金融风险的产生根源划分为客观金融风险、主观金融风险,按照金融风险的层次划分为微观金融风险、宏观金融风险等。

3. 金融监管:是政府或金融管理机构依据国家法律法规授权对金融机构和金融市场的监督和管理。一个有效的金融监管体系必须具备三个基本要素:监管的主体(监管当局)、监管的客体(监管对象)和监管工具(各种方式、方法、手段)。

金融监管的内容:金融监管的内容按照不同的具体监管对象不同,主要分为银行业监管、证券业监管、保险业监管及其他金融机构监管。

4. 金融监管体制的内容:主要包括集中监管体制、分业监管体制、不完全集中监管体制三种类型。中国的监管体制经历了集中监管体制到分业监管体制的发展过程。目前,中国金融业混业经营是大势所趋,是历史的必然选择。混业监管将成为我国金融监管发展的长期目标,有必要积极推进我国金融监管体制的进一步改革。

综合案例

风险集聚有隐忧,互联网金融监管起步

2013年,对于互联网金融业而言,注定是个机遇、火爆、风险、泪水交织在一起的复杂年份。

这个新的掘金蓝海,交叉、跨界、融合成为行业的突出特征。余额宝、百度百发、人人贷、京宝贝……各种金融创新产品层出不穷。因此,互联网金融也被人们称为颠覆已有产业的"革命性力量"。

但如同狂欢过后的狼藉,野蛮生长背后,游走在灰色地带的创新模式层出不穷,风险接二连三地暴露给狂欢的人们敲响了警钟。特别是P2P网贷,近几年大案频出,倒闭不断,一直险

象环生,10月以来几乎每天都有数家平台开张或倒闭。

8月13日,央行副行长刘士余出席互联网大会时强调:"互联网金融有两个底线是不能碰的:一个是非法吸收公共存款,一个是非法集资。"这表明了监管层对互联网金融风险的态度,也从侧面说明,一些不法分子利用P2P网络借贷平台的经营行为尚缺乏有效监管的状况,以开展P2P网络借贷业务为名实施非法集资的风险已经日趋严重。

"P2P平台的快速倒闭,以及监管层对P2P贷款的态度,充分印证了仅依赖于与银行类似的风控模式,来做银行不愿意放贷的客户群,现有的P2P贷款模式十分脆弱。"东方证券分析师金麟表示,由于无法基于大数据实现信用风险控制,P2P贷款的运营成本明显偏高,且在风险的识别能力上存在瑕疵。

"对于互联网金融企业来说,风险暴露的背后正是由于其对风险的识别和管理能力不足。"业内专家称。

"不难看出,监管部门对于互联网金融的态度已经有所转变,开始着手推动针对互联网金融的监管进程。"赛迪投资顾问有限公司创新金融事业部总经理江晶晶博士表示,有了有效的监控和立法,互联网金融未来将迎来长期有序的发展。

(资料来源:《金融时报》,2013年12月11日)

案例分析题:试分析金融监管的现状。

本章复习题

一、单项选择题

1. 我国在金融监管体制上属于( )。
   A. 统一监管　　　　B. 分业监管　　　　C. 职能监管　　　　D. 机构监管

2. 金融监管的最基本出发点是( )。
   A. 维护社会公众利益　　　　　　　　　B. 维护国家利益
   C. 维护金融机构利益　　　　　　　　　D. 控制金融机构经营规模

3. 由于市场有效运行功能的削弱导致的金融系统的严重破坏,进而对实体经济部门产生重大影响,是指( )。
   A. 货币危机　　　　B. 银行业危机　　　　C. 系统金融危机　　D. 外债危机

4. 实际包含着社会公众要求和政府政策的矛盾斗争和统一的理论为( )。
   A. 社会利益论　　　B. 社会共享论　　　C. 金融监管新论　　D. 社会选择论

5. 以下不属于我国现阶段金融监管目标的是( )。
   A. 防范和化解金融风险
   B. 维护金融体系的稳定与安全
   C. 维护公平竞争和金融效率的提高
   D. 保持金融稳定,减少金融风险

二、多项选择题

1. 金融监管的必要性体现在( )。
   A. 防止金融脆弱性,减少金融风险　　　B. 金融创新的需要
   C. 媒介资金余缺的需要　　　　　　　　D. 分业经营的需要

E. 强化公共利益的需要

2. 金融监管的原则包括（　　）。

　　A. 监管主体独立性原则　　　　　　　B. 依法监管原则

　　C. 内控与外控相结合原则　　　　　　D. 稳健经营和风险预防原则

　　E. 本国监管与国际监管相结合的原则

3. 以下关于我国金融监管的陈述中正确的有（　　）。

　　A. 中国银监会执行对商业银行、信托投资机构的监管

　　B. 中国证监会负责对证券市场实施监督和管理

　　C. 中国保监会是我国保险市场的监督机构

　　D. 我国实行的是分业监管体制

　　E. 为鼓励金融创新,我国不对金融创新活动实施监管

4. 金融监管的意义表现为（　　）。

　　A. 维护信用、支付体系稳定　　　　　B. 稳定商品价格

　　C. 确保市场信息公开化　　　　　　　D. 约束金融机构依法经营

　　E. 调节国家、企业和个人三方关系

5. 我国金融体系中的金融监管机构是（　　）。

　　A. 中国保监会　　　　　　　　　　　B. 中国人民银行

　　C. 金融资产管理公司　　　　　　　　D. 国家开发银行

　　E. 中国证监会

三、思考题

1. 简述金融监管的含义及其金融监管理论。

2. 简述金融监管的目标和原则。

3. 简述巴塞尔新资本协议的特点。

复习题参考答案

第一章　货币与货币制度

一、单项选择题

1. D　2. C　3. B　4. C

二、多项选择题

1. ACD　2. ABCD

三、思考题

略

第二章　信　用

一、单项选择题

1. C　2. A　3. B　4. B　5. D

二、多项选择题

1. ABCD　2. ABCD

三、思考题

略

第三章　利息与利息率

一、单项选择题

1. D　2. C　3. B　4. A　5. C

二、多项选择题

1. ACE　2. ACD

三、计算题

1. 第一种方案的投资的现值为

$$PV_1 = 500 + \frac{200}{(1+15\%)} + \frac{200}{(1+15\%)^2} = 825（万元）$$

第二种方案的投资的现值为

$$PV_2 = 100 + \frac{300}{(1+15\%)} + \frac{600}{(1+15\%)^2} = 815（万元）$$

由于货币具有时间价值,如果以现值法作为决策依据,该项目应该采用第二种方案。

四、思考题

略

第四章　金融市场

一、单项选择题

1. C　2. B　3. A　4. D　5. C　6. A　7. A　8. A

二、多项选择题

1. BC 2. BDE 3. ABCDE 4. ACDE

三、简答题

略

第五章　金融机构

一、单项选择题

1. C 2. D 3. D 4. A 5. A

二、多项选择题

1. ABCDE 2. ABCE 3. BDE 4. ACDE

三、简答题

略

第六章　商业银行

一、单项选择题

1. A 2. A 3. C 4. D 5. A 6. C 7. A 8. D

二、多项选择题

1. ABCD 2. ABC 3. BCDE 4. BC

三、简答题

略

第七章　中央银行

一、单项选择题

1. D 2. B 3. D

二、多选题

1. ACDE 2. AB

三、思考题

略

第八章　货币供给

一、单选题

1. B 2. C 3. C

二、多选题

1. BCD 2. ABD

三、计算题

1. B＝R＋C＝300＋200＋700＝1200（亿）

2. 新增的存款货币＝1 000/（10％＋3％＋4％）－1 000＝4 882（万）

四、思考题

略

第九章　货币需求

一、单选题

1. C　2. C　3. D　4. D

二、多选题

1. AB　2. ACE　3. AB　4. ABCDE

三、思考题

略

第十章　通货膨胀与通货紧缩

一、单项选择题

1. A　2. B　3. D　4. B　5. D

二、多项选择题

1. AC　2. BCD　3. BCF

三、思考题

略

第十一章　货币政策

一、单项选择题

1. A　2. C　3. B

二、多项选择题

1. ABDF　2. AE　3. ACDE　4. ABF

三、思考题

略

第十二章　金融创新

一、单项选择题

1. D　2. C　3. B　4. A　5. B　6. C　7. D

二、判断题

1. ✗　2. ✓　3. ✓　4. ✓　5. ✗　6. ✗　7. ✓　8. ✓

三、简答题

略

第十三章　金融风险与金融监管

一、单项选择题

1. B　2. A　3. C　4. D　5. D

二、多项选择题

1. ABE　2. ABCDE　3. ABCD　4. ACD　5. ABE

三、简答题

略

参考文献

[1] 康书生,鲍静海. 货币银行学[M]. 北京:高等教育出版社,2007:8.

[2] 钱婷婷. 货币银行学[M]. 北京:人民邮电出版社,2013:9.

[3] 王庆安. 金融市场学[M]. 北京:人民邮电出版社,2014.

[4] 戴国强. 货币银行学[M]. 北京:高等教育出版社,2015.

[5] 李贺,纪晓丽. 货币银行学基础[M]. 上海:上海财经大学出版社,2016.

[6] 裴平. 国际金融学[M]. 南京:南京大学出版社,2013.

[7] 中国人民银行网站,http://www.pbc.gov.cn.

[8] 中国银监会网站,http://www.cbrc.gov.cn.

[9] 熊彼特. 经济发展理论[M]. 北京:商务印书馆,1990.

[10] 陈岱孙,厉以宁. 国际金融学说史[M]. 北京:中国金融出版社,1991:691.

[11] 徐进前. 金融创新[M]. 北京:中国金融出版社,2003:4-5.

[12] 张芳. 货币银行学[M]. 北京:对外经济贸易大学出版社,2015:253-292.

[13] 胡庆康. 现代货币银行学教程[M]. 5版. 上海:复旦大学出版社,2014:271-276.

[14] 艾洪德,范立夫. 货币银行学[M]. 大连:东北财经大学出版社,2011:237-241.

[15] 焦晋鹏. 金融学[M]. 北京:中国铁道出版社,2015:205-211.

[16] 朱新蓉. 货币金融学[M]. 4版. 北京:中国金融出版社,2015:465-467.

[17] 李贺,纪晓丽,奚伟东,徐雯. 货币银行学基础[M]. 上海财经大学出版社,2016:261-273.

[18] 陈健. 现代金融理论与研究方法[M]. 西安:西北工业大学出版社,2012:176.

[19] 陈飞飞,崔剑非. 货币银行学[M]. 北京:中国传媒大学出版社,2017.

[20] 胡援成. 货币银行学[M]. 北京:中国财政经济出版社,2011.

[21] 吕江林. 国际金融[M]. 北京:科学出版社,2013.

[22] 何翔. 货币银行学[M]. 北京:北京交通大学出版社,2014.

[23] 国家哲学社会科学文献中心,http://www.ncpssd.org.

[24] 中华文本库网站,http://www.chinadmd.com.